A PSICANÁLISE DOS CONTOS DE FADAS

BRUNO BETTELHEIM
A PSICANÁLISE DOS CONTOS DE FADAS

Tradução de
Arlene Caetano

45ª edição

Paz&Terra

Rio de Janeiro
2024

Copyright © Bruno Bettelheim

Traduzido do original em inglês: *The Uses of Enchantment: The Meaning and Importance of Fairy Tales*

Direitos de edição da obra em língua portuguesa no Brasil adquiridos pela EDITORA PAZ E TERRA. Todos os direitos reservados. Nenhuma parte desta obra pode ser apropriada e estocada em sistema de bancos de dados ou processo similar, em qualquer forma ou meio, seja eletrônico, de fotocópia, gravação etc., sem a permissão do detentor do copyright.

Editora Paz e Terra Ltda.
Rua Argentina, 171 – São Cristóvão
Rio de Janeiro – RJ – 20921-380
http://www.record.com.br

Seja um leitor preferencial Record.
Cadastre-se e receba informações sobre nossos lançamentos e nossas promoções.

Atendimento e venda direta ao leitor:
sac@record.com.br

Texto revisado pelo novo Acordo Ortográfico da Língua Portuguesa.

CIP–BRASIL. CATALOGAÇÃO NA FONTE
SINDICATO NACIONAL DOS EDITORES DE LIVROS, RJ.

B466p   Bettelheim, Bruno, 1903-1990
         A psicanálise dos contos de fadas / Bruno Bettelheim ; tradução Arlene Caetano. – 45ª ed. – Rio de Janeiro : Paz e Terra, 2024.
448 pp.

      Tradução de: The uses of enchantment the meaning and importance of fairy tales

      ISBN 978-65-5548-025-2

      1. Contos de fadas - História e crítica. 2. Psicanálise e contos de fadas. 3. Folclore e crianças. 4. Ficção infantojuvenil – Aspectos psicológicos. I. Caetano, Arlene. II. Título.

21-71498   CDD – 398.2019
                     CDU – 398.2-029:1

Meri Gleice Rodrigues de Souza – Bibliotecária – CRB-7/6439

Impresso no Brasil
2024

Sumário

AGRADECIMENTOS	7
INTRODUÇÃO: A LUTA PELO SIGNIFICADO	9

PARTE 1 — UM PUNHADO DE MAGIA

A vida adivinhada a partir do interior	33
"O Pescador e o Gênio" — O conto de fadas comparado à fábula	41
Conto de fadas *versus* mito — Otimismo *versus* pessimismo	51
"Os Três Porquinhos" — Princípio de prazer *versus* princípio de realidade	61
A necessidade de magia da criança	67
Satisfação vicária *versus* reconhecimento consciente	79
A importância da exteriorização — Personagens e acontecimentos fantásticos	89
Transformações — A fantasia da madrasta má	97
Trazendo ordem ao caos	107
"A Rainha Abelha" — Conquistando a integração	111
"O Irmão e a Irmã" — Unificando nossa natureza dual	115
"Simbad, o Marujo, e Simbad, o Carregador" — Fantasia *versus* realidade	123
A história que serve de moldura às *Mil e Uma Noites*	127
Contos de dois irmãos	133
"As Três Linguagens" — Construindo a integração	141
"As Três Penas" — A criança mais nova como simplória	149

Conflitos edipianos e resoluções — O cavaleiro na armadura
 reluzente e a donzela em apuros 161
Medo da fantasia — Por que os contos de fadas foram proscritos? 169
Transcendendo a infância com a ajuda da fantasia 179
"A Moça dos Gansos" — Adquirindo autonomia 195
Fantasia, recuperação, escape e consolo 205
Sobre a narração dos contos de fadas 215

PARTE 2 — NO PAÍS DAS FADAS

"João e Maria" 225
"Chapeuzinho Vermelho" 235
"João e o Pé de Feijão" 257
A rainha ciumenta em "Branca de Neve" e o mito de Édipo 271
"Branca de Neve" 279
"Cachinhos Dourados e os Três Ursos" 299
"A Bela Adormecida" 313
"Cinderela" 329
O ciclo de contos de fadas do noivo animal — A luta pela
 maturidade 381

NOTAS 425
BIBLIOGRAFIA 443

AGRADECIMENTOS

MUITAS PESSOAS ESTIVERAM envolvidas na criação de contos de fadas. Muitas pessoas também contribuíram para a redação deste livro, principalmente as crianças, cujas respostas me deram consciência da importância das histórias de fadas em suas vidas; e a psicanálise, que me permitiu acesso ao significado mais profundo das histórias. Foi minha mãe quem me revelou o mundo mágico dos contos de fadas; sem sua influência, este livro não teria sido escrito. Ao escrevê-lo, recebi sugestões valiosas de amigos que demonstraram um amável interesse em meus esforços. Pelas sugestões, sou grato a Marjorie e Al Flarsheim, Frances Gitelson, Elizabeth Goldner, Robert Gottlieb, Joyce Jack, Paul Kramer, Ruth Marquis, Jacqui Sanders, Linnea Vacca e muitos outros.

Joyce Jack preparou o manuscrito; foi graças a seus esforços pacientes e extremamente sensíveis que ele assumiu sua forma presente. Tive a felicidade de encontrar em Robert Gottlieb o editor raro que combina uma compreensão delicadamente perspicaz e, por conseguinte, bastante encorajadora, com a atitude crítica sólida que o torna o mais desejável revisor final que um autor poderia desejar.

Por último, mas certamente não menos importante, desejo agradecer o generoso apoio da Fundação Spencer, que tornou possível escrever este livro. A compreensão solidária e a amizade de seu presidente, H. Thomas James, proporcionaram um encorajamento muito bem-vindo a meu empreendimento.

Introdução

A luta pelo significado

SE ESPERAMOS VIVER não apenas de momento a momento, mas sim verdadeiramente conscientes de nossa existência, nossa maior necessidade e mais difícil realização será encontrar um significado em nossas vidas. É sobejamente sabido que muitos perderam o desejo de viver, e pararam de tentar, porque tal significado lhes escapou. Uma compreensão do significado da própria vida não é subitamente adquirida numa certa idade, nem mesmo quando se alcança a maturidade cronológica. Ao contrário, a aquisição de uma compreensão segura do que o significado da própria vida pode ou deveria ser é o que constitui a maturidade psicológica. E essa conquista é o resultado final de um longo desenvolvimento: a cada idade buscamos e devemos ser capazes de achar alguma quantidade módica de significado congruente com o quanto nossa mente e compreensão já se desenvolveram.

Ao contrário do que diz o mito antigo, a sabedoria não irrompe integralmente desenvolvida como Atenas saindo da cabeça de Zeus; é construída por meio de pequenos passos a partir do começo mais irracional. Somente na idade adulta, uma compreensão inteligente do significado de nossa existência neste mundo pode ser obtida de nossa experiência nele. Infelizmente, muitos pais querem que as mentes dos filhos funcionem como as suas — como se uma compreensão madura de nós mesmos e do mundo e nossas ideias sobre o significado da vida não tivessem que se desenvolver tão lentamente quanto nossos corpos e mentes.

Hoje, como no passado, a tarefa mais importante e também a mais difícil na criação de uma criança é ajudá-la a encontrar significado na vida. Muitas experiências de crescimento são necessárias para se chegar a isso. A criança, à medida que se desenvolve, deve aprender passo a passo a se entender melhor; com isso, torna-se mais capaz de entender os outros e, eventualmente, pode se relacionar com eles de forma mutuamente satisfatória e significativa.

Para encontrar um significado mais profundo, devemos ser capazes de transcender os limites estreitos de uma existência autocentrada e acreditar que daremos uma contribuição significativa para a vida — senão de imediato, ao menos em algum tempo futuro. Esse sentimento é necessário para que uma pessoa se sinta satisfeita consigo mesma e com o que está fazendo. Para não ficar à mercê dos acasos da vida, devemos desenvolver nossos recursos íntimos, de modo a que nossas emoções, imaginação e intelecto se ajudem e se enriqueçam mutuamente. Nossos sentimentos positivos nos dão força para desenvolver nossa racionalidade; só a esperança no futuro pode sustentar-nos nas adversidades com que inevitavelmente nos deparamos.

Como educador e terapeuta de crianças gravemente perturbadas, minha tarefa principal foi a de restituir um significado às suas vidas. Esse trabalho tornou claro para mim que, se as crianças fossem criadas de modo tal que a vida fosse significativa para elas, não necessitariam de ajuda especial. Vi-me confrontado com o problema de deduzir quais experiências na vida de uma criança são as mais adequadas para promover sua capacidade de encontrar significado nela; para dotar a vida em geral de mais significado. Com respeito a essa tarefa, nada é mais importante do que o impacto dos pais e das outras pessoas que cuidam da criança; em segundo lugar vem a nossa herança cultural, quando transmitida à criança da maneira correta. Quando as crianças são pequenas, é a literatura que canaliza melhor esse tipo de informação.

Tendo em vista esse fato, fiquei profundamente insatisfeito com grande parte da literatura destinada a desenvolver a mente e a personalidade da criança, pois não consegue estimular e alimentar os recursos de que ela mais necessita para lidar com seus difíceis problemas íntimos. As cartilhas e manuais em que aprende a ler na escola são destinados ao ensino das habilidades necessárias, sem levar em conta o significado. A maioria esmagadora do restante da chamada "literatura infantil" procura divertir ou informar, ou as duas coisas. Mas grande parte desses livros são tão superficiais em substância que quase nada de significativo se pode obter deles. A aquisição de habilidades, inclusive a de ler, fica destituída de valor quando o que se aprendeu a ler não acrescenta nada de importante à nossa vida.

Todos tendemos a avaliar os méritos futuros de uma atividade na base do que ela oferece no momento. Mas isso é especialmente verdadeiro no caso da criança, pois, muito mais do que o adulto, ela vive o presente e, embora tenha angústias a respeito de seu futuro, dispõe somente das mais vagas noções acerca do que ele pode solicitar ou de como poderá ser. A ideia de que, aprendendo a ler, a pessoa, mais tarde, poderá enriquecer a sua vida é vivenciada como uma promessa vazia quando as histórias que a criança escuta ou está lendo no momento são inexpressivas. A pior característica desses livros infantis é que logram a criança no que ela deveria ganhar com a experiência da literatura: acesso a um significado mais profundo e àquilo que é significativo para ela nesse estágio de desenvolvimento.

Para que uma história realmente prenda a atenção da criança, deve entretê-la e despertar a sua curiosidade. Contudo, para enriquecer a sua vida, deve estimular-lhe a imaginação: ajudá-la a desenvolver seu intelecto e a tornar claras suas emoções; estar em harmonia com suas ansiedades e aspirações; reconhecer plenamente suas dificuldades e, ao mesmo tempo, sugerir soluções para os problemas que a perturbam. Resumindo, deve relacionar-se simultaneamente com todos os aspectos de sua personalidade — e isso sem nunca menosprezar a seriedade de suas dificuldades mas, ao contrário, dando-lhe total crédito e, a um só tempo, promovendo a confiança da criança em si mesma e em seu futuro.

Em todos esses aspectos e em vários outros, no conjunto da "literatura infantil" — com raras exceções —, nada é tão enriquecedor e satisfatório, seja para a criança, seja para o adulto, do que o conto de fadas popular. É bem verdade que, num nível manifesto, os contos de fadas pouco ensinam sobre as condições específicas da vida na moderna sociedade de massa; eles foram inventados muito antes do seu surgimento. No entanto, por meio deles pode-se aprender mais sobre os problemas íntimos dos seres humanos e sobre as soluções corretas para suas dificuldades em qualquer sociedade do que com qualquer outro tipo de história compreensível por uma criança. Como a criança está exposta a cada momento à sociedade em que vive, certamente aprenderá a enfrentar suas condições, desde que seus recursos íntimos lhe possibilitem fazê-lo.

Justamente porque a vida é com frequência desconcertante para a criança, ela necessita mais ainda que lhe seja dada a oportunidade de entender a si própria nesse mundo complexo com o qual deve aprender a lidar. Para que possa fazê-lo, precisa que a ajudem a dar um sentido coerente ao seu turbilhão de sentimentos. Necessita de ideias sobre como colocar ordem na sua casa interior, e com base nisso poder criar ordem na sua vida. Necessita — e isso mal requer ênfase neste momento de nossa história — de uma educação moral que, de modo sutil e só implicitamente, a conduza às vantagens do comportamento moral, não por meio de conceitos éticos abstratos, mas daquilo que lhe parece tangivelmente correto e, portanto, significativo.

A criança encontra esse tipo de significado nos contos de fadas. Como muitas outras percepções psicológicas modernas, esta foi antecipada há muito tempo pelos poetas. O poeta alemão Schiller escreveu: "Há um significado mais profundo nos contos de fadas que me contaram na infância do que na verdade que a vida ensina" (*The Piccolomini*, III, 4)

Ao longo dos séculos (quando não de milênios) durante os quais os contos de fadas, ao serem recontados, foram se tornando cada vez mais refinados, eles passaram a transmitir ao mesmo tempo significados manifestos e latentes — passaram a falar simultaneamente a todos os níveis da personalidade humana, comunicando de uma maneira que atinge a mente ineducada da criança tanto quanto a do adulto sofisticado. Aplicando o modelo psicanalítico da personalidade humana, os contos de fadas transmitem importantes mensagens à mente consciente, à pré-consciente e à inconsciente, seja em que nível for que cada uma esteja funcionando no momento. Lidando com problemas humanos universais, particularmente os que preocupam o pensamento da criança, essas histórias falam ao ego que desabrocha e encorajam o seu desenvolvimento, ao mesmo tempo em que aliviam pressões pré-conscientes e inconscientes. À medida que as histórias se desenrolam, dão crédito consciente e corpo às pressões do id, mostrando caminhos para satisfazê-las que estão de acordo com as exigências do ego e do superego.

Mas meu interesse pelos contos de fadas não resulta de uma análise técnica de seus méritos. É, ao contrário, consequência de eu me perguntar por que razão, na minha experiência, as crianças — tanto as normais quanto as anormais, e em todos os níveis de inteligência — acham os contos de fadas populares mais satisfatórios do que todas as outras histórias infantis.

Quanto mais tentei entender a razão pela qual essas histórias têm tanto êxito no enriquecimento da vida interior da criança, mais me dei conta de que esses contos, num sentido bem mais profundo do que qualquer outro material de leitura, começam no ponto em que a criança efetivamente se acha em seu ser psicológico e emocional. Falam de suas graves pressões interiores de um modo que ela inconscientemente compreende e, sem menosprezar as lutas íntimas mais sérias que o crescimento pressupõe, oferecem exemplos tanto de soluções temporárias quanto permanentes para dificuldades prementes.

Quando uma bolsa da Fundação Spencer me possibilitou a disponibilidade para estudar as contribuições que a psicanálise pode dar à educação das crianças — e uma vez que ler e ouvir outros lerem são meios essenciais de educação —, pareceu-me apropriado usar essa oportunidade para explorar com mais detalhes e profundidade a razão de os contos de fadas populares serem tão valiosos em seu desenvolvimento. Minha esperança é que uma compreensão apropriada dos méritos únicos dos contos de fadas induzirá pais e professores a de novo conferir-lhes o papel central que tiveram durante séculos na vida da criança.

Os Contos de Fadas e a Dificuldade Existencial

Para dominar os problemas psicológicos do crescimento — superando decepções narcisistas, dilemas edipianos, rivalidades fraternas; tornando-se capaz de abandonar dependências infantis; adquirindo um sentimento de individualidade e de autoestima e um sentido de obrigação moral — a criança precisa entender o que está se passando dentro de seu eu consciente para que possa também enfrentar o que se passa em seu inconsciente. Ela pode atingir esse entendimento e, com ele, a capacidade de enfrentamento, não pela compreensão racional da natureza e do conteúdo de seu inconsciente, mas familiarizando-se com ele graças à fabricação de devaneios — ruminando, reorganizando e fantasiando sobre elementos fabulares apropriados em resposta a pressões inconscientes. Assim fazendo, a criança adapta o seu conteúdo inconsciente às fantasias conscientes, e isso a capacita a lidar com esse conteúdo. É aqui que os contos de fadas têm um valor inigualável, conquanto ofereçam novas dimensões à imaginação da criança que ela seria incapaz de descobrir por si só de modo tão verdadeiro. Mais importante ainda: sua forma e estrutura sugerem à criança imagens com as quais ela pode estruturar seus devaneios e com eles dar melhor direção à sua vida.

Na criança ou no adulto, o inconsciente é um determinante poderoso do comportamento. Se o inconsciente é recalcado e nega-se a entrada de seu conteúdo na consciência, eventualmente a mente consciente da pessoa será em parte dominada por derivativos desses elementos inconscientes, caso contrário esta se verá forçada a manter um controle de tal forma rígido e compulsivo sobre eles que sua personalidade poderá vir a ser gravemente danificada. Mas, quando o material inconsciente *tem,* até certo ponto, permissão de aflorar à consciência e ser trabalhado na imaginação, seus danos potenciais — para nós mesmos e para os outros — ficam muito reduzidos; algumas de suas formas podem então ser postas a serviço de propósitos positivos. Todavia, a crença prevalecente nos pais é de que a criança deve ser afastada daquilo que mais a perturba: suas angústias amorfas e inomináveis, suas fantasias caóticas, raivosas e mesmo violentas. Muitos pais acreditam que só a realidade consciente ou imagens agradáveis e otimistas deveriam ser apresentadas à criança — que ela só deveria se expor ao lado agradável das coisas. Mas essa dieta unilateral nutre apenas unilateralmente o espírito, e a vida real não é só sorrisos.

Há uma recusa generalizada a permitir que as crianças saibam que a fonte de tantos insucessos na vida está na nossa própria natureza — na propensão de todos os homens para agir de forma agressiva, antissocial e egoísta, por raiva e angústia. Em vez disso, queremos que nossos filhos acreditem que todos os homens são inerentemente bons. Entretanto, as crianças sabem que *elas* não são sempre boas; e, com frequência, mesmo quando são, prefeririam não sê-lo. Isso contradiz o que lhes é dito pelos pais e, desse modo, torna a criança um monstro a seus próprios olhos.

A cultura dominante deseja fingir, particularmente no que se refere às crianças, que o lado obscuro do homem não existe, e professa a crença num aprimoramento otimista. A própria psicanálise é encarada como tendo o propósito de tornar a vida fácil — mas não foi isso o que o seu fundador pretendeu. A psicanálise foi criada para capacitar o homem a aceitar a natureza problemática da vida sem ser derrotado por ela, ou levado ao escapismo. A prescrição de Freud é de que só lutando corajosamente contra o que aparenta ser desvantagens esmagadoras o homem consegue extrair um sentido da sua existência.

Essa é exatamente a mensagem que os contos de fadas transmitem à criança de forma variada: que uma luta contra dificuldades graves na vida é inevitável, é parte intrínseca da existência humana — mas que, se a pessoa não se intimida e se defronta resolutamente com as provações inesperadas e muitas vezes injustas, dominará todos os obstáculos e ao fim emergirá vitoriosa.

As histórias modernas escritas para crianças pequenas evitam sobretudo esses problemas existenciais, embora eles sejam questões cruciais para todos nós. A criança necessita muito particularmente que lhe sejam dadas sugestões em forma simbólica sobre o modo como ela pode lidar com essas questões e amadurecer com segurança. As histórias "seguras" não mencionam nem a morte, nem o envelhecimento — os limites à nossa existência —, nem tampouco o desejo de vida eterna. O conto de fadas, em contraste, confronta a criança honestamente com as dificuldades humanas básicas.

Por exemplo, muitas histórias de fadas começam com a morte da mãe ou do pai: nesses contos, a morte do genitor cria os problemas mais angustiantes, tal como ela (ou o medo dela) o faz na vida real. Outras histórias se referem a um genitor idoso que decide que é tempo de deixar a nova geração assumir. Mas antes que isso possa ocorrer, o sucessor tem de se provar capaz e merecedor. A história dos irmãos Grimm, "As Três Penas", começa: "Era uma vez um rei que tinha três filhos... Quando o rei ficou velho e fraco e estava pensando no seu fim, não sabia qual de seus filhos deveria herdar o trono depois dele." De modo a decidir, o rei estabelece para todos os seus filhos uma difícil tarefa: o filho que melhor a enfrentar "será rei após minha morte".

É característico dos contos de fadas colocar um dilema existencial de maneira breve e incisiva. Isso permite à criança apreender o problema em sua forma mais essencial, enquanto que uma trama mais complexa confundiria as coisas para ela. O conto de fadas simplifica todas as situações. Suas personagens são esboçadas claramente; e detalhes, exceto quando muito importantes, são eliminados. Todas as personagens são típicas em lugar de únicas.

Ao contrário do que acontece em muitas histórias infantis modernas, nos contos de fadas o mal é tão onipresente quanto a virtude. Em praticamente todo conto de fadas, o bem e o mal são corporificados sob a forma de algumas personagens e de suas ações, uma vez que o bem e o mal são onipresentes na vida e as propensões para ambos estão presentes em todo homem. É essa dualidade que coloca o problema moral e requer a luta para resolvê-lo.

O mal não é isento de atrações — simbolizadas pelo poderoso gigante ou dragão, o poder da bruxa, a astuta rainha em "Branca de Neve" — e com frequência se vê temporariamente vitorioso. Em muitos contos de fadas, um usurpador consegue por algum tempo tomar o lugar que de direito pertence ao herói — tal como as irmãs malvadas fazem em "Cinderela". Não é o fato de o malfeitor ser punido no final da história que torna a imersão em contos de fadas uma experiência de educação moral, embora isso dela faça parte. Nos contos de fadas, como na vida, a punição ou o medo dela é apenas um fator limitado de inibição do crime. A convicção de que o crime não compensa é um meio de inibição muito mais efetivo, e essa é a razão pela qual, nas histórias de fadas, a pessoa má sempre perde. Não é o fato de a virtude vencer no final que promove a moralidade, mas sim o fato de o herói ser extremamente atraente para a criança, que se identifica com ele em todas as suas lutas. Devido a essa identificação, ela imagina que sofre com o herói suas provas e tribulações, e triunfa com ele quando a virtude sai vitoriosa. A criança faz tais identificações inteiramente por conta própria, e as lutas interiores e exteriores do herói lhe imprimem moralidade.

As personagens nos contos de fadas não são ambivalentes — não são ao mesmo tempo boas e más, como somos todos na realidade. Mas, uma vez que a polarização domina a mente da criança, ela também domina os contos de fadas. Uma pessoa é ou boa ou má, sem meio-termo. Um irmão é tolo, o outro, esperto. Uma irmã é virtuosa e trabalhadora, as outras, vis e preguiçosas. Uma é bela, as outras, feias. Um genitor é só bondade, o outro, maldade. A justaposição de personagens opostas não tem o propósito de frisar o comportamento correto, como seria o caso em contos admonitórios. (Há alguns contos de fadas amorais em que a bondade ou a maldade, a beleza ou a feiura não desempenham nenhum papel.) A apresentação das polarizações de caráter permite à criança compreender facilmente a diferença entre ambas, o que ela não poderia fazer tão prontamente se as personagens fossem retratadas de modo mais semelhante à vida, com todas as complexidades que caracterizam as pessoas reais. As ambiguidades devem esperar até que tenha sido estabelecida uma personalidade relativamente firme com base nas identificações positivas. Então a criança tem uma base para compreender que há grandes diferenças entre as pessoas e que, por conseguinte, uma pessoa tem que fazer opções sobre quem ela quer ser. Essa decisão básica, sobre a qual todo o desenvolvimento ulterior da personalidade se construirá, é facilitada pelas polarizações do conto de fadas.

Além disso, as escolhas das crianças são baseadas não tanto no certo *versus* o errado mas em quem desperta a sua simpatia e quem a sua antipatia. Quanto mais simples e direta é uma personagem boa, tanto mais fácil para a criança identificar-se com ela e rejeitar a outra má. Ela se identifica com o herói bom não por causa de sua bondade, mas porque a condição deste tem para ela um profundo apelo positivo. A questão para a criança não é: "Será que quero ser bom?", mas: "Com quem quero me parecer?". Ela decide isso com base em sua projeção entusiástica numa personagem. Se essa personagem de contos de fadas é uma pessoa muito boa, então a criança decide que quer ser boa também.

Os contos de fadas amorais não mostram nenhuma polarização ou justaposição de pessoas boas e más; isso porque essas histórias amorais servem a um propósito inteiramente diverso. Contos ou personagens típicas tais como o "Gato de Botas", que providencia o sucesso do herói por meio da trapaça, e João, que rouba o tesouro do gigante, edificam o caráter não promovendo escolhas entre o bem e o mal, mas dando à criança a esperança de que mesmo o mais submisso pode ter sucesso na vida. Afinal, qual a utilidade de escolher se tornar uma boa pessoa quando nos sentimos tão insignificantes que tememos nunca conseguir chegar a ser alguma coisa? A questão nesses contos não é a moralidade, mas sim a certeza de que uma pessoa pode ter sucesso. O encarar-se a vida seja acreditando na possibilidade de vencer suas dificuldades, seja na expectativa da derrota, é também um problema existencial muito importante.

Todos os profundos conflitos íntimos que têm origem em nossas pulsões primitivas e emoções violentas são negados em grande parte da literatura infantil moderna, e desse modo não se ajuda a criança a lidar com eles. Mas a criança está sujeita a sentimentos desesperados de solidão e isolamento e, com frequência, experimenta uma angústia mortal. Na maioria das vezes, ela é incapaz de expressar esses sentimentos em palavras, ou só pode fazê-lo indiretamente: medo do escuro, de algum animal, angústia acerca de seu corpo. Uma vez que reconhecer essas emoções em seu filho cria desconforto num genitor, este tende a passar por cima delas, ou então subestima esses medos verbalizados devido a sua própria angústia, acreditando que isso encobrirá os temores da criança.

O conto de fadas, ao contrário, leva muito a sério essas angústias e dilemas existenciais e se dirige diretamente a eles: a necessidade de ser amado e o medo de ser considerado sem valor; o amor pela vida e o medo da morte. Ademais, oferece soluções de modos tais que sejam passíveis de apreensão pela criança no seu nível de compreensão. Por exemplo, os contos de fadas colocam o dilema do desejo da vida eterna quando, ocasionalmente, assim se encerram: "Se eles não morreram, ainda estão vivos." O outro final — "E viveram felizes para sempre" — não ilude sequer um momento a criança sobre a possibilidade de vida eterna. Mas indica, isto sim, a única coisa que pode tornar menos dolorosos os limites reduzidos de nosso tempo nesta terra: construir um vínculo verdadeiramente satisfatório com alguém. Os contos de fadas ensinam que, quando uma pessoa assim fez, chegou ao máximo possível para o homem em matéria de existência emocionalmente segura e relacionamento permanente; e só isso pode dissipar o medo da morte. Se uma pessoa encontrou o verdadeiro amor adulto, diz também o conto de fadas, não precisa desejar a vida eterna. Isso é sugerido por outro final muito comum: "Eles viveram ainda um longo tempo, felizes e satisfeitos."

Uma visão desinformada vê nesse tipo de final uma realização de desejo irrealista, esquecendo completamente a mensagem importante que transmite à criança. Esses contos sugerem-lhe que, formando uma verdadeira relação interpessoal, a pessoa escapa da angústia da separação que a persegue (e que serve de palco para muitos contos de fadas, mas é sempre resolvida em seu final). Além disso, como conta a história, não é agarrando-se eternamente à mãe, como a criança deseja e acredita, que esse final se torna possível. Se tentamos escapar da angústia da separação e da angústia da morte mantendo-nos desesperadamente agarrados a nossos pais, apenas seremos cruelmente forçados à separação, como João e Maria.

Só partindo para o mundo é que o herói dos contos de fadas (a criança) pode se encontrar nele; e, fazendo-o, encontrará também o outro com quem será capaz de viver feliz para sempre, isto é, sem nunca mais ter de experimentar a angústia da separação. O conto de fadas é orientado para o futuro e conduz a criança — em termos que ela pode entender tanto na sua mente consciente quanto na inconsciente — a abandonar seus desejos de dependência infantil e a alcançar uma existência independente mais satisfatória.

Hoje, as crianças não crescem mais cercadas da segurança de uma família numerosa, ou de uma comunidade bem integrada. Por conseguinte, mais ainda do que na época em que os contos de fadas foram inventados, é importante prover a criança moderna com imagens de heróis que têm de partir para o mundo sozinhos e que — apesar de no início ignorarem o que o futuro lhes reserva — encontram nele lugares seguros ao seguir seus caminhos com uma profunda confiança interior.

O herói do conto de fadas avança isolado por algum tempo, assim como a criança moderna com frequência se sente isolada. Ajuda-o o fato de estar em contato com coisas primitivas — uma árvore, um animal, a natureza —, da mesma forma como a criança se sente mais em contato com essas coisas do que a maioria dos adultos. O destino desses heróis a convence de que, como eles, ela pode se sentir rejeitada e abandonada no mundo, tateando no escuro, mas, como eles, no decorrer de sua vida ela será guiada passo a passo e receberá ajuda quando necessário. Hoje, ainda mais do que no passado, a criança necessita da segurança oferecida pela imagem do homem isolado que, não obstante, é capaz de alcançar relações significativas e compensadoras com o mundo a seu redor.

O Conto de Fadas: Uma Forma de Arte Única

Enquanto diverte a criança, o conto de fadas a esclarece sobre si própria e favorece o desenvolvimento de sua personalidade. Oferece tantos níveis distintos de significado e enriquece a sua existência de tantos modos que nenhum livro pode fazer justiça à profusão e diversidade das contribuições dadas por esses contos à vida da criança.

Este livro tenta mostrar como as histórias de fadas representam, de forma imaginativa, aquilo em que consiste o processo sadio de desenvolvimento humano, e como os contos tornam tal desenvolvimento atraente para que a criança se empenhe nele. Esse processo de crescimento começa com a resistência aos pais e o medo de crescer, e termina no momento em que o jovem efetivamente se encontrou, alcançou independência psicológica e maturidade moral e não mais vê o outro sexo como ameaçador ou demoníaco, sendo antes capaz de se relacionar positivamente com ele.

Resumindo, este livro explica por que os contos de fadas dão contribuições psicológicas tão grandes e positivas para o crescimento interior da criança.

O prazer que experimentamos quando nos permitimos ser sensíveis a um conto de fadas, o encantamento que sentimos, não vem do significado psicológico de um conto (embora isso contribua para tal) mas de suas qualidades literárias — o próprio conto como uma obra de arte. Ele não poderia ter seu impacto psicológico sobre a criança se não fosse primeiro e antes de tudo uma obra de arte.

Os contos de fadas são ímpares, não só como uma forma de literatura, mas como obras de arte integralmente compreensíveis pela criança como nenhuma outra forma de arte o é. Como sucede com toda grande arte, o significado mais profundo do conto de fadas será diferente para cada pessoa, e diferente para a mesma pessoa em vários momentos de sua vida. A criança extrairá significados diferentes do mesmo conto de fadas, dependendo de seus interesses e necessidades do momento. Tendo oportunidade, voltará ao mesmo conto quando estiver pronta a ampliar os velhos significados ou substituí-los por novos.

Como obras de arte, os contos de fadas têm muitos aspectos dignos de serem explorados para além do significado e impacto psicológicos a que se dedica este livro. Por exemplo, nossa herança cultural encontra expressão nos contos de fadas, e por meio deles é comunicada à mente infantil.* Um outro volume poderia detalhar a contribuição única que

---

*Um exemplo pode servir de ilustração: Na história dos Irmãos Grimm "Os Sete Corvos", sete irmãos desaparecem e se transformam em corvos quando sua irmã nasce. A água tem que ser buscada do poço numa vasilha para o batismo da menina e a perda do jarro é o incidente fatídico que serve de palco para a história. A cerimônia de batismo também anuncia o começo de uma existência cristã. É possível ver os sete irmãos como representando aquilo que tinha de desaparecer para que o cristianismo surgisse. Se assim for, eles representam o mundo pré-cristão, pagão, no qual os sete planetas simbolizavam os deuses celestes da Antiguidade. A menina recém-nascida é então a nova religião, que só pode ter sucesso se o antigo credo não interferir no seu desenvolvimento. Com o cristianismo, os irmãos, que representam o paganismo, ficam relegados à escuridão. Mas, como corvos, eles habitam uma montanha no fim do mundo, e isso sugere sua existência continuada num mundo subterrâneo, subconsciente. O seu retorno à humanidade ocorre apenas porque a irmã sacrifica um de seus dedos, e isso está de acordo com a ideia cristã de que apenas os que estão dispostos a sacrificar a parte do corpo que os impede de atingir a perfeição, caso o requeira a circunstância, terão permissão de entrar no céu. A nova religião, o cristianismo, pode libertar inclusive aqueles que permaneceram de início presos ao paganismo.

os contos de fadas podem dar à educação moral da criança, tópico que é apenas mencionado nas páginas que se seguem.

Os folcloristas abordam os contos de fadas com um instrumental pertinente à sua disciplina; os linguistas e críticos literários examinam seus significados por outras razões. É interessante observar que, por exemplo, alguns veem no motivo da deglutição de Chapeuzinho Vermelho pelo lobo o tema da noite devorando o dia, da lua eclipsando o sol, do inverno substituindo as estações quentes, do deus engolindo a vítima sacrificial, e assim por diante. Por mais interessantes que sejam tais interpretações, elas parecem ter pouco a oferecer ao pai ou educador que deseja saber que significado uma história de fadas pode ter para a criança, cuja experiência, afinal, está bem distante de interpretações do mundo baseadas em preocupações com a natureza ou deidades celestiais.

Os contos de fadas também abundam em motivos religiosos; muitas histórias bíblicas são de natureza idêntica aos contos de fadas. As associações conscientes e inconscientes que estes evocam na mente do ouvinte dependem de seu sistema geral de coordenadas e de suas preocupações pessoais. Daí que as pessoas religiosas encontrarão neles muitas coisas de importância que não são mencionadas aqui.

A maioria dos contos de fadas se originou em períodos em que a religião era uma parte muito importante da vida; sendo assim, eles lidam, diretamente ou por inferência, com temas religiosos. As histórias das *Mil e Uma Noites* estão cheias de referências à religião islâmica. Uma grande quantidade de contos de fadas ocidentais tem conteúdos religiosos; mas a maioria dessas histórias é negligenciada hoje em dia e desconhecida do grande público exatamente porque, para muitos, esses temas não mais despertam associações universal e individualmente significativas. O descaso para com "A Filha de Nossa Senhora", uma das mais belas histórias dos Irmãos Grimm, ilustra essa tendência. Ela começa exatamente como "João e Maria": "No meio de uma grande floresta habitavam um lenhador e sua mulher." Como em "João e Maria", o casal era tão pobre que não podia mais alimentar-se e à filhinha de três anos de idade. Comovida por sua desgraça, a Virgem Maria lhes aparece e se oferece para tomar conta da menininha, a quem leva consigo para o céu. Lá, a menina vive uma vida maravilhosa até atingir a idade de quatorze anos. Então, à semelhança do conto, em outros aspectos tão diferente deste, "O Barba Azul", a Virgem confia à menina as chaves de treze portas, doze das quais ela pode abrir, mas não a décima terceira. A menina não consegue resistir à tentação; mente sobre isso e, em consequência, tem que voltar muda à terra. Sofre duras provas e está para ser queimada. Nesse momento, como deseja apenas confessar seu delito, recupera a voz e a Virgem lhe outorga "felicidade para a vida inteira". A lição da história é: uma voz usada para dizer mentiras só leva à perdição; é melhor ser privado dela, como sucede com a heroína. Mas uma voz usada para se arrepender, para admitir as próprias falhas e declarar a verdade, leva à redenção.

Algumas das outras histórias dos Irmãos Grimm contêm ou começam com alusões religiosas. "O Velho que Voltou a Ser Jovem" começa: "No tempo em que Nosso Senhor ainda andava pela terra, Ele e São Pedro pararam uma noite na casa de um ferreiro..." Noutra história, "O Pobre e o Rico", Deus, como qualquer outro herói de contos de fadas, está cansado de andar. Essa história começa: "Antigamente, quando o próprio Senhor ainda costumava caminhar nesta terra entre os homens, aconteceu uma vez de Ele estar cansado e de ser surpreendido pela escuridão antes de poder alcançar um albergue. Nesse momento, na estrada diante dele havia duas casas, uma em frente à outra..." No entanto, por mais importantes e fascinantes que sejam esses aspectos religiosos dos contos de fadas, eles estão fora do alcance e propósito deste livro, e portanto não são examinados aqui.

Mesmo dentro do propósito relativamente restrito deste livro — o de sugerir por que os contos de fadas são tão significativos para as crianças, ajudando-as a lidar com os problemas psicológicos do crescimento e da integração de suas personalidades —, algumas limitações, sérias mas necessárias, tiveram que ser aceitas.

A primeira reside no fato de hoje em dia apenas um pequeno número de contos de fadas ser amplamente conhecido. A maioria das questões levantadas neste livro poderia ter sido mais vividamente ilustrada se tivesse sido possível remeter a algumas das histórias mais obscuras. Mas como esses contos, outrora familiares, são atualmente

A Psicanálise dos Contos de Fadas | 23

desconhecidos, teria sido necessário reproduzi-los aqui, o que tornaria incômodo o tamanho do livro. Por conseguinte, decidimos nos concentrar numas poucas histórias de fadas que se mantêm populares para mostrar alguns de seus significados subjacentes e como estes podem se relacionar com os problemas de crescimento da criança e com a compreensão de nós mesmos e do mundo. E a segunda parte do livro, em lugar de buscar uma abrangência exaustiva que está além de seu alcance, examina em certo detalhe algumas das mais conhecidas entre as favoritas, em busca do significado e prazer que se possa obter delas.

Se este livro fosse dedicado a apenas um ou dois contos, teria sido possível mostrar muitas outras de suas facetas, embora mesmo assim uma investigação completa de suas profundezas não teria sido alcançada: isso porque cada história tem muitos níveis de significados. Que história é mais importante para uma criança específica numa idade específica depende inteiramente de seu estágio psicológico de desenvolvimento e dos problemas que mais a pressionam no momento. Enquanto que, durante a redação do livro, parecia razoável que me concentrasse nos significados centrais de um conto de fadas, isso tinha a desvantagem de negligenciar outros aspectos que poderiam ser muito mais significativos para alguma criança individualmente, em virtude dos problemas com que estivesse lutando na ocasião. É essa, então, outra limitação necessária desta apresentação.

Por exemplo, ao discutir "João e Maria", o empenho da criança em se agarrar aos pais, mesmo tendo chegado a hora de enfrentar o mundo por conta própria, é enfatizado, bem como a necessidade de transcender uma oralidade primitiva, simbolizada pela fascinação infantil com a casa de broa de gengibre. Sendo assim, ao que parece esse conto de fadas tem muito a oferecer à criança pequena prestes a dar seus primeiros passos em direção ao mundo. Dá corpo a suas angústias e oferece segurança no que diz respeito a esses medos porque, mesmo em sua forma mais exagerada — angústia de ser devorado —, se revelam injustificáveis: as crianças saem vitoriosas no final, e um inimigo extremamente ameaçador — a bruxa — é completamente derrotado. Desse modo, poder-se-ia afirmar que essa história tem sua maior atração e valor para a criança na idade em que os contos de fadas começam a exercer seu impacto benéfico, isto é, por volta dos quatro ou cinco anos.

Mas a angústia de separação — o medo de ser abandonado — e o medo de passar fome, incluindo a voracidade oral, não estão restritos a um período particular de desenvolvimento. Tais medos ocorrem em todas as idades no inconsciente; e, assim sendo, esse conto também tem significado e oferece encorajamento a crianças mais velhas. Na verdade, alguém mais velho pode achar bem mais difícil admitir conscientemente seu medo de ser abandonado pelos pais, ou de enfrentar sua voracidade oral; e essa é mais uma razão para deixar o conto de fadas falar a seu inconsciente, dar corpo às suas angústias inconscientes e aliviá-las, sem que isso jamais chegue ao conhecimento consciente.

Outras características da mesma história podem oferecer a orientação e a segurança de que está tão necessitada uma criança mais velha. Na primeira adolescência, uma menina ficou fascinada por "João e Maria", e obteve grande conforto ao ler e reler o conto, fantasiando sobre ele. Quando criança, ela fora dominada por um irmão ligeiramente mais velho. Ele, de certa forma, lhe mostrara o caminho, tal como João fizera ao espalhar as pedrinhas que os guiaram de volta ao lar. Na adolescência, essa moça continuou a se apoiar no irmão; e essa característica da história lhe trazia segurança. Mas, ao mesmo tempo, ela também se ressentia do seu domínio. Sem que estivesse consciente disso na ocasião, sua luta pela independência girava em torno da figura de João. A história mostrou a seu inconsciente que seguir a liderança de João a conduzia para trás, e não para a frente, e era também significativo que, embora João fosse o líder no começo da história, era Maria quem no final conseguia a independência para ambos, pois era ela quem derrotava a bruxa. Quando adulta, essa mulher veio a entender que o conto de fadas lhe fora de grande ajuda para se livrar da dependência do irmão, já que a convencera de que uma dependência anterior em relação a ele não necessitaria interferir com a posterior ascendência dela. Assim, uma história que, por determinada razão, tinha sido significativa para ela quando era uma criança pequena forneceu-lhe orientação na adolescência por uma razão inteiramente diversa.

O motivo central de "Branca de Neve" é a menina púbere superando de todos os modos a madrasta má que, por ciúmes, lhe nega uma existência independente — o que é simbolicamente representado pela madrasta tentando destruir Branca de Neve. O significado mais profundo da história para uma determinada menina de cinco anos estava todavia bem distante desses problemas da puberdade. Sua mãe era tão fria e distante que ela se sentia perdida. A história lhe assegurava que não precisava desesperar: Branca de Neve, traída por sua madrasta, foi salva por homens — primeiro, os anões e, depois, o príncipe. Essa criança, também, não se desesperou por causa do abandono da mãe, mas acreditou que o resgate viria dos homens. Confiante em que "Branca de Neve" lhe mostrava o caminho, ela se voltou para o pai, que respondeu favoravelmente; o final feliz do conto de fadas tornou possível a essa menina encontrar uma solução feliz para o impasse existencial em que a falta de interesse de sua mãe a projetara. Assim, um conto de fadas pode ter um significado importante tanto para uma criança de cinco anos como para uma de treze, embora os significados pessoais que dele extraiam possam ser bem diferentes.

Em "Rapunzel", somos informados de que a feiticeira trancou Rapunzel na torre quando esta atingiu a idade de doze anos. Assim, a sua história é igualmente a de uma menina púbere e de uma mãe ciumenta que tenta impedi-la de ganhar a independência — um típico problema adolescente, que encontra uma solução feliz quando Rapunzel se une ao príncipe. Mas um menino de cinco anos obteve dessa história uma tranquilização bem diversa. Quando soube que sua avó, que cuidava dele a maior parte do dia, teria que ir para o hospital devido a uma doença grave — sua mãe estava trabalhando o dia todo e não havia pai no lar —, ele pediu que lhe lessem a história de Rapunzel. Nesse momento crítico de sua vida, dois elementos do conto foram importantes para ele. Primeiro, havia a proteção contra todos os perigos que a mãe substituta dava à criança, uma ideia que lhe era muito atraente naquele momento. De modo que aquilo que normalmente poderia ser visto como uma representação de um comportamento negativo, egoísta, foi capaz de ter um significado dos mais tranquilizadores em circunstâncias específicas. E ainda mais importante para o menino era outro motivo central da história: o fato de que Rapunzel achou os meios de escapar de sua condição em seu próprio corpo: as tranças pelas quais o príncipe subia até o seu quarto na torre. O fato de que nosso corpo seja capaz de prover um salva-vidas reassegurou-o de que, se necessário, ele igualmente encontraria no próprio corpo a fonte de sua segurança. Isso mostra que um conto de fadas — uma vez que se dirige da forma mais imaginativa aos problemas humanos essenciais, e o faz de um modo indireto — pode ter muito a oferecer a um menino pequeno ainda que a heroína da história seja uma menina adolescente.

Esses exemplos podem ajudar a neutralizar qualquer impressão provocada por minha concentração aqui nos motivos principais de uma história, e demonstrar que os contos de fadas têm grande significado psicológico para crianças de todas as idades, tanto meninas quanto meninos, independentemente da idade e do sexo do herói da história. Obtém-se um significado pessoal rico das histórias de fadas porque elas facilitam mudanças na identificação, já que a criança lida com diferentes problemas, um de cada vez. À luz de sua identificação anterior com a Maria que estava feliz em ser guiada por João, a identificação posterior da adolescente com a Maria que venceu a bruxa fez com que seu desenvolvimento rumo à independência fosse mais compensador e seguro. O fato de o menino pequeno primeiramente encontrar segurança na ideia de ser mantido a salvo dentro da torre lhe permitiu depois se envaidecer com a descoberta de que uma segurança muito mais confiável podia ser encontrada naquilo que seu corpo tinha a lhe oferecer, como se provendo-o de um salva-vidas.

Como não podemos saber em que idade um conto específico será mais importante para uma criança específica, não podemos decidir qual dos vários contos lhe deveria ser contado num determinado momento ou por quê. Isso só a criança pode determinar e revelar pela força com que reage emocionalmente àquilo que um conto evoca na sua mente consciente e inconsciente. Naturalmente, um pai começará contando ou lendo para seu filho uma história de que ele próprio gostava quando criança, ou de que ainda gosta. Se a criança não se sente atraída pela história, isso significa que os motivos ou temas aí apresentados não conseguiram despertar uma resposta significativa nesse momento da sua vida. Então é melhor contar-lhe um outro conto de fadas na noite seguinte. Logo ela indicará que uma certa história se tornou importante para si, seja respondendo-lhe de imediato, seja pedindo para que lhe seja contada repetidas vezes. Se tudo correr bem, o entusiasmo da criança pela história será contagioso, e esta se tornará importante também para o pai, quanto mais não seja porque significa tanto para ela. Finalmente, chegará o momento em que a criança terá obtido tudo o que pode da história preferida, ou que os problemas que faziam com que respondesse a ela terão sido substituídos por outros que encontram melhor expressão nalgum outro conto. Ela pode então perder temporariamente o interesse por essa história e sentir mais prazer numa outra. Ao contar histórias de fadas, é sempre melhor seguir a indicação da criança.

Mesmo que um genitor adivinhe corretamente a razão pela qual o filho se envolveu emocionalmente com um determinado conto, é melhor que guarde esse conhecimento para si. As experiências e reações mais importantes da criança pequena são em sua maior parte subconscientes e devem permanecer assim até que ela atinja uma idade e compreensão mais maduras. É sempre invasivo interpretar os pensamentos inconscientes de uma pessoa, tornar consciente o que ela deseja manter pré-consciente, e isso é especialmente verdade no caso da criança. Tão importante para seu bem-estar quanto sentir que seu genitor compartilha suas emoções, ao divertirem-se ambos com o mesmo conto de fadas, é sentir que seus pensamentos íntimos não são conhecidos por ele até que ela decida revelá-los. Se o genitor indica que já os conhece, a criança é impedida de lhe dar o presente mais precioso, o de compartilhar com ele o que até então ela tinha como secreto e privado. E uma vez que, além disso, um genitor é muito mais poderoso que uma criança, seu domínio pode parecer ilimitado — e, em consequência, destrutivamente assoberbante — caso ele pareça capaz de ler seus pensamentos secretos, de conhecer seus sentimentos mais recônditos, mesmo antes de ela própria se tornar ciente deles.

Explicar para uma criança por que um conto de fadas é tão cativante para ela destrói, além de tudo, o encantamento da história, que depende, em grau considerável, de a criança não saber absolutamente por que está maravilhada. E, ao lado do confisco desse poder de encantar, há também uma perda do potencial que tem a história para ajudar a criança a lutar por conta própria e a dominar por si só o problema que em princípio tornou a história significativa para ela. As interpretações adultas, por mais corretas que sejam, roubam da criança a oportunidade de sentir que ela, por conta própria, por meio de repetidas audições e ruminações acerca da história, enfrentou com êxito uma situação difícil. Nós crescemos, encontramos sentido na vida e segurança em nós mesmos por termos entendido e resolvido problemas pessoais por nossa conta, e não por eles nos terem sido explicados por outros.

Os motivos dos contos de fadas não são sintomas neuróticos, algo que alguém se sente melhor entendendo racionalmente de forma a poder se livrar deles. Tais motivos são vivenciados como maravilhosos porque a criança se sente compreendida e apreciada bem no âmago de seus sentimentos, esperanças e angústias, sem que tudo isso tenha que ser extraído e investigado sob a luz austera de uma racionalidade que ainda está fora do seu alcance. Os contos de fadas enriquecem a vida da criança e lhe dão uma dimensão encantada exatamente porque ela não sabe absolutamente como as histórias levaram a cabo seu encantamento sobre ela.

Este livro foi escrito para ajudar os adultos, e especialmente os que têm crianças sob seus cuidados, a se tornarem conscientes da importância de tais contos. Como já foi apontado, inumeráveis interpretações que não as sugeridas no texto que se segue podem ser pertinentes; os contos de fadas, como todas as verdadeiras obras de arte, possuem uma riqueza e profundidade multifárias que transcendem de longe aquilo que mesmo o mais cuidadoso dos exames digressivos pode extrair deles. O que é dito neste livro deveria ser visto apenas como ilustrativo e sugestivo. Se o leitor for estimulado a ir por conta própria além da superfície, extrairá significados pessoais ainda mais variados dessas histórias, que então se tornarão também mais significativas para a criança a quem venha a contá-las.

Aqui, porém, uma limitação especialmente crucial deve ser notada: só se pode apreciar o verdadeiro significado e o verdadeiro impacto de um conto de fadas e experimentar seu encantamento por intermédio da história em sua forma original. Descrever as características significativas de um conto de fadas dá tão pouco a sensação daquilo a que ele remete quanto a listagem dos acontecimentos num poema contribui para a sua apreciação. Todavia tal descrição de características principais é tudo que um livro desse tipo pode fornecer, a não ser que reimprimisse as histórias. Como a maioria desses contos está à disposição noutros lugares, esperamos que sejam lidos paralelamente ao livro.* Quer se trate de "Chapeuzinho Vermelho", "Cinderela" ou de qualquer outro conto de fadas, só a própria história permite uma apreciação de suas qualidades poéticas, e, com isso, uma compreensão da maneira pela qual enriquece uma mente receptiva.

---

*As versões dos contos de fadas abordadas neste livro estão indicadas nas Notas finais.

PARTE 1
Um Punhado de Magia

A Vida Adivinhada a Partir do Interior

"Chapeuzinho Vermelho foi meu primeiro amor. Senti que se me tivesse sido possível casar com Chapeuzinho Vermelho teria conhecido a felicidade perfeita." Essa afirmação feita por Charles Dickens indica que ele, como muitos milhões de crianças por todo o mundo ao longo dos tempos, foi enfeitiçado pelos contos de fadas. Mesmo quando mundialmente famoso, Dickens reconheceu o profundo impacto formador que as maravilhosas personagens e acontecimentos dos contos de fadas haviam tido sobre ele e seu gênio criador. Repetidas vezes expressou desdém por aqueles que, motivados por uma racionalidade desinformada e mesquinha, insistiam em racionalizar, expurgar ou proscrever essas histórias, roubando assim às crianças as importantes contribuições que os contos de fadas podiam dar a suas vidas. Dickens percebia que as imagens dos contos de fadas, melhor do que qualquer outra coisa, auxiliam as crianças em sua mais difícil e no entanto mais importante e satisfatória tarefa: obter uma consciência mais madura para civilizar as pressões caóticas de seu inconsciente.[1]

Hoje, como no passado, as mentes tanto das crianças criativas quanto das comuns podem se abrir à apreciação de todas as coisas superiores da vida por intermédio dos contos de fadas, dos quais podem passar facilmente à apreciação das maiores obras da literatura e da arte. O poeta Louis MacNeice, por exemplo, diz que: "As verdadeiras histórias de fadas sempre significaram muito para mim como pessoa, mesmo quando eu estava numa escola pública onde admiti-lo era sinônimo de perda de prestígio. Ao contrário do que muitos ainda hoje dizem, uma história de fadas, pelo menos da espécie popular clássica, é algo muito mais sólido do que o romance naturalista médio, que estabelece vínculos pouco mais profundos que os de uma coluna de fofocas. A partir de contos populares e de contos de fadas sofisticados, como os de Hans Christian Andersen ou os da mitologia nórdica, e histórias como as dos livros de Alice e *Water Babies,* qualifiquei-me, aproximadamente aos 12 anos, para a *Faerie Queene.*[2] Críticos literários como G. K. Chesterton e C. S. Lewis perceberam que as histórias de fadas eram "explorações espirituais" e, por conseguinte, "muito semelhantes à vida", uma vez que revelam "a vida humana como é vista, ou sentida, ou adivinhada a partir do interior".[3]

Os contos de fadas, diferentemente de qualquer outra forma de literatura, direcionam a criança para a descoberta de sua identidade e vocação, e também sugerem as experiências que são necessárias para desenvolver ainda mais o seu caráter. Os contos de fadas dão a entender que uma vida compensadora e boa está ao alcance da pessoa apesar da adversidade — mas apenas se ela não se intimidar com as lutas arriscadas sem as quais nunca se adquire a verdadeira identidade. Essas histórias garantem que, se uma criança ousar se engajar nessa busca atemorizante e onerosa, poderes benevolentes virão em seu auxílio e ela será bem-sucedida. As histórias também advertem que aqueles que são temerosos e tacanhos a ponto de não se arriscarem à autodescoberta devem se contentar com uma existência enfadonha — se um destino ainda pior não recair sobre eles.

As gerações passadas de crianças que apreciavam e sentiam a importância dos contos de fadas estavam sujeitas apenas ao escárnio de pedantes, como aconteceu com MacNeice. Hoje em dia, muitas de nossas crianças são ainda mais cruelmente destituídas, porque são de todo privadas da oportunidade de conhecer os contos de fadas. A maioria das crianças de agora conhece os contos de fadas apenas em versões enfeitadas e simplificadas, que lhes abrandam o sentido e lhes roubam todo significado mais profundo — versões como as dos filmes e espetáculos de TV, nas quais os contos de fadas são transformados em diversão tola.

Ao longo da maior parte da história da humanidade, a vida intelectual de uma criança, tirante as experiências imediatas dentro da família, dependeu das histórias míticas e religiosas e dos contos de fadas. Essa literatura tradicional alimentava a imaginação da criança e lhe estimulava a fantasia. Simultaneamente, já que essas histórias respondiam às suas questões mais importantes, eram um dos principais agentes de sua socialização. Os mitos e as lendas religiosas a eles intimamente relacionadas ofereciam um material a partir do qual as crianças formavam seus conceitos da origem e propósito do mundo, e dos ideais sociais que lhes poderiam servir de modelo. Eram as imagens do invencível herói Aquiles e do astuto Ulisses; de Hércules, cuja história de vida mostrava que não está abaixo da dignidade do mais forte dos homens limpar o mais imundo dos estábulos; de São Martinho, que cortou seu casaco ao meio para vestir um pobre mendigo. Não foi somente a partir de Freud que o mito de Édipo se tornou a imagem pela qual compreendemos os problemas sempre novos porém velhíssimos que nos são colocados pelos sentimentos complexos e ambivalentes acerca de nossos pais. Freud se referiu a essa história antiga para nos tornar conscientes do inescapável caldeirão de emoções com que cada criança, a seu próprio modo, tem que lidar numa certa idade.

Na civilização hindu, a história de Rama e Sita (parte do *Ramayana*), que fala da tranquila coragem de ambos e da devoção apaixonada de um para com o outro, é o protótipo das relações amorosas e conjugais. A cultura, além do mais, convida cada um a tentar reviver esse mito na sua própria vida; toda noiva hindu é chamada Sita e, como parte da cerimônia de seu casamento, ela representa certos episódios do mito.

Num conto de fadas, os processos interiores são exteriorizados e se tornam compreensíveis tal como representados pelas personagens da história e por seus incidentes. Por essa razão, na medicina tradicional hindu, um conto de fadas que emprestasse forma a seu problema particular era oferecido para meditação a uma pessoa desorientada psiquicamente. Esperava-se que, ao meditar sobre a história, a pessoa perturbada fosse levada a visualizar tanto a natureza do impasse existencial de que padecia quanto a possibilidade de sua resolução. A partir daquilo que um conto específico sugeria acerca do desespero do homem e de suas esperanças e métodos de vencer tribulações, o paciente poderia descobrir não só um caminho para sair de sua desgraça mas também um caminho para a autodescoberta, como fazia o herói da história.

Mas a suprema importância dos contos de fadas para o indivíduo em crescimento reside em algo mais do que ensinamentos sobre as formas corretas de se comportar neste mundo — tal sabedoria é plenamente suprida na religião, nos mitos e nas fábulas. As histórias de fadas não pretendem descrever o mundo tal como é, nem dão conselhos sobre o que alguém deva fazer. Se o fizessem, o paciente hindu seria induzido a seguir um padrão imposto de comportamento, o que não é apenas má terapia mas o oposto de terapia. O conto de fadas é terapêutico porque o paciente encontra suas *próprias* soluções, por meio da contemplação daquilo que a história parece sugerir acerca de si e de seus conflitos íntimos nesse momento de sua vida. O conteúdo do conto escolhido normalmente não tem nada a ver com a vida exterior do paciente, mas muito a ver com seus problemas interiores, que parecem incompreensíveis e portanto insolúveis. O conto de fadas claramente não se refere ao mundo exterior, embora possa começar de forma bastante realista e ter traços do cotidiano inscritos nele. A natureza irreal desses contos (à qual objetam os racionalistas de mente estreita) é um artifício importante, porque torna evidente que o que interessa aos contos de fadas não é a informação útil sobre o mundo exterior, mas os processos interiores que têm lugar num indivíduo.

Na maioria das culturas, não existe uma linha nítida separando o mito do conto popular ou de fadas; todos eles formam a literatura das sociedades pré-alfabetizadas. As línguas nórdicas têm apenas uma palavra para ambas: *saga*. O alemão manteve a palavra *Sage* para os mitos, enquanto que as histórias de fadas são chamadas *Märchen*. É uma pena que tanto a denominação inglesa quanto a francesa para essas histórias enfatizem o papel das fadas, uma vez que na maioria delas não aparece nenhuma fada. Os mitos, assim como as histórias de fadas, atingem uma forma definitiva apenas quando são consignados por escrito e não ficam mais sujeitos a alterações contínuas. Antes de serem redigidas, essas histórias ou eram condensadas ou amplamente elaboradas ao serem recontadas ao longo dos séculos; algumas histórias se fundiam a outras. Todas eram modificadas por aquilo que o narrador julgava ser mais interessante para os ouvintes, por suas preocupações do momento ou pelos problemas especiais de sua época.

Algumas histórias folclóricas e de fadas se desenvolveram a partir dos mitos; outras foram a eles incorporadas. Ambas as formas incorporaram a experiência cumulativa de uma determinada sociedade, uma vez que os homens desejavam relembrar a sabedoria passada e transmiti-la às gerações futuras. Esses contos fornecem percepções profundas que sustentaram a humanidade nas longas vicissitudes de sua existência, uma herança que não é revelada às crianças sob nenhuma outra forma de modo tão simples, direto e acessível.

Os mitos e os contos de fadas têm muito em comum. Mas, nos mitos, muito mais do que nas histórias de fadas, o herói civilizador se apresenta ao ouvinte como uma personagem que, tanto quanto possível, ele deve emular em sua própria vida.

Um mito, tal como uma história de fadas, pode expressar um conflito interior de forma simbólica e sugerir como pode ser resolvido — mas essa não é necessariamente a sua preocupação central. O mito apresenta seu tema de modo majestoso; transmite uma força espiritual; e o divino está presente e é vivenciado na forma de heróis sobre-humanos que fazem solicitações constantes aos simples mortais. Por mais que nós, os mortais, possamos nos empenhar em ser como esses heróis, permaneceremos sempre e obviamente inferiores a eles.

As personagens e situações dos contos de fadas também personificam e ilustram conflitos íntimos, mas sempre sugerem sutilmente como esses conflitos podem ser solucionados e quais os próximos passos a serem dados rumo a uma humanidade mais elevada. O conto de fadas é apresentado de um modo simples, despretensioso; nenhuma solicitação é feita ao ouvinte. Isso impede que até a menor das crianças se sinta compelida a agir de maneiras específicas, e ela nunca é levada a se sentir inferior. Longe de fazer solicitações, o conto de fadas reassegura, dá esperança para o futuro e oferece a promessa de um final feliz. Por essa razão, Lewis Carrol o chamou de uma "dádiva de amor", um termo que dificilmente se aplicará a um mito.*

Obviamente, nem toda história contida numa coleção intitulada "Contos de Fadas" está de acordo com esses critérios. Muitas dessas histórias são simplesmente divertimentos, contos admonitórios ou fábulas. Se são fábulas, dizem por meio de palavras, ações ou acontecimentos — por fabulosos que estes possam ser — o que alguém deve fazer. As fábulas solicitam e ameaçam — elas são moralistas — ou apenas entretêm. Para decidir se uma história é um conto de fadas ou algo inteiramente diferente, a pessoa deve se perguntar se ela poderia ser corretamente chamada de "dádiva de amor" para uma criança. Esse não é um mau caminho para se chegar a uma classificação.

Para entender como uma criança vê os contos de fadas, vamos considerar como exemplos as várias histórias de fadas nas quais uma criança derrota pela astúcia um gigante que a apavora ou mesmo lhe ameaça a vida. Que as crianças intuitivamente compreendem o que esses "gigantes" representam é ilustrado pela reação espontânea de uma de cinco anos de idade.

Encorajada pela discussão sobre a importância que os contos de fadas têm para as crianças, uma mãe venceu sua hesitação em contar essas histórias "sangrentas e ameaçadoras" para seu filho. A partir de suas conversas com ele, sabia que o filho já tinha fantasias sobre comer gente ou sobre gente sendo devorada. Então ela lhe contou a história de "João, o Matador de Gigantes".[4] Sua resposta no final da história foi: "Não existem gigantes, existem?" Antes que a mãe pudesse lhe dar a resposta tranquilizadora que estava na ponta da língua — e que teria destruído o valor da história para ele —, o filho prosseguiu: "Mas existem adultos, e eles são como gigantes." Na amadurecida idade avançada

---

*"Criança da pura fronte sem névoas
E sonhadores olhos de espanto!
Embora o tempo seja veloz
E meia vida nos separe
Seu adorável sorriso decerto saudará
O presente de amor de um conto de fadas."
C. L. Dodgson (Lewis Carroll), em *Através do Espelho*.

de cinco anos, ele compreendeu a mensagem encorajadora da história: embora os adultos possam ser vistos como gigantes assustadores, um menininho astucioso pode levar a melhor sobre eles.

Essa observação revela uma fonte da relutância adulta em contar histórias de fadas: não nos sentimos à vontade ao pensar que às vezes parecemos a nossos filhos gigantes ameaçadores, embora assim seja. Tampouco queremos aceitar o quanto eles acham fácil nos enganar, ou nos fazer de bobos, e o quanto se deliciam com essa ideia. Mas, contando ou não histórias de fadas para eles, nós *realmente* — como prova o exemplo desse menininho — lhes parecemos gigantes egoístas que desejam manter para si todas as coisas maravilhosas que dão poder. As histórias de fadas asseguram às crianças que elas podem, eventualmente, levar a melhor sobre o gigante — isto é, podem crescer para ser como o gigante e adquirir os mesmos poderes. Essas são "as poderosas esperanças que nos tornam homens".[5]

De modo ainda mais significativo, se nós, os pais, contamos histórias para nossos filhos, podemos lhes dar a segurança mais importante de todas: nossa aprovação ao fato de brincarem com a ideia de levar a melhor sobre esses gigantes. Aqui, ler não é o mesmo que ouvir de alguém a história, porque enquanto lê sozinha a criança pensa que apenas algum estranho — a pessoa que escreveu a história ou organizou o livro — aprova que se sobrepuje e se abata o gigante. Mas quando os pais lhe contam a história, uma criança pode ter certeza de que eles aprovam a retaliação feita em fantasia à ameaça imposta pela predominância adulta.

"O Pescador e o Gênio"

O Conto de Fadas Comparado à Fábula

Um dos contos das *Mil e Uma Noites*, "O Pescador e o Gênio", proporciona uma representação quase completa do motivo de conto de fadas que retrata um gigante em conflito com uma pessoa comum.[6] Esse tema é, de alguma forma, comum a todas as culturas, pois as crianças em toda parte temem e se irritam com os poderes dos adultos sobre elas. (No Ocidente, o tema e mais conhecido na forma exemplificada pela história dos Irmãos Grimm, "O Gênio da Garrafa".) As crianças sabem que, a não ser que cumpram as ordens do adulto, só têm um meio de se salvar da sua ira: vencê-lo pela astúcia.

"O Pescador e o Gênio" conta como um pobre pescador lança sua rede ao mar quatro vezes. Primeiro, ele captura um asno morto; da segunda vez, um cântaro cheio de areia e lama. O terceiro esforço lhe fornece menos do que os anteriores: potes e vidros quebrados. Na quarta vez, o pescador extrai um jarro de cobre e, quando o abre, emerge uma enorme nuvem que se materializa num gênio gigante que ameaça matá-lo apesar de todas as suas súplicas. O pescador se salva graças a sua sagacidade: escarnece do gênio, duvidando em voz alta de que ele, imenso, possa caber num recipiente tão pequeno; desse modo o induz a voltar ao jarro para prová-lo. Rapidamente o pescador tampa e veda o jarro e o joga de volta ao oceano.

Noutras culturas, o mesmo tema pode surgir numa versão em que a personagem má se materializa num animal grande e feroz que ameaça devorar o herói, o qual, exceto pela astúcia, não é rival para seu adversário. O herói então reflete em voz alta que deve ser fácil para um espírito tão poderoso tomar a forma de uma criatura enorme, mas ele não seria capaz de se transformar num animal pequeno, como um rato ou um passarinho. Esse recurso à vaidade do espírito significa a sua condenação. Para mostrar que nada é impossível para ele, o espírito mau se transforma num pequeno animal que, então, é facilmente vencido pelo herói.[7]

A história de "O Pescador e o Gênio" é mais rica em mensagens ocultas do que outras versões desse motivo dos contos de fadas, pois contém detalhes significativos que nem sempre se encontram noutras versões. Um traço característico é uma descrição de como o gênio se tornou tão cruel a ponto de desejar matar a pessoa que o libertou; outro é que três tentativas sem sucesso são finalmente recompensadas na quarta vez.

De acordo com a moral adulta, quanto mais longo um aprisionamento, tanto mais grato o prisioneiro deveria ficar à pessoa que o libertasse. Mas não é assim que o gênio o descreve: enquanto ficou confinado na garrafa durante os primeiros cem anos, ele "disse de si para si: 'Tornarei rico para sempre aquele que me soltar. Mas o século todo se passou e, uma vez que ninguém me libertou, eu adentrei os cem anos seguintes dizendo: 'Àquele que me soltar eu facultarei os tesouros da terra.' Mais uma vez ninguém me libertou, e quatrocentos anos se passaram. Então eu disse: 'Àquele que me soltar, eu satisfarei três desejos.' Mas ninguém me libertou. Tive, em consequência, um grande acesso de cólera e disse para mim mesmo: 'De agora em diante, matarei aquele que me soltar...'"

É exatamente assim que uma criança pequena se sente ao ser "abandonada". Inicialmente pensa consigo mesma o quão feliz ficará quando sua mãe voltar; ou, se mandada para seu quarto, o quão contente ficará quando receber permissão para sair novamente, e como recompensará a mãe. Mas, à medida que o tempo passa, a criança fica cada vez mais zangada, e fantasia a terrível vingança que exercerá sobre aqueles que a abandonaram. O fato de que, na realidade, ela poderá ficar muito feliz quando o castigo for suspenso não altera o oscilar de seus pensamentos entre a recompensa e a punição dos que lhe infligiram mal-estar. Por conseguinte, o modo como os pensamentos do gênio evoluem dão à história veracidade psicológica aos olhos de uma criança.

Um exemplo dessa progressão de sentimentos foi dado por um menino de três anos cujos pais tinham ido para o exterior por várias semanas. O menino vinha falando perfeitamente bem antes da partida de seus pais, e continuou a fazê-lo com a mulher que tomava conta dele e dos outros. Mas, na volta dos pais, ele não disse nenhuma palavra para eles ou para qualquer outra pessoa durante duas semanas. A partir do que ele dissera à sua governanta, ficou claro que, durante os primeiros dias da ausência dos pais, ele tinha aguardado com grande expectativa a sua volta. No final da primeira semana, contudo, começou a dizer quão zangado estava por eles o terem deixado, e como acertaria as contas com eles na volta. Uma semana mais tarde, recusava-se até mesmo a falar sobre seus pais, e ficava violentamente furioso com qualquer um que os mencionasse. Quando a mãe e o pai finalmente chegaram, ele silenciosamente se afastou deles. Apesar de todos os esforços para se chegar até ele, o menino permaneceu inamovível em sua rejeição. Foram necessárias várias semanas de compreensão compassiva de seu estado por parte dos pais para que ele voltasse a ser como antes. Parece claro que, à medida que o tempo passava, a raiva da criança fora aumentando a ponto de se tornar tão violenta e esmagadora que ela teve medo de, caso se deixasse levar, destruir seus pais ou ser destruído em retaliação. Sua recusa a falar era sua defesa: seu modo de se proteger, e aos pais, das consequências de sua raiva violenta.

Não há como saber se na língua original de "O Pescador e o Gênio" existe alguma expressão que se assemelhe à que em inglês se refere a sentimentos "engarrafados". Mas a imagem do confinamento numa garrafa era tão pertinente então como o é agora para nós. De algum modo, toda criança tem experiências similares às do menino de três anos, embora usualmente de uma forma menos extrema e sem reações manifestas como a dele. Por si própria, a criança não sabe o que lhe aconteceu, tudo o que sabe é que *tem* de agir desse modo. Os esforços para ajudá-la a compreender racionalmente não produzirão efeito sobre ela e, além de tudo, irão frustrá-la, pois ela ainda não pensa racionalmente.

Se dissermos a uma criança pequena que um menino ficou tão zangado com seus pais que não falou com eles por duas semanas, sua reação será: "Isso é tolice!". Se tentarmos explicar por que o menino não falou por duas semanas, a criança que ouve ficará ainda mais convicta de que agir dessa forma é tolice — agora não só porque considera a ação tola, mas também porque a explanação não faz sentido para ela.

Uma criança não pode aceitar conscientemente que sua raiva possa deixá-la sem fala, ou que ela possa desejar destruir aqueles de quem depende para sua existência. Compreender isso significaria ter de aceitar o fato de suas próprias emoções poderem dominá-la de tal forma que não teria controle sobre elas — um pensamento bastante assustador. A ideia de que dentro de nós possam residir forças que estão além de nosso controle é muito ameaçadora para ser alimentada, e não apenas por uma criança.*

Para uma criança, a ação toma o lugar da compreensão, e isso se torna tanto mais verdadeiro quanto mais intensamente ela sinta. Uma criança pode ter aprendido a *dizê-lo* de outro modo sob orientação adulta, mas, tal como ela realmente o vê, as pessoas não choram porque estão tristes: elas simplesmente choram. As pessoas não atacam e destroem ou param de falar porque estão zangadas; elas simplesmente fazem essas coisas. Uma criança pode ter aprendido ser possível aplacar os adultos explicando a própria ação assim: "Eu fiz isso porque estou zangado", mas isso não muda o fato de que ela não experimenta a raiva como raiva, mas apenas como um impulso para ferir, destruir, manter-se em silêncio. Somente na puberdade começamos a reconhecer nossas emoções pelo que são sem agir imediatamente sobre elas ou desejar fazê-lo.

Os processos inconscientes da criança só se tornam claros para ela por intermédio de imagens que falam diretamente a seu inconsciente. As imagens evocadas pelos contos de fadas fazem isso. Do mesmo modo que a criança não pensa: "Quando mamãe voltar, eu ficarei feliz", mas sim: "Eu darei alguma coisa para ela", também o gênio disse de

---

*O quão perturbador é para uma criança pensar que, em seu interior, processos poderosos estão ocorrendo à sua revelia pode ser ilustrado pelo que aconteceu com uma de sete anos quando seus pais tentaram lhe explicar que suas emoções a tinham levado a fazer coisas que eles — e ela — severamente desaprovavam. A reação da criança foi: "Você quer dizer que tem uma máquina dentro de mim que funciona todo o tempo e que a qualquer momento pode me explodir?" Daí em diante, este menino viveu durante algum tempo num verdadeiro pavor de autodestruição iminente.

si para si: "Enriquecerei aquele que me soltar." Do mesmo modo que a criança não pensa: "Estou com tanta raiva que poderia matar essa pessoa", mas sim: "Quando eu a vir, eu a matarei", também o gênio diz: "Eu matarei quem me soltar." Se dissermos que uma pessoa *real* pensa ou age dessa forma, essa ideia desperta angústia em demasia para permitir sua compreensão. Mas a criança sabe que o gênio é uma personagem imaginária, por isso ela pode se permitir reconhecer aquilo que o motiva sem ser forçada a fazer uma aplicação direta a si própria.

Enquanto a criança tece fantasias em torno da história — e, caso não o faça, o conto de fadas perde muito de seu impacto —, ela lentamente se familiariza com o modo de o gênio responder à frustração e ao encarceramento, um passo importante em direção à familiaridade com reações paralelas dela própria. Uma vez que é um conto de fadas proveniente da terra do nunca que apresenta à criança essas imagens de comportamento, sua mente pode oscilar entre: "É verdade, é assim que uma pessoa age e reage" e: "É tudo mentira, é apenas uma história", dependendo de quão pronta esteja para reconhecer esses processos nela própria.

E, o mais importante de tudo, uma vez que o conto de fadas garante um final feliz, a criança não precisa ter medo de permitir que seu inconsciente aflore em sintonia com o conteúdo da história, porque ela sabe que, seja lá o que possa vir a descobrir, "viverá feliz para sempre".

Os exageros fantásticos da história, tal como ser "engarrafado" por séculos, tornam as reações plausíveis e aceitáveis, o que não sucederia com situações apresentadas de modo mais realista, como, por exemplo, a ausência de um dos pais. Para a criança, a ausência dos pais parece uma eternidade — um sentimento que não é afetado pela explicação verdadeira da mãe de que ela só saiu por meia hora. Por conseguinte, os exageros fantásticos do conto de fadas lhe dão o toque de veracidade psicológica — enquanto as explanações realistas parecem psicologicamente mentirosas, apesar de fiéis à realidade.

"O Pescador e o Gênio" ilustra o porquê de o conto de fadas simplificado e expurgado perder todo o valor. Observando-se de fora a história, pareceria desnecessário fazer o pensamento do gênio se alterar a ponto de passar do desejo de recompensar a pessoa que o libertasse à decisão de puni-la. A história poderia ser narrada simplesmente como a de um gênio malvado desejoso de matar seu libertador, que, apesar de ser apenas um ser humano frágil, consegue vencer pela esperteza o poderoso espírito. Mas, nessa forma simplificada, torna-se apenas um conto assustador com um final feliz, sem veracidade psicológica. É a passagem do gênio do desejo de recompensar para o desejo de punir que permite à criança se identificar com a história. Uma vez que o conto descreve de modo tão verdadeiro o que se passou na mente do gênio, a ideia de que o pescador possa ser capaz de vencê-lo pela esperteza também alcança veracidade. É a eliminação desses elementos aparentemente insignificantes que faz com que os contos de fadas percam seu significado mais profundo e, assim, se tornem desinteressantes para a criança.

Sem estar consciente disso, a criança se regozija com a advertência do conto de fadas aos que têm o poder de "engarrafá-la". Há muitas histórias infantis modernas nas quais uma criança suplanta um adulto pelo engenho; mas, por serem muito diretas, não proporcionam alívio em imaginação por se ter sempre que viver sob o tacão do poder adulto; ou então amedrontam a criança, cuja segurança repousa no fato de o adulto ser mais realizado do que ela e apto a protegê-la confiavelmente.

Essa é a importância de se vencer um gênio ou um gigante pela esperteza, contrariamente a se fazer o mesmo com um adulto. Se dizem à criança que ela pode levar a melhor sobre alguém como seus pais, isso de fato proporciona um pensamento prazeroso, mas, ao mesmo tempo, provoca angústia porque, se isso é possível, então ela pode não estar adequadamente protegida por pessoas tão ingênuas. Como um gigante é uma figura imaginária, a criança pode se imaginar superando-o em esperteza a ponto não só de sobrepujá-lo mas também de destruí-lo, e ainda assim conservar os adultos de verdade como protetores.

O conto de fadas "O Pescador e o Gênio" tem várias vantagens sobre os do ciclo de João ("João, o Matador de Gigantes", "João e o Pé de Feijão"). Uma vez que o pescador não só é adulto mas, como nos é dito, também pai de crianças, a história implicitamente diz à criança que seu genitor pode se sentir ameaçado por poderes mais fortes do que ele, porém é tão esperto que os vence. De acordo com esse conto, a criança pode efetivamente obter o melhor de duas situações opostas. Pode se colocar no papel do pescador e se imaginar levando a melhor sobre o gigante. Ou pode colocar seu genitor no papel do pescador e se imaginar como um espírito que pode ameaçá-lo, ao mesmo tempo que está segura de que aquele vencerá.

Um traço aparentemente insignificante mas importante de "O Pescador e o Gênio" é que o pescador tem de experimentar três derrotas antes de capturar o jarro com o gênio dentro. Embora fosse mais simples começar a história com a recolha na rede da garrafa fatídica, esse elemento mostra à criança, sem qualquer moralização, que uma pessoa não pode esperar sucesso numa primeira, ou mesmo segunda ou terceira tentativa. As coisas não são tão fáceis de realizar como se pode imaginar ou desejar. Para alguém menos persistente, as três primeiras recolhas do pescador sugeririam desistir, pois cada esforço levava apenas a coisas piores. A mensagem de que uma pessoa não deve desistir, apesar de insucessos iniciais, é tão importante para as crianças que está contida em muitas fábulas e contos de fadas. A mensagem produz efeito quando apresentada não como uma moral ou exigência, mas de um modo casual que indica que é assim que a vida é. Além disso, a eventualidade mágica de sobrepujar o gênio gigantesco não ocorre sem esforço ou astúcia; essas são boas razões para aguçar a mente de uma pessoa e fazer com que prossiga em seus esforços, qualquer que seja a tarefa.

Outro detalhe nessa história que igualmente pode parecer insignificante, mas cuja eliminação de modo similar enfraqueceria o seu impacto, é o paralelo que é feito entre os quatro esforços do pescador que são finalmente coroados pelo sucesso, e as quatro etapas da raiva gradativa do gênio. Isso justapõe a maturidade do genitor-pescador e a imaturidade do gênio, e coloca o problema crucial que a vida nos apresenta desde cedo: sermos governados por nossas emoções ou por nossa racionalidade.

Para situar o conflito em termos psicanalíticos, ele simboliza a difícil batalha que todos temos que travar: devemos ceder ao princípio de prazer, que nos leva a obter uma satisfação imediata de nossos desejos ou a buscar uma vingança violenta para nossas frustrações, mesmo sobre aqueles que nada têm que ver com elas — ou devemos deixar de viver por tais impulsos e optar por uma vida dominada pelo princípio de realidade, de acordo com o qual temos que estar dispostos a muitas frustrações para obter recompensas duradouras. O pescador, ao não permitir que seus lances decepcionantes o impedissem de prosseguir em seus esforços, escolhe o princípio de realidade, que finalmente lhe traz o êxito.

A decisão em favor do princípio de realidade é tão importante que muitos contos de fadas e mitos tentam ensiná-la. Para ilustrar o modo direto, didático, com que um mito lida com essa escolha crucial, em comparação com o método delicado, indireto e sem exigências e, por conseguinte, psicologicamente mais efetivo, com que os contos de fadas transmitem essa mensagem, consideremos o mito de Hércules.[8]

No mito, é-nos narrado que, para Hércules, "chegara o momento de verificar se usaria seus dons para o bem ou para o mal. Hércules deixou os pastores e foi para uma região solitária para refletir sobre qual deveria ser seu curso na vida. Enquanto estava refletindo, viu duas mulheres altas vindo em sua direção. Uma era bonita e nobre, de semblante modesto. A outra era corpulenta e sedutora e se comportava arrogantemente." A primeira mulher, continua o mito, é a Virtude; a segunda, o Prazer. Cada uma das mulheres faz promessas para o futuro de Hércules caso ele escolha o caminho que ela sugere como seu curso de vida.

Hércules na encruzilhada é uma imagem paradigmática porque todos nós somos, como ele, atraídos pela visão do gozo eterno e fácil, em que "colheremos os frutos do trabalho de outrem e não recusaremos nada que possa trazer proveito", tal como prometido pelo "Prazer Ocioso, camuflado em Felicidade Permanente". Mas também somos chamados pela Virtude e seu "longo e difícil caminho para a satisfação", que diz que "nada é garantido ao homem sem esforço e labor", e que "se você deseja ser estimado por uma cidade, deve lhe prestar serviços; se você deseja colher, deve semear".

A diferença entre o mito e o conto de fadas é realçada pelo fato de o mito nos dizer diretamente que as duas mulheres que falam com

Hércules são "O Prazer Ocioso" e a "Virtude". À semelhança de personagens num conto de fadas, as duas mulheres são corporificações das tendências íntimas conflitivas e dos pensamentos do herói. Nesse mito, as duas são descritas como alternativas, embora esteja implícito que de fato não o são — entre o Prazer Ocioso e a Virtude, devemos escolher a última. O conto de fadas nunca nos confronta de modo tão direto ou nos diz inequivocamente como devemos escolher. Em vez disso, ajuda as crianças a desenvolverem o desejo de uma consciência mais elevada por intermédio daquilo que está implícito na história. O conto de fadas convence pelo apelo que exerce sobre nossa imaginação e pela consumação atraente dos acontecimentos, que nos seduz.

CONTO DE FADAS VERSUS MITO

OTIMISMO VERSUS PESSIMISMO

PLATÃO — QUE talvez tenha compreendido aquilo que forma a mente humana melhor do que alguns de nossos contemporâneos que querem suas crianças expostas apenas a pessoas "reais" e a acontecimentos do dia a dia — sabia o quanto as experiências intelectuais contribuem para a verdadeira humanidade. Ele sugeriu que os futuros cidadãos de sua república ideal começassem a educação literária com a narração de mitos, em lugar dos meros fatos ou dos assim chamados ensinamentos racionais. Mesmo Aristóteles, mestre da razão pura, disse: "O amigo da sabedoria é também um amigo do mito."

Os pensadores modernos que estudaram os mitos e os contos de fadas de um ponto de vista filosófico ou psicológico chegaram à mesma conclusão, independentemente da sua persuasão original. Mircea Eliade, por exemplo, descreve essas histórias como "modelos para o comportamento humano (que), por isso mesmo, dão significação e valor à vida". Traçando paralelos antropológicos, ele e outros sugerem que mitos e contos de fadas derivam de, ou dão expressão simbólica a, ritos de iniciação ou outros *rites de passage* — tais como a morte metafórica de um velho e inadequado eu com a finalidade de renascer num plano mais elevado de existência. Ele percebe que essa é a razão pela qual esses contos vão ao encontro de uma necessidade intensamente sentida e são portadores de significados tão profundos.*[9]

Outros investigadores, com uma orientação em psicologia das profundezas, enfatizam as semelhanças entre os acontecimentos fantásticos dos mitos e contos de fadas e os dos sonhos e devaneios adultos — a realização de desejo, a vitória sobre todos os competidores, a destruição de inimigos — e concluem que um dos atrativos dessa literatura é que ela exprime o que normalmente se impede de chegar à consciência.[10]

Há, é claro, diferenças bastante significativas entre contos de fadas e sonhos. Por exemplo, nos sonhos, quase sempre a realização de desejo é disfarçada, enquanto que nos contos de fadas é expressa abertamente. Num grau considerável, os sonhos são o resultado de pressões interiores que não encontraram alívio, de problemas que envolvem uma pessoa e para os quais ela não conhece solução e os sonhos não a fornecem. O conto de fadas faz o oposto: ele projeta o alívio de todas as pressões e não só oferece caminhos para resolver os problemas como promete uma solução "feliz" para eles.

Não podemos controlar o que se passa em nossos sonhos. Embora nossa censura interna influencie aquilo com que venhamos a sonhar, esse controle ocorre num nível inconsciente. O conto de fadas, por outro lado, é em grande parte o resultado de o conteúdo comum consciente e inconsciente ter sido moldado pela mente consciente, não de uma pessoa em particular, mas pelo consenso de várias a respeito daquilo que consideram problemas humanos universais e do que aceitam como soluções desejáveis. Se todos esses elementos

---

*Eliade, que foi influenciado nesse ponto de vista por Saintyves, escreve: "É impossível negar que as provações e aventuras dos heróis e heroínas do conto de fadas são sempre traduzidos em termos iniciáticos. Ora, isso me parece de importância primordial: desde o tempo (que é tão difícil de determinar) em que os contos de fadas tomaram forma como tais, os homens, tanto primitivos como civilizados, os ouviram com um prazer suscetível de repetição indefinida. Isso equivale a dizer que os enredos iniciáticos — mesmo camuflados como o são nos contos de fadas — são a expressão de um psicodrama que responde a uma necessidade profunda do ser humano. Todo homem deseja experimentar certas situações perigosas, confrontar-se com provas excepcionais, penetrar no Outro Mundo — e ele experimenta tudo isso, ao nível de sua vida imaginativa, ouvindo ou lendo contos de fadas."

não estivessem presentes num conto de fadas, ele não seria recontado por gerações e gerações. Um conto só era recontado repetidamente, e ouvido com grande interesse, se satisfizesse as exigências conscientes e inconscientes de muitas pessoas. Nenhum sonho poderia despertar tal interesse persistente, a menos que fosse transformado em mito, como a história dos sonhos do faraó interpretada por José na Bíblia.

Há uma concordância geral em que mitos e contos de fadas nos falam na linguagem de símbolos representando conteúdos inconscientes. Seu apelo é feito ao mesmo tempo à nossa mente consciente e inconsciente, a todos os seus três aspectos — id, ego e superego — e também à nossa necessidade de ideais do ego. Isso o torna muito eficaz; e, no conteúdo dos contos, os fenômenos psicológicos íntimos são corporificados em forma simbólica.

Os psicanalistas freudianos se preocupam em mostrar que tipo de material recalcado ou de outro modo inconsciente subjaz aos mitos e contos de fadas, e como estes se relacionam com os sonhos e devaneios.[11]

Os psicanalistas junguianos frisam, em acréscimo, que as personagens e os acontecimentos dessas histórias estão de acordo com — e por conseguinte representam — fenômenos psicológicos arquetípicos, e simbolicamente sugerem a necessidade de se alcançar um estado mais elevado de individualidade — uma renovação interior que é obtida a partir do momento em que forças pessoais e raciais inconscientes se tornam disponíveis para a pessoa.[12]

Não há apenas semelhanças essenciais entre os mitos e os contos de fadas; há também diferenças que lhes são inerentes. Embora sejam encontradas em ambos as mesmas personagens e situações exemplares, assim como em ambos tenham lugar acontecimentos igualmente miraculosos, há uma diferença crucial na maneira como são comunicados. Colocado de forma simples, o sentimento dominante que um mito transmite é: isso é absolutamente singular; não poderia ocorrer com nenhuma outra pessoa, ou em qualquer outro cenário; tais acontecimentos são grandiosos, inspiram admiração e não há possibilidade de que pudessem se dar com um mortal comum como você ou eu. A razão não está no fato de os acontecimentos serem miraculosos, mas sim em serem descritos como tais. Em contraste, embora os acontecimentos que têm lugar nos contos de fada sejam com frequência inusitados e bastante improváveis, são sempre apresentados como comuns, algo que poderia acontecer a você, a mim ou à pessoa ao lado num passeio pela floresta. Mesmo os mais notáveis encontros são relatados de maneira casual e cotidiana.

Uma diferença ainda mais significativa entre essas duas espécies de história é o final, que nos mitos é quase sempre trágico, enquanto que nos contos de fadas é quase sempre feliz. Por essa razão, algumas das histórias mais conhecidas encontráveis em coleções de contos de fadas na realidade não pertencem a essa categoria. Por exemplo, "A Menina dos Fósforos" e "O Soldadinho de Chumbo", de Hans Christian Andersen, são belas mas extremamente tristes: elas não transmitem o sentimento de alívio característico dos finais dos contos de fadas. "A Rainha da Neve", de Andersen, por outro lado, está bem perto de ser um verdadeiro conto de fadas.

O mito é pessimista, enquanto que a história de fadas é otimista, não importa o quão terrivelmente sérias possam ser algumas características desta última. É essa diferença decisiva que separa o conto de fadas de outras histórias em que têm lugar acontecimentos igualmente fantásticos, quer o resultado feliz se deva às virtudes do herói, à sorte ou à interferência de figuras sobrenaturais.

Os mitos tipicamente compreendem solicitações do superego em conflito com uma ação motivada pelo id e com os desejos de autopreservação do ego. Um mero mortal é muito frágil para enfrentar os desafios dos deuses. Páris, que segue as ordens de Zeus tais como lhe foram transmitidas por Hermes, e obedece à solicitação das três deusas escolhendo qual terá a maçã, é destruído por ter seguido essas ordens, tal como inúmeros outros mortais ao seguirem o exemplo dessa escolha fatídica.

Por mais arduamente que tentemos, não podemos viver totalmente à altura daquilo que o superego, tal como representado nos mitos pelos deuses, parece solicitar de nós. Quanto mais tentamos agradá-lo, mais implacáveis são suas solicitações. Mesmo quando o herói não sabe que cedeu ao estímulo de seu id, ele ainda assim sofre horrivelmente por isso. Quando um mortal incorre no desagrado de um deus sem ter feito nada de errado, ele é destruído por essas supremas representações do superego. O pessimismo dos mitos é soberbamente exemplificado naquele mito paradigmático da psicanálise, a tragédia de Édipo.

O mito de Édipo, particularmente quando bem representado no palco, desperta poderosas reações intelectuais e emocionais no adulto — tanto assim que pode provocar uma "catarse", como faz toda tragédia de acordo com o ensinamento de Aristóteles. Depois de ver Édipo, um espectador pode se perguntar por que ficou tão profundamente comovido; e, respondendo ao que observa ser sua reação emocional, ruminando sobre os eventos míticos e o que significam para si, uma pessoa pode vir a tornar claros seus pensamentos e sentimentos. Com isso, certas tensões íntimas, que são a consequência de acontecimentos que tiveram lugar há muito tempo, podem ser aliviadas; um material previamente inconsciente pode então ser percebido pela pessoa e se tornar acessível à elaboração consciente. Isso pode acontecer se o observador estiver mobilizado a fundo emocionalmente pelo mito e, ao mesmo tempo, com forte motivação intelectual para compreendê-lo.

Experimentar vicariamente o que aconteceu a Édipo, o que ele disse e o que sofreu, pode permitir ao adulto trazer sua compreensão madura àquilo que até então permanecia sendo angústias de criança, preservadas intactas sob forma infantil na mente inconsciente. Mas essa possibilidade existe apenas porque o mito se refere a situações que ocorreram em épocas as mais remotas, do mesmo modo que os anseios e angústias edipianas do adulto pertencem ao passado mais obscuro de sua vida. Se o significado subjacente de um mito fosse decifrado e apresentado como um fato que poderia ter acontecido na vida consciente de uma pessoa adulta, isso aumentaria muito as velhas angústias, e resultaria em recalque mais profundo.

Um mito não é um conto admonitório como uma fábula, que, ao despertar angústia, impede-nos de agir de maneiras que são descritas como sendo-nos prejudiciais. O mito de Édipo não pode ser nunca vivenciado como uma advertência para que não nos deixemos apanhar numa constelação edipiana. Se nascemos e somos criados como filhos de dois genitores, os conflitos edipianos são inevitáveis.

O complexo de Édipo é o problema crucial da infância — a menos que a criança permaneça fixada num estágio mais primário de desenvolvimento como o estágio oral. Uma criança pequena é completamente enredada em conflitos edipianos como a realidade inescapável de sua vida. A criança mais velha, de cerca de cinco anos em diante, está lutando para se libertar, em parte reprimindo o conflito, em parte resolvendo-o ao criar vínculos emocionais com outros que não os seus pais e, em parte, sublimando-o. Aquilo de que essa criança menos necessita é de ter seus conflitos edipianos ativados por um tal mito. Suponhamos que ela ainda deseje ativamente — ou tenha apenas recalcado esse desejo — livrar-se de um dos genitores de modo a ter o outro exclusivamente para si; se ela é exposta — mesmo que apenas de forma simbólica — à ideia de que, por acaso, sem saber, uma pessoa pode matar um dos genitores e se casar com o outro, então aquilo com que a criança lidou apenas em fantasia assume subitamente uma realidade pavorosa. A consequência dessa exposição só pode ser o aumento da angústia a propósito de si própria e do mundo.

Uma criança não só sonha em desposar o genitor do sexo oposto como ativamente tece fantasias em torno disso. O mito de Édipo conta o que acontece se esse sonho se torna realidade — e mesmo assim a criança ainda não pode abandonar o desejo fantasioso de futuramente vir a desposar o genitor. Depois de ouvir o mito de Édipo, a conclusão na sua mente só poderia ser a de que coisas igualmente horríveis — a morte de um dos genitores e a própria mutilação — acontecerão a ela.

Nessa idade, dos quatro anos até a puberdade, o que a criança mais necessita é que lhe sejam apresentadas imagens simbólicas que a tranquilizem quanto à existência de uma solução feliz para seus problemas edipianos — embora possa achar difícil acreditar nisso —, desde que aos poucos descubra como sair deles. Mas a certeza de um resultado feliz tem que vir primeiro, porque só então a criança terá a coragem de labutar confiantemente para se livrar de sua situação edipiana.

Na infância, mais do que em qualquer outra idade, tudo está em transformação. Enquanto não conseguirmos adquirir intimamente segurança considerável, não podemos nos engajar em lutas psicológicas árduas, a menos que uma saída positiva nos pareça garantida, sejam quais forem as oportunidades que para isso apresente a realidade. O conto de fadas oferece materiais fantasiosos que sugerem sob forma simbólica à criança o que seja a batalha para atingir a autorrealização, e garante um final feliz.

Os heróis míticos oferecem excelentes imagens para o desenvolvimento do superego, mas as exigências que corporificam são tão rigorosas que desencorajam a criança nos seus esforços inexperientes para atingir a integração da personalidade. Enquanto o herói mítico vivência uma transfiguração rumo à vida eterna no céu, a personagem central do conto de fadas vive feliz para sempre na terra, exatamente em meio ao restante de nós. Alguns contos de fadas concluem com a informação de que, se por acaso não morreu, o herói ainda deve estar vivo. Assim, uma existência feliz embora comum é projetada pelos contos de fadas como o resultado das provações e tribulações envolvidas nos processos normais de crescimento.

É verdade que essas crises psicossociais de crescimento são imaginativamente exageradas e simbolicamente representadas nos contos de fadas como encontros com fadas, bruxas, animais ferozes ou personagens de inteligência e astúcia sobre-humanas — mas a humanidade essencial do herói, apesar de suas estranhas experiências, é afirmada pelo lembrete de que ele terá de morrer como qualquer um de nós. Quaisquer que sejam os acontecimentos estranhos que o herói do conto de fadas vivencie, eles não o tornam sobre-humano, como ocorre com o herói mítico. Essa humanidade real sugere à criança que, seja qual for o conteúdo do conto de fadas, ele não é mais do que elaborações e exagerações fantasiosas das tarefas com que ela tem que se defrontar, e dos seus medos e esperanças.

Embora o conto de fadas ofereça imagens simbólicas fantásticas para a solução de problemas, os problemas nele apresentados são corriqueiros: uma criança padecendo de ciúme e discriminação por parte de seus irmãos, como Cinderela; uma criança que é considerada incompetente por seu genitor, como acontece em vários contos de fadas — por exemplo, na história dos Irmãos Grimm, "O Gênio da Garrafa". Além disso, o herói do conto de fadas vence esses problemas aqui mesmo na terra, não por alguma recompensa colhida no céu.

A sabedoria psicológica das eras responde pelo fato de cada mito ser a história de um herói particular: Teseu, Hércules, Beowulf, Brunhild. Não só essas personagens míticas têm nome como também ficamos sabendo o nome de seus pais e de outras personagens principais num mito. Simplesmente não daria certo chamar o mito de Teseu de "O Homem que Matou o Touro" ou o de Niobe de "A Mãe que Teve Sete Filhas e Sete Filhos".

O conto de fadas, em comparação, torna claro que fala de qualquer um, de pessoas muito parecidas conosco. Títulos típicos são "A Bela e a Fera", "O Conto de Fadas de Alguém que Partiu para Conhecer o Medo". Mesmo histórias inventadas recentemente seguem esse padrão — por exemplo, "O Pequeno Príncipe", "O Patinho Feio", "O Soldadinho de Chumbo". Os protagonistas dos contos de fadas são identificados como "uma menina", por exemplo, ou "o irmão mais novo". Se aparecem nomes, fica bem claro que não são nomes próprios, mas nomes genéricos ou descritivos. É-nos dito que: "Porque ela sempre parecia empoeirada e suja, chamavam-na de Cinderela"; ou que: "Um chapeuzinho vermelho lhe caía tão bem que ela era sempre chamada de 'Chapeuzinho Vermelho'." Mesmo quando o herói recebe um nome, como nas histórias de João, ou em "João e Maria", o uso de nomes bem comuns faz deles termos genéricos, valendo para qualquer menino ou menina.

Isso é ainda frisado pelo fato de que nas histórias de fadas ninguém mais tem nome; os pais das personagens principais se mantêm anônimos. São identificados como "pai", "mãe", "madrasta", embora possam ser descritos como "um pobre pescador" ou "um pobre lenhador". Se são "um rei" e "uma rainha", estes são tênues disfarces para pai e mãe, assim como o são "príncipe" e "princesa" para menino e menina. Fadas e feiticeiras, gigantes e fadas madrinhas se mantêm igualmente sem nome, facilitando assim as projeções e identificações.

Os heróis míticos são obviamente de dimensões sobre-humanas, um aspecto que ajuda a tornar essas histórias aceitáveis para a criança. De outro modo a criança seria subjugada pela exigência implícita de imitar o herói em sua própria vida. Os mitos são úteis na formação, não da personalidade total, mas apenas do superego. A criança sabe que lhe é impossível viver à altura da virtude do herói, ou igualar seus feitos; tudo o que se pode esperar dela é que imite o herói nalgum grau menor; por conseguinte, ela não é derrotada pela discrepância entre esse ideal e sua própria pequenez.

Os heróis históricos reais, todavia, tendo sido gente como nós, impressionam a criança com sua própria insignificância quando comparada a eles. Tentar ser guiada e inspirada por um ideal que nenhum ser humano pode alcançar plenamente ao menos não é frustrante — mas empenhar-se em copiar os feitos de grandes indivíduos reais parece desesperançoso para a criança e cria sentimentos de inferioridade: primeiro, porque sabe que não pode fazê-lo, e, segundo, porque teme que outros o possam.

Os mitos projetam uma personalidade ideal que age baseada nas exigências do superego, enquanto que os contos de fadas descrevem uma integração do ego que permite a satisfação apropriada dos desejos do id. Essa diferença responde pelo contraste entre o pessimismo difuso dos mitos e o otimismo essencial dos contos de fadas.

"Os Três Porquinhos"

Princípio de Prazer *Versus* Princípio de Realidade

O MITO DE Hércules lida com a escolha entre seguir na vida o princípio de prazer ou o princípio de realidade. O mesmo faz o conto de fadas "Os Três Porquinhos".[13]

Histórias como "Os Três Porquinhos" são muito mais prestigiadas pelas crianças do que todos os contos "realistas", particularmente se são apresentadas com sentimento pelo narrador. As crianças ficam fascinadas quando o bufar e o soprar do lobo na porta dos porquinhos são representados para elas. "Os Três Porquinhos" ensinam à criança pequenina, da forma mais saborosa e dramática, que não devemos ser preguiçosos e levar as coisas na flauta, porque se o fizermos poderemos perecer. Um planejamento e previsão inteligentes combinados a um trabalho árduo nos fará vitoriosos até mesmo sobre nosso inimigo mais feroz — o lobo! A história também mostra as vantagens de amadurecer, visto que o terceiro e mais sábio dos porquinhos é normalmente retratado como o maior e mais velho.

As casas que os três porquinhos constroem simbolizam o progresso do homem na história: de uma choça desajeitada para uma casa de madeira e, finalmente, para uma casa de tijolos. Interiormente, as ações dos porquinhos mostram o progresso da personalidade dominada pelo id para a personalidade influenciada pelo superego mas essencialmente controlada pelo ego.

O menor dos porquinhos constrói sua casa sem qualquer cuidado, utilizando-se de palha; o segundo usa gravetos; ambos erguem seus abrigos tão rapidamente e sem esforço quanto são capazes, de modo a poderem brincar o resto do dia. Vivendo de acordo com o princípio de prazer, os porquinhos mais novos buscam gratificação imediata, sem pensar no futuro e nos perigos da realidade, embora o porquinho do meio demonstre algum amadurecimento ao tentar construir uma casa um pouco mais substancial do que o mais novo.

Só o terceiro e mais velho dos porquinhos aprendeu a viver de acordo com o princípio de realidade: ele é capaz de adiar seu desejo de brincar, antes agindo de acordo com sua habilidade de prever o que pode acontecer no futuro. É até mesmo capaz de predizer corretamente o comportamento do lobo — o inimigo, ou estranho interiorizado, que tenta nos seduzir e nos fazer cair na armadilha; e, por conseguinte, o terceiro porquinho é capaz de derrotar poderes mais fortes e mais ferozes do que ele. O lobo selvagem e destrutivo representa todos os poderes antissociais, inconscientes e devoradores contra os quais devemos aprender a nos proteger, e que podemos derrotar com a força do próprio ego.

"Os Três Porquinhos" impressiona muito mais as crianças do que a fábula paralela mas manifestamente moralista de Esopo, "A Cigarra e a Formiga". Nessa fábula, uma cigarra, morrendo de fome no inverno, implora a uma formiga que lhe dê um pouco da comida que acumulou arduamente ao longo de todo o verão. A formiga pergunta o que a cigarra esteve fazendo durante aquela estação. Ao saber que a cigarra estivera cantando e não trabalhara, a formiga rejeita seu pedido dizendo: "Já que você pôde cantar o verão todo, também pode dançar o inverno todo."

Esse final é típico das fábulas, que são também contos populares transmitidos de geração a geração. "Uma fábula parece ser, em seu estado genuíno, uma narrativa na qual, com o propósito de instruir moralmente, se finge que seres irracionais e algumas vezes inanimados agem e falam com interesses e paixões humanas" (Samuel Johnson). Frequentemente santimonial, às vezes divertida, a fábula sempre afirma explicitamente uma verdade moral; não há significado oculto, nada é deixado à nossa imaginação.

O conto de fadas, em comparação, deixa todas as decisões por nossa conta, inclusive a de querermos ou não tomá-las. Cabe-nos decidir se desejamos aplicar algo de um conto de fadas à nossa vida ou simplesmente apreciar as situações fantásticas a que se refere. Nosso prazer é o que nos induz a reagir oportunamente aos significados ocultos, na medida em que possam se relacionar à nossa experiência de vida e ao presente estágio de desenvolvimento pessoal.

Uma comparação de "Os Três Porquinhos" com "A Cigarra e a Formiga" acentua a diferença entre um conto de fadas e uma fábula. A cigarra, à semelhança dos porquinhos e da própria criança, está inclinada a brincar, com pouca preocupação quanto ao futuro. Em ambas as histórias a criança se identifica com os animais (embora só um pedante hipócrita possa se identificar com a formiga desagradável, e só uma criança mentalmente doente com o lobo); mas, depois de se ter identificado com a cigarra, não há mais qualquer esperança para a criança, de acordo com a fábula. Nada aguarda a cigarra dominada pelo princípio de prazer a não ser a ruína; é uma situação do tipo "ou/ ou", em que uma escolha, uma vez feita, decide as coisas para sempre.

Mas a identificação com os porquinhos do conto de fadas ensina que há desenvolvimentos — possibilidades de progresso do princípio de prazer para o princípio de realidade, que, afinal de contas, não é senão uma modificação do primeiro. A história dos três porquinhos sugere uma transformação em que muito do prazer é conservado, porque agora a satisfação é buscada com verdadeiro respeito pelas exigências da realidade. O terceiro porquinho, esperto e brincalhão, vence o lobo em astúcia várias vezes: primeiro, quando o lobo tenta por três vezes atraí-lo para fora da segurança do lar apelando para a sua voracidade oral, propondo expedições em que os dois obteriam uma comida deliciosa. O lobo procura tentar o porquinho com nabos que podem ser roubados, depois com maçãs e, finalmente, com uma visita a uma feira.

Só depois que esses esforços malogram é que o lobo se precipita para a matança. Mas ele tem que entrar na casa do porquinho para pegá-lo, e mais uma vez este vence, pois o lobo cai pela chaminé na água fervendo e acaba virando carne cozida para o porquinho. Consuma-se a justiça distributiva: o lobo que devorou os outros dois porquinhos e desejava devorar o terceiro acaba virando comida para este.

À criança, que, ao longo da história, foi convidada a se identificar com um de seus protagonistas, não apenas é dada esperança como também é dito que, desenvolvendo a inteligência, poderá se sair vitoriosa até mesmo sobre um oponente muito mais forte.

Já que, de acordo com o primitivo senso de justiça (e o de uma criança), só aqueles que fizeram algo realmente ruim são destruídos, a fábula parece ensinar que é errado aproveitar a vida quando ela é boa, como no verão. Pior ainda, a formiga nessa fábula é um animal desagradável, sem nenhuma compaixão pelo sofrimento da cigarra — e é essa personagem que se pede à criança que tome como exemplo.

O lobo, ao contrário, é obviamente um animal ruim, pois deseja destruir. A ruindade do lobo é algo que a criança pequena reconhece dentro de si: seu desejo de devorar e sua consequência — a angústia quanto à possibilidade de sofrer ela própria um tal destino. Assim, o lobo é uma exteriorização, uma projeção da maldade da criança — e a história mostra como se pode lidar com isso construtivamente.

As várias excursões nas quais o mais velho dos porquinhos obtém comida por meios adequados são facilmente negligenciadas, mas são uma parte significativa da história, pois mostram que há uma enorme diferença entre comer e devorar. A criança subconscientemente a entende como a diferença entre o princípio de prazer descontrolado — quando se deseja devorar tudo imediatamente, ignorando as consequências — e o princípio de realidade, de acordo com o qual sai-se vasculhando inteligentemente por comida. O porquinho maduro acorda a tempo de trazer as provisões para casa antes que o lobo apareça em cena. Como demonstrar melhor o valor de se agir com base no princípio de realidade, e no que isso consiste, do que com o porquinho se levantando de manhã bem cedo para garantir a comida deliciosa e burlando assim as más intenções do lobo?

Nos contos de fadas, é tipicamente a criança mais jovem que, embora de início menosprezada ou escarnecida, se torna vitoriosa no final. "Os Três Porquinhos" se desvia desse padrão, pois é o mais velho dos porquinhos quem é o tempo todo superior aos outros dois. Uma explicação pode ser encontrada no fato de todos os três porquinhos serem "pequenos" e, portanto, imaturos, tal como a própria criança.

Esta se identifica a cada vez com um deles e reconhece a progressão de identidade. "Os Três Porquinhos" é um conto de fadas por seu final feliz e porque o lobo recebe o que merece.

Enquanto que o senso de justiça da criança se ofende com o fato de a pobre cigarra ter que morrer de fome apesar de não ter feito nada de errado, seu sentimento de equidade fica satisfeito com a punição do lobo. Como os três porquinhos representam estágios no desenvolvimento do homem, o desaparecimento dos primeiros dois porquinhos não é traumático; a criança compreende inconscientemente que precisamos nos desprender de formas anteriores de existência se quisermos passar para outras mais elevadas. Falando com crianças pequenas sobre "Os Três Porquinhos", encontramos unicamente regozijo pela merecida punição do lobo e pela sábia vitória do mais velho dos porquinhos — e não pesar pela sorte dos dois menores. Mesmo uma criança pequena parece compreender que todos os três são na realidade um só em diferentes estágios — o que é sugerido pelo fato de responderem ao lobo exatamente com as mesmas palavras: "Não, não, não pelos pelos de minha bar-bar-ba!" Se só sobrevivemos na forma mais elevada de nossa identidade, é assim mesmo que deveria ser.

"Os Três Porquinhos" orienta a reflexão da criança sobre o seu próprio desenvolvimento sem nunca dizer como este deveria se dar, permitindo-lhe extrair suas próprias conclusões. Somente esse processo provê um verdadeiro amadurecimento, enquanto que o dizer para a criança o que deve fazer apenas substitui o cativeiro de sua própria imaturidade pelo cativeiro da obediência aos ditames dos adultos.

A Necessidade de Magia da Criança

Tanto os mitos como as histórias de fadas respondem a questões eternas: Como é realmente o mundo? Como viver minha vida nele? Como posso de fato ser eu mesmo? As respostas dadas pelos mitos são explícitas, enquanto que o conto de fadas é sugestivo; suas mensagens podem trazer implícitas soluções, mas ele nunca as soletra. Os contos de fadas deixam para a própria fantasia da criança a decisão de se e como aplicar a si própria aquilo que a história revela sobre a vida e a natureza humanas.

O conto de fadas procede de um modo conforme àquele segundo o qual uma criança pensa e experimenta o mundo; é por isso que ele é tão convincente para ela. A criança pode obter um conforto muito maior de um conto de fadas do que de um esforço para confortá-la baseado em raciocínios e pontos de vista adultos. Uma criança confia no que o conto de fadas diz porque a visão de mundo aí apresentada está de acordo com a sua.

Qualquer que seja a nossa idade, apenas uma história que esteja conforme aos princípios subjacentes a nossos processos de pensamento é capaz de nos convencer. Se é assim com os adultos, que aprenderam a aceitar que há mais de um sistema de coordenadas para compreender o mundo — embora achemos difícil, senão impossível, pensar efetivamente de acordo com outro que não o nosso —, isso é exclusivamente verdadeiro no caso da criança. Seu pensamento é animista.

Como todas as pessoas pré-alfabetizadas e várias alfabetizadas, "a criança presume que suas relações com o mundo inanimado formam um único padrão com as do mundo animado das pessoas: ela acaricia, como faria com sua mãe, as coisas bonitas que lhe agradam; ela golpeia a porta que se fechou sobre si".[14] Deveríamos acrescentar que ela age da primeira forma porque está convencida de que essa coisa bonita gosta de ser acariciada tanto quanto ela; e castiga a porta porque está certa de que esta se fechou deliberadamente, de má intenção.

Como demonstrou Piaget, o pensamento da criança permanece animista até o período da puberdade. Seus pais e professores lhe dizem que as coisas não podem sentir e agir; e, por mais que ela finja acreditar nisso para agradar a esses adultos ou para não ser ridicularizada, no fundo, no fundo, não acredita. Sujeita aos ensinamentos racionais dos outros, a criança apenas enterra o seu "conhecimento verdadeiro" no fundo da alma, e lá ele permanece intocado pela racionalidade; no entanto, pode ser formado e informado por aquilo que os contos de fadas têm a dizer.

Para a criança de oito anos (citando os exemplos de Piaget), o sol está vivo porque dá luz (e, podemos acrescentar, ele faz isso porque quer). Para a mente animista da criança, a pedra está viva porque pode se mover, como quando rola por um morro. Até uma criança de doze anos e meio está convencida de que um riacho está vivo e é dotado de vontade, porque sua água está correndo. O sol, a pedra e a água são considerados habitados por espíritos muito semelhantes às pessoas e, sendo assim, sentem e pensam como pessoas.[15]

Para a criança, não há nenhuma linha clara separando os objetos das coisas vivas; e o que quer que tenha vida tem vida muito parecida com a nossa. Se não entendemos o que as rochas, árvores e animais têm a nos dizer, a razão é que não estamos suficientemente afinados com eles. Para a criança que tenta entender o mundo, parece razoável esperar respostas daqueles objetos que despertam a sua curiosidade. E, uma vez que a criança é egocêntrica, espera que o animal fale sobre as coisas que são realmente significativas para ela, como fazem os animais nos contos de fadas, e como ela própria fala com seus animais reais ou de brinquedo. Uma criança está convencida de que o animal entende e sente como ela, mesmo que não o demonstre abertamente.

Visto que os animais perambulam livre e extensamente pelo mundo, é natural que nos contos de fadas esses animais sejam capazes de guiar o herói na busca que o leva a lugares distantes. Como tudo que se mexe está vivo, a criança pode acreditar que o vento fala e pode transportar o herói para onde ele precisa ir, como em "A Leste do Sol e a Oeste da Lua".[16] No pensamento animista, não só os animais sentem e pensam como nós, mas até mesmo as pedras estão vivas; de modo que ser transformado numa pedra quer dizer simplesmente ter que permanecer silencioso e imóvel por algum tempo. Pelo mesmo raciocínio, é absolutamente crível quando objetos até então silenciosos começam a falar, dão conselhos e se juntam ao herói em suas andanças. E, já que tudo está habitado por um espírito semelhante a todos os outros espíritos (a saber, o da criança que projetou o seu espírito em todas essas coisas), devido a essa identidade inerente é natural que o homem possa se transformar num animal ou o contrário, como em "A Bela e a Fera" ou "O Rei Sapo".[17] Como não há uma linha rígida traçada entre as coisas vivas e mortas, as últimas também podem adquirir vida.

Quando as crianças, tal como os grandes filósofos, buscam soluções para as questões primeiras e últimas: "Quem sou eu? Como devo lidar com os problemas da vida? Que devo me tornar?", fazem-no com base num pensamento animista. Mas, uma vez que a criança é bastante insegura quanto àquilo em que consiste a sua existência, antes de tudo vem a questão: "Quem sou eu?"

Logo que a criança começa a se locomover e explorar à sua volta, começa a ponderar sobre o problema de sua identidade. Quando espia sua imagem no espelho, pergunta-se se o que vê é mesmo ela ou uma criança exatamente igual a ela situada atrás da parede de vidro. Tenta descobri-lo, verificando se essa outra criança é de fato totalmente idêntica a ela. Faz caretas, vira-se para um lado e para o outro, caminha para fora do espelho e pula de volta na sua frente, para verificar se essa outra foi embora ou ainda está lá. Não obstante ter apenas três anos, ela já está às voltas com o difícil problema da identidade pessoal.

A criança se pergunta: "Quem sou eu? De onde vim? Como surgiu o mundo? Quem criou o homem e todos os animais? Qual é o sentido da vida?" É verdade que não pondera sobre essas questões vitais em abstrato, mas sobretudo porque lhe dizem respeito. Não se preocupa se existe justiça para os indivíduos, mas se *ela* será tratada justamente. Pergunta-se sobre quem ou o quê a lança na adversidade, e o que pode impedir que isso lhe ocorra. Há outros poderes benévolos que não os seus pais? Seus pais são poderes benévolos? Como ela poderia formar a si própria, e por quê? Há esperanças para ela, embora possa ter agido errado? Por que tudo isso lhe aconteceu? O que significará para seu futuro? Os contos de fadas fornecem respostas a essas questões prementes, sendo que de boa parte delas a criança só toma consciência à medida que acompanha as histórias.

De um ponto de vista adulto e em termos de ciência moderna, as respostas que os contos de fadas oferecem são antes fantásticas do que verdadeiras. Na verdade, essas soluções parecem tão incorretas para muitos adultos — que se tornaram alheios aos caminhos pelos quais os jovens experimentam o mundo —, que eles fazem objeção a expor as crianças a essa informação "falsa". Todavia, as explanações realistas são normalmente incompreensíveis para as crianças, porque lhes falta o entendimento abstrato requerido para lhes extrair sentido. Enquanto que o dar uma resposta cientificamente correta leva os adultos a pensar que tornaram as coisas claras para a criança, tais explanações a deixam confusa, subjugada e intelectualmente derrotada. Uma criança só pode obter segurança a partir da convicção de que entende agora o que antes a confundia — nunca por lhe terem sido proporcionados fatos que criam novas incertezas. Mesmo que a criança aceite uma tal resposta, passa a duvidar de que tenha feito a pergunta certa. Já que a explicação não chega a fazer sentido para ela, deve se aplicar a algum problema desconhecido — não àquele a respeito do qual perguntou.

Por conseguinte, é importante lembrar que apenas as afirmações que são inteligíveis em termos do conhecimento efetivo da criança e de suas preocupações emocionais têm poder de convicção para ela. Dizer-lhe que a Terra flutua no espaço, girando em volta do Sol atraída pela gravidade, mas que ela não tomba rumo ao Sol como a criança tomba rumo ao chão, parece-lhe bastante confuso. A criança sabe, por experiência própria, que tudo tem que repousar sobre alguma coisa, ou estar seguro por algo. Só uma explicação baseada nesse conhecimento pode fazê-la sentir que está melhor informada a respeito da Terra no espaço. Mais importante ainda, para se sentir segura na Terra, a criança necessita acreditar que este mundo é mantido firmemente no lugar. Por conseguinte, ela encontra uma melhor explicação·num mito que lhe diz que a Terra repousa sobre uma tartaruga ou é sustentada por um gigante.

Se uma criança aceita como verdade aquilo que seus pais lhe dizem — que a Terra é um planeta mantido seguramente em seu caminho pela gravidade —, então ela só pode imaginar que a gravidade é um cordão. Assim, a explicação não conduziu a uma melhor compreensão ou a uma sensação de segurança. É necessária uma considerável maturidade intelectual para acreditar que a vida de alguém pode ser estável quando a Terra em que se caminha (a coisa mais firme à nossa volta, sobre a qual todas as coisas repousam) gira com uma velocidade incrível num eixo invisível; que, além disso, faz rotação em torno do Sol e, mais ainda, se lança através do espaço com o sistema solar inteiro. Ainda não encontrei um jovem pré-pubescente que pudesse compreender todos esses movimentos combinados, embora tenha conhecido vários que podiam repetir essa informação. Tais crianças repetem como papagaios explicações que, de acordo com sua própria experiência de mundo, são mentiras, mas que devem acreditar serem verdadeiras porque algum adulto assim o disse. A consequência é que as crianças passam a desconfiar de sua própria experiência e, por conseguinte, de si próprias e do que suas mentes podem fazer por elas.

No outono de 1973, o cometa Kohoutek estava nos noticiários. Nessa época, um competente professor de ciência explicou o cometa para um pequeno grupo extremamente inteligente da segunda e terceira séries. Cada criança tinha cortado cuidadosamente um círculo de papel e desenhado sobre ele o curso dos planetas em volta do Sol; uma elipse de papel, presa por um corte ao círculo de papel representava o curso do cometa. As crianças me mostraram o cometa se movendo num ângulo em relação aos planetas. Quando as inquiri, disseram-me que estavam segurando o cometa em suas mãos, mostrando-me a elipse. Quando perguntei como o cometa que seguravam nas mãos podia também estar no céu, elas todas ficaram confusas.

Em sua confusão, voltaram-se para o professor, que cuidadosamente lhes explicou que o que seguravam em suas mãos, e tinham criado tão diligentemente, era apenas um modelo dos planetas e do cometa. Todas as crianças admitiram compreender isso, e o teriam repetido se a inquirição prosseguisse. Mas, enquanto que antes tinham olhado com orgulho esse círculo com elipse em suas mãos, agora tinham perdido todo o interesse. Algumas amassaram o papel, outras jogaram o modelo na cesta de papéis. Quando os pedaços de papel eram para elas o cometa, todas tinham planejado levar o modelo para casa para mostrar aos pais; mas, agora, ele não tinha mais significado para elas.

Ao tentar fazer com que uma criança aceite explicações cientificamente corretas, os pais, com muita frequência, não levam em conta as descobertas científicas a respeito do funcionamento da mente de uma criança. As pesquisas sobre os processos mentais infantis, especialmente as de Piaget, demonstram convincentemente que a criança pequena não está apta a compreender os dois conceitos abstratos vitais de permanência da quantidade e de reversibilidade — por exemplo, que a mesma quantidade de água atinge um ponto alto num receptáculo estreito e se mantém baixa num outro largo; e que a subtração inverte o processo de adição. Até que possa compreender conceitos abstratos como esses, a criança só pode vivenciar o mundo subjetivamente.[18]

As explicações científicas requerem pensamento objetivo. Tanto a pesquisa teórica como a exploração experimental mostraram que nenhuma criança abaixo da idade escolar é realmente capaz de apreender esses dois conceitos, sem os quais a compreensão abstrata é impossível. Nos seus primeiros anos, até a idade de oito ou dez, a criança só é capaz de desenvolver conceitos altamente personalizados sobre aquilo que experimenta. Por conseguinte, parece-lhe natural — uma vez que as plantas que crescem nesta Terra a alimentam como o fez o peito de sua mãe — que veja a Terra como uma mãe ou uma deusa feminina, ou pelo menos como sua morada.

Mesmo uma criança pequena de algum modo sabe que foi criada pelos pais; por isso, faz perfeitamente sentido para ela que, tal como ela própria, todos os homens e o lugar onde vivem tenham sido criados por uma personagem sobre-humana não muito diferente de seus pais — algum deus ou deusa. Uma vez que os pais cuidam da criança e a suprem daquilo de que necessita em sua casa, ela então naturalmente também acredita que alguma coisa parecida com eles, só que muito mais poderosa, inteligente e confiável (um anjo da guarda) fará o mesmo no mundo lá fora.

Assim, a criança experimenta a ordem do mundo à imagem de seus pais e do que se passa dentro da família. Os antigos egípcios, tal como faz uma criança, viam o firmamento e o céu como uma figura materna (Nut) que se debruçava protetoramente sobre a Terra, envolvendo-a e a eles serenamente.[19] Longe de impedir que o homem posteriormente desenvolva uma explicação mais racional sobre o mundo, tal concepção oferece segurança onde e quando é mais necessária — uma segurança que, no devido tempo, permite uma visão de mundo verdadeiramente racional. A vida num pequeno planeta cercado por um espaço sem limites parece terrivelmente solitária e fria para uma criança — exatamente o oposto do que ela sabe que a vida deve ser. Essa é a razão pela qual os antigos necessitavam se sentir abrigados e aquecidos por uma figura materna protetora. Depreciar uma imagem protetora como essa, considerando-a mera projeção infantil de uma mente imatura, é roubar à criança um aspecto da prolongada segurança e do conforto de que ela necessita.

É verdade que a noção de uma mãe celeste protetora pode ser uma limitação para a mente caso se fique preso a ela por muito tempo. Nem as projeções infantis nem a dependência de protetores imaginários — tal como um anjo da guarda que vela por uma pessoa quando está dormindo, ou durante a ausência da mãe — oferece uma segurança real; mas, enquanto uma pessoa não puder obter segurança total para si própria, o imaginário e as projeções são de longe preferíveis à falta de segurança. É tal segurança (parcialmente imaginada) que, quando experimentada por tempo suficiente, permite à criança desenvolver aquele sentimento de confiança na vida de que ela necessita para acreditar em si mesma — uma confiança necessária para que aprenda a solucionar os problemas da vida por meio das próprias capacidades crescentes de raciocínio. Por fim a criança reconhece que o que tomou como verdade literal — a Terra como mãe — é apenas um símbolo.

Uma criança, por exemplo, que, a partir das histórias de fadas, aprendeu a acreditar que o que de início parecia uma personagem repulsiva e ameaçadora pode magicamente se transformar num amigo extremamente adjuvante, está pronta a acreditar que uma criança desconhecida que encontra e teme pode também ser transformada de uma ameaça numa companhia agradável. A crença na "verdade" do conto de fadas lhe dá coragem para não se afastar devido à maneira como esse estranho lhe surge inicialmente. Relembrando como o herói de muitos contos de fadas conseguiu ser bem-sucedido na vida porque ousou se tornar amigo de uma personagem aparentemente desagradável, a criança acredita que pode efetuar a mesma magia.

Conheci muitos exemplos em que, particularmente no final da adolescência, anos de crença na magia eram necessários para compensar o fato de a pessoa ter sido privada dela prematuramente na infância, graças à imposição da dura realidade. É como se esses jovens sentissem que agora é a sua última oportunidade para compensar uma séria deficiência em sua experiência de vida; ou que, por não terem tido um período de crença na magia, ficarão incapacitados para enfrentar os rigores da vida adulta. Muitos jovens que hoje repentinamente buscam a fuga em sonhos induzidos por drogas, tornam-se discípulos de algum guru, acreditam em astrologia, envolvem-se na prática de "magia negra", ou que de alguma outra maneira fogem da realidade em devaneios sobre experiências mágicas que deverão mudar suas vidas para melhor, foram prematuramente pressionados a encarar a realidade de uma forma adulta. Tais tentativas de fugir da realidade têm sua causa mais profunda em experiências formadoras que cedo impediram o desenvolvimento da convicção de que a vida pode ser governada de modo realista.

O que parece desejável para o indivíduo é repetir, em seu tempo de vida, o processo implícito historicamente na gênese do pensamento científico. Por um longo tempo em sua história, a humanidade usou projeções emocionais — tais como os deuses —, nascidas de suas esperanças e angústias imaturas para explicar o homem, sua sociedade e o universo; tais explicações lhe davam uma sensação de segurança. Depois, lentamente, por intermédio do próprio progresso social, científico e tecnológico, o homem se libertou do constante temor por sua própria existência. Sentindo-se mais seguro no mundo e em seu íntimo, ele agora podia começar a questionar a validade das imagens que usara no passado como instrumentos de interpretação. A partir daí, as projeções "infantis" do homem se dissolveram e explicações mais racionais tomaram o seu lugar. Esse processo, contudo, não está, de modo algum, isento de excentricidades. Nos períodos de tensão e escassez, o homem busca novamente conforto na noção "infantil" de que ele e o lugar onde mora são o centro do universo.

Traduzido em termos de comportamento humano, quanto mais segura uma pessoa se sente no mundo, tanto menos necessitará se agarrar a projeções "infantis" — explicações míticas ou soluções de conto de fadas para os eternos problemas da existência — e tanto mais pode se permitir buscar interpretações racionais. Quanto mais seguro interiormente, mais capacitado um homem está a aceitar uma explicação que diz que seu mundo tem um significado secundário no cosmo. Uma vez que se sinta verdadeiramente significativo em sua ambiência humana, o homem pouco se preocupa com a importância de seu planeta no universo. Por outro lado, quanto mais inseguro um homem está a respeito de si próprio e de seu lugar no mundo imediato, mais se refugia dentro de si em razão do medo, ou então parte para a conquista pela conquista. Isso é o oposto de explorar a partir de uma segurança que liberta a nossa curiosidade.

Por essas mesmas razões, uma criança, enquanto não está segura de que sua ambiência humana imediata a protegerá, necessita acreditar que poderes superiores, como um anjo da guarda, velam por ela, e que o mundo e seu lugar dentro dele são de suprema importância. Existe aqui uma conexão entre a capacidade de uma família de prover a segurança básica e a prontidão da criança a se envolver em investigações racionais à medida que cresce.

Enquanto os pais acreditavam integralmente que as histórias bíblicas resolviam o enigma de nossa existência e sua finalidade, era fácil fazer a criança se sentir segura. Achava-se que a Bíblia continha as respostas para todas as questões prementes: ela dizia ao homem tudo aquilo que ele precisava saber para entender o mundo, como este surgiu e como proceder nele. No mundo ocidental, a Bíblia também fornecia protótipos para a imaginação do homem. Mas, apesar de a Bíblia ser rica em histórias, nem mesmo durante a época de maior religiosidade essas histórias foram suficientes para ir ao encontro de todas as necessidades psíquicas do homem.

Em parte a razão disso é que, enquanto o Velho e Novo Testamentos e as histórias dos santos ofereciam respostas para as questões cruciais de como viver a vida boa, eles não ofereciam soluções para os problemas colocados pelos lados obscuros de nossas personalidades. As histórias bíblicas sugerem essencialmente uma única solução para os aspectos antissociais do inconsciente: o recalque desses (inaceitáveis) impulsos. Mas as crianças, não tendo os seus ids sob controle consciente, necessitam de histórias que permitam pelo menos uma satisfação fantasiosa dessas tendências "más", e modelos específicos para a sua sublimação.

Explícita e implicitamente, a Bíblia fala das exigências que Deus faz ao homem. Embora seja-nos dito que há maior regozijo por um pecador arrependido do que por um homem que nunca errou, a mensagem ainda é a de que devemos viver a vida boa, e não, por exemplo, vingar-nos cruelmente daqueles a quem odiamos. Como mostra a história de Caim e Abel, não há na Bíblia simpatia pelas agonias da rivalidade entre irmãos — apenas uma advertência de que agir em função dela traz consequências devastadoras.

Mas aquilo de que uma criança mais necessita, quando dominada pelo ciúme de seu irmão, é a permissão para reconhecer que aquilo que sente se justifica pela situação em que se encontra. Para suportar as dores de sua inveja, a criança necessita ser encorajada a se dedicar a fantasias em que leva a melhor algum dia; assim, será capaz de se sair bem de momento, graças à convicção de que o futuro ajeitará as coisas. Mais do que tudo, ela deseja apoio para sua crença ainda muito tênue de que, crescendo, trabalhando duro e amadurecendo, um dia será a vitoriosa. Já que seus sofrimentos presentes serão recompensados no futuro, ela não necessita agir em razão do ciúme momentâneo, tal como fez Caim.

Tal como as histórias bíblicas e os mitos, os contos de fadas eram a literatura que edificava todos — tanto crianças quanto adultos — durante quase toda a existência do homem. Com a exceção de que Deus é central, muitas histórias da Bíblia podem ser reconhecidas como bastante similares a contos de fadas. Na história de Jonas e a baleia, por exemplo, Jonas está tentando fugir das exigências de seu superego (de sua consciência) para que lute contra a maldade do povo de Nínive. A prova que testa sua fibra moral é, como em tantos contos de fadas, uma viagem perigosa na qual tem de se afirmar.

A viagem de Jonas pelo mar o lança no estômago de um peixe enorme. Lá, em grande perigo, Jonas descobre a sua virtude mais elevada, seu mais alto eu, e renasce espantosamente, agora pronto a enfrentar as exigências rigorosas de seu superego. Mas o simples renascimento não lhe proporciona a verdadeira humanidade: não ser escravo nem do id e do princípio de prazer (evitando tarefas árduas ao tentar escapar delas), nem do superego (desejando a destruição da cidade má), significa liberdade verdadeira e individualidade mais elevada. Jonas só atinge sua plena humanidade ao não ser mais subserviente a nenhuma das duas instâncias de sua mente e ao renunciar à obediência cega tanto ao id quanto ao superego e se tornar capaz de reconhecer a sabedoria de Deus ao julgar o povo de Nínive não de acordo com as estruturas rígidas do superego dele, Jonas, mas sim em termos da fragilidade humana dele, povo.

Satisfação Vicária *Versus* Reconhecimento Consciente

COMO TODA GRANDE arte, os contos de fadas tanto encantam como instruem; seu talento especiál é que fazem isso em termos que falam diretamente às crianças. Na idade em que essas histórias têm o máximo de significado para a criança, o principal problema desta é colocar alguma ordem no caos interior de sua mente de modo a poder entender melhor a si própria — um preâmbulo necessário para alcançar alguma congruência entre suas percepções e o mundo exterior.

Histórias "verdadeiras" sobre o mundo "real" podem fornecer alguma informação interessante e frequentemente útil. Mas o modo como essas histórias se desenrolam é tão alheio ao modo como funciona a mente da criança pré-pubescente quanto são os eventos sobrenaturais do conto de fadas em relação ao modo como o intelecto maduro compreende o mundo.

Histórias rigorosamente realistas se opõem às experiências interiores da criança; ela as escutará e talvez extraia alguma coisa delas, mas não pode extrair muito significado pessoal que transcenda o conteúdo óbvio. Essas histórias informam sem enriquecer, como infelizmente é também o caso com relação a muito do que se aprende na escola. O conhecimento factual é vantajoso para a personalidade total apenas quando é transformado em "Conhecimento pessoal".* Prescrever às crianças histórias realistas seria tão tolo quanto banir os contos de fa-

---

*"O ato de saber inclui uma avaliação, um coeficiente pessoal que molda todo o conhecimento factual" escreve Michael Polanyi. Se o maior dos cientistas tem que confiar em grau considerável no "conhecimento pessoal", parece óbvio que as crianças não podem adquirir conhecimento realmente significativo para elas a não ser que o tenham primeiro moldado pela introdução de seus coeficientes pessoais.[20]

das; para ambos há um lugar importante em sua vida. Mas uma dieta só de histórias realistas é improdutiva. Quando as histórias realistas se combinam com uma exposição ampla e psicologicamente correta aos contos de fadas, a criança recebe informação que fala a ambas as partes de sua personalidade nascente, a racional e a emocional.

Os contos de fadas contêm algumas características semelhantes às do sonho, mas elas são afins àquilo que ocorre nos sonhos dos adolescentes ou adultos, não nos das crianças. Por impressionantes e incompreensíveis que possam ser os sonhos dos adultos, todos os seus detalhes fazem sentido quando analisados, e permitem a quem sonhou compreender aquilo que preocupa sua mente inconsciente. Por meio da análise de seus sonhos, uma pessoa pode alcançar uma compreensão muito melhor de si própria graças à percepção de aspectos de sua vida mental que haviam escapado à sua observação, que haviam sido distorcidos ou negados — que não haviam sido reconhecidos antes. Considerando-se o papel importante que tais desejos, necessidades, pressões e angústias desempenham no comportamento, novas percepções a respeito de si própria a partir dos sonhos permitem que uma pessoa organize sua vida com muito mais sucesso.

Os sonhos das crianças são muito simples: os desejos são realizados e as angústias recebem uma forma tangível. Por exemplo, no sonho de uma criança, um animal a derrota, ou devora alguém. O sonho de uma criança possui um conteúdo inconsciente que permanece praticamente não moldado pelo seu ego; as funções mentais mais elevadas mal entram em seu trabalho do sonho. Por essa razão, as crianças não podem e não deveriam analisar seus sonhos. O ego de uma criança ainda é fraco e está em processo de construção. Em particular antes da idade escolar, ela precisa lutar continuamente para impedir que as pressões de seus desejos sobrepujem a sua personalidade total — uma batalha contra os poderes do inconsciente e que ela perde com mais frequência do que ganha.

Essa luta, que nunca está inteiramente ausente de nossas vidas, permanece uma batalha dúbia até bem entrada a adolescência, embora quando nos tornamos mais velhos tenhamos também de enfrentar as tendências irracionais do superego. À medida que amadurecemos, todas as três instâncias da mente — id, ego e superego — se tornam cada vez mais claramente articuladas e separadas umas das outras, cada uma apta a interagir com as outras duas sem que o inconsciente sobrepuje o consciente. O repertório do ego para lidar com o id e o superego se torna mais variado, e o indivíduo mentalmente sadio exerce, no curso normal dos acontecimentos, um controle efetivo sobre sua interação.

Numa criança, contudo, sempre que seu inconsciente vem à tona, ele imediatamente domina sua personalidade total. Ao experimentar o reconhecimento por parte de seu ego do conteúdo caótico do inconsciente, a criança, longe de se ver fortalecida, tem seu ego enfraquecido por esse contato direto, uma vez que ele é dominado. Por essa razão, ela deve exteriorizar seus processos íntimos se quiser obter algum domínio — para não falar em controle — sobre eles. Ela deve, de alguma forma, se distanciar do conteúdo de seu inconsciente e vê-lo como algo exterior a ela, para obter qualquer tipo de domínio sobre ele.

Nas brincadeiras habituais, objetos como bonecas e animais de brinquedo são usados para incorporar vários aspectos da personalidade da criança que são muito complexos, inaceitáveis e contraditórios para que ela lide com eles. Isso permite que o seu ego obtenha algum domínio sobre esses elementos, o que não é capaz de fazer quando solicitada ou forçada pelas circunstâncias a reconhecê-los como projeções de seus processos interiores.

Algumas pressões inconscientes nas crianças podem ser solucionadas por meio das brincadeiras. Mas muitas não se prestam a isso porque são muito complexas e contraditórias, ou muito perigosas e reprovadas pela sociedade. Por exemplo, os sentimentos do gênio enquanto estava lacrado no jarro, como foi visto antes, são tão ambivalentes, violentos e potencialmente destrutivos que uma criança não poderia representá-los por conta própria em suas brincadeiras porque não poderia compreendê-los o suficiente para exteriorizá-los por meio das brincadeiras, e também porque as consequências poderiam ser muito perigosas. Aqui, conhecer contos de fadas é de grande ajuda para a criança, como pode ser visto pelo fato de muitas histórias de fadas serem representadas por crianças, mas só depois de se terem familiarizado com a história, a qual nunca poderiam ter inventado por conta própria.

Por exemplo, a maioria das crianças adora representar "Cinderela" sob forma de drama, mas somente depois que o conto de fadas se tornou parte de seu mundo imaginário, incluindo especialmente o final feliz para a situação de intensa rivalidade fraterna. É impossível para uma criança fantasiar por conta própria que será resgatada, que aqueles que está convicta de a desprezarem e terem poder sobre ela virão a reconhecer sua superioridade. Muitas meninas estão tão convictas, em certos momentos, de que sua mãe (madrasta) má é a fonte de todos os seus problemas que é improvável que imaginem por conta própria que isso tudo possa mudar subitamente. Mas, quando a ideia lhes é apresentada por intermédio de "Cinderela", podem acreditar que, a qualquer momento, uma mãe (fada) boa virá em seu socorro, uma vez que o conto de fadas lhes diz de modo convincente que será assim.

Uma criança pode dar corpo indiretamente a desejos profundos, tais como o desejo edipiano de ter um bebê com a mãe ou o pai, ao tomar conta de um animal de brinquedo ou de verdade como se fosse um bebê. Ao fazê-lo, ela está satisfazendo uma necessidade profunda por meio da exteriorização do desejo. Ajudá-la a se tornar consciente daquilo que a boneca ou o animal representam para ela e daquilo que está dramatizando ao brincar com eles — como aconteceria na psicanálise do adulto com o material do sonho — lança-a numa profunda confusão para além de sua idade. A razão é que uma criança ainda não possui um sentido seguro de identidade. Antes de estar bem estabelecida, uma identidade masculina ou feminina é facilmente abalada ou destruída pelo reconhecimento de desejos complicados, destrutivos ou edipianos que são contrários a uma identidade firme.

Ao brincar com uma boneca ou animal, uma criança pode satisfazer vicariamente o desejo de dar à luz e de cuidar de um bebê, e um menino pode fazê-lo tanto quanto uma menina. Mas, diferentemente de uma menina, o menino só pode extrair conforto psicológico de uma brincadeira de boneca-bebê na medida em que não for induzido a reconhecer os desejos inconscientes que está satisfazendo.

Poder-se-ia argumentar que seria bom para os meninos reconhecer conscientemente esse desejo de dar à luz. Sustento que é bom para um menino o fato de ser capaz de agir sobre seu desejo inconsciente ao brincar com bonecas, e que isso deveria ser aceito positivamente. Tal exteriorização de pressões inconscientes pode ser valiosa, mas torna-se perigosa se o reconhecimento do significado inconsciente do comportamento aflora à consciência antes de ter sido atingida a maturidade suficiente para sublimar desejos que não podem ser satisfeitos na realidade.

Muitas meninas de uma faixa etária mais elevada estão profundamente envolvidas com cavalos; brincam com cavalos de brinquedo e tecem em torno deles fantasias elaboradas. Quando ficam mais velhas e têm a oportunidade, suas vidas parecem girar em torno de cavalos de verdade, dos quais cuidam muito bem e parecem ser inseparáveis. A investigação psicanalítica revelou que um envolvimento excessivo com cavalos pode representar muitas necessidades emocionais diferentes que a menina está tentando satisfazer. Por exemplo, ao controlar esse animal poderoso ela pode vir a sentir que está controlando o macho ou o que nela própria é sexualmente animalesco. Imaginem o que causaria ao prazer que uma menina sente ao cavalgar, ao seu amor-próprio, o conscientizá-la desse desejo que está representando quando cavalga. Ficaria desolada — despojada de uma sublimação inofensiva e agradável, além de reduzida, a seus próprios olhos, a uma pessoa má. Ao mesmo tempo seria muito pressionada a encontrar uma saída igualmente adequada para tais pressões íntimas e, por conseguinte, poderia não ser capaz de dominá-las.

Quanto aos contos de fadas, pode-se dizer que a criança que não é exposta a essa literatura está em tão má situação quanto a menina que está ansiosa por descarregar suas pressões íntimas cavalgando ou cuidando de cavalos mas é privada de seu prazer inocente. Uma criança que é conscientizada daquilo que as personagens dos contos de fadas representam em sua própria psicologia será destituída de uma saída muito necessitada, e ficará arrasada por ter que se dar conta dos desejos, angústias e sentimentos vingativos que a estão devastando. Como o cavalo, os contos de fadas podem ser e são úteis para as crianças, sendo inclusive capazes de transformar uma vida insuportável numa vida digna de ser vivida, desde que a criança não saiba o que eles significam psicologicamente para ela.

Enquanto um conto de fadas pode conter vários traços semelhantes aos do sonho, sua grande vantagem sobre o sonho é que tem uma estrutura consistente, com um começo definido e uma trama que caminha rumo a uma solução satisfatória que é alcançada no final. O conto de fadas também tem outras vantagens importantes quando comparado a fantasias secretas. Uma delas é que, qualquer que seja o seu conteúdo — que pode correr paralelo às fantasias secretas da criança, sejam elas edipianas, vingativamente sádicas ou depreciadoras de um genitor —, pode-se falar abertamente sobre ele, porque a criança não necessita manter em segredo seus sentimentos sobre o que se passa no conto de fadas ou se sentir culpada por se deleitar com tais pensamentos.

O herói do conto de fadas tem um corpo capaz de executar feitos miraculosos. Ao identificar-se com ele, qualquer criança pode compensar em fantasia e por meio da identificação todas as inadequações, reais ou imaginárias, de seu próprio corpo. Pode fantasiar que, tal como o herói, ela também é capaz de escalar o céu, derrotar gigantes, mudar a sua aparência, tornar-se a pessoa mais poderosa ou a mais bonita — em resumo, fazer seu corpo ser e executar tudo aquilo que uma criança poderia almejar. Depois de seus desejos mais grandiosos terem sido desse modo satisfeitos em fantasia, a criança pode ficar mais em paz com seu corpo tal como ele na realidade é. O conto de fadas inclusive projeta essa aceitação da realidade para a criança, porque, enquanto ocorrem transfigurações extraordinárias no corpo do herói à medida que a história se desenrola, ele se torna novamente um mero mortal quando a luta termina. No final do conto de fadas, não ouvimos mais falar da força ou beleza extraordinárias do herói. Isso em nada se assemelha ao herói mítico, que retém suas características sobre-humanas para sempre. Uma vez que o herói do conto de fadas adquiriu sua verdadeira identidade no final da história (e com isso uma segurança íntima a respeito de si próprio, seu corpo, sua vida, sua posição na sociedade), ele é feliz tal como é, e não mais inusitado seja sob que aspecto for.

Para que o conto de fadas produza efeitos de exteriorização benéficos, a criança deve permanecer ignorante das pressões inconscientes a que está respondendo ao tornar suas as soluções de conto de fadas.

A história de fadas começa no momento da vida em que a criança está, e no qual, sem a sua ajuda, se manteria fixada: sentindo-se negligenciada, rejeitada, degradada. Então, usando processos de pensamento que são próprios da criança — por contrários que sejam à racionalidade adulta —, a história abre perspectivas gloriosas que lhe permitem superar sentimentos momentâneos de absoluta desesperança. Para poder acreditar na história e tornar sua visão otimista parte de sua experiência do mundo, a criança necessita ouvi-la muitas vezes. Se, além disso, ela a representa, isso a torna muito mais "verdadeira" e "real".

A criança *sente* qual dos vários contos de fadas corresponde à sua situação interior no momento (com a qual é incapaz de lidar por conta própria) e também sente onde a história lhe fornece um ponto de apoio para poder enfrentar um problema difícil. Mas isso raramente é um reconhecimento imediato, adquirido ao ouvir um conto de fadas pela primeira vez. Para tanto, alguns elementos do conto são bastante estranhos — como é preciso que sejam para falar a emoções profundamente recônditas.

Só ouvindo repetidamente um conto de fadas e tendo-lhe sido amplamente dados tempo e oportunidade para se demorar nele é que uma criança é capaz de aproveitar na íntegra o que a história tem a lhe oferecer no que diz respeito à compreensão de si própria e de sua experiência de mundo. Só então as livres associações da criança com relação à história lhe fornecerão o significado mais pessoal do conto, e, assim, a ajudarão a lidar com problemas que a oprimem. Ao ouvir uma história pela primeira vez, por exemplo, uma criança não é capaz de se colocar no papel de uma personagem do outro sexo. São necessários distância e um certo tempo de elaboração pessoal antes de uma menina poder se identificar com João em "João e o Pé de Feijão" e um menino com Rapunzel.*

Conheci pais cujo filho reagia a uma história de fadas dizendo: "Gosto dela", e assim eles passavam a contar outra, pensando que um conto adicional aumentaria a satisfação da criança. Mas a observação da criança, ainda que não pareça, expressa um sentimento ainda vago de que essa história tem algo importante a lhe dizer, algo que se perderá se ela não for repetida e se não lhe for dado tempo para apreendê-la. Redirecionar os pensamentos da criança prematuramente para uma segunda história pode matar o impacto da primeira, enquanto que fazê-lo algum tempo depois pode aumentá-lo.

Durante a leitura de contos de fadas para as crianças nas salas de aula, ou nas bibliotecas em horários dedicados a isso, elas parecem fascinadas. Mas com frequência não lhes é dada nenhuma oportunidade de meditar sobre os contos ou de reagir de outra forma; ou elas são conduzidas imediatamente para alguma outra atividade, ou outra

---

*Aqui, mais uma vez, os contos de fadas podem ser comparados aos sonhos, embora isso só possa ser feito com grande precaução e muitas ressalvas, sendo o sonho a expressão mais pessoal do inconsciente e das experiências de uma pessoa em particular, enquanto que o conto de fadas é a forma imaginária que problemas humanos mais ou menos universais alcançaram à medida que a história foi transmitida por gerações.

Dificilmente um sonho que vai além das mais diretas fantasias de realização de desejos permite a compreensão de seu significado numa primeira rememoração. Os sonhos, que são o resultado de complexos processos interiores, necessitam de uma meditação repetida a seu respeito antes que a compreensão de seu conteúdo latente seja alcançada. Uma contemplação frequente e demorada de todas as características do sonho, reorganizando-as numa ordem diversa daquela que primeiro foi recordada, assim como mudanças de ênfase e várias outras coisas são requeridas para descobrir significado profundo naquilo que de início parecia sem sentido ou bastante simples. Só à medida que se repassa o mesmo material repetidas vezes é que as características que durante algum tempo pareciam simplesmente perturbadoras, fora de propósito, impossíveis ou senão absurdas começam a oferecer pistas importantes para apreender o seu significado. Com relativa frequência, para que um sonho revele seu significado profundo é preciso apelar para outros materiais imaginativos que enriqueçam a compreensão. Foi assim que Freud recorreu aos contos de fadas para elucidar os sonhos do Homem dos Lobos.[21]

Na psicanálise, as livres associações são um dos métodos capazes de fornecer pistas adicionais para aquilo que um ou outro detalhe possa significar. Também nos contos de fadas as associações da criança são necessárias para que a história adquira toda a sua importância pessoal. Aqui, outros contos de fadas ouvidos pela criança fornecem mais material de fantasia e podem se tornar mais significativos.

história de um tipo diverso lhes é contada, que dilui ou destrói a impressão criada pelo conto de fadas. Ao conversar com crianças depois de uma dessas experiências, tem-se a impressão de que a história poderia perfeitamente não lhes ter sido contada, levando-se em consideração o bem que ela lhes fez. Mas quando o narrador lhes dá tempo bastante para refletir sobre ela, para mergulhar na atmosfera que sua audição cria, e quando são encorajadas a falar sobre ela, então a conversa posterior revela que tanto emocional quanto intelectualmente a história tem muito a oferecer, pelo menos a algumas delas.

Tal como os pacientes da medicina hindu, aos quais se solicitava que meditassem sobre um conto de fadas para encontrar um meio de escapar da escuridão interior que obscurecia suas mentes, a criança também deveria ter a oportunidade de pouco a pouco tornar seu o conto de fadas, ao trazer para ele e nele incluir suas próprias associações.

Essa, incidentalmente, é a razão de os livros de histórias ilustrados, que têm a grande preferência tanto dos adultos quanto das crianças modernas, não atenderem às principais necessidades da criança. As ilustrações mais distraem do que ajudam. Estudos de cartilhas ilustradas demonstram que as figuras desviam a atenção do processo de aprendizagem em lugar de fomentá-lo, uma vez que as ilustrações afastam a imaginação da criança do modo como esta, por conta própria, vivenciaria a história. A história ilustrada é despojada de boa parcela de conteúdo de significado pessoal que poderia trazer para a criança que aplicasse apenas suas próprias associações visuais a ela, em vez das do ilustrador.[22]

Tolkien também achava que, "por boas que sejam em si as ilustrações, elas pouco acrescentam aos contos de fadas (...) Se uma história diz que 'Ele subiu uma montanha e viu um rio no vale lá embaixo', o ilustrador pode captar, ou quase captar, a sua própria visão da cena, mas cada ouvinte das palavras terá seu próprio quadro, que será constituído de todas as montanhas, rios e vales que já viu, mas especialmente do Vale, da Montanha e do Rio que foram para ele a primeira corporificação da palavra".[23] É por isso que um conto de fadas perde muito de seu significado pessoal quando suas personagens e situações adquirem substância não da imaginação da criança, mas da de um ilustrador. Os detalhes únicos derivados de sua própria vida particular, com os quais a mente de um ouvinte representa a história que lhe contam ou que lê, fazem dessa história uma experiência muito mais pessoal. Tanto os adultos quanto as crianças com frequência preferem o caminho mais fácil que é ter alguém que execute a árdua tarefa de imaginar a cena da história. Mas, se deixamos um ilustrador determinar a nossa imaginação, ela se torna menos nossa, e a história perde muito de sua significação pessoal.

Perguntar às crianças, por exemplo, com o que se parece um monstro sobre o qual ouviram falar numa história traz à tona as mais variadas corporificações: personagens enormes semelhantes ao homem, outras parecidas com animais, outras ainda que combinam certos traços humanos com traços animais etc. — e cada um desses detalhes tem grande significado para a pessoa que, em sua mente, criou essa concepção pictórica particular. Por outro lado, ao ver o monstro tal como foi pintado pelo artista de um modo particular, de acordo com a *sua* imaginação, que é muito mais completa se comparada à nossa própria imagem vaga e instável, somos privados desse significado. A ideia do monstro pode então nos deixar inteiramente frios, não tendo nada de importante para nos dizer, ou pode nos assustar sem evocar qualquer significado mais profundo além da angústia.

A Importância da Exteriorização

Personagens e Acontecimentos Fantásticos

A MENTE DE uma criança pequena contém um conjunto de impressões em rápida expansão que são com frequência mal ordenadas e só parcialmente integradas: alguns aspectos da realidade corretamente vistos, mas uma quantidade muito maior de elementos completamente dominados pela fantasia. Esta preenche as enormes lacunas no entendimento de uma criança que são devidas à imaturidade de seu pensamento e à sua falta de informação pertinente. Outras distorções são consequência de pressões internas que levam a falsas interpretações das percepções infantis.

A criança normal começa a fantasiar a partir de algum segmento de realidade mais ou menos corretamente observado, que pode evocar nela necessidades ou angústias tão fortes que a acabam arrebatando. As coisas com frequência se tornam tão misturadas em sua mente que ela não é absolutamente capaz de classificá-las. Mas alguma ordenação é necessária para que a criança não volte à realidade enfraquecida ou derrotada, mas sim fortificada por essa excursão em suas fantasias.

O conto de fadas, procedendo tal como procede a mente infantil, ajuda a criança ao mostrar como uma clareza superior pode emergir e de fato emerge de toda essa fantasia. Esses contos, tal como a criança em seu próprio imaginar, começam de um modo bastante realista: uma mãe dizendo à filha para ir sozinha visitar a avó ("Chapeuzinho Vermelho"); as dificuldades que um casal pobre está tendo para alimentar os filhos ("João e Maria"); um pescador que não consegue pegar nenhum peixe em sua rede ("O Pescador e o Gênio"). Ou seja, a história começa com uma situação real mas um tanto problemática.

Uma criança que se defronta com problemas e situações cotidianas que lhe causam perplexidade é estimulada, em seu aprendizado, a compreender o "como" e o "por quê" de tais situações, e a buscar soluções. Contudo, como sua racionalidade ainda tem pouco controle sobre seu inconsciente, sua imaginação a arrebata sob a pressão de suas emoções e conflitos não resolvidos. A mal esboçada capacidade da criança para raciocinar logo é dominada por angústias, esperanças, medos, desejos, amores e ódios — que se misturam a qualquer coisa a respeito da qual ela tenha começado a pensar.

O conto de fadas, embora possa começar com o estado de espírito psicológico da criança — como, por exemplo, sentimentos de rejeição quando comparada aos irmãos, tal como ocorre com Cinderela —, nunca tem início com sua realidade física. Nenhuma criança tem que se sentar no meio das cinzas, como Cinderela, ou é deliberadamente abandonada numa floresta densa, como João e Maria, visto que uma semelhança física seria muito assustadora para ela e "acertaria perto demais do alvo para ser capaz de confortar", uma vez que confortar é um dos propósitos dos contos de fadas.

A criança que está familiarizada com os contos de fadas percebe que estes lhe falam na linguagem dos símbolos e não na da realidade cotidiana. O conto de fadas nos transmite desde o início, ao longo da trama e no final que aquilo que nos é narrado não são fatos tangíveis ou pessoas e lugares reais. Quanto à própria criança, os acontecimentos reais se tornam importantes pelo significado simbólico que ela lhes atribui, ou que neles encontra.

"Era uma vez", "Num certo país", "Há mil anos atrás, ou mais", "Numa época em que os animais ainda falavam", "Era uma vez, num velho castelo no meio de uma floresta grande e densa" — esses começos sugerem que o que se segue não pertence ao aqui e agora que conhecemos. Essa indefinição deliberada nos começos dos contos simboliza que estamos deixando o mundo concreto da realidade comum. Os velhos castelos, cavernas escuras, quartos trancados em que se é proibido de entrar, florestas impenetráveis, tudo sugere que alguma coisa que costuma estar escondida será revelada, enquanto que o "há muito tempo atrás" traz implícito que vamos tomar conhecimento de acontecimentos os mais arcaicos.

Os Irmãos Grimm não poderiam ter começado sua coleção de contos de fadas com uma frase mais expressiva do que a que introduz a primeira história, "O Rei Sapo". Ela começa: "Nos velhos tempos, quando desejar ainda era de alguma ajuda, vivia um rei cujas filhas eram todas belíssimas; mas a caçula era tão bela que o próprio sol, que já viu muita coisa, ficava atônito sempre que brilhava em seu rosto." Esse começo localiza a história num tempo de conto de fadas único, o período longínquo em que todos nós acreditávamos que nossos desejos podiam, senão mover montanhas, ao menos mudar nossos destinos; e em que, em nossa visão animista do mundo, o sol reparava nas pessoas e reagia aos acontecimentos. A beleza extraordinária da criança, a eficácia do desejo e o assombro do sol significam a absoluta singularidade desse evento. Essas são as coordenadas que situam a história não no tempo ou espaço da realidade externa, mas num estado mental — o do jovem de espírito. Estando situado aí, o conto de fadas pode cultivar esse espírito melhor do que qualquer outra forma de literatura.

Logo se dão acontecimentos que mostram que a lógica e causalidade normais estão suspensas, o que é verdade quanto a nossos processos inconscientes, em que se dão os acontecimentos mais antigos, únicos e surpreendentes. O conteúdo do inconsciente é, ao mesmo tempo, o mais oculto e o mais familiar, o mais obscuro e o mais compulsório; e cria a angústia mais atroz assim como a máxima esperança. Não está limitado por um tempo ou local específicos ou por uma sequência lógica de acontecimentos, tal como definidos por nossa racionalidade. Sem nos darmos conta, o inconsciente nos leva de volta aos tempos mais remotos de nossas vidas. Os locais mais estranhos, antigos, distantes e, ao mesmo tempo, mais familiares de que a um conto de fadas sugerem uma viagem ao interior de nossa mente, aos domínios do despercebido e do inconsciente.

O conto de fadas, de seu começo mundano e simples, se lança em acontecimentos fantásticos. Mas, por maiores que sejam os desvios — à diferença da mente inculta da criança ou de um sonho —, o processo da história não se perde. Tendo levado a criança numa viagem a um mundo fabuloso, no final o conto a devolve à realidade, de modo bastante tranquilizador. Isso lhe ensina o que mais necessita saber nesse estágio de seu desenvolvimento: que não é prejudicial permitir que a fantasia nos domine temporariamente, desde que não permaneçamos permanentemente presos a ela. No final da história, o herói retorna à realidade, uma realidade feliz, mas destituída de magia.

Assim como despertamos renovados de nossos sonhos, mais aptos a enfrentar as tarefas da realidade, também a história de fadas termina com o herói voltando ou sendo trazido de volta ao mundo real, muito mais apto a exercer controle sobre a vida. Pesquisa recente sobre o sonho mostrou que uma pessoa privada de sonhar, ainda que não privada de dormir, fica, não obstante, prejudicada em sua capacidade de lidar com a realidade; torna-se perturbada emocionalmente porque não é capaz de solucionar nos sonhos os problemas inconscientes que a perseguem.[24] Talvez algum dia sejamos capazes de demonstrar o mesmo fato experimentalmente no que diz respeito aos contos de fadas: que as crianças ficam muito pior quando privadas daquilo que essas histórias podem oferecer, uma vez que elas as ajudam a solucionar em fantasia pressões inconscientes.

Se os sonhos das crianças fossem tão complexos como os de adultos normais e inteligentes, em que o conteúdo latente é bastante elaborado, então sua necessidade de contos de fadas não seria tão grande. Por outro lado, se o adulto não fosse exposto aos contos de fadas quando criança, seus sonhos poderiam ser menos ricos em conteúdo e significado e, assim, não lhe serviriam tão bem para restaurar sua capacidade de exercer controle sobre a vida.

A criança, tão mais insegura do que o adulto, precisa ter certeza de que sua necessidade de se entregar a fantasias, ou sua incapacidade para deixar de fazê-lo, não é uma deficiência. Ao narrarem contos de fadas para o filho, os pais lhe dão uma importante demonstração de que consideram as experiências interiores da criança, tais como corporificadas nos contos, válidas, legítimas e, de certo modo, até mesmo "reais". Isso faz com que a criança sinta que, uma vez que suas experiências interiores foram aceitas pelos pais como reais e importantes, ela, consequentemente, é real e importante. Tal criança se sentirá futuramente como Chesterton, que escreveu: "Minha primeira e última filosofia, em que creio com certeza inquebrantável, foi aprendida no berço (...) As coisas em que mais acreditava então, as coisas em que mais acredito agora, são aquelas a que chamam de contos de fadas". A filosofia que Chesterton e qualquer criança pode extrair dos contos de fadas é a de "que a vida é não só um prazer mas uma espécie de privilégio excêntrico". É uma visão da vida bem diferente daquela que as histórias do tipo "fiéis à realidade" transmitem, mas muito mais apta a manter-nos impávidos diante das dificuldades da vida.

No capítulo da *Ortodoxia* de Chesterton intitulado "A Ética da Terra dos Elfos", do qual são tiradas essas citações, ele sublinha a moralidade inerente aos contos de fadas: "Há a lição cavalheiresca de 'João, o Matador de Gigantes', de que os gigantes devem ser mortos porque são gigantescos. É um motim do homem contra o orgulho enquanto tal (...) Há a lição de 'Cinderela', que é a mesma do Magnificat — *exaltavit humiles* (Ele exaltou os humildes). Há a grande lição de 'A Bela e a Fera', de que uma coisa deve ser amada *antes* de ser digna de amor (...) Estou interessado num determinado modo de ver a vida, que se criou em mim por intermédio dos contos de fadas." Quando diz que os contos são "coisas inteiramente razoáveis", Chesterton refere-se a eles enquanto experiências, enquanto espelhos de experiências interiores, e não da realidade; e é assim que a criança os entende.[25]

Depois da idade de aproximadamente cinco anos — a idade em que os contos de fadas se tornam verdadeiramente significativos —, nenhuma criança normal toma essas histórias como fiéis à realidade exterior. A menina pequena deseja imaginar que é uma princesa vivendo num castelo e tece fantasias elaboradas a esse respeito, mas quando a mãe a chama para jantar, ela sabe que não é. Ao mesmo tempo que um bosque num parque pode ser às vezes vivenciado como uma profunda e escura floresta cheia de segredos ocultos, a criança sabe o que ele realmente é, assim como uma menina pequena sabe que sua boneca não é realmente seu bebê, por mais que a chame assim e a trate como tal.

Histórias que se mantêm mais próximas da realidade ao começarem na sala de visitas ou jardim de uma criança e não na choupana de um pobre lenhador próxima a uma grande floresta, e que exibem pessoas muito semelhantes aos pais da criança e não lenhadores famintos ou reis e rainhas, mas que misturam esses elementos realistas com a realização de desejo e estratagemas fantásticos, tendem a confundi-la quanto ao que é real e o que não é. Tais histórias, ao não conseguirem estar de acordo com a realidade interior da criança, embora possam ser fiéis à realidade exterior, aumentam a defasagem entre suas experiências interior e exterior. Também separam-na de seus pais, porque a criança passa a sentir que ela e eles vivem em mundos espirituais diferentes; por mais próximo que possam habitar no espaço "real", do ponto de vista emocional parecem viver temporariamente em continentes diferentes. Isso produz uma descontinuidade entre as gerações, dolorosa tanto para os pais como para a criança.

Se uma criança ouve apenas histórias "fiéis à realidade" (o que significa: falsas para partes importantes de sua realidade interior), pode concluir então que muito de sua realidade interior é inaceitável para seus pais. Muitas crianças se alheiam assim de sua vida interior, e isso as empobrece. Em consequência, elas podem mais tarde, em tanto que adolescentes que não estão mais sob o jugo emocional de seus pais, vir a odiar o mundo racional e escapar inteiramente para um mundo de fantasia, como que para compensar aquilo que perderam na infância. Numa idade posterior, isso ocasionalmente poderia implicar num severo rompimento com a realidade, com todas as consequências perigosas que traria para o indivíduo e a sociedade. Ou, menos grave, a pessoa pode manter esse encapsulamento de seu eu interior por toda a vida e nunca se sentir plenamente satisfeita no mundo porque, alienada dos processos inconscientes, não pode usá-los para enriquecer sua vida na realidade. A vida não é nem um "prazer" nem "uma espécie de privilégio excêntrico". Com essa separação, o que quer que aconteça na realidade não consegue oferecer uma satisfação apropriada às necessidades inconscientes. O resultado é que a pessoa sempre sente a vida como incompleta.

Quando uma criança não é dominada por seus processos mentais interiores e está sendo bem-cuidada em todos os aspectos importantes, é capaz de conduzir sua vida de modo apropriado à idade. Durante tais períodos, pode resolver os problemas que surgem. Mas, ao observarmos crianças pequenas num *playground*, por exemplo, vemos como esses períodos são limitados.

Uma vez que as pressões interiores da criança assumam o controle — o que ocorre com frequência —, o único meio pelo qual ela pode esperar obter algum controle sobre elas é exteriorizando-as. Mas o problema é como fazê-lo sem deixar as exteriorizações levarem a melhor sobre si. Organizar as várias facetas de sua experiência exterior é uma tarefa árdua para a criança e, a menos que consiga ajuda, isso se torna impossível tão logo as experiências exteriores se misturam com suas experiências interiores. Por sua própria conta, a criança ainda não é capaz de ordenar e dar sentido a seus processos interiores. Os contos de fadas oferecem personagens nas quais ela pode exteriorizar sob formas controláveis aquilo que se passa em sua mente. Os contos de fadas mostram à criança de que modo ela pode corporificar seus desejos destrutivos numa personagem, obter de outra satisfações almejadas, identificar-se com uma terceira, ter ligações ideais com uma quarta, e daí por diante, segundo requeiram as suas necessidades do momento.

Quando todos os anelos da criança passam a ser corporificados numa fada boa; seus desejos destrutivos, numa bruxa má; seus medos, num lobo voraz; as exigências de sua consciência, num homem sábio encontrado numa aventura; sua raiva ciumenta, em algum animal que arranca os olhos de seus arquirrivais — ela pode então finalmente começar a organizar suas tendências contraditórias. Tão logo isso tenha início, ela ficará cada vez menos engolfada pelo caos ingovernável.

Transformações

A Fantasia da Madrasta Má

Há um tempo certo para determinadas experiências de crescimento, e a infância é o momento de aprender a transpor o imenso fosso entre as experiências interiores e o mundo real. Os contos de fadas podem parecer sem sentido, fantásticos, assustadores e totalmente inacreditáveis para o adulto que foi privado da fantasia da história de fadas em sua própria infância, ou que reprimiu essas lembranças. Um adulto que não alcançou uma integração satisfatória dos dois mundos, o da realidade e o da imaginação, fica desconcertado com esses contos. Mas um adulto que é capaz de integrar em sua própria vida a ordem racional com a ilogicidade de seu inconsciente responderá à maneira pela qual o conto de fadas auxilia a criança nessa integração. À criança — e ao adulto que, como Sócrates, sabe que ainda existe uma criança dentro do mais sábio de nós —, os contos de fadas revelam verdades a respeito da humanidade e de si própria.

Em "Chapeuzinho Vermelho", a bondosa vovozinha é repentinamente substituída pelo lobo voraz que ameaça destruir a criança. Quão tola é essa transformação quando vista objetivamente, e quão apavorante — poderíamos considerar a transformação desnecessariamente assustadora, contrária a toda realidade possível. Mas, quando vista em termos do modo como uma criança vivencia as coisas, será de fato mais assustadora do que a súbita transformação da sua própria vovozinha bondosa numa personagem que ameaça seu senso mesmo de individualidade quando a humilha pelo fato de molhar acidentalmente as calças? Para a criança, a vovó não é mais a mesma pessoa que era no momento anterior; tornou-se um bicho-papão. Como pode alguém que

A Psicanálise dos Contos de Fadas | 97

era tão gentil, que trazia presentes e era mais compreensiva, tolerante e fácil de contentar do que a sua própria mãe de repente agir de modo tão radicalmente diverso?

Incapaz de ver qualquer coerência entre as diferentes manifestações, a criança na verdade percebe a vovó como duas entidades separadas — a que ama e a que ameaça. Ela de fato é a vovó *e* o lobo. Dividindo-a, por assim dizer, a criança pode preservar sua imagem da avó boa. Se ela se transforma num lobo, isso decerto é assustador, mas a criança não precisa comprometer sua visão da benevolência da vovó. E, em todo caso, como lhe narra a história, o lobo é uma manifestação passageira — a vovó retornará triunfante.

Do mesmo modo, embora a mãe seja a maioria das vezes a protetora dadivosa, ela pode se transformar na cruel madrasta se for má a ponto de negar ao menino algo que ele deseja.

Longe de ser um expediente usado apenas por contos de fadas, essa divisão de uma pessoa em duas para manter a boa imagem incontaminada ocorre a muitas crianças como uma solução para um relacionamento muito difícil de administrar ou compreender. Com esse expediente, todas as contradições são subitamente resolvidas, como o foram para uma estudante universitária que se lembrou de um incidente ocorrido quando ainda não tinha cinco anos.

Certo dia, num supermercado, a mãe da menina ficou subitamente muito zangada com ela, e esta se sentiu completamente arrasada pelo fato de que sua mãe pudesse agir assim. A caminho de casa, a mãe continuou a ralhar com ela irritadamente, dizendo-lhe que não servia para nada. A menina ficou convencida de que essa pessoa perversa apenas *se parecia* com sua mãe e, embora fingisse ser ela, era de fato uma marciana má, uma impostora que se lhe assemelhava e que a abduzira e assumira a sua aparência. Daí em diante, a menina supôs em muitas ocasiões diferentes que essa marciana lhe abduzira a mãe e tomara o seu lugar para torturá-la como a mãe real jamais teria feito.

Essa fantasia prosseguiu por uns dois anos até que, aos sete, a menina se tornou corajosa o bastante para tentar preparar armadilhas para a marciana. Quando esta mais uma vez tivesse tomado o lugar da mãe para se dedicar à prática nefanda de torturá-la, a menina matreiramente faria uma pergunta à marciana sobre aquilo que havia ocorrido entre a mãe de verdade e ela própria. Para seu espanto, a marciana sabia tudo a respeito, o que de início apenas lhe confirmou o quanto ela era astuta. Mas, depois de duas ou três dessas tentativas, a menina ficou em dúvida e perguntou à mãe sobre coisas que ocorreram entre a marciana e ela própria. Quando se tornou óbvio que a mãe sabia a respeito desses acontecimentos, a fantasia da marciana desmoronou.

Durante o período em que a segurança da menina requisera que a mãe fosse toda bondade — nunca irada ou rejeitadora —, ela reorganizara a realidade de modo a se prover daquilo de que necessitava. Quando ficou mais velha e mais segura, a ira ou as críticas severas de sua mãe não lhe pareciam mais tão completamente arrasadoras. Uma vez que sua própria integração fora mais bem estabelecida, podia dispensar a fantasia reasseguradora da marciana e reelaborar a dupla imagem da mãe numa só ao testar a realidade de sua fantasia.

Embora todas as crianças precisem algumas vezes de dividir a imagem dos pais entre os aspectos benevolente e ameaçador para que se sintam plenamente protegidas pelo primeiro, a maioria não pode fazê-lo de modo tão inteligente e consciente como essa menina. A maioria das crianças não pode encontrar uma solução própria para o impasse que é a mãe subitamente se transformar num "impostor que se lhe assemelha". Os contos de fadas, que contêm fadas boas que aparecem subitamente e ajudam a criança a encontrar a felicidade apesar desse "impostor" ou "madrasta", permitem-lhe não ser destruída por esse "impostor". Eles indicam que, escondida em algum lugar, a boa fada madrinha vela pelo destino da criança, pronta a afirmar seu poder quando for criticamente necessário. O conto de fadas lhe diz que "embora existam bruxas, não se deve nunca esquecer que também existem boas fadas, que são muito mais poderosas". Os mesmos contos asseguram que o gigante feroz pode ser sempre sobrepujado em esperteza pelo homenzinho inteligente — alguém que parece ser tão impotente quanto a criança se sente. É bem provável que uma história sobre uma criança que vence pela esperteza um espírito malvado tenha dado coragem a essa menina para tentar desmistificar a marciana.

A universalidade dessas fantasias é sugerida pelo que, em psicanálise, conhecemos como "romance familiar" da criança púbere.[26] São fantasias ou devaneios que o jovem reconhece parcialmente como tais, mas nos quais também acredita parcialmente. Centralizam-se na ideia de que nossos pais não são na verdade nossos pais, que somos filhos de alguém importante e que, devido a circunstâncias infelizes, fomos levados a viver com essas pessoas que alegam ser nossos pais. Esses devaneios assumem várias formas: frequentemente achamos que só um dos pais é falso — o que é análogo a uma situação comum nos contos de fadas, em que um dos pais é o verdadeiro e o outro postiço. A expectativa esperançosa da criança é a de que, um dia, por acaso ou por desígnio, o pai verdadeiro aparecerá e ela será elevada à sua condição nobre de direito e viverá feliz para sempre.

Essas fantasias ajudam; elas permitem que a criança tenha realmente raiva do impostor marciano ou do "falso pai" sem se sentir culpada. Tais fantasias tipicamente começam a surgir quando os sentimentos de culpa já são parte do modo como se constitui a personalidade da criança, e quando sentir raiva de um dos pais, ou pior, desprezá-lo, traria consigo uma culpa difícil de administrar. Assim, a divisão, característica dos contos de fadas, da mãe entre uma mãe boa (normalmente morta) e uma madrasta má é bastante apropriada para a criança. Não só é um meio de preservar uma mãe interior toda bondade quando a mãe verdadeira não o é, como também permite que se sinta raiva dessa "madrasta" má sem comprometer a boa vontade da mãe verdadeira, que é vista como uma pessoa diferente. Assim, o conto de fadas sugere como a criança pode lidar com os sentimentos contraditórios que, de outro modo, a esmagariam nesse estágio em que a habilidade para integrar emoções contraditórias está apenas começando. A fantasia da madrasta má não só conserva intacta a mãe boa, como também impede os sentimentos de culpa em relação aos pensamentos e desejos coléricos a seu respeito — uma culpa que interferiria seriamente na boa relação com a mãe.

Ao mesmo tempo que a fantasia da madrasta má preserva a imagem da mãe boa, o conto de fadas também ajuda a criança a não se sentir arrasada ao perceber a mãe como má. Do mesmo modo que a marciana, na fantasia da menina, desaparecia tão logo a mãe estivesse novamente satisfeita com a filhinha, um espírito bondoso pode neutralizar num instante todas as más ações de outro mau. No resgatador dos contos de fadas, as boas qualidades da mãe são tão exageradas quanto as más o foram na bruxa. Mas é assim que a criança pequena experimenta o mundo: ou como inteiramente ditoso ou como um total inferno.

Ao sentir a necessidade emocional de fazê-lo, a criança não só divide um genitor em duas personagens como pode também se dividir em duas pessoas que, conforme quer crer, nada têm em comum uma com a outra. Conheci crianças pequenas que durante o dia conseguiam se manter enxutas, mas que à noite molhavam a cama e, quando se levantavam, viravam-se para um canto com repugnância e diziam convictas: "Alguém molhou minha cama." A criança não faz isso, como podem pensar os pais, para pôr a culpa noutra pessoa, sabendo o tempo todo que foi ela quem urinou. O "alguém" que fez isso é aquela parte dela própria de que agora já se separou; esse aspecto de sua personalidade de fato se tornou um estranho para ela. Insistir para que a criança reconheça que *foi* ela quem molhou a cama é tentar impor prematuramente o conceito da integridade da personalidade humana, e tal insistência, na verdade, retarda o seu desenvolvimento. Para desenvolver um sentimento seguro do seu eu, a criança necessita restringi-lo durante um certo tempo apenas àquilo que ela própria deseja e aprova plenamente. Após ter alcançado assim um eu de que pode se orgulhar sem ambivalência, a criança pode lentamente começar a aceitar a ideia de que ele talvez também contenha aspectos de natureza mais dúbia.

Assim como o genitor nos contos de fadas é dividido em duas personagens, representativas dos sentimentos opostos de amor e de rejeição, também a criança exterioriza e projeta num "alguém" todas as coisas ruins que são assustadoras demais para serem reconhecidas como parte de si própria.

A literatura dos contos de fadas não deixa de considerar a natureza problemática de por vezes se ver a mãe como uma madrasta má; a seu modo, o conto de fadas nos adverte sobre as consequências de nos deixarmos arrebatar por sentimentos de raiva. Uma criança se entrega facilmente a sua irritação com uma pessoa que lhe é querida, ou a sua impaciência por ter que esperar; tende a abrigar sentimentos coléricos e a embarcar em desejos furiosos, pouco pensando nas consequências caso estes se tornem realidade. Muitos contos de fadas retratam o resultado trágico desses anseios irrefletidos, assumidos porque se deseja excessivamente algo ou se é incapaz de esperar até que as coisas ocorram no devido tempo. Esses dois estados mentais são típicos da criança. Duas histórias dos Irmãos Grimm podem ilustrá-los.

Em "Hans, o Ouriço", um homem fica com raiva quando seu grande desejo de ter filhos é frustrado pela incapacidade de a mulher engravidar. Finalmente, ele se exalta a ponto de exclamar: "Eu quero um filho, mesmo que seja um ouriço." Seu desejo é realizado: a mulher gera um filho que é um ouriço na parte superior do corpo, enquanto que a parte inferior é a de um menino.*

Em "Os Sete Corvos", uma criança recém-nascida absorve a tal ponto as emoções do pai que este volta sua raiva contra os filhos mais velhos. Manda um dos sete filhos buscar água batismal para o batizado da filha mais nova, tarefa em que seus seis irmãos o acompanham. O pai, irritado por ter que ficar esperando, grita: "Quem dera que todos os meninos virassem corvos" — o que prontamente acontece.

---

*Pais que desejam com muita impaciência ter filhos e têm como punição dar à luz estranhas misturas de seres humanos e animais é um motivo antigo e amplamente difundido. Por exemplo, é o assunto de um conto turco no qual o rei Salomão restitui uma criança à total humanidade. Nessas histórias, se os pais tratam bem e com muita paciência a criança malformada, ela é eventualmente reconstituída como um ser humano atraente.

A sabedoria psicológica desses contos é notável: a falta de controle sobre as emoções por parte dos pais cria uma criança desajeitada. Nos contos de fadas e nos sonhos, a malformação física com frequência representa um mau desenvolvimento psicológico. Nessas histórias, a parte superior do corpo, incluindo a cabeça, é habitualmente semelhante à de um animal, enquanto que a parte inferior tem forma humana normal. Isso indica que as coisas estão erradas com a cabeça — isto é, a mente — da criança, e não com seu corpo. As histórias também mostram que o dano causado à criança por intermédio de sentimentos negativos pode ser corrigido, graças ao impacto de emoções positivas prodigalizadas sobre ela, se os pais são suficientemente pacientes e consistentes. Os filhos de pais coléricos geralmente agem como o ouriço-caixeiro ou o porco-espinho: parecem ser inteiramente de espinhos, de modo que a imagem da criança que é em parte porco-espinho é das mais apropriadas.

Esses são também contos admonitórios que advertem: não concebam crianças quando estiverem com raiva, não as recebam com raiva e impaciência à sua chegada. Mas, como todo bom conto de fadas, essas histórias também indicam os remédios corretos para desfazer o dano, e a prescrição está de acordo com os melhores discernimentos psicológicos atuais.

Se essas histórias de fadas em que desejos coléricos se tornam realidade terminassem aí, seriam simplesmente contos admonitórios, advertindo-nos para que não nos deixemos levar por nossas emoções negativas — algo que a criança é incapaz de evitar. Mas o conto de fadas é sábio ao não esperar o impossível da criança, tornando-a angustiada por ter desejos coléricos que não pode deixar de ter. Enquanto adverte realisticamente que ser levado pela raiva ou pela impaciência gera problemas, reassegura que as consequências são apenas temporárias, e que boa vontade ou boas ações podem desmanchar todo o dano causado por desejar o mal. Hans, o Ouriço, ajuda um rei perdido na floresta a voltar a salvo para casa. O rei promete lhe dar como recompensa a primeira coisa que encontrar ao chegar em casa, que vem a ser a sua única filha. Apesar da aparência de Hans, a princesa mantém a promessa do pai e se casa com ele. Depois do casamento, no leito nupcial, Hans por fim assume uma forma totalmente humana, e posteriormente herda o reino.* Em "Os Sete Corvos", a irmã, que fora a causa inocente de os irmãos terem sido transformados em corvos, viaja até o fim do mundo e faz um grande sacrifício para desmanchar a praga rogada sobre eles. Os corvos retomam a forma humana e a felicidade é restabelecida.

Essas histórias mostram que, apesar das consequências ruins que os desejos maus produzem, com boa vontade e esforço as coisas podem ser corrigidas. Há outros contos que vão muito além e ensinam à criança que não deve temer esses desejos, pois, embora haja consequências momentâneas, nada muda permanentemente; depois de formulados todos os desejos, as coisas continuam exatamente como eram antes de eles começarem a sê-lo. Tais histórias existem com muitas variações pelo mundo todo.

No Ocidente, "Os Três Desejos" é provavelmente a história de desejos mais conhecida. Na forma mais simples desse motivo, são concedidos a um homem ou a uma mulher alguns desejos — normalmente três — por um estranho ou um animal, como recompensa por

---

*Esse final é típico das histórias pertencentes ao ciclo do noivo animal, e será discutido posteriormente em conexão com essas histórias.

uma boa ação. Um homem recebe esse favor em "Os Três Desejos", mas faz pouco caso dele. De volta ao lar a esposa lhe serve a sopa de todo dia no jantar. "Sopa de novo! Queria um pudim em vez disso", diz ele, e prontamente o pudim aparece. A mulher exige saber como isso aconteceu, e ele lhe narra sua aventura. Furiosa por ele ter desperdiçado um dos desejos com tal ninharia, ela exclama: "Queria que o pudim estivesse sobre a sua cabeça!", um desejo que é imediatamente satisfeito. "Lá se vão dois desejos! Queria que o pudim não estivesse sobre a minha cabeça", diz o homem. E lá se foram os três desejos.[27]

Em conjunto, esses contos advertem a criança sobre as possíveis consequências indesejáveis de um desejo irrefletido e, ao mesmo tempo, lhe asseguram que tal desejo tem pouca consequência, particularmente se a pessoa é sincera em seu desejo e em seus esforços para desfazer os maus resultados. Talvez ainda mais importante seja o fato de eu não conseguir me lembrar de nenhum conto de fadas em que os desejos coléricos de uma criança tivessem qualquer consequência; só os dos adultos têm. Isso tem como implicação que os adultos são responsáveis pelo que fazem devido à sua raiva ou à tolice, mas as crianças não. Se elas expressam algum desejo no conto de fadas, esse desejo é só de coisas boas, e a sorte ou um bom espírito o satisfaz, indo frequentemente além daquilo que mais desejaram.

É como se o conto de fadas, admitindo que é humano sentir raiva, esperasse que apenas os adultos tivessem autocontrole suficiente para não serem arrebatados por ela, já que seus estranhos desejos coléricos se tornam realidade — mas os contos frisam as consequências maravilhosas para uma criança caso ela se empenhe num pensamento ou desejo *positivo*. A desolação não induz a criança do conto de fadas a ter desejos vingativos. Ela deseja apenas coisas boas, mesmo quando tem amplas razões para desejar coisas ruins para os que a perseguem. Branca de Neve não nutre desejos coléricos contra a rainha malvada. Cinderela, que tem bons motivos para desejar que suas meias-irmãs sejam punidas por suas más ações, deseja, ao contrário, que elas compareçam ao grande baile.

Se uma criança é deixada sozinha por algumas horas, ela pode se sentir tão cruelmente maltratada quanto se tivesse sofrido uma vida inteira de abandono e rejeição. Então, subitamente, sua existência se transforma em pura felicidade quando a mãe aparece na porta, sorrindo, talvez até lhe trazendo um presentinho. O que poderia ser mais mágico do que isso? Como poderia algo tão simples ter o poder de mudar sua vida, a menos que houvesse magia envolvida?

De todos os lados a criança experimenta transformações radicais na natureza das coisas, embora *nós* não compartilhemos suas percepções. Mas consideremos o modo como a criança lida com objetos inanimados: algum objeto — um cordão de sapato ou um brinquedo — frustra-a ao máximo, a ponto de ela se sentir uma tola completa. E então, de repente, como que por mágica, o objeto se torna obediente e faz o que lhe mandam: ela passa do mais desalentado dos seres ao mais feliz. Isso não comprova o caráter mágico do objeto? Um bom número de contos de fadas relatam como a descoberta de um objeto mágico modifica a vida do herói; com sua ajuda, o bobo fica mais esperto do que seus irmãos que anteriormente tinham a preferência sobre ele. A criança que se sente condenada a ser um "patinho feio" não deve se desesperar; crescerá para se tornar um lindo cisne.

Uma criança pequena pouco pode fazer por conta própria, e isso é desapontador para ela — tanto que pode se desesperar e desistir. O conto de fadas impede que isso aconteça ao dar extraordinária dignidade à menor das aquisições e ao sugerir que as consequências mais maravilhosas podem advir daí. Encontrar um jarro ou garrafa (como na história "O Gênio da Garrafa", dos Irmãos Grimm), ajudar um animal ou receber sua ajuda ("O Gato de Botas", de Charles Perrault), compartilhar um pedaço de pão com um estranho ("O Ganso de Ouro", outra das histórias dos Irmãos Grimm) — esses pequenos acontecimentos cotidianos levam a grandes coisas. Assim, o conto de fadas encoraja a criança a acreditar que suas pequenas aquisições efetivas são importantes, embora ela possa não percebê-lo no momento.

A crença em tais possibilidades deve ser alimentada de modo a que a criança possa aceitar suas desilusões sem ser completamente derrotada; e, mais que isso, pode se tornar um desafio pensar com confiança numa existência para além da casa paterna. O exemplo do conto de fadas provê a certeza de que a criança receberá ajuda em seus esforços no mundo lá fora, e que um eventual sucesso recompensará seus esforços contínuos. Simultaneamente, o conto de fadas frisa que esses fatos aconteceram há muito tempo, numa terra distante, e deixa claro que oferece alimento para a esperança, não relatos realistas de como é o mundo aqui e agora.

A criança intuitivamente compreende que, embora essas histórias sejam *irreais,* elas não são *inverídicas;* que embora aquilo que essas histórias narrem não ocorra de fato, deve ocorrer enquanto experiência interior e desenvolvimento pessoal; que os contos de fadas retratam de forma imaginária e simbólica os passos essenciais para o crescimento e para a aquisição de uma existência independente.

Embora os contos de fadas invariavelmente apontem o caminho para um futuro melhor, eles se concentram no processo de mudança mais do que na descrição dos detalhes exatos da felicidade a ser eventualmente obtida. As histórias começam no ponto em que a criança está no momento, e sugerem para onde ela deve ir — com ênfase no próprio processo. Os contos de fadas podem até mesmo indicar à criança o caminho pelo mais espinhoso dos bosques, o período edipiano.

Trazendo Ordem ao Caos

QUER ANTES, QUER já bem adentrado o período edipiano (aproximadamente dos três aos seis ou sete anos), a experiência que a criança tem do mundo é caótica, mas apenas quando encarada de um ponto de vista adulto, uma vez que o caos implica uma consciência desse estado de coisas. Se essa maneira "caótica" de experimentar o mundo é tudo que uma pessoa conhece, então ela é aceita como o modo de ser do mundo.

Na linguagem da Bíblia, que expressa os sentimentos e percepções mais profundos do homem, no início o mundo era "sem forma". O modo de suplantar o caos também é narrado na Bíblia: "Deus separou a luz das trevas". Durante e em razão dos conflitos edipianos, o mundo lá fora passa a ter mais significado para a criança, e ela começa a lhe dar um sentido. Não se fia mais em que o modo confuso como enxerga o mundo seja o único possível e apropriado. A maneira pela qual a criança pode colocar alguma ordem em sua visão de mundo é dividindo tudo em opostos.

No final do período edipiano e depois, essa divisão se estende à própria criança. Ela, como todos nós, está a todo momento num tumulto de sentimentos contraditórios. Mas, enquanto que os adultos aprenderam a integrá-los, a criança é assoberbada em seu íntimo por essas ambivalências. Vivencia a mistura de amor e ódio, desejo e medo dentro de si própria como um caos incompreensível. Não pode suportar se sentir a um só tempo boa e obediente e no entanto má e rebelde, embora o seja. Visto que não pode compreender estágios intermediários de grau e intensidade, as coisas ou são só luz ou só escuridão. Ou se é só coragem ou só medo; o mais feliz ou o mais miserável; o mais bonito ou o mais feio; o mais esperto ou o mais tolo; ou se ama ou se odeia, não há nunca um meio termo.

É assim também que o conto de fadas retrata o mundo: as personagens são a ferocidade encarnada ou a benevolência altruísta. Um animal ou é só devorador ou só prestativo. Cada personagem é essencialmente unidimensional, possibilitando à criança compreender com facilidade suas ações e reações. Por meio de imagens simples e diretas, a história de fadas ajuda a criança a organizar seus sentimentos complexos e ambivalentes, de modo tal que cada um comece a ocupar um lugar separado, em vez de serem todos uma grande mistura.

A audição do conto de fadas traz à criança ideias sobre como poderia criar ordem a partir do caos que é a sua vida interior. O conto de fadas sugere não só isolar e separar os aspectos díspares e confusos de sua experiência em polos opostos, mas também projetá-los em diferentes personagens. Até mesmo Freud não encontrou melhor maneira de ajudar a dar sentido à incrível mistura de contradições que coexistem em nossa mente e vida interior do que criar símbolos para aspectos isolados da personalidade. Chamou-os de id, ego e superego. Se nós, como adultos, temos que recorrer à criação de instâncias separadas para trazer alguma ordem sensível ao caos de nossas experiências interiores, quão maior é essa necessidade na criança! Hoje os adultos utilizam conceitos como id, ego, superego e ideal do ego para separar nossas experiências interiores e melhor apreender aquilo de que tratam. Infelizmente, ao fazê-lo, perdemos algo que é inerente ao conto de fadas: a percepção de que essas exteriorizações são ficções, úteis apenas para organizar e compreender processos mentais.*

---

*Dar aos processos interiores nomes em separado — id, ego, superego — transformou-os em entidades, cada uma com suas próprias propensões. Quando consideramos as conotações emocionais que esses termos abstratos da psicanálise têm para a maioria das pessoas que os usa, começamos a perceber que essas abstrações não são tão diferentes assim das personificações do conto de fadas. Quando falamos do antissocial e irracional id empurrando o fraco ego, ou do ego obedecendo às ordens do superego, esses símiles científicos não são muito diferentes das alegorias do conto de fadas. Neste, a criança pobre e fraca se defronta com a poderosa bruxa que conhece apenas seus próprios desejos e age segundo eles, sem ligar para as consequências. Quando o dócil alfaiate em "O Alfaiatezinho Valente", dos Irmãos Grimm, consegue vencer dois enormes gigantes fazendo-os lutarem entre si, não estará agindo como o ego fraco ao colocar id contra superego e, neutralizando suas energias opostas, ganhar o controle racional sobre essas forças irracionais?

Quando o herói de um conto de fadas é o filho mais novo, ou é especificamente chamado de "o parvo" ou de "Simplório" no começo da história, esse é o modo de o conto de fadas representar o estado debilitado original do ego ao iniciar sua luta para lidar com o mundo interior das pulsões e com os problemas difíceis que o mundo lá fora apresenta.

De modo não diverso de como a psicanálise o vê, o id é com frequência retratado sob a forma de algum animal que faz as vezes de nossa natureza animal. Os animais dos contos de fadas aparecem de duas formas: ou são perigosos e destrutivos como o lobo em "Chapeuzinho Vermelho" ou o dragão que, caso uma virgem não lhe seja sacrificada a cada ano, devasta um país inteiro no conto "Os Dois Irmãos", dos Irmãos Grimm, ou sábios e adjuvantes, guiando e salvando o herói, como na mesma história, "Os Dois Irmãos", em que um grupo de animais adjuvantes revive o herói morto e obtém para ele a justa recompensa, a princesa e o reino. Tanto os animais perigosos como os adjuvantes representam nossa natureza animal, nossas pulsões instintivas. Os perigosos simbolizam o indomável id — ainda não sujeito ao controle do ego e do superego — em toda a sua energia perigosa. Os adjuvantes representam nossa energia natural (novamente o id), mas agora a serviço dos interesses da personalidade total. Há também alguns animais — habitualmente pássaros brancos, tais como os pombos — que simbolizam o superego.

Muitos erros na compreensão de como nossas mentes funcionam poderiam ser evitados se o homem moderno se mantivesse sempre consciente de que esses conceitos abstratos não são mais do que instrumentos convenientes para manipular ideias que, sem tal exteriorização, seriam muito difíceis de serem compreendidas. Na realidade, não há, é claro, nenhuma separação entre eles, assim como não há efetivamente nenhuma separação entre corpo e mente.

"A Rainha Abelha"

Conquistando a Integração

Nenhum conto de fadas por si só faz justiça à riqueza de todas as imagens que dão corpo aos processos interiores mais complexos, mas uma história pouco conhecida dos Irmãos Grimm, intitulada "A Rainha Abelha", pode ilustrar a luta simbólica da integração da personalidade contra a desintegração caótica. A abelha é uma imagem particularmente adequada para os dois aspectos opostos de nossa natureza, pois a criança sabe que a abelha produz o doce mel, mas também pode picar dolorosamente. Sabe também que a abelha trabalha duro para realizar suas propensões positivas, colhendo o pólen com o qual produz o mel.

Em "A Rainha Abelha", os dois filhos mais velhos de um rei partem em busca de aventura e levam uma vida tão desregrada e dissoluta que nunca mais retornam ao lar. Em resumo, levam uma existência dominada pelo id, sem qualquer consideração pelas exigências da realidade ou pelas demandas justificadas e as críticas do superego. O terceiro e mais jovem dos filhos, chamado Simplório, parte em sua busca e, graças à persistência, é bem-sucedido. Mas eles zombam do fato de ele achar que, na sua simplicidade, poderá se sair na vida melhor do que eles, que são supostamente muito mais espertos. Superficialmente, os dois irmãos estão certos: à medida que a história se desenrola, Simplório se revela tão incapaz quanto eles de exercer controle sobre a vida, representada pelas tarefas difíceis que eles todos são solicitados a executar — exceto pelo fato de que se revela capaz de apelar em auxílio próprio para seus recursos interiores, representados pelos animais adjuvantes.

Viajando pelo mundo, os três irmãos chegam a um formigueiro. Os dois mais velhos querem destruí-lo só para se divertir com o terror das formigas. Simplório não o permite; diz: "Deixem os animais em paz, não consentirei que os perturbem." Em seguida, chegam a um lago em que nadam patos. Os irmãos mais velhos, considerando apenas seus prazeres e suas solicitações orais, querem capturar alguns patos e assá-los. Simplório também os impede de fazê-lo. Eles prosseguem, chegando a uma colmeia, e os dois irmãos querem então pôr fogo na árvore em que está a colmeia para alcançar o mel. Simplório novamente interfere, insistindo que os animais não devem nem ser perturbados, nem mortos.

Os três irmãos finalmente chegam a um castelo em que tudo foi transformado em pedra ou se encontra num sono semelhante à morte, com exceção de um homenzinho grisalho que os põe para dentro, os alimenta e lhes oferece pousada para a noite. Na manhã seguinte, o homenzinho apresenta ao mais velho três tarefas, que devem ser realizadas no prazo de um dia, para desmanchar o feitiço lançado contra o castelo e seus habitantes. A primeira tarefa é juntar mil pérolas que estão espalhadas e escondidas no musgo da floresta. Mas o irmão é advertido de que se falhar nessa tarefa será transformado em pedra. O filho mais velho tenta e falha, e a mesma coisa acontece com o segundo irmão.

Quando chega a vez de Simplório, ele vê que também não está à altura da tarefa. Sentindo-se derrotado, senta-se e chora. Nesse momento, as cinco mil formigas que salvou vêm em sua ajuda e juntam as pérolas para ele. A segunda tarefa é buscar a chave dos aposentos da filha do rei no fundo de um lago. É a vez de os patos que Simplório protegeu virem, mergulharem no lago e lhe entregarem a chave. A tarefa final é selecionar, dentre três princesas adormecidas que parecem exatamente iguais, a mais jovem e mais adorável. A rainha da colmeia que Simplório salvou vem agora em sua ajuda e pousa nos lábios da princesa que ele deve escolher. Com as três tarefas realizadas, o feitiço é rompido e o encantamento tem fim. Todos os que estavam dormindo ou foram transformados em pedra — incluindo os dois irmãos de Simplório — retornam à vida. Simplório se casa com a mais nova das princesas e finalmente herda o reino.

Os dois irmãos que não se mostraram receptivos às solicitações de integração da personalidade não conseguiram enfrentar as tarefas da realidade. Insensíveis a tudo a não ser aos estímulos do id, foram transformados em pedra. Como em muitas outras histórias de fadas, isso não simboliza a morte; antes representa a falta de humanidade verdadeira, uma incapacidade de responder aos valores mais altos, de modo que a pessoa, estando morta para aquilo que a vida, no melhor sentido, significa, poderia perfeitamente ser feita de pedra. Simplório (que representa o ego), apesar de suas virtudes óbvias, e embora obedeça ao comando de seu superego que lhe diz ser errado molestar injustificadamente ou matar, não está ele próprio à altura das exigências da realidade (simbolizadas pelas três tarefas que tem de executar), tal como seus irmãos não estavam. Só depois de a natureza animal ter sido favorecida, ter tido a importância reconhecida e ter sido harmonizada com o ego e o superego é que empresta seu poder à personalidade total. Após termos atingido assim uma personalidade integrada, podemos realizar o que se assemelha a milagres.

Longe de sugerir que subjuguemos a natureza animal ao nosso ego ou superego, o conto de fadas mostra que cada elemento deve receber o que lhe é devido; se Simplório não tivesse obedecido à sua bondade interior (leia-se superego) e protegido os animais, essas representações do id nunca teriam vindo em sua ajuda. Os três animais, incidentalmente, representam diferentes elementos: as formigas representam a terra; os patos, a água em que nadam; as abelhas, o ar em que voam. Novamente, só a cooperação dos três elementos, ou aspectos de nossa natureza, permitem o sucesso. Só depois de ter alcançado sua integração completa, simbolicamente expressa na realização das três tarefas, é que Simplório se torna dono de seu destino, o que, à maneira do conto de fadas, é representado pelo fato de ele se tornar rei.

"O Irmão e A Irmã"

Unificando Nossa Natureza Dual

Nessa história dos Irmãos Grimm, como em muitos outros contos de fadas que retratam as aventuras de dois irmãos, os protagonistas representam as naturezas díspares do id, ego e superego; e a mensagem principal é que estes devem ser integrados para a felicidade humana. Esse tipo de conto de fadas apresenta a necessidade de integrar a personalidade de modo diferente de "A Rainha Abelha" — aqui, os atos nefastos de um "espírito mau" transformam um dos irmãos num animal, enquanto o outro permanece humano. É difícil conceber uma imagem mais vívida, sucinta e imediatamente convincente de nossas tendências contraditórias. Mesmo os primeiros filósofos encaravam o homem como possuindo uma natureza ao mesmo tempo humana e animal.

Durante grande parte de nossa vida, quando não conseguimos alcançar ou manter uma integração interior, esses dois aspectos de nossa psique lutam um contra o outro. Quando somos jovens, o que quer que sintamos no momento preenche nossa existência inteira. A criança se sente confusa quando percebe que a um só tempo tem sentimentos contraditórios sobre alguma coisa — por exemplo, quando quer pegar o biscoito, mas também deseja obedecer à ordem da mãe para não fazê-lo. Compreender essa dualidade requer um conhecimento dos processos interiores que é bastante facilitado pelo fato de os contos de fadas ilustrarem nossa natureza dual.

Tais contos de fadas começam com uma falta de diferenciação original entre os dois irmãos: eles vivem juntos e sentem de modo semelhante; em suma, são inseparáveis. Eis que, porém, num dado momento do crescimento, um deles inicia uma existência animal, e o outro não. No final do conto, o animal é devolvido à sua forma humana; os dois se reúnem, para nunca mais serem separados. Esse é o modo simbólico de o conto de fadas apresentar os fundamentos do desenvolvimento da personalidade humana: a personalidade da criança é de início indiferenciada; depois, o id, o ego e o superego se desenvolvem a partir do estágio indiferenciado. No processo de maturação, estes devem ser integrados, apesar de impulsos opostos.

Na história dos Irmãos Grimm "O Irmão e a Irmã", "O irmãozinho tomou a sua irmã pela mão e disse: 'Venha, seguiremos juntos pelo vasto mundo'" para escapar de um lar em que sofriam privação. "Caminharam o dia inteiro por prados, campos e locais pedregosos e, quando começou a chover, a irmãzinha disse: 'O céu e os nossos corações estão chorando juntos.'"

Aqui, como em muitos contos de fadas, ser expulso do lar significa ter de se tornar independente. A autorrealização requer que se abandone a órbita do lar, uma experiência excruciantemente dolorosa, repleta de perigos psicológicos. Esse processo de desenvolvimento é inevitável; sua dor é simbolizada pela infelicidade das crianças por serem forçadas a deixar o lar. Os riscos psicológicos do processo, como ocorre sempre nos contos de fadas, são representados pelos perigos com que o herói se depara em suas andanças. Nessa história, o irmão representa o aspecto ameaçado de uma unidade essencialmente inseparável; e a irmã, como símbolo do cuidado materno quando se está distante do lar, é a salvadora.

O conto de fadas não deixa dúvidas na mente da criança de que se deve suportar a dor e assumir os riscos, pois é necessário adquirir identidade própria e, apesar de todas as angústias, não há dúvidas quanto ao final feliz. Embora nem toda criança possa ou vá herdar um reino, aquela que compreende e torna sua a mensagem do conto de fadas encontrará o verdadeiro lar de seu eu interior; ela se tornará senhora do vasto domínio deste ao conhecer a própria mente, e, portanto, ela lhe será de grande utilidade.

Continuando a história de "O Irmão e a Irmã": No dia seguinte, em suas andanças, irmão e irmã chegam a um regato onde o irmão quer beber, mas a irmã, que não se deixa levar por seu id (pressões do instinto), percebe que a água está murmurando: "Quem beber de mim virará um tigre." Graças às súplicas da irmã, o irmão se abstém de beber, apesar de incitado pela sede.

A irmã, representando as funções mentais mais elevadas (o ego e o superego) adverte o irmão, que — dominado pelo id — está prestes a se deixar levar por seu desejo de gratificação imediata (sua sede), não importa a que custo. Mas, se o irmão cedesse à pressão do id, se tornaria antissocial, tão violento quanto um tigre.

Chegam a um outro regato, que adverte ter o poder de transformar quem dele beber num lobo. Mais uma vez a irmã, representando o ego e o superego, percebe o perigo que é buscar a satisfação imediata e persuade o irmão a resistir à sede. Finalmente chegam a um terceiro regato, que murmura que seu castigo para quem cede aos desejos do id é ser transformado num corço, um animal muito mais dócil. Isso é só o que a protelação — uma obediência parcial aos aspectos coibitivos de nossa aparelhagem mental — consegue. Mas, à medida que a pressão do id (a sede do irmão) aumenta, ela sobrepuja as coibições do ego e do superego: as admonições da irmã perdem a capacidade de controle e, quando o irmão bebe do regato, se transforma num corço*.[28]

A irmã promete que nunca deixará seu irmão-corço. Ela simboliza o controle do ego, uma vez que, apesar de sua sede, foi capaz de se abster de beber. Ela desata sua liga dourada e a ata em torno do pescoço do corço; colhe alguns juncos e os tece numa corda macia que amarra ao pequeno animal. Somente um vínculo pessoal muito positivo — a liga dourada — pode fazer com que renunciemos a nos entregar a nossos desejos antissociais e pode nos conduzir a uma humanidade mais elevada.

---

*Uma comparação de "O Irmão e a Irmã" com "O Pescador e o Gênio" mostra que só ouvindo e assimilando muitas histórias de fadas é que a riqueza dessa literatura se torna inteiramente acessível à criança. O gênio, arrebatado pela pressão do id, pretende destruir seu salvador; a consequência é que ele retorna à sua prisão permanente no jarro. "O Irmão e a Irmã", ao contrário, mostra quão benéfico é ser-se capaz de controlar as pressões do id. Mesmo quando essa capacidade não está de modo algum perfeitamente desenvolvida — como não pode estar numa criança —, até um grau limitado de controle do id atinge um alto índice de humanização, como a redução da ferocidade animal de tigre a lobo e a corço simboliza.

A irmã e o corço seguem adiante. Prosseguindo pela floresta, chegam a uma casinha abandonada na mata — que aparece em vários contos de fadas — e lá encontram abrigo. Fazem dela sua moradia. A irmã, com folhas e musgo, faz uma cama para o corço; todas as manhãs junta raízes e frutas para si própria, e, para ele, capim macio: o ego provê aquilo de que a pessoa necessita. Tudo vai bem enquanto o id faz o que o ego lhe manda. "Seria uma vida maravilhosa, se o irmão tivesse a sua forma humana."

Mas, até conseguirmos uma integração total da personalidade, nosso id (nossas pressões do instinto, nossa natureza animal) vive uma paz difícil com nosso ego (nossa racionalidade). O conto de fadas mostra que, quando os instintos animais são fortemente despertados, os controles racionais perdem a capacidade de coibir. Depois de a irmã e o irmão-corço terem vivido felizes por algum tempo na mata, o rei do país organiza uma grande caçada. Quando o corço ouve o toque das cornetas, o latido dos cães e os gritos alegres dos caçadores, diz para sua irmã: "Permita que me junte à caçada; não posso resistir por mais tempo"; e pede com tanta insistência que finalmente ela consente.

No primeiro dia da caçada tudo corre bem e, ao cair da noite, o irmão-corço volta para a irmã e para a segurança da pequena cabana. Na manhã seguinte, ele ouve novamente os ruídos tentadores da caçada e fica inquieto, pedindo para sair. Perto do fim do dia, ele é levemente ferido na perna e consegue voltar mancando para casa. Só que, dessa vez, o corço, com sua coleira dourada, é observado por um dos caçadores, que relata o fato ao rei. O rei reconhece o significado da liga e ordena que, no dia seguinte, o corço seja perseguido e preso, mas não ferido.

Em casa, a irmã cuida do ferimento do irmão. No dia seguinte, apesar de suas lágrimas e súplicas, o corço a força a deixá-lo sair de novo. De noite, não só o corço mas também o rei vêm à cabana. Cativado pela beleza da moça, o rei a pede em casamento; ela concorda, desde que o corço viva com eles.

Durante muito tempo todos vivem felizes juntos. Mas, como ocorre com frequência nos contos de fadas, três repetições da mesma provação — os três dias em que o corço fora caçado — não são suficientes para a solução final. Enquanto que o irmão foi submetido à sua prova, que poderia se tornar a sua iniciação numa forma mais elevada de existência, o mesmo não ocorreu com a irmã.

Tudo vai bem até que, um dia, quando o rei está fora caçando,* a rainha dá à luz um menino.

A ausência do rei quando sua esposa dá à luz indica que esta é outra transição — o maior milagre da vida —, na qual os outros, inclusive o marido, só podem ser de pouca ajuda. O parto representa uma transformação interior que muda a moça-criança em mãe. Como todas as transformações importantes, está repleta de grandes perigos. Hoje eles são principalmente psicológicos; no passado, a própria vida da mulher estava em jogo, já que muitas morriam durante ou em consequência do parto. Nessa história, esses perigos são corporificados numa feiticeira que, depois de a criança ter nascido, se insinua na vida da rainha assumindo o aspecto de sua criada de quarto. Ela incita a rainha, que está enfraquecida devido ao parto, a tomar um banho — no qual a afoga. A feiticeira então faz com que sua própria filha feia substitua a rainha na cama real.

À meia-noite, a rainha reaparece no berçário para tomar seu filho nos braços e embalá-lo; também não se esquece de cuidar do corço. Isso é observado pela ama, que, por ora, nada conta a ninguém. Algum tempo depois, a rainha passa a falar com seu filho durante suas visitas noturnas, dizendo:

"Como vai meu filho? Como vai meu corço?

Virei duas vezes, depois nunca mais."

A ama narra isso ao rei, que, na noite seguinte, fica acordado para observar a mesma coisa acontecer, com a diferença de que a rainha diz que só virá uma vez mais. Na terceira noite, quando a rainha diz que nunca mais virá, o rei não se contém e a chama de esposa amada, o que a traz de volta à vida.

---

*Em termos de conto de fadas, não se deve entender a caçada como uma matança desnecessária de animais — antes simboliza uma vida próxima e de acordo com a natureza: uma existência em conformidade com nosso ser mais primitivo. Em muitas histórias de fadas, os caçadores são pessoas de bom coração e prestativas, como em "Chapeuzinho Vermelho". Todavia, o fato de o rei ter partido para caçar sugere que ele tenha cedido às suas tendências mais primitivas.

Assim como houve três repetições da tentativa do irmão de beber num regato, e da partida do corço para se juntar à caçada, também houve três visitas da rainha morta a seu filho, durante as quais disse os versos acima. Mas, revivida a rainha e reunida ao rei, o irmão ainda conserva sua forma animal. Só depois de a justiça ter sido imposta e de a feiticeira ter sido reduzida a cinzas numa fogueira é que o corço retoma sua forma humana, e "irmão e irmã vivem felizes juntos até o fim de seus dias".

Não é dita nenhuma palavra final sobre a vida da rainha com o rei ou com seu filho, porque ambos são de pouca importância. A verdadeira questão de "O Irmão e a Irmã" é que as tendências animalescas no homem, tal como representadas pelo corço, e as antissociais, simbolizadas pela feiticeira, são abolidas; isso permite que as qualidades humanas vicejem. A discrepância na natureza humana indicada pela existência da irmã e do irmão-corço é resolvida por meio da integração humana quando irmão e irmã se reúnem em sua forma humana.

No final da história, duas linhas de pensamento se combinam: a integração dos aspectos díspares de nossa personalidade só pode ser obtida depois de abolidos os característicos antissociais, destrutivos e injustos; e isso não pode ser conseguido enquanto não tivermos atingido a maturidade total, tal como simbolizada pela irmã dando à luz um filho e desenvolvendo atitudes maternais. A história ainda sugere as duas grandes reviravoltas da vida: o abandono da casa paterna e a criação da própria família. Esses são os dois períodos da vida em que estamos mais vulneráveis à desintegração, porque é preciso abandonar um velho modo de vida e adquirir um novo. No primeiro desses dois pontos decisivos, o irmão é temporariamente arrebatado; no segundo, a irmã.

Embora nenhuma evolução interior seja afirmada com todas as letras, sua natureza está implícita: o que nos redime como seres humanos e nos devolve à nossa humanidade é a solicitude para com aqueles a quem amamos. A rainha, em suas visitas noturnas, não busca satisfazer nenhum de seus próprios desejos, mas se preocupa com os outros que dependem dela: seu filho e seu corço. Isso mostra que ela foi bem-sucedida na transição de esposa a mãe e, desse modo, renasce para um estágio mais elevado de existência. O contraste entre o irmão que cede às instâncias de seus desejos instintivos e a preocupação da irmã com suas obrigações para com os outros, motivada pelo ego e pelo superego, indica claramente em que consistem a batalha pela integração e o ser nela vencedor.

"SIMBAD, O MARUJO, E SIMBAD, O CARREGADOR"

FANTASIA *VERSUS* REALIDADE

HÁ MUITOS CONTOS de fadas em que os aspectos díspares de uma personalidade são projetados em personagens diferentes, tal como ocorre em uma das histórias de *As Mil e Uma Noites*, "Simbad, o Marujo e Simbad, o Carregador".[29] Com frequência chamada simplesmente de "Simbad, o Marujo", e ocasionalmente de "As Maravilhosas Viagens de Simbad", ela mostra quão pouco aqueles que privam um conto de seu verdadeiro título entendem o que é essencial à história. Os nomes alterados frisam o seu conteúdo fantástico, em detrimento de seu significado psicológico. O título verdadeiro sugere imediatamente que ela trata dos aspectos opostos de uma única e mesma pessoa: aquele que a impele a escapar rumo a um mundo distante de aventura e fantasia, e a outra parte que o mantém preso à experiência do dia a dia — seu id e seu ego, a manifestação do princípio de realidade e do princípio de prazer.

Quando a história começa, Simbad, um pobre carregador, está descansando em frente a uma bela casa. Meditando sobre a sua situação, diz: "O dono deste lugar convive com todos os prazeres da vida e se delicia com perfumes agradáveis, carnes deliciosas e vinhos finos..., enquanto outros padecem o máximo de trabalho.... como eu." Ele assim justapõe uma existência baseada em satisfações prazerosas a uma baseada na necessidade. Para certificar-se de que compreendemos que essas observações pertencem a dois aspectos de uma única e mesma pessoa, Simbad observa a respeito de si próprio e do ainda desconhecido dono do palácio: "A sua origem é minha e a minha proveniência é sua."

Depois de termos sido levados a compreender que os dois são a mesma pessoa em formas diferentes, o carregador é convidado a entrar no palácio, onde durante sete dias consecutivos o dono narra suas sete viagens fabulosas. Nessas viagens, enfrenta perigos atrozes, dos quais é salvo miraculosamente, regressando ao lar com grandes fortunas. Durante esses relatos, para enfatizar ainda mais a identidade do pobre carregador e do viajante fabulosamente rico, este último diz: "Saiba, ó carregador, que seu nome é até mesmo igual ao meu" e "você se tornou meu irmão". O viajante chama a força que o impulsiona a buscar tais aventuras de "o velho mau dentro de mim" e "o homem carnal... (cujo) coração é naturalmente sujeito à maldade" — imagens apropriadas de uma pessoa que cede às instâncias de seu id.

Por que esse conto de fadas consiste em sete partes, e por que os dois protagonistas se separam todo dia para se reunir no dia seguinte? Sete são os dias da semana; no conto de fadas, o número sete frequentemente representa cada dia da semana e é também um símbolo de cada dia de nossas vidas. A história portanto parece mostrar que, enquanto vivermos, haverá dois aspectos diferentes de nossa existência, assim como os dois Simbads são ambos o mesmo e também diferentes, um levando uma vida dura na realidade, o outro tendo uma vida de aventuras fantásticas. Outra forma de interpretar isso é conceber essas existências opostas como os pontos de vista diurno e noturno sobre a vida — como o acordar e o sonhar, como a realidade e a fantasia, ou como os domínios consciente e inconsciente de nosso ser. Vista assim, a história mostra sobretudo quão diferente é a vida quando encarada a partir de duas perspectivas diferentes do ego e do id.

A história começa narrando como Simbad, o Carregador, que estava "carregando uma carga pesada, ficou extremamente cansado, oprimido a um só tempo pelo calor e pelo peso". Amargurado pelas durezas de sua existência, ele especula sobre como deve ser a vida de um homem rico. As histórias de Simbad, o Marujo, podem ser vistas como fantasias a que o pobre carregador se entrega para escapar de sua vida fatigante. O ego, exaurido por suas tarefas, se permite então ser dominado pelo id. O id, em contraste com o ego orientado para a realidade, é a sede de nossos desejos mais selvagens, os quais podem levar à satisfação ou ao extremo perigo; isso é corporificado nas sete histórias das viagens de Simbad, o Marujo. Levado por aquilo que reconhece como "o homem mau dentro de mim", Simbad, o Marujo, deseja aventuras fantásticas, e encontra perigos terríveis que são análogos a pesadelos: gigantes que assam seres humanos no espeto para comê-los; criaturas más que montam nele como se ele fosse um cavalo; serpentes que ameaçam engoli-lo vivo; pássaros enormes que o transportam pelo céu. Eventualmente, as fantasias de realização de desejo vencem as fantasias angustiadas, uma vez que ele é salvo e volta ao lar com grandes riquezas para levar uma vida de lazer e satisfação. Mas todos os dias as exigências da realidade também devem ser enfrentadas. Tendo o id mantido o controle por algum tempo, o ego volta a se afirmar e Simbad, o Carregador, retorna à sua vida cotidiana de trabalho duro.

O conto de fadas nos ajuda a entendermo-nos melhor, uma vez que, na história, os dois lados de nossas ambivalências são isolados e projetados em personagens diferentes. Podemos visualizar essas ambivalências muito melhor quando as pressões instintivas do id são projetadas no viajante intrépido e imensamente rico, que sobrevive quando todos os outros são destruídos e, além disso, traz para casa um tesouro inimaginável; enquanto que as tendências opostas do ego, orientadas para a realidade, são corporificadas no pobre e laborioso carregador. O que Simbad, o Carregador (representando nosso ego), tem de menos (imaginação, capacidade de enxergar para além daquilo que o cerca), Simbad, o Marujo, tem de sobra, já que declara não ser capaz de se satisfazer com uma vida normal "de sossego, conforto e repouso".

Quando o conto de fadas indica que essas duas pessoas tão diferentes são na verdade "irmãos por trás das aparências", ele guia a criança rumo à percepção pré-consciente de que essas duas personagens são, com efeito, duas partes de uma única e mesma pessoa; de que o id é parte integral de nossa personalidade tanto quanto o ego. Um dos grandes méritos desse conto é que Simbad, o Marujo, e Simbad, o Carregador, são ambas personagens atraentes; a nenhum dos dois lados de nossa natureza são negados atração, importância e validade.

A PSICANÁLISE DOS CONTOS DE FADAS | 125

A menos que em alguma medida se tenha efetuado em nossa mente uma separação de nossas complexas tendências interiores, não compreendemos as fontes de nossa confusão a respeito de nós mesmos, o quanto somos dilacerados por sentimentos opostos e nossa necessidade de integrá-los. Essa integração requer a percepção de que existem aspectos discordantes na nossa personalidade e de quais são eles. "Simbad, o Marujo, e Simbad, o Carregador" sugere não só o isolamento dos aspectos discordantes de nossa psique mas também que eles fazem parte um do outro e devem ser integrados — os dois Simbads se separam todos os dias, mas voltam a se unir depois de cada separação.

Visto isoladamente, uma fraqueza relativa desse conto de fadas é que no final ele não consegue expressar simbolicamente a necessidade de integração dos aspectos díspares de nossa personalidade que foram projetados nos dois Simbads. Se esse fosse um conto de fadas ocidental, terminaria com os dois vivendo felizes juntos para sempre. Tal como é, o ouvinte se sente como que decepcionado com o final da história, ao se perguntar por que esses dois irmãos continuam a se separar e a se juntar de novo todos os dias. Superficialmente, pareceria fazer muito mais sentido se eles se organizassem para viver juntos permanentemente em completa harmonia, um final que simbolicamente expressaria a conquista bem-sucedida da integração psíquica por parte do herói.

Mas, fosse esse o final da história, haveria pouco motivo para continuar a narrativa dos contos de fadas na noite seguinte. "Simbad, o Marujo, e Simbad, o Carregador" faz parte de *As Mil e Uma Noites*.* De acordo com a sua organização, as sete viagens de Simbad, o Marujo, são na verdade narradas em trinta noites.

---

*A coletânea de contos de fadas que se tornou conhecida como *As Mil e Uma Noites* ou, na tradução de Burton, como *Os Entretenimentos das Noites Árabes*, é de origens hindu e persa, e pode ser rastreada até o remoto século X. O número 1.001 não deve ser tomado literalmente. Ao contrário, "mil" em árabe significa "inumerável", portanto 1.001 significa um número infinito. Compiladores e tradutores posteriores tomaram esse número literalmente e chegaram a uma coletânea que continha esse número de histórias subdividindo e acrescentando contos de fadas.[30]

A História Que Serve de Moldura
às Mil e uma Noites

Uma vez que as histórias dos dois Simbads são parte de um ciclo tão extenso de contos de fadas, a solução final — ou integração — só ocorre bem no final de *As Mil e Uma Noites*. Por conseguinte, devemos considerar agora a história emoldurante que introduz e finaliza o ciclo inteiro.[31] O rei Xariar está profundamente desiludido com as mulheres e tomado de violenta fúria porque descobriu não só que sua esposa o traía com seus escravos negros, como também que a mesma coisa ocorrera a seu irmão, o rei Xazenã; e, além disso, que até mesmo um gênio extremamente poderoso e esperto é traído continuamente por uma mulher que ele acredita estar encarcerada com todo o cuidado.

O rei Xariar foi advertido da traição de sua esposa pelo irmão, o rei Xazenã. Sobre este último somos informados que: "Ele não conseguia esquecer a perfídia de sua esposa e, sendo assim, a dor paulatinamente tomou conta dele, sua cor mudou e seu corpo se enfraqueceu." Ao ser interrogado pelo rei Xariar sobre os motivos de seu declínio, o rei Xazenã responde: "Ó meu irmão, tenho uma ferida interior." Já que o irmão parece ser um duplo do rei Xariar, podemos supor que também ele sofre terrivelmente de uma ferida interior: a crença de que ninguém seria capaz de amá-lo verdadeiramente.

O rei Xariar, tendo perdido toda a fé na humanidade, decide que daí em diante não dará a nenhuma mulher a possibilidade de traí-lo, e que levará uma vida só de luxúria. A partir de então, dorme cada noite com uma virgem, que é morta na manhã seguinte. Finalmente não resta nenhuma virgem casadoira no reino a não ser Sherazade, a filha do vizir do rei. O vizir não tem nenhuma intenção de sacrificar sua filha, mas esta insiste em que deseja se tornar "o meio de libertação".

Consegue-o ao contar durante mil noites uma história que cativa tanto o rei que ele não manda matá-la, pois deseja ouvir sua continuação na noite seguinte.

A salvação da morte por intermédio da narração de contos de fadas é um motivo que dá início ao ciclo; também reaparece ao longo dele e o finaliza. Por exemplo, no primeiro dos mil e um contos, "A História dos Três Xeques", um gênio ameaça destruir um mercador, mas fica tão cativado por sua história que o poupa. No final do ciclo, o rei declara sua confiança e amor por Sherazade; fica curado para sempre de seu ódio pelas mulheres graças ao amor dela, e juntos vivem felizes pelo resto de suas vidas, ou é o que somos levados a entender.

De acordo com a história que serve de moldura, os dois protagonistas, um homem e uma mulher, se conhecem na maior crise de suas vidas: o rei, desgostoso da vida e cheio de ódio pelas mulheres; Sherazade, temendo por sua vida mas determinada a conseguir a salvação de ambos. Ela atinge sua meta por meio da narração de muitos contos de fadas; nenhuma história individualmente seria capaz de fazê-lo, pois nossos problemas psicológicos são demasiado complexos e de solução difícil. Só uma grande variedade de contos de fadas poderia fornecer o ímpeto para tal catarse. São necessários quase três anos de narração contínua de contos de fadas para livrar o rei de sua depressão profunda, para obter sua cura. É preciso que ele ouça atentamente os contos durante mil noites para reintegrar sua personalidade completamente desintegrada. (Aqui deveria ser lembrado que, na medicina hindu — e o ciclo de *As Mil e Uma Noites* é de origem hindu-persa —, à pessoa mentalmente perturbada é narrada uma história de fadas cuja consideração a ajudará a vencer sua perturbação emocional.)

Os contos de fadas têm diversos níveis de significado. Num outro nível de significado, os dois protagonistas dessa história representam as tendências conflitantes dentro de nós que, caso não consigamos integrar, certamente nos destruirão. O rei simboliza uma pessoa completamente dominada por seu id, porque seu ego, em razão de duras decepções na vida, perdeu a força para manter o id dentro dos limites. Afinal, a tarefa do ego é nos proteger contra a perda devastadora que, na história, é simbolizada pelo fato de o rei ser traído sexualmente; se o ego não consegue fazê-lo, perde seu poder de guiar nossas vidas.

A outra personagem da história que serve de moldura, Sherazade, representa o ego, como é claramente sugerido pela informação de que "ela colecionara mil livros de crônicas de povos antigos e de poetas idos. Além disso, ela lera livros de ciência e medicina; sua memória estava repleta de versos, histórias e folclore, além dos ditos de reis e sábios; e ela era sagaz, espirituosa, prudente e cortês" — uma enumeração exaustiva de atributos do ego. Assim, o id incontrolado (o rei), num processo bastante prolongado, é finalmente civilizado graças ao impacto de um ego encarnado; mas trata-se de um ego extremamente dominado pelo superego, tanto que Sherazade está determinada a arriscar sua vida. Diz: "Ou serei o meio de libertação da filhas dos muçulmanos da matança, ou morrerei e perecerei como as outras." Seu pai tenta dissuadi-la e aconselha: "Não arrisque assim a sua vida!" Mas nada é capaz de detê-la em seu propósito, pois que insiste: "Tem de ser assim."

Vemos, pois, em Sherazade um ego dominado pelo superego que se tornou de tal forma separado do id egoísta que está pronto a arriscar a própria existência da pessoa para obedecer a uma obrigação moral; no rei vemos um id que se desprendeu do ego e do superego. Tendo um ego tão forte, Sherazade inicia sua missão moral com um plano: ela organizará as coisas de modo a poder contar para o rei uma história de natureza tão intrigante que ele desejará ouvir o restante dela e, por essa razão, poupará sua vida. E, de fato, quando amanhece e ela a interrompe, o rei diz consigo mesmo: "Não a matarei até ouvir o restante da história!" Mas suas histórias fascinantes, cuja continuação o rei deseja ouvir, adiam a morte apenas de um dia para o outro. Para a "salvação", meta de Sheradaze, é necessário mais.

Só uma pessoa cujo ego aprendeu a recorrer às energias positivas do id para seus propósitos construtivos pode, por conseguinte, pôr esse ego para controlar e civilizar as propensões assassinas do id. Só quando o amor de Sherazade pelo rei inspira ainda mais a sua narração — isto é, quando o superego (o desejo de livrar "as filhas dos muçulmanos da matança") e o id (seu amor pelo rei, a quem ela agora também deseja libertar do ódio e da depressão) proveem ambos o ego —, é que ela se torna uma pessoa plenamente integrada. Uma pessoa assim, diz a história que serve de moldura, é capaz de livrar o mundo do mal na medida em que obtém a felicidade para si e para o outro sombrio, que acreditava não haver mais nenhuma felicidade à sua disposição. Quando ela declara seu amor pelo rei, este declara o seu por ela. Que maior testemunho podemos ter da capacidade de todos os contos de fadas para mudar nossa personalidade do que o final desse único conto, a história que serve de moldura para *As Mil e Uma Noites:* o ódio assassino foi transformado em amor duradouro.

Mais um elemento da história que serve de moldura para *As Mil e Uma Noites* é digno de menção. Sherazade, desde o início, expressa a esperança de que a narração dos contos de fadas possa ajudá-la a "desviar o rei de seu hábito", mas, para isso, ela necessita da ajuda de sua irmã menor Dinarzade, a quem instrui sobre o que fazer: "Quando eu for até o sultão, mandarei chamá-la, e quando você chegar e ver que o rei dispôs de mim, diga-me: 'Ó minha irmã, não adormeça, conte-nos algumas de suas histórias maravilhosas, para atravessarmos a vigília dessa nossa noite.'" Assim, de certo modo, Sherazade e o rei são como marido e mulher, e Dinarzade é como sua filha. É seu desejo expresso de ouvir os contos de fadas que forma o primeiro elo entre o rei e Sherazade. No final do ciclo, Dinarzade é substituída por um menino pequeno, filho do rei e de Sherazade, que esta lhe traz ao declarar-lhe seu amor. A integração da personalidade do rei é selada pelo fato de ele ter se tornado pai de família.

Mas, antes de podermos alcançar a integração madura de nossa personalidade, tal como a projetada na personagem do rei no final de *As Mil e Uma Noites,* temos de enfrentar várias crises de desenvolvimento, duas das quais, intimamente conectadas, estão entre as mais difíceis de dominar.

A primeira delas se centraliza na questão da integração da personalidade: Quem sou eu realmente? Tendo em vista as tendências contraditórias que habitam em mim, a qual delas deverei responder? A resposta do conto de fadas é a mesma que a psicanálise oferece: para evitarmos ser jogados de um lado para outro e, em casos extremos, ser dilacerados por nossas ambivalências, é necessário que as integremos. Só dessa maneira podemos adquirir uma personalidade unificada capaz de enfrentar com sucesso, com segurança interior, as dificuldades da vida. A integração interior não é algo que seja adquirido de uma vez por todas; é uma tarefa que nos confronta durante toda a vida, embora em formas e graus diferentes. Os contos de fadas não apresentam tal integração como um esforço vitalício; seria muito desencorajador para a criança, que acha difícil obter até mesmo uma integração temporária de suas ambivalências. Em vez disso, cada conto projeta no seu final "feliz" a integração de algum conflito interno. Visto que existem inúmeros contos de fadas, cada um tendo por tópico alguma forma diferente de um conflito básico, em conjunto essas histórias demonstram que, na vida, encontramos muitos conflitos que, um de cada vez, devemos dominar.

A segunda crise de desenvolvimento bastante difícil é o conflito edipiano. Trata-se de uma série de experiências confusas e dolorosas por meio das quais a criança se torna verdadeiramente ela própria, caso consiga se separar dos pais. Para fazê-lo, deve se libertar do poder que seus pais têm sobre ela e — o que é muito mais difícil — do poder que lhes atribuiu a partir de sua angústia e necessidades de dependência, assim como de seu desejo de que eles pertençam para sempre apenas a ela, como ela sente que lhes pertenceu.

A maioria dos contos de fadas discutidos na primeira parte deste livro projeta a necessidade de integração interior, enquanto que os da segunda parte lidam também com problemas edipianos. Ao considerá-los, teremos passado do mais famoso ciclo de contos de fadas do oriente para a tragédia germinal do drama ocidental e — de acordo com Freud — da vida para todos nós.

Contos de Dois Irmãos

DIFERENTEMENTE DE "O Irmão e a Irmã", em outros contos de fadas em que os dois protagonistas — em geral irmãos — representam aspectos aparentemente incompatíveis da personalidade humana, os dois via de regra se separam depois de um período inicial em que estiveram unidos, tendo, a partir daí, destinos diferentes. Nesses contos de fadas — que, embora pouco mencionados hoje em dia, estão entre os mais antigos e os mais amplamente disseminados —, o irmão que fica em casa e o aventureiro permanecem em contato por intermédio da magia. Quando o irmão aventureiro perece porque se permitiu viver de acordo com seus desejos ou desdenhar os perigos, seu irmão parte para salvá-lo, é bem-sucedido e os dois, reunidos, vivem felizes para sempre. Os detalhes variam; algumas vezes — embora raramente —, em vez de dois irmãos, há duas irmãs, ou um irmão e uma irmã. O que todas essas histórias têm em comum são traços que sugerem a identidade dos dois heróis, um dos quais é cauteloso e sensato, mas pronto a arriscar a vida para salvar o irmão, que se expõe tolamente a perigos terríveis; e também algum objeto mágico, um símbolo da vida, que normalmente se desintegra tão logo um deles morre, servindo de sinal para que o outro parta em seu resgate.

O motivo dos dois irmãos é central no mais antigo conto de fadas, que foi encontrado num papiro egípcio de 1.250 a.C.[32] Em mais de três mil anos desde então, ele tomou várias formas. Um estudo enumera 770 versões, mas provavelmente há muitas mais.[33] Nalgumas versões, determinado significado se torna mais proeminente; noutras, outro. O melhor modo de se obter todo o sabor de um conto de fadas é não apenas recontá-lo ou ouvi-lo várias vezes — quando algum detalhe de início despercebido se torna ainda mais significativo, ou é visto sob uma nova luz —, mas também familiarizar-se com o mesmo motivo em diversas variações.

Em todas as variações desse conto, as duas personagens simbolizam aspectos opostos de nossa natureza que nos impelem a agir de modos opostos. Em "O Irmão e a Irmã", as opções são seja seguir os incitamentos de nossa natureza animal, seja cercear a expressão de nossos desejos físicos a bem de nossa natureza humana. As personagens corporificam assim concretamente o diálogo interior em que nos empenhamos quando consideramos que curso tomar.

As histórias que tratam do tema dos "dois irmãos" acrescentam a esse diálogo interior entre id, ego e superego uma outra dicotomia: a luta pela independência e pela autoafirmação e a tendência oposta a permanecer na segurança do lar, preso aos pais. Desde a primeira versão, as histórias frisam que ambos os desejos habitam cada um de nós e que não podemos sobreviver privados de nenhum deles: o desejo de se manter preso ao passado e a ânsia de alcançar um novo futuro. Pelo desenrolar dos acontecimentos, a história, a maioria das vezes, ensina que desligar-se inteiramente do próprio passado leva ao desastre, mas que viver somente em função do passado impede o desenvolvimento; embora seja seguro, não provê uma vida própria. Apenas a integração completa dessas tendências contrárias permite uma existência bem-sucedida.

Enquanto que, na maioria dos contos de fadas sobre o tema dos "dois irmãos", o irmão que deixa o lar fica em perigo e é salvo pelo que ficou em casa, alguns outros, incluindo a mais antiga versão egípcia, frisam o oposto: a desgraça do irmão que permaneceu em casa. Tais histórias parecem ensinar que, se não abrimos as asas e deixamos o ninho, isso se deve a uma ligação edipiana, que a seguir nos destrói. Essa antiga história egípcia parece ter tido como ponto de partida, do qual se distanciaria, o motivo central da natureza destrutiva das ligações edipianas e da rivalidade fraterna — isto é, a necessidade que temos de nos separar do lar de nossa infância e criar uma existência independente. Uma resolução feliz requer que os irmãos se libertem de ciúmes edipianos e fraternos e se apoiem um ao outro.

No conto egípcio, o irmão mais novo e solteiro rejeita os esforços da mulher de seu irmão para seduzi-lo. Temendo que ele a delate, ela o difama, fazendo de conta para o marido que seu irmão tentou seduzi-la.* Em sua raiva ciumenta, o irmão casado tenta matar o irmão mais novo. Somente graças à intervenção dos deuses é que a reputação do irmão mais novo é salva e a verdade revelada, mas a essa altura o irmão mais novo buscara salvação na fuga. Ele morre, fato de que seu irmão mais velho se dá conta quando sua bebida estraga; ele parte para salvar seu irmão mais jovem e consegue ressuscitá-lo.

Esse antigo conto egípcio tem entre seus componentes o fato de uma pessoa ser acusada daquilo que o próprio acusador deseja fazer: a esposa acusa o irmão mais jovem, a quem tentou seduzir, de seduzi-la. Assim, a trama descreve a projeção de uma tendência inaceitável de uma pessoa numa outra pessoa; isso sugere que tais projeções são tão antigas quanto o homem. Uma vez que a história é narrada do ângulo dos irmãos, também é possível que o mais novo tenha projetado seus desejos na esposa do irmão mais velho, acusando-a daquilo que ele desejava mas não ousava fazer.

Na história, o irmão casado é o chefe de um grande lar em que vive seu irmão mais novo. A esposa daquele é, num certo sentido, a "mãe" de todos os jovens da família, incluindo o jovem irmão. Assim, podemos ver a história como uma narrativa seja sobre uma figura materna que cede a seus desejos edipianos por um rapaz que desempenha o papel de um filho, seja sobre um filho que acusa uma figura materna de seus próprios desejos edipianos por ela.

Seja como for, a história sugere claramente que, para benefício do filho mais novo e proteção contra os problemas edipianos — independentemente de serem esses do filho ou dos pais —, nesse período da vida o jovem faz bem em deixar a casa.

Nessa representação antiga do tema dos "dois irmãos", o conto mal toca na necessidade de transformação interior para se chegar à solução feliz, sob a forma do arrependimento profundo do irmão perseguidor quando vem a saber que sua esposa acusou injustamente seu irmão mais novo, a quem ele se prontificara a destruir. Sob essa forma, trata-se essencialmente de um conto admonitório, que nos

---

*A história bíblica de José e a esposa de Potifar, que é situada num cenário egípcio, provavelmente remonta a essa parte do antigo conto.

adverte de que devemos nos libertar de nossas ligações edipianas e nos ensina que podemos fazê-lo com bastante sucesso se iniciarmos uma existência independente fora do lar paterno. A rivalidade fraterna também é mostrada como um tema poderoso nesse conto, uma vez que o primeiro impulso do irmão mais velho é matar seu irmão por ciúme. O melhor de sua natureza luta contra seus impulsos mais baixos e finalmente vence.

Nas histórias do tipo "dois irmãos", os heróis são retratados como estando no que chamaríamos de idade da adolescência — aquele período de vida em que a relativa tranquilidade emocional da criança pré-pubescente é substituída pela tensão e agitação adolescentes, que ocorrem devido a novos desenvolvimentos psicológicos. Ao ouvir uma tal história, a criança compreende (pelo menos subconscientemente) que, embora fale de conflitos próprios ao adolescente, os problemas são típicos de nossa condição sempre que enfrentamos o fato de ter de passar de um estágio de desenvolvimento para o seguinte. Esse conflito é tão característico da criança edipiana quanto do adolescente. Ocorre sempre que temos que decidir se passamos de um estado mental e de personalidade menos diferenciado para um mais diferenciado, o que requer o afrouxamento de velhos laços antes mesmo de criarmos novos.

Em versões mais modernas, tais como o conto dos Irmãos Grimm "Os Dois Irmãos", eles são de início indiferenciados. "Os dois irmãos foram juntos para a floresta, se consultaram e chegaram a um acordo. E quando se sentaram à noite para jantar, disseram ao padrasto: 'Não tocaremos na comida e não comeremos nada até que você nos satisfaça um pedido.'" E fizeram a seguinte solicitação: "Temos que nos pôr à prova no mundo. Portanto, permita-nos partir e viajar." A floresta, aonde eles vão para decidir que desejam ter sua própria vida, simboliza o lugar em que a escuridão interior é confrontada e atravessada; em que se resolve a incerteza sobre quem somos; e onde começamos a entender o que queremos ser.

Na maioria das histórias de dois irmãos, um deles, como Simbad, o Marujo, se lança ao mundo e busca perigos, enquanto que o outro, como Simbad, o Carregador, simplesmente permanece em casa. Em vários contos europeus, o irmão que parte logo se vê numa floresta densa e escura, na qual se sente perdido, tendo abandonado a organização de sua vida que o lar paterno proporcionava, e ainda não tendo construído as estruturas interiores que só desenvolvemos sob o impacto de experiências de vida que temos que dominar mais ou menos por conta própria. Desde os tempos antigos, a floresta quase impenetrável em que nos perdemos simbolizou o mundo escuro, escondido e quase impenetrável de nosso inconsciente. Se perdemos o vigamento que dava estrutura à nossa vida passada e agora devemos encontrar nosso próprio caminho para nos tornarmos nós mesmos, e se penetramos nesse ermo com uma personalidade ainda não desenvolvida, no momento em que conseguirmos encontrar nossa saída emergiremos com uma humanidade muito mais desenvolvida.*

Nessa floresta escura, o herói do conto de fadas frequentemente se depara com a criação de nossos desejos e angústias — a bruxa —, como ocorre com um dos irmãos no conto dos Irmãos Grimm "Os Dois Irmãos". Quem não gostaria de ter o poder da bruxa — ou de uma fada ou um feiticeiro — e usá-lo para satisfazer todos os seus desejos, conseguir todas as coisas boas que almeja para si e punir seus inimigos? E quem não teme tais poderes se algum outro os possui e pode usá-los contra si? A bruxa — mais do que as outras criações de nossa imaginação que investimos de poderes mágicos, como a fada e o feiticeiro — é, em seus aspectos opostos, a reencarnação da mãe totalmente boa da infância e da mãe totalmente má da crise edipiana. Mas ela não é mais vista semirrealisticamente, como uma mãe que é amorosamente dadivosa e, no polo oposto, uma madrasta que é rejeitadoramente exigente, mas sim de modo inteiramente irrealista, seja como sobre-humanamente recompensadora, seja como desumanamente destrutiva.

Esses dois aspectos da bruxa são claramente delineados em contos de fadas nos quais o herói, perdido na floresta, encontra uma bruxa

---

*É essa antiga imagem que Dante evoca no começo da *Divina Comédia:* "No meio da jornada de nossas vidas, encontrei-me numa floresta escura onde o caminho certo estava perdido." Lá, ele também encontra um ajudante "mágico", Virgílio, que se oferece como guia nessa que é a mais famosa das peregrinações, e que primeiramente conduz Dante através do inferno, depois do purgatório, até que, no final da jornada, o paraíso é alcançado.

irresistivelmente atraente que, de início, satisfaz a todos os seus desejos durante a sua relação. Essa é a mãe dadivosa de nossa infância, que todos desejamos reencontrar na vida. Pré-consciente ou inconscientemente, é essa esperança de encontrá-la em algum lugar que nos dá forças para abandonar o lar. Assim, à maneira dos contos de fadas, somos levados a compreender que falsas esperanças frequentemente nos empurram para diante, quando nos iludimos de que tudo o que estamos buscando é uma existência independente.

Depois de a bruxa ter satisfeito todos os desejos do herói que saiu pelo mundo, em algum momento — normalmente quando ele se recusa a obedecê-la — ela se volta contra ele e o transforma num animal ou em pedra. Isto é, priva-o de toda humanidade. Nessas histórias, a bruxa se assemelha ao modo como a mãe pré-edipiana surge à criança: dadivosa, supridora, enquanto esta não insiste em fazer as coisas a seu modo e permanece simbioticamente ligada a ela. Mas, à medida que a criança começa a se afirmar mais e a agir mais por conta própria, os "nãos" naturalmente aumentam. A criança, que depositou toda a sua confiança nessa mulher, atou seu destino a ela — ou achou que ele estava atado a ela —, agora experimenta o mais profundo desencantamento: aquela que lhe deu pão se transformou em pedra, ou assim parece.

Quaisquer que sejam os detalhes, nas histórias do tipo "dois irmãos" chega o momento em que os irmãos se diferenciam um do outro, já que toda criança tem que sair do estágio indiferenciado. O que ocorre então simboliza tanto o conflito em nosso íntimo — representado pelas ações diversas dos dois irmãos — como a necessidade de abandonar uma forma de existência para atingir outra mais elevada. Qualquer que seja a idade de uma pessoa, quando ela é confrontada com o problema de se desprender ou não de seus pais — o que todos fazemos, em graus diferentes, em vários momentos da vida —, há sempre um desejo de ter uma existência inteiramente livre deles e daquilo que representam em nossa psique, juntamente com o desejo oposto de permanecer intimamente ligada a eles. Isso ocorre de modo agudo durante o período que precede imediatamente a idade escolar, e também durante aquele que a encerra. O primeiro dos dois separa a primeira infância da infância propriamente dita; o segundo, a infância do início da fase adulta.

"Os Dois Irmãos" dos Irmãos Grimm começa imprimindo no ouvinte a ideia de que ocorrerá uma tragédia se os dois irmãos — ou seja, os dois aspectos divergentes de nossa personalidade — não se integrarem. Inicia-se assim: "Era uma vez dois irmãos, um rico e outro pobre. O rico era um ourives, e tinha mau coração; o pobre se sustentava fazendo vassouras, e era bom e honesto. O pobre tinha dois filhos gêmeos que eram tão parecidos como duas gotas d'água."

O irmão bom encontra um pássaro dourado e, de uma forma indireta, seus filhos, comendo o coração e o fígado do pássaro, adquirem o dom de encontrar, a cada manhã, uma moeda de ouro sob o travesseiro. O irmão mau, devorado pela inveja, persuade o pai dos gêmeos de que isso é obra do diabo e que, para sua salvação, ele deve se livrar dos meninos. Confundido pelo irmão mau, o pai expulsa as crianças; um caçador topa com elas e as adota como filhos. Depois de crescer, as crianças se retiram para a floresta e lá decidem que devem partir para o mundo. O pai adotivo concorda que eles devem fazê-lo e, na partida, lhes dá uma faca, que é o objeto mágico dessa história.

Como foi mencionado no início da discussão do motivo dos "dois irmãos", um traço típico dessas histórias é que algum símbolo da vida mágico, que simboliza a identidade dos dois, indica a um deles quando o outro está correndo sério perigo, e isso dá início ao resgate. Se, como foi sugerido anteriormente, os dois irmãos representam processos psíquicos interiores que devem funcionar juntos para que existamos, então o tingimento ou o apodrecimento do objeto mágico (isto é, a sua desintegração) sugere a desintegração de nossa personalidade caso nem todos os seus aspectos estejam cooperando. Em "Os Dois Irmãos", o objeto mágico é "uma faca clara e brilhante" que o pai adotivo lhes dá na despedida, dizendo-lhes: "Se vocês se separarem algum dia, cravem a faca numa árvore na encruzilhada; se um de vocês voltar, poderá ver o que está se passando com o outro, porque o lado da faca voltado para a direção em que ele partiu se enferrujará se ele morrer; enquanto estiver vivo, permanecerá brilhante."

Os irmãos gêmeos se separam (depois de cravar a faca numa árvore) e levam vidas diferentes. Depois de muitas aventuras, um deles é transformado em pedra por uma bruxa. O outro se depara com a faca e vê que o lado do irmão está enferrujado. Percebendo que ele morreu, parte em seu socorro e consegue salvá-lo. Depois que os irmãos se unem — o que simboliza a integração das tendências discordantes dentro de nós —, eles vivem felizes para sempre.

Justapondo o que acontece entre o irmão bom e o mau e os filhos gêmeos do primeiro, a história deixa implícito que, se os aspectos contraditórios da personalidade permanecem separados um do outro, a consequência é a desgraça: até mesmo o irmão bom é derrotado pela vida. Perde seus filhos porque não consegue compreender as propensões más de nossa natureza — representadas por seu irmão — e, por conseguinte, é impotente para se libertar de suas consequências. Os irmãos gêmeos, em contraste, depois de terem levado vidas muito diversas, se auxiliam mutuamente, o que simboliza atingir a integração interior, e podem então ter uma vida "feliz".*

---

*A identidade dos gêmeos é repetidamente enfatizada, embora por meios simbólicos. Por exemplo, eles encontram uma lebre, uma raposa, um lobo, um urso e, finalmente, um leão. Eles poupam as vidas desses animais e, em sinal de gratidão, cada um lhes dá dois filhotes. Quando eles se separam, cada um leva consigo um de cada par desses animais, os quais permanecem como seus fiéis companheiros. Os animais trabalham juntos e, ao fazê-lo repetidamente, ajudam seus donos a escapar de grandes perigos. Isso mostra mais uma vez, à maneira dos contos de fadas, que o sucesso na vida requer o trabalho conjunto, a integração dos aspectos bastante diversos de nossa personalidade — aqui simbolizados pelas diferenças entre a lebre, a raposa, o lobo, o urso e o leão.

"As Três Linguagens"

Construindo a Integração

SE QUEREMOS ENTENDER nosso verdadeiro eu, devemos nos familiarizar com os mecanismos internos de nossa mente. Se queremos funcionar bem, precisamos integrar as tendências discordantes que são inerentes ao nosso ser. Isolar essas tendências e projetá-las em personagens separadas, tal como exemplificado em "O Irmão e a Irmã" e "Os Dois Irmãos", é um dos modos pelos quais o conto de fadas nos ajuda a visualizar e, sendo assim, a apreender melhor o que se passa dentro de nós.

Uma outra abordagem por parte do conto de fadas que mostra a conveniência dessa integração é simbolizada por um herói que encontra uma de cada vez essas várias tendências e as projeta em sua personalidade até que todas se unifiquem dentro dele, o que é necessário para se obter total independência e humanidade. "As Três Linguagens", dos Irmãos Grimm, é um conto de fadas desse tipo. Tem uma história bastante antiga, e foram encontradas versões em diversos países europeus e em alguns asiáticos. Apesar de sua antiguidade, lê-se esse conto de fadas que desafia o tempo como se tivesse sido escrito para o adolescente de hoje a propósito de seus conflitos com os pais, ou a propósito da inaptidão destes para compreender o que move os filhos adolescentes.

A história começa assim: "Era uma vez, na Suíça, um velho conde que só tinha um filho, mas este era um tolo e não conseguia aprender nada. Por isso, o pai lhe disse: 'Escute, meu filho, eu não consigo meter nada na sua cabeça, por mais que tente. Você precisa sair daqui, vou enviá-lo a um professor famoso; ele fará uma tentativa com você.'"[34] O filho estudou com esse professor durante um ano. Quando voltou, o pai ficou desgostoso ao saber que tudo que ele aprendera fora "o que os cães latem". Enviado para mais um ano de estudos com um professor diferente, o filho voltou para contar que aprendera "o que os pássaros falam". Furioso por seu filho ter novamente desperdiçado o seu tempo, o pai ameaçou: "Enviá-lo-ei a um terceiro professor, mas se mais uma vez não aprender nada, não serei mais seu pai." Terminado o ano, à pergunta de sempre, o filho respondeu que aprendera "o que as rãs coaxam". Com muita raiva, o pai o expulsou, ordenando aos criados que o levassem à floresta e dessem cabo dele. Mas os criados tiveram pena dele e simplesmente o deixaram na floresta.

Muitas tramas de contos de fadas começam com crianças sendo expulsas, um fato que ocorre de duas formas básicas: crianças na pré-pubescência que são forçadas a partir por conta própria ("O Irmão e a Irmã") ou são abandonadas num lugar de onde não conseguem achar o caminho de volta ("João e Maria"); e jovens na puberdade ou na adolescência que são entregues a criados que têm ordem de matá-los, mas são poupados porque estes sentem pena e apenas fazem de conta que assassinaram a criança ("As Três Linguagens", "Branca de Neve"). Na primeira forma é expresso o medo de abandono que a criança sente; na segunda, sua angústia quanto à retaliação.

Ser "expulso" pode ser vivido inconscientemente pela criança seja como desejo de se livrar dos pais, seja como convicção de que os pais querem se livrar dela. Ser entregue ao mundo lá fora ou abandonada numa floresta simboliza tanto a vontade dos pais de que a criança se torne independente, quanto o desejo ou a angústia da criança com relação à independência.

A criança pequena em tais contos é simplesmente abandonada — como João e Maria —, pois a angústia da pré-puberdade é a de que "se eu não for um filho bom e obediente, se der trabalho a meus pais, eles deixarão de cuidar bem de mim; podem até mesmo me abandonar". A criança na puberdade, mais confiante na sua capacidade de tomar conta de si mesma, se sente menos angustiada com relação ao abandono e, assim, tem mais coragem de fazer frente a seu genitor. Nas histórias em que a criança é entregue a um criado para ser morta, ela ameaçou a dominação ou a autoestima do genitor, como faz Branca de Neve ao ser mais bonita do que a rainha. Em "As Três Linguagens", a autoridade paterna do conde é posta em questão pela tamanha obviedade com que o filho não aprende o que o pai acha que ele deveria aprender.

Uma vez que o genitor não mata o filho, mas encarrega um criado dessa tarefa maligna, e uma vez que este o liberta, isso sugere que, num determinado nível, o conflito não é com os adultos em geral, mas apenas com os pais. Os outros adultos são tão prestativos quanto ousam ser sem entrar diretamente em conflito com a autoridade do genitor. Num outro nível, isso indica que, apesar da angústia do adolescente quanto ao fato de o genitor exercer controle sobre sua vida, a coisa não é bem assim — pois, por mais ultrajado que este esteja, ele não despeja sua raiva diretamente sobre o filho, mas tem de usar um intermediário como o criado. Como o plano do genitor não é levado adiante, isso demonstra a impotência inerente à sua posição quando tenta empregar mal sua autoridade.

Talvez se um número maior de nossos adolescentes tivesse sido criado com contos de fadas, eles permaneceriam (inconscientemente) cientes do fato de que seu conflito não é com o mundo ou a sociedade adulta, mas, na verdade, apenas com os pais. Além disso, por mais ameaçadores que os pais possam às vezes parecer, a longo prazo quem vence é sempre a criança e quem é derrotado é o pai, como o final de todos esses contos torna amplamente claro. A criança não só sobrevive aos pais mas também os supera. Essa convicção, quando estabelecida no inconsciente, permite ao adolescente se sentir seguro apesar de todas as dificuldades de desenvolvimento de que sofre, porque se sente confiante em sua futura vitória.

É claro que, se mais adultos tivessem sido expostos às mensagens dos contos de fadas quando crianças e tivessem se beneficiado delas, poderiam ter conservado algum vago reconhecimento de quão tolo é um pai que acredita saber o que o filho deveria estar interessado em estudar, e que se sente ameaçado se o adolescente vai de encontro à sua vontade a esse respeito. Uma reviravolta especialmente irônica de "As Três Linguagens" é o ser próprio pai quem envia o filho para estudar e escolhe os professores, apenas para se ver ultrajado pelo que ensinam a seu filho. Isso mostra que o pai moderno que manda o filho para a universidade e depois fica furioso com o que ele aprende lá, ou com o quanto ela o modifica, não é em absoluto algo de novo na cena histórica.

A criança a um só tempo deseja e teme que os pais não se mostrem dispostos a aceitar sua luta pela independência e que busquem vingança. Ela assim o deseja porque isso demonstraria que o genitor não quer largá-la, o que comprova a sua importância. Tornar-se um homem ou uma mulher significa realmente deixar de ser criança, uma ideia que não ocorre à criança pré-púbere, mas que o adolescente concebe. Se uma criança deseja ver o genitor deixar de ter poder paterno sobre ela, em seu inconsciente ela também sente que o destruiu ou que está prestes a fazê-lo (uma vez que deseja remover os poderes paternos).

Em "As Três Linguagens", um filho vai repetidamente de encontro à vontade do pai, e se afirma ao fazê-lo; e, ao mesmo tempo, derrota os poderes paternos por meio de suas ações. Por isso, teme que o pai mande destruí-lo.

Assim, o herói de "As Três Linguagens" parte para o mundo. Em suas andanças chega primeiro a uma região em grandes dificuldades já que o latido furioso de cães selvagens não permite que ninguém descanse; e, pior ainda, em determinadas horas, um homem deve ser entregue aos cães para ser devorado. Uma vez que o herói pode entender a linguagem dos cães, estes falam com ele, contando-lhe por que são tão ferozes e o que deve ser feito para pacificá-los. Quando isso é feito, deixam aquela região em paz, e o herói lá permanece por algum tempo.

Passados alguns anos, o herói, que ficou mais velho, decide viajar para Roma. No caminho, rãs coaxam, revelando-lhe seu futuro, e isso lhe dá muito o que pensar. Chegando a Roma, descobre que o papa acabou de morrer e os cardeais não conseguem decidir quem eleger como novo papa. Exatamente quando os cardeais decidem que algum símbolo milagroso deveria designar o novo papa, duas pombas brancas como a neve pousam nos ombros do herói. Quando lhe perguntam se aceitaria ser o papa, o herói não sabe se é digno de tanto, mas as pombas aconselham-no a aceitar. Assim, ele é consagrado, como as rãs haviam profetizado. Quando o herói tem que rezar a missa e não sabe as palavras, as pombas, que pousam continuamente em seus ombros, lhe dizem todas as palavras ao ouvido.

Essa é a história de um adolescente cujas necessidades não são entendidas pelo pai, que considera o filho um tolo. O filho não se desenvolverá tal como o pai acha que ele deveria, mas antes insiste teimosamente em aprender aquilo que *ele* considera realmente valioso. Para atingir a autorrealização completa, o rapaz tem primeiro que se familiarizar com seu ser interior, um processo que nenhum pai pode prescrever, mesmo quando percebe o valor disso, o que não ocorre com o pai do jovem.

O filho nessa história é a juventude em busca de si própria. Os três diferentes professores em lugares distantes, com os quais o filho vai ter para aprender sobre o mundo e sobre si próprio, são os até então desconhecidos aspectos do mundo e de si próprio que necessita explorar, algo que não poderia fazer enquanto estivesse demasiado preso ao lar.

Por que o herói aprende primeiro a entender a linguagem dos cães, em seguida a dos pássaros e finalmente a das rãs? Aqui encontramos outro aspecto da importância do número três. A água, a terra e o ar são os três elementos em que se desdobra nossa vida. O homem é um animal da terra, assim como os cães. Estes são os animais que vivem em maior proximidade com o homem. São aqueles que a criança acha mais parecidos com os homens, mas também representam a liberdade dos instintos — liberdade de morder, de excretar de modo descontrolado e de satisfazer os desejos sexuais sem restrição —, e, ao mesmo tempo, representam valores mais altos como a lealdade e a amizade. Os cães podem ser amansados para evitar as mordidas agressivas e treinados para controlar suas excreções. Por isso, parece natural que aprender a linguagem dos cães venha em primeiro lugar e se dê com mais facilidade. Eles, ao que parece, representam o ego do homem — aquele aspecto de sua personalidade mais próximo da superfície da mente, uma vez que tem como função regular as suas relações com seus semelhantes e com o mundo a seu redor. Os cães, desde a pré-história, serviram de alguma forma a essa função, ajudando o homem a afastar os inimigos, bem como lhe mostrando novos caminhos de relacionamento com animais selvagens e outros.

Os pássaros que podem voar alto céu adentro simbolizam uma liberdade bem diferente — a da alma para pairar nas alturas, para elevar-se aparentemente livre daquilo que nos prende à nossa existência terrena, apropriadamente representada pelos cães e rãs. Os pássaros nessa história representam o superego, com seu investimento em metas e ideais elevados, com seus altos voos de fantasia e perfeições imaginadas.

Se os pássaros representam o superego e os cães o ego, da mesma forma as rãs simbolizam a parte mais antiga da individualidade humana, o id. Elas podem representar também o processo evolutivo no qual os animais terrestres, incluindo o homem, em tempos remotos se transferiram do elemento aquático para a terra seca. Mas, mesmo hoje em dia, todos nós começamos nossa vida cercados por um elemento aquático, que só abandonamos ao nascer. As rãs vivem primeiro na água sob a forma de girino, que abandonam e modificam quando passam a viver nos dois elementos. As rãs são uma forma de vida desenvolvida anteriormente aos cães e aos pássaros na evolução da vida animal, enquanto que o id é a parte da personalidade que existe antes do ego e do superego.

Assim, enquanto que no nível mais profundo as rãs podem simbolizar nossa existência primitiva, num nível mais acessível elas representam nossa capacidade de passar de um estágio mais baixo de vida para outro mais elevado. Se quisermos ser fantasistas, poderíamos dizer que aprender a linguagem dos cães e dos pássaros é a precondição para adquirir a habilidade mais importante: a de passar de um estado de existência mais baixo para um mais elevado. As rãs podem simbolizar tanto o estado mais baixo, primitivo e remoto de nosso ser quanto o desenvolver-se para além dele. Isso pode ser visto como similar ao desenvolvimento que parte de impulsos arcaicos que buscam as satisfações mais elementares rumo a um ego maduro, capaz de usar os vastos recursos de nosso planeta para suas satisfações.

Essa história também sugere que simplesmente aprender a compreender todos os aspectos do mundo e de nossa existência nele (água, terra e ar), assim como de nossa vida interior (id, ego e superego), tem pouca utilidade para nós. Só nos beneficiamos de tal compreensão de modo significativo quando a aplicamos à maneira como lidamos com o mundo. Saber a linguagem dos cães não basta; devemos ser capazes de lidar com aquilo que os cães representam. Os cães ferozes, cuja linguagem o herói precisa aprender antes que qualquer humanidade mais elevada se torne possível, simbolizam os impulsos violentos, agressivos e destrutivos do homem. Se nos mantivermos alienados desses impulsos, eles podem nos destruir tal como os cães devoram alguns homens.

Os cães estão intimamente ligados à retenção anal, visto que guardam um grande tesouro, o que explica sua ferocidade. Uma vez compreendidas essas pressões violentas, uma vez familiarizado com elas (tal como simbolizado pelo aprendizado da linguagem dos cães), o herói pode subjugá-las, o que traz um benefício imediato: o tesouro que os cães protegiam tão ferozmente se torna acessível. Se o inconsciente é favorecido e recebe o que lhe é devido — o herói leva a comida para os cães —, então o que estava sendo mantido escondido com tanta ferocidade, o recalcado, se torna acessível e, de prejudicial, vira benéfico.

Aprender a linguagem dos pássaros decorre naturalmente de ter aprendido a dos cães. Os pássaros simbolizam as aspirações mais elevadas do superego e do ideal do ego. Assim, depois que a ferocidade do id e a possessividade da analidade foram superadas e seu superego instituído (o aprendizado da linguagem dos pássaros), o herói está pronto para lidar com o antigo e primitivo anfíbio. Isso também sugere o domínio do sexo por parte do herói, o que na linguagem do conto de fadas é sugerido pelo domínio da linguagem das rãs. (Discutiremos por que sapos, rãs etc., representam o sexo nos contos de fadas quando considerarmos "O Rei Sapo"). Também faz sentido que as rãs, que no seu próprio ciclo vital passam de uma forma mais baixa para outra mais elevada, revelem ao herói sua iminente transformação rumo a uma existência mais elevada: o tornar-se papa.

As pombas brancas — que no simbolismo religioso representam o Espírito Santo — inspiram e capacitam o herói a alcançar a posição de maior prestígio na terra; ele a conquista porque aprendeu a ouvir as pombas e a fazer o que lhe sugerem. O herói conquistou com sucesso a integração da personalidade, tendo aprendido a compreender e a dominar seu id (os cães ferozes), a ouvir seu superego (os pássaros) sem se deixar ficar completamente em seu poder, e também a prestar atenção em que informações valiosas as rãs (o sexo) têm para lhe dar.

Não conheço nenhum outro conto de fadas em que o processo pelo qual um adolescente alcança sua mais completa autorrealização dentro de si e também no mundo seja descrito de modo tão conciso. Tendo alcançado essa integração, o herói é a pessoa certa para o mais alto posto na terra.

"As Três Penas"

A Criança mais Nova como Simplória

O número três nos contos de fadas parece se referir frequentemente ao que é considerado em psicanálise como os três aspectos da mente: id, ego e superego. Isso pode ser corroborado em parte por outra história dos Irmãos Grimm, "As Três Penas".

Nesse conto de fadas, não é tanto a tripartição da mente humana que é simbolizada, mas a necessidade de se familiarizar com o inconsciente, aprendendo a apreciar os seus poderes e a usar os seus recursos. O herói de "As Três Penas", embora seja considerado um tolo, é vitorioso porque faz isso, enquanto seus rivais, que contam com a "inteligência" e se mantêm presos à superfície das coisas, se revelam os verdadeiros tolos. Seu escarnecimento do irmão "simplório", aquele que se mantém intimamente ligado a sua base natural, seguido pela vitória deste sobre eles, sugere que uma consciência que se separou de suas fontes inconscientes nos leva para o mau caminho.

O motivo, nos contos de fadas, da criança que os irmãos mais velhos maltratam e rejeitam é bem conhecido ao longo da história, especialmente na forma de "Cinderela". Mas os contos centralizados numa criança tola, de que são exemplos "As Três Linguagens" e "As Três Penas", narram uma história diferente. A infelicidade da criança "tola", que o resto da família tem em baixa consideração, não é mencionada. Ser considerada tola é expresso como um fato da vida que não parece preocupá-la muito. Temos às vezes a sensação de que o "simplório" não se incomoda com essa condição, já que, sendo assim, os outros nada esperam dele. O desenrolar de tais histórias tem início quando a vida monótona do simplório é interrompida por alguma exigência — como o conde que envia seu filho para ser instruído. Os inúmeros contos de fadas em que o herói é retratado inicialmente como um simplório requerem alguma explicação a respeito de nossa tendência a nos identificarmos com ele bem antes de ele se revelar superior àqueles que o menosprezam.

Uma criança pequena, por mais inteligente que seja, se sente tola e inadaptada quando confrontada com a complexidade do mundo que a cerca. Todos parecem saber tão mais do que ela e ser tão mais capazes. Essa é a razão pela qual muitos contos de fadas começam com o herói sendo depreciado e considerado tolo. Esses são os sentimentos da criança acerca de si mesma, os quais são projetados não tanto no mundo em geral, mas nos pais e irmãos mais velhos.

Mesmo quando em algumas histórias de fadas, como "Cinderela", é-nos revelado que a criança viveu feliz antes de lhe ocorrer uma desgraça, esse nunca é descrito como um tempo em que ela era competente. A criança era feliz porque não se esperava nada dela; tudo lhe era fornecido. A inadequação de uma criança pequena, que a faz recear ser tola, não é culpa sua — por isso, o conto de fadas que nunca explica por que a criança é considerada tola está psicologicamente correto.

No que diz respeito à consciência de uma criança, nada aconteceu durante seus primeiros anos porque, no curso normal dos acontecimentos, ela não se lembra de nenhum conflito íntimo anterior à época em que os pais começam a fazer exigências específicas que vão de encontro aos seus desejos. É em parte devido a essas exigências que a criança experimenta conflitos com o mundo, e a interiorização dessas exigências contribui para o estabelecimento do superego e para a consciência dos conflitos íntimos. Por conseguinte, esses primeiros anos são lembrados como livres de conflitos e felizes, porém vazios. Isso é representado no conto de fadas pelo fato de nada ter acontecido na vida da criança até ela despertar para os conflitos entre ela e seus pais, bem como para os conflitos dentro de si mesma. Ser "simplório" sugere um estado indiferenciado de existência que precede as lutas entre o id, o ego e o superego.

No nível mais simples e direto, os contos de fadas em que o herói é o mais jovem e o mais inepto oferecem à criança o consolo e a esperança no futuro de que ela mais necessita. Embora a criança se dê pouco valor — um ponto de vista que ela projeta no modo como os outros a veem — e ache que nunca valerá nada, a história mostra que ela já deu início ao processo de realização de seus potenciais. À medida que o filho aprende a linguagem dos cães e, mais tarde, a dos pássaros e das rãs em "As Três Linguagens", o pai vê nisso apenas uma indicação clara de quão tolo ele é, mas na verdade o filho deu passos muito importantes rumo à individualidade. O desenlace dessas histórias revela à criança que aquele que foi considerado por si próprio ou pelos outros o menos capaz todavia sobrepujará a todos.

Uma tal mensagem se torna mais convincente com a narração repetida da história. Quando ouve pela primeira vez uma história com um herói "simplório", a criança pode não ser capaz de se dar ao luxo de se identificar com ele, por mais tola que se sinta. Isso seria muito ameaçador, muito contrário à sua autoestima. Só quando ela se sente completamente segura da comprovada superioridade do herói após ouvir repetidas vezes a história é que se pode permitir uma identificação com ele desde o começo. E somente com base nessa identificação é que a história pode encorajar a criança, fazendo-a perceber que sua visão depreciativa de si própria é errônea. Antes dessa identificação ocorrer, a história pouco significa para a criança como pessoa. Mas quando ela passa a se identificar com o herói tolo ou degradado do conto de fadas, sabedora que é de que finalmente demonstrará sua superioridade, a própria criança dá início ao processo de realização de seu potencial.

"O Patinho Feio", de Hans Christian Andersen, é a história de uma ave que, quando recém-emplumada, é desprezada, mas que, no final, prova sua superioridade a todos os que dela escarneceram e zombaram. A história tem até mesmo entre seus componentes o fato de o herói ser o mais novo e o último a nascer, já que todos os demais patinhos saíram do ovo e se lançaram ao mundo antes dele. Como se dá com a maioria dos contos de Andersen, por mais encantadora que seja, esta é muito mais uma história para adultos. As crianças também a apreciam, é claro, mas esta não é uma história que ajude a criança; apesar de apreciá-la, ela orienta mal a sua fantasia. A criança que se sente incompreendida e desvalorizada pode desejar ser de uma estirpe diversa, mas sabe que é impossível. Sua oportunidade de sucesso na vida *não* está em crescer e se transformar num ser de natureza diferente, tal como o patinho que cresce e se transforma num cisne, mas, sendo ela da mesma natureza de seus pais e seus irmãos, em adquirir qualidades melhores e em ter melhor desempenho do que os outros esperam. Nos verdadeiros contos de fadas, descobrimos que, por mais transformações que sofra o herói, inclusive sendo metamorfoseado num animal ou mesmo numa pedra, no final ele é sempre um ser humano, tal como era no começo.

Por mais que a criança goste da ideia, encorajá-la a acreditar que pertence a uma outra estirpe pode encaminhá-la em direção oposta àquilo que sugerem os contos de fadas: que ela deve fazer algo para alcançar a sua superioridade. Em "O Patinho Feio", não é expressa nenhuma necessidade de fazer algo. As coisas simplesmente estão traçadas pelo destino e se desenrolam de acordo com isso, independentemente de o herói agir ou não, enquanto que na história de fadas são os atos do herói que modificam sua vida.

Que o destino de uma pessoa é inexorável — uma visão de mundo deprimente — está tão claro em "O Patinho Feio", com sua conclusão favorável, quanto no final triste de "A Menina dos Fósforos", de Andersen, uma história profundamente comovente, mas que dificilmente se presta à identificação. Na verdade, a criança, em sua infelicidade, pode se identificar com essa heroína, mas, se assim for, isso levará apenas ao pessimismo e ao derrotismo totais. "A Menina dos Fósforos" é um conto de fundo moral sobre a crueldade do mundo; desperta compaixão pelos espezinhados. Mas aquilo que a criança que se sente espezinhada necessita não é de compaixão por outros que estão na mesma situação, mas sim da convicção de que pode escapar desse destino.

Quando o herói de um conto de fadas não é filho único mas sim um entre vários, e quando para começar ele é o menos competente ou o mais depreciado (embora no final sobrepuje de longe os que inicialmente lhe eram superiores), é quase sempre o terceiro filho. Isso não representa necessariamente a rivalidade fraterna do filho mais novo; se fosse assim, qualquer número serviria, pois o ciúme é igualmente agudo numa criança mais velha. Mas como toda criança algumas vezes se vê como o homem inferior da família, no conto de fadas isso é sugerido pelo fato de ela ser a mais nova ou a mais desconsiderada, ou ambas. Mas por que ela é tão frequentemente a terceira?

Para entender a razão, temos que considerar ainda mais um significado do número três nos contos de fadas. Cinderela é maltratada por suas duas meias-irmãs, que a fazem assumir não só a posição mais inferior como também a terceira na hierarquia; o mesmo vale para o herói de "As Três Penas" e para inúmeras outras histórias de fadas em que o herói começa como o homem inferior no mastro do totem. Outra característica dessas histórias é que os outros dois irmãos mal se diferenciam um do outro; agem da mesma forma e parecem idênticos.

Tanto no inconsciente como no consciente, os números representam pessoas: situações familiares e relações. Temos perfeita consciência de que "um" nos representa em nossa relação com o mundo, como confirma a referência popular ao "número um". "Dois" significa duas pessoas, um casal, como numa relação amorosa ou marital. "Dois contra um" significa ser injustamente e mesmo irremediavelmente desclassificado numa competição. No inconsciente ou nos sonhos, "um" pode representar seja a própria pessoa, tal como o faz em nossa mente consciente, seja — particularmente no que diz respeito às crianças — o genitor dominante. Para os adultos, "um" se refere também à pessoa que possui poder sobre nós, como o patrão. Na mente da criança, "dois" representa normalmente os dois pais, e "três" a criança em relação a seus pais, mas não a seus irmãos. É por isso que, qualquer que seja a posição da criança dentro do grupo de irmãos, o número três se refere a ela própria. Quando, numa história de fadas, a criança é a terceira, o ouvinte facilmente se identifica com ela porque, no interior da constelação familiar mais básica, ela é a terceira, independentemente de ser a mais velha, a do meio ou a mais nova entre os irmãos.

Sobrepujar os dois representa, no inconsciente, sair-se melhor do que os dois pais. Com respeito a estes, a criança se sente maltratada, insignificante, negligenciada; superá-los significa ganhar independência, muito mais do que significaria um triunfo sobre um irmão. Entretanto, como é difícil para a criança admitir para si própria quão grande é o seu desejo de superar seus pais, no conto de fadas ele é camuflado como a superação dos dois irmãos que tanto a desprezam.

Só em comparação com os pais faz sentido que "o terceiro", significando aqui a criança, seja inicialmente tão incompetente ou preguiçoso, um simplório; e só em relação a eles é que vence tão magnificamente etapas à medida que cresce. A criança só pode fazer isso se for ajudada, ensinada e incentivada por uma pessoa mais velha; assim como pode alcançar ou ultrapassar o nível dos pais graças à ajuda de um professor adulto. Em "As Três Linguagens", os três professores em cidades estrangeiras tornam isso possível; em "As Três Penas", é uma velha rã, muito semelhante a uma avó, que ajuda o filho mais novo.

"As Três Penas" começa assim: "Era uma vez um rei que tinha três filhos. Dois deles eram inteligentes e espertos, mas o terceiro não falava muito, era simples e chamavam-no apenas de Simplório. À medida que o rei envelhecia, tornava-se fraco e via aproximar-se o seu fim, não sabia qual de seus filhos deveria herdar o reino. Assim sendo, disse-lhes: 'Partam em viagem e aquele que me trouxer o tapete mais bonito será rei depois de minha morte.' E, para que não houvesse luta entre eles, levou-os para fora do castelo, soprou três penas para o ar e disse: 'Cada um de vocês seguirá a direção indicada por cada uma delas.' Uma voou para o leste, outra para o oeste e a terceira para a frente, mas não foi muito longe; logo caiu no chão. Então um dos irmãos foi para a direita, o outro para a esquerda e ambos riram de Simplório, que tinha que permanecer onde a pena caíra. Triste, Simplório se sentou. Percebeu então que, ao lado da pena, havia um alçapão. Levantou-o, deparou-se com uma escada e desceu..."

Soprar uma pena para o ar e segui-la, caso se esteja indeciso sobre a direção a tomar, é um velho costume alemão. Várias outras versões da história, como a grega, eslava, finlandesa ou hindu, falam de três flechas que são lançadas ao ar para determinar a direção que os irmãos devem seguir.[35]

Hoje em dia não faz muito sentido o rei decidir quem irá sucedê-lo baseando-se em qual dos seus filhos trará para casa o tapete mais belo, mas, antigamente, "tapete" também era o nome dado aos tecidos mais intrincados; e as parcas teciam a teia que decidia o destino do homem. Assim, de certo modo, o que o rei disse é que as parcas decidiriam.

Penetrar na escuridão da terra é descer ao inferno. Simplório empreende essa viagem ao interior, enquanto seus dois irmãos vagueiam sem destino pela superfície. Não parece forçado ver esta como uma história de Simplório partindo para explorar seu inconsciente. Essa possibilidade foi sugerida já no comecinho da história, que opõe a esperteza dos irmãos à simplicidade de Simplório e ao fato de ele não falar muito. O inconsciente nos fala por imagens em vez de palavras, e é simples se comparado às produções do intelecto. E — tal como Simplório — é visto como o aspecto mais inferior de nossa mente quando comparado ao ego e ao superego, mas, quando bem utilizado, é a parte de nossa personalidade da qual podemos obter nossa maior força.

Quando Simplório desce as escadas, dá com a outra porta, que se abre sozinha. Entra numa sala em que está sentada uma rã grande e gorda, cercada de rãzinhas. A rã grande lhe pergunta o que deseja. Em resposta, ele pede o mais belo tapete, o qual lhe é dado. Em outras versões, é algum outro animal que fornece a Simplório aquilo de que necessita, mas é sempre um animal — o que sugere que o que lhe possibilita sair vitorioso é o apoiar-se em sua natureza animal, nas forças simples e primitivas que existem dentro de nós. A rã é tida como um animal sáfaro, algo de que normalmente não esperamos produtos refinados. Mas essa natureza grosseira, quando bem utilizada para propósitos mais elevados, se demonstra superior ao brilho superficial dos irmãos, que tomam o caminho fácil ao permanecerem na superfície das coisas.

Como de hábito nas histórias desse tipo, os outros irmãos não são absolutamente diferenciados. Agem de modo tão semelhante que podemos nos perguntar por que é necessário mais de um para o conto chegar onde queria. Ao que parece, o fato de serem indiferenciados é essencial, porque simboliza a indiferenciação de suas personalidades. Para que isso seja inculcado no ouvinte é necessário mais de um irmão. Os irmãos só funcionam com base num ego muito depauperado, já que está isolado da fonte potencial de sua força e riqueza, o id. Mas também não têm superego; não têm sentido das coisas mais elevadas, e estão satisfeitos em tomar o caminho fácil. Narra a história: "Mas os dois outros achavam o irmão mais novo tão tolo que pensavam que ele não encontraria nem traria nada: 'Para que nos esforçarmos demasiado na busca?', disseram, e pegaram os tecidos grosseiros das mulheres dos primeiros pastores que encontraram e os levaram para o rei."

Quando o irmão mais novo retorna ao mesmo tempo com seu belo tapete, o rei fica atônito e diz que, por direito, o reino deveria ir para Simplório. Os outros contra-argumentam e pedem novo teste. Dessa vez, o vencedor voltará com o mais belo anel. Mais uma vez as penas são sopradas e voam exatamente nas mesmas direções. Simplório recebe um belo anel da rã e vence, já que "os dois mais velhos riram de Simplório por ele tentar encontrar um anel de ouro e não se esforçaram, antes removeram os pregos do aro de uma velha carruagem e o trouxeram para o rei."

Os dois irmãos mais velhos tanto atormentam o rei que ele concorda com um terceiro teste; dessa vez, quem trouxer a mulher mais bela vencerá. O curso prévio dos acontecimentos se repete. Todavia, nessa terceira vez, há uma diferença no que se refere a Simplório. Ele desce como antes até a rã gorda, e lhe diz que deve levar para casa a mais bela mulher. Dessa vez, a enorme rã não entrega simplesmente o que ele solicita, como das outras. Em vez disso, dá-lhe um nabo amarelo e oco ao qual estão atrelados seis ratos. Simplório pergunta tristemente o que deve fazer com aquilo e a rã responde: "Apenas coloque uma de minhas rãzinhas dentro dele." Ele pega uma das rãzinhas e a coloca dentro do nabo amarelo. Logo que a rã se senta no nabo, ela vira uma jovem maravilhosamente bela, o nabo se transforma numa carruagem e os ratos viram cavalos. Simplório a beija e a conduz ao rei. "Seus irmãos também vieram. Não tinham se dado ao trabalho de procurar e trouxeram consigo as primeiras camponesas que encontraram. Quando o rei as viu, disse: 'O reino pertencerá ao mais novo depois da minha morte.'"

Os outros dois irmãos voltam a objetar e sugerem que cada uma das mulheres que trouxeram salte através de um aro grande que está pendurado no salão, uma vez que acreditam que a moça delicada que Simplório trouxe não será capaz de fazê-lo. As camponesas que os dois trouxeram são desajeitadas e quebram os ossos, mas a bela jovem que Simplório ganhou da rã pula facilmente através do aro. Diante disso, tem de cessar toda oposição. Simplório "recebeu a coroa e reinou por muito tempo com grande sabedoria."

Uma vez que os dois irmãos que vaguearam na superfície encontraram apenas coisas grosseiras, apesar de sua suposta inteligência, isso sugere as limitações de um intelecto que não se funda nem se sustenta nas forças do inconsciente, o id assim como o superego.

A extraordinária frequência com que o número três aparece nos contos de fadas foi discutida anteriormente, assim como o seu possível significado. Nessa história, ele é ainda mais enfatizado do que em algumas outras. Há três penas, três irmãos, três testes — com o acréscimo de uma quarta variante. Já sugeri quais seriam alguns dos significados do belo tapete. A história diz que o tapete que Simplório trouxe era "tão belo e de boa qualidade como não se poderia tecer na terra", que "o anel brilhava com joias e era tão belo que nenhum ourives na terra poderia tê-lo moldado". Assim, o que Simplório recebe não são objetos comuns, mas obras de grande arte.

Baseando-nos mais uma vez em observações da psicanálise, podemos dizer que o inconsciente é a fonte da arte, a mola mestra de que se origina; que as ideias do superego a moldam; e que são as forças do ego que executam as ideias inconscientes e conscientes que entram na criação de uma obra de arte. Assim, de alguma forma esses objetos artísticos significam a integração da personalidade. A vulgaridade daquilo que os dois irmãos inteligentes trazem para casa enfatiza, em comparação, a finura artística dos objetos que Simplório apresenta em seus esforços para realizar as tarefas.

Nenhuma criança que pense a respeito da história pode deixar de se perguntar a razão pela qual os irmãos, que no final do primeiro teste viram que Simplório não deveria ser subestimado, não se esforçaram mais na segunda e terceira tentativas. Mas a criança logo percebe que, embora esses irmãos fossem inteligentes, eram incapazes de aprender com a experiência. Separados de seu inconsciente, não podiam crescer, não podiam apreciar as coisas mais bonitas da vida, não podiam distinguir entre qualidades. Suas escolhas eram tão indiferenciadas quanto eles. O fato de serem inteligentes e mesmo assim não se saírem melhor na vez seguinte simboliza que permanecerão na superfície, onde nada de grande valor pode ser encontrado.

Duas vezes a rã grande entrega a Simplório aquilo de que ele necessita. Descer ao inconsciente e subir com o que se desenterrou lá é muito melhor do que permanecer na superfície, como os dois irmãos fizeram, mas não basta. É por isso que mais de um teste é necessário. Familiarizar-se com o inconsciente, com os poderes obscuros dentro de nós que habitam sob a superfície, é necessário, mas não suficiente. Deve-se acrescentar o agir a partir dessas percepções; devemos refinar e sublimar o conteúdo do inconsciente. Essa é a razão de, na terceira e última vez, o próprio Simplório ter de escolher uma das rãzinhas. Sob suas mãos, o nabo vira uma carruagem e os ratos viram cavalos. Como em muitos outros contos de fadas, quando o herói beija a rã — isto é, a amada —, ela vira uma linda moça. É o amor, em última análise, que transforma até mesmo as coisas feias em algo belo. Só mesmo nós podemos transformar os conteúdos primordiais, grosseiros e mais comuns de nosso inconsciente — nabos, ratos, rãs — nos produtos mais refinados de nossas mentes.

Por fim, o conto sugere que a mera repetição das mesmas coisas com variações não é o bastante. Razão pela qual, depois de três testes semelhantes nos quais as três penas voam em direções distintas — representando o papel que o acaso desempenha em nossas vidas —, é necessário um novo conseguimento que não depende da sorte. Pular através de um aro depende de talento, daquilo que a própria pessoa pode fazer, diferentemente daquilo que se pode encontrar procurando. Não basta desenvolver a própria personalidade em toda a sua riqueza, ou disponibilizar para o ego as fontes vitais do inconsciente; deve-se também ser capaz de utilizar a própria habilidade com destreza, graciosidade e propósito. A bela jovem que se sai tão bem ao pular através do aro é apenas outro aspecto de Simplório, assim como as mulheres rudes e desajeitadas são outros aspectos dos irmãos. Isso é sugerido pelo fato de mais nada ser dito sobre ela. Simplório não se casa com ela, ou pelo menos isso não nos é dito. As últimas palavras do conto de fadas contrastam a sabedoria com que Simplório reina e a inteligência dos dois irmãos, com que a história teve início. A inteligência pode ser um dom da natureza; é intelecto independente de caráter. A sabedoria é consequência de uma profundidade interior, de experiências significativas que nos enriqueceram a vida: um reflexo de uma personalidade rica e bem integrada.

Os primeiros passos rumo à aquisição dessa personalidade bem integrada são dados quando a criança começa a lutar contra as suas ligações profundas e ambivalentes com seus pais, isto é, seus conflitos edipianos. Também com respeito a estes, os contos de fadas ajudam-na a compreender melhor a natureza de sua situação, oferecem ideias que lhe dão coragem de lutar contra suas dificuldades e fortalecem as esperanças de sua resolução bem-sucedida.

Conflitos Edipianos e Resoluções

O Cavaleiro na Armadura Reluzente e a Donzela em Apuros

ÀS VOLTAS COM o conflito edipiano, um menino pequeno nutre um ressentimento contra o pai por este estar no caminho que o levaria a receber a atenção exclusiva da mãe. O menino quer que a mãe o admire como o maior herói de todos; isso significa que, de algum modo, ele deve tirar o pai do caminho. Essa ideia, porém, provoca angústia na criança, porque sem o pai para proteger e cuidar dela, o que aconteceria à família? E o que aconteceria se o pai descobrisse que o menino o queria fora do caminho... não lançaria ele mão da mais terrível vingança?

Podemos dizer várias vezes a um menino pequeno que algum dia ele crescerá, se casará e será como seu pai — sem qualquer resultado. Tal conselho realista não oferece nenhum alívio às pressões que a criança sente nesse exato momento. Mas o conto de fadas lhe mostra como pode viver com seus conflitos; sugere fantasias que ela nunca poderia inventar por conta própria.

O conto de fadas, por exemplo, oferece a história do menino pequeno que passa despercebido mas que parte para o mundo e obtém grande sucesso na vida. Os detalhes podem diferir, mas a trama básica é sempre a mesma: o herói improvável se põe à prova matando dragões, resolvendo charadas e fazendo uso de sua esperteza e bondade para viver, até que finalmente liberta a bela princesa, casa-se com ela e vive feliz para sempre.

Nenhum menino pequeno jamais deixou de se ver nesse papel principal. A história sugere que: não é o ciúme de papai o que o impede de ter mamãe exclusivamente para si, é um dragão mau — o que você na verdade tem em mente é matar um dragão mau. Mais ainda, a história dá veracidade ao sentimento do menino de que a mais desejável das mulheres é mantida em cativeiro por uma personagem má, enquanto sugere que não é a mãe o que a criança deseja para si, mas uma mulher maravilhosa e magnífica que ainda não encontrou, mas que certamente encontrará. A história conta mais a respeito daquilo que o menino deseja ouvir e acreditar; que não é por sua livre e espontânea vontade que essa mulher maravilhosa (isto é, mamãe) mora com essa personagem masculina má. Ao contrário, se ela pudesse, preferiria muito mais estar com um jovem herói (como a criança). O matador de dragões tem sempre que ser jovem, como a criança, e inocente. A inocência do herói com quem a criança se identifica prova por procuração a sua inocência, de modo que, longe de ter que se sentir culpada por essas fantasias, ela pode se sentir como se fosse o herói orgulhoso.

É característico dessas histórias que, uma vez morto o dragão — ou levado a bom termo qualquer feito que liberte a bela princesa de seu cativeiro — e unidos o herói e sua amada, não nos é dado mais nenhum detalhe sobre a vida posterior deles, exceto a informação de que viveram "felizes para sempre". Se filhos são mencionados, trata-se quase sempre de uma interpolação posterior feita por alguém que achou que a história se tornaria mais interessante ou realista se tal informação fosse dada. Mas a introdução de filhos no final da história demonstra pouca compreensão das fantasias de um menino pequeno sobre uma existência feliz. Uma criança não pode e não quer imaginar aquilo que envolve ser marido e pai. Isso implicaria, por exemplo, em ter que deixar a mãe durante a maior parte do dia para ir trabalhar — enquanto que a fantasia edipiana é uma situação em que o menino e a mãe jamais se separarão sequer por um momento. O menino certamente não quer a mãe ocupada com os afazeres domésticos, ou cuidando de outras crianças. Não quer tampouco ter relações sexuais com ela, porque essa ainda é uma área cheia de conflitos para ele, se é que tem alguma consciência disso. Como na maioria dos contos de fadas, o ideal do menino é apenas ele e sua princesa (a mãe), providas todas as suas necessidades e desejos, vivendo para sempre um para o outro por conta própria.

Os problemas edipianos de uma menina são diferentes dos de um menino e, por conseguinte, as histórias de fadas que a ajudam a enfrentar sua situação edipiana têm caráter diferente. O que obstrui a ininterrupta existência feliz da menina edipiana em companhia do pai é uma mulher mais velha e mal-intencionada (isto é, a mãe). Mas, como a menina também deseja muito continuar gozando da proteção carinhosa da mãe, há igualmente uma mulher benevolente no passado ou em segundo plano nos contos de fadas, cuja imagem feliz foi mantida intacta, embora ela tenha se tornado inoperante. Uma menina pequena deseja se ver como uma jovem e bela donzela — uma princesa ou algo semelhante — que é mantida presa pela personagem feminina má e egoísta e, por conseguinte, inacessível ao amante masculino. O verdadeiro pai da princesa cativa é retratado como benevolente, mas impossibilitado de vir em socorro de sua adorável filha. Em "Rapunzel", o que o impede de fazê-lo é uma promessa. Em "Cinderela" e "Branca de Neve", ele parece incapaz de competir em pé de igualdade com a madrasta todo-poderosa.

O menino edipiano, que se sente ameaçado por seu pai devido a seu desejo de substituí-lo nas atenções da mãe, projeta-o no papel de monstro ameaçador. Isso também parece provar ao menino o quanto ele é um rival perigoso para o pai, pois, caso contrário, por que essa figura paterna seria tão ameaçadora? Como a mulher desejada é mantida presa pelo velho dragão, o menino pode acreditar que só a força bruta impede essa linda moça (a mãe) de se reunir a ele, o jovem herói preferido entre todos. Nas histórias de fadas que ajudam a menina edipiana a entender seus sentimentos e a encontrar uma satisfação vicária, são os ciúmes intensos da mãe (madrasta) ou da feiticeira que impedem o amante de encontrar a princesa. Esse ciúme comprova que a mulher mais velha sabe que a moça é preferível, mais amorável e mais merecedora de ser amada.

Enquanto que o menino edipiano não quer que nenhuma criança interfira no envolvimento total de sua mãe consigo, as coisas são diferentes para a menina edipiana. Ela realmente deseja ofertar a seu pai a dádiva de amor de ser mãe de seus filhos. É difícil determinar se isso é uma expressão de sua necessidade de competir com a mãe a esse respeito ou uma vaga antecipação de sua futura maternidade. Esse desejo de dar um filho ao pai não significa ter relações sexuais com ele — a menina pequena, assim como o menino, não pensa em termos tão concretos. Ela sabe que os filhos são aquilo que liga o macho ainda mais fortemente à fêmea. É por isso que, em histórias de fadas que lidam simbolicamente com os desejos edipianos, com os problemas e sofrimentos de uma menina, filhos são ocasionalmente mencionados como parte do final feliz.

Na versão dos Irmãos Grimm de "Rapunzel", ficamos sabendo que o príncipe, em suas andanças, "finalmente chegou ao deserto onde Rapunzel, com os dois filhos que tivera, um menino e uma menina, vivia na miséria", embora nenhuma criança tenha sido mencionada. Quando ela beija o príncipe, duas de suas lágrimas molham os olhos dele (que tinham sido furados) e curam-lhe a cegueira; e "ele a levou para o seu reino, onde foi recebido com alegria, e onde viveram felizes por muito tempo". Uma vez os dois unidos, nada mais é dito sobre as crianças. São na história apenas um símbolo do elo entre Rapunzel e o príncipe durante a sua separação. Como não somos informados do casamento dos dois, e como não há nenhuma outra sugestão de qualquer forma de relação sexual, essa menção a filhos nos contos de fadas confirma a ideia de que estes podem ser obtidos sem sexo, apenas como resultado do amor.

No curso usual da vida familiar, o pai está frequentemente fora de casa, enquanto que a mãe, tendo parido e amamentado o filho, continua profundamente envolvida em todos os cuidados da criança. Como resultado, um menino pode facilmente fazer de conta que o pai não é tão importante assim em sua vida. (Todavia, não passa tão facilmente pela cabeça de uma menina dispensar os cuidados da mãe.) É por isso que a substituição de um "bom" pai verdadeiro por um padrasto mau é tão rara nos contos de fadas quanto é frequente a madrasta ruim. Uma vez que os pais têm caracteristicamente dado muito menos atenção à criança, não chega a ser um desapontamento tão radical quando o pai começa a se intrometer em seu caminho ou a fazer-lhe exigências. Por conseguinte, o pai que bloqueia os desejos edipianos do menino não é visto como uma personagem má dentro de casa, como ocorre frequentemente com a mãe. Em vez disso, o menino edipiano projeta suas frustrações e angústias num gigante, monstro ou dragão.

Na fantasia edipiana da menina, a mãe é dividida em duas personagens: a maravilhosa mãe boa pré-edipiana e a madrasta ruim edipiana. (Algumas vezes existem madrastas más em histórias de fadas com meninos, tal como em "João e Maria", mas esses contos lidam com outros problemas que não os edipianos.) A boa mãe, assim reza a fantasia, nunca teria tido ciúme de sua filha ou teria impedido o príncipe (o pai) e a moça de viverem felizes juntos. Assim, para a menina edipiana, a crença e a confiança na bondade da mãe pré-edipiana e uma profunda lealdade para com ela tendem a reduzir a culpa em relação àquilo que a menina deseja que aconteça à mãe (madrasta) que se põe em seu caminho.

Assim, tanto as meninas quanto os meninos edipianos, graças ao conto de fadas, podem ter o melhor de dois mundos: podem gozar plenamente as satisfações edipianas em fantasia e manter boas relações com ambos os pais na realidade.

Para o menino edipiano, se a mãe o decepciona, existe a princesa encantada no fundo de sua mente — aquela mulher maravilhosa do futuro que o compensará por todos os seus sofrimentos presentes, e na qual basta pensar para que esses sofrimentos se tornem bem mais suportáveis. Se o pai dá menos atenção à filha do que *ela* deseja, ela pode suportar tal adversidade porque chegará um príncipe que a preferirá em detrimento de suas rivais. Como tudo ocorre numa terra do nunca, a criança não precisa se sentir culpada ou angustiada por projetar o pai no papel de um dragão ou de um gigante ruim, ou a mãe no papel de uma madrasta ou bruxa desprezível. Fica mais fácil para a menina pequena amar seu pai verdadeiro porque seu ressentimento contra ele, devido a seu fracasso em preferi-la em detrimento da mãe, se explica por sua lamentável ineficácia (como ocorre com os pais nos contos de fadas), pela qual ninguém pode culpá-lo, uma vez que se deve a poderes superiores; além do mais, isso não a impedirá de conseguir seu príncipe. Uma menina pode amar ainda mais sua mãe porque joga toda a sua raiva sobre a mãe-competidora, que recebe o que merece — como a madrasta em "Branca de Neve", que é forçada a calçar "sapatos de ferro em brasa e dançar até cair morta". E Branca de Neve — e com ela a menina pequena — não precisa se sentir culpada porque seu amor pela mãe verdadeira (que precedeu à madrasta) nunca deixou de existir. O menino pode amar seu pai verdadeiro ainda mais depois de verter toda a raiva que sente por ele numa fantasia de destruição do dragão ou do gigante mau.

Tais fantasias de contos de fadas — que a maioria das crianças teria dificuldade em inventar tão completa e satisfatoriamente por conta própria — podem ajudar bastante uma criança a superar sua angústia edipiana.

A história de fadas tem outras valias inigualáveis para auxiliar a criança nos conflitos edipianos. As mães não podem aceitar os desejos de seus filhos pequenos de dar um fim em papai e se casar com mamãe; mas uma mãe pode participar com prazer quando seu filho se imagina o matador de dragões que obtém a linda princesa. Uma mãe também pode encorajar integralmente as fantasias da filha acerca do belo príncipe que se juntará a ela, ajudando-a assim a acreditar numa solução feliz apesar de sua decepção atual. Assim, em lugar de perder a mãe devido à ligação edipiana com o pai, a filha percebe que a mãe não só aprova esses desejos disfarçados, mas até espera que se realizem. Por intermédio dos contos de fadas, o genitor pode se reunir aos filhos em todas as viagens da fantasia, ao mesmo tempo que mantém, na vida real, a importante função de executar as tarefas paternas.

Desse modo, a criança pode ter o melhor de dois mundos, que é aquilo de que necessita para crescer e se transformar num adulto confiante. Em fantasia, a menina pode vencer a mãe (madrasta), cujos esforços para impedir a sua felicidade com o príncipe fracassam; um menino pode matar o monstro e obter o que deseja numa terra distante. Ao mesmo tempo, tanto o menino quanto a menina podem manter em casa o pai verdadeiro como protetor e a mãe verdadeira que fornece todos os cuidados e satisfações de que a criança necessita. Como fica claro o tempo todo que matar o dragão e se casar com a princesa escravizada, ou ser descoberta pelo príncipe encantado e punir a bruxa má são coisas que ocorrem em tempos e países longínquos, a criança normal nunca as mistura com a realidade.

As histórias de conflitos edipianos são típicas de um vasto grupo de contos de fadas que estendem os interesses da criança para além da família próxima. Para dar seus primeiros passos rumo à sua transformação num indivíduo maduro, a criança deve começar a olhar para o mundo mais vasto. Se não recebe apoio dos pais em sua investigação real e imaginária do mundo fora de sua casa, arrisca-se a empobrecer o desenvolvimento de sua personalidade.

Não é prudente incitar explicitamente uma criança a começar a alargar seus horizontes, ou informá-la especificamente sobre o quão longe ir em suas explorações do mundo ou como equacionar sentimentos acerca dos pais. Se um dos pais encoraja verbalmente a criança a "amadurecer", à mudança psicológica ou geográfica, ela interpreta isso como significando "eles querem se livrar de mim". O resultado é justamente o oposto do que se pretende, pois a criança se sente então indesejada e sem importância, e esses sentimentos são extremamente prejudiciais ao desenvolvimento de sua capacidade de lidar com esse mundo mais vasto.

O exercício de aprendizado da criança é precisamente o de tomar decisões acerca de mudar-se por conta própria, no devido tempo e em direção às áreas da vida que ela própria seleciona. O conto de fadas ajuda nesse processo porque apenas acena; nunca sugere, exige ou diz. No conto de fadas, tudo é dito implicitamente e de forma simbólica: quais as tarefas apropriadas a determinada idade; como se pode lidar com os próprios sentimentos ambivalentes acerca dos pais, como se pode dominar esse turbilhão de emoções. Também adverte a criança sobre algumas armadilhas que pode esperar e talvez evitar, sempre prometendo um resultado favorável.

MEDO DA FANTASIA

POR QUE OS CONTOS DE FADAS FORAM PROSCRITOS?

POR QUE MUITOS pais de classe média inteligentes, bem-intencionados, modernos, tão preocupados com o desenvolvimento feliz dos filhos, não levam em conta o valor dos contos de fadas e os privam daquilo que essas histórias têm a oferecer? Mesmo nossos ancestrais vitorianos, apesar de sua ênfase na disciplina moral e de sua maneira de viver monótona, não só permitiam como encorajavam os filhos a gostar da fantasia e da excitação dos contos de fadas. Seria fácil atribuir a culpa dessa proibição dos contos de fadas a um racionalismo tacanho e desinformado, mas não é o caso.

Algumas pessoas afirmam que os contos de fadas não apresentam imagens "verdadeiras" da vida tal como é, e que, por conseguinte, são pouco saudáveis. Não lhes ocorre que a "verdade" na vida de uma criança possa ser diferente da dos adultos. Não percebem que os contos de fadas não tentam descrever o mundo exterior e a "realidade". Nem tampouco reconhecem que nenhuma criança sadia jamais acredita que esses contos descrevam o mundo realisticamente.

Alguns pais temem que, ao contar a seus filhos a respeito dos acontecimentos fantásticos encontrados nos contos de fadas, estejam "mentindo" para eles. Sua preocupação é alimentada pela pergunta da criança: "Isso é verdade?" Muitos contos de fadas oferecem uma resposta antes mesmo de a pergunta ser feita — a saber, no comecinho da história. Por exemplo, "Ali Babá e os Quarenta Ladrões" começa assim: "Em dias de outrora, em tempos e épocas longínquas..." A história dos Irmãos Grimm "O Rei Sapo ou Henrique de Ferro" começa: "Nos velhos tempos, quando desejar ainda era de alguma ajuda..." Tais começos deixam amplamente claro que as histórias têm lugar num nível muito diferente do da "realidade" cotidiana. Algumas delas de fato se iniciam de forma bem realista: "Era uma vez um homem e uma mulher que durante muito tempo desejaram em vão um filho." Mas a criança familiarizada com os contos de fadas sempre estende os tempos de outrora em sua mente para que signifiquem o mesmo que "na terra da fantasia..." Isso demonstra por que narrar apenas uma única e mesma história em detrimento de outras diminui o valor que os contos de fadas têm para a criança e levanta problemas que são respondidos pela familiaridade com uma variedade de contos.

A "verdade" dos contos de fadas é a verdade de nossa imaginação, não a da causalidade normal. Tolkien, respondendo à pergunta: "Isso é verdade?", observa que: "Não é daquelas que podem ser respondidas irrefletida ou frivolamente." Acrescenta que, para a criança, tem muito maior interesse a pergunta: "'Ele era bom? Ele era mau?' Quer dizer, [a criança] está mais preocupada em deixar claro o lado Certo e o lado Errado."

Antes que uma criança possa enfrentar a realidade, deve ter algum sistema de coordenadas para avaliá-la. Quando pergunta se uma história é verdadeira, quer saber se ela contribui com algo de importante para o seu entendimento, e se tem algo de significativo a lhe dizer com referência às suas maiores preocupações.

Para citar Tolkien mais uma vez: "Frequentemente o que a criança quer dizer quando pergunta 'Isso é verdade?' [é] 'Eu gosto disso, mas será contemporâneo? Estou a salvo na minha cama?' A resposta: 'Hoje em dia certamente não existe dragão na Inglaterra', é tudo o que ela deseja ouvir." "Os contos de fadas", continua, "evidentemente não estão preocupados em primeiro lugar com o possível, mas com o desejável." A criança o reconhece claramente, já que nada é mais "verdadeiro" para ela do que aquilo que ela deseja.

Falando de sua infância, Tolkien recorda: "Eu não desejava ter nem sonhos nem aventuras iguais a Alice, e o seu relato apenas me divertia. Não desejava procurar tesouros escondidos ou lutar com piratas, e *A Ilha do Tesouro* me deixou indiferente. Mas a terra de Merlin e Artur era melhor do que tudo isso, e melhor ainda o inominável Norte de Sigurd dos Voelsungs, e o príncipe de todos os dragões. Essas terras eram bem mais desejáveis. Eu nunca imaginei que o dragão fosse da mesma ordem que o cavalo. Ele tinha a marca registrada *Do País das Fadas* impressa claramente sobre ele. Seja qual fosse o mundo em que existisse, era de Outro-mundo... Eu desejava os dragões com um desejo profundo. É claro que, com meu corpo frágil, não os desejava na vizinhança, intrometendo-se em meu mundo relativamente seguro."[36]

A resposta à pergunta se o conto de fadas diz a verdade não deveria remeter à questão da verdade em termos factuais, mas àquilo que preocupa a criança num determinado momento, quer seja o seu medo de estar propensa a ser enfeitiçada ou os seus sentimentos de rivalidade edipiana. Quanto ao mais, uma explicação de que essas histórias não ocorrem aqui e agora, mas numa longínqua terra do nunca, é quase sempre suficiente. Um pai que, a partir de sua própria experiência infantil, está convencido do valor dos contos de fadas, não encontrará dificuldade em responder às perguntas do filho; mas um adulto que pensa que esses contos são apenas um punhado de mentiras não deveria tentar contá-los; não será capaz de relatá-los de forma a enriquecer a vida da criança.

Alguns pais temem que os filhos possam ser arrebatados por suas fantasias; que, expostos aos contos de fadas, passem a acreditar em magia. Mas toda criança acredita em magia, e deixa de fazê-lo quando cresce (com exceção daqueles que a realidade desapontou tanto que se tornaram incapazes de confiar em suas recompensas). Conheci crianças perturbadas que nunca tinham ouvido histórias de fadas, mas que investiam um ventilador ou motor elétrico de tanta magia e poder destrutivo quanto qualquer história de fadas jamais atribuiu a sua personagem mais poderosa e nefanda.[37]

Outros pais temem que a mente de uma criança possa ficar tão saturada de fantasias de conto de fadas a ponto de não se preocupar em aprender a lidar com a realidade. É o oposto, porém, que é verdadeiro. Embora sejamos complexos — conflituosos, ambivalentes, repletos de contradições —, a personalidade humana é indivisível. Qualquer que seja a experiência, sempre afeta todos os aspectos da personalidade ao mesmo tempo. E a personalidade total, de modo a poder lidar com as tarefas da vida, necessita do respaldo de uma fantasia rica combinada a uma consciência firme e uma apreensão clara da realidade.

Um desenvolvimento falho se dá quando um dos componentes da personalidade — id, ego ou superego; consciente ou inconsciente — sobrepuja qualquer um dos outros e esvazia a personalidade total de seus recursos específicos. Como algumas pessoas se retiram do mundo e passam a maior parte dos dias no reino de sua imaginação, sugeriu-se equivocadamente que uma vida de fantasia extremamente rica nos impede de ser bem-sucedidos no lidar com a realidade. Mas o oposto é verdadeiro: aqueles que vivem inteiramente em suas fantasias são perseguidos por ruminações compulsivas que giram eternamente em torno de alguns tópicos limitados, estereotipados. Longe de ter uma vida rica em fantasia, essas pessoas estão presas e não conseguem escapar a um devaneio angustiante ou veleidoso. Mas a fantasia que flutua livremente, que contém sob forma imaginária uma grande variedade de questões também encontradas na realidade, provê o ego de um abundante material com que trabalhar. Essa vida de fantasia rica e variegada é fornecida à criança pelas histórias de fadas, que podem ajudar a impedir que sua imaginação fique presa aos confins estreitos de uns poucos devaneios angustiantes e veleidosos a circular ao redor de umas poucas preocupações estreitas.

Freud disse que o pensamento é uma exploração de possibilidades que evita todos os perigos inerentes à experimentação concreta. O pensamento requer um dispêndio pequeno de energia; assim, temos energia disponível para a ação após chegarmos a decisões por meio da especulação sobre as possibilidades de sucesso e da melhor maneira de alcançá-lo. Isso é verdade com relação aos adultos; por exemplo, o cientista "brinca com as ideias" antes de começar a explorá-las de modo mais sistemático. Mas os pensamentos da criança pequena não procedem de modo ordenado, como os do adulto — as fantasias da criança são seus pensamentos. Quando uma criança tenta entender a si própria e aos outros, ou imaginar quais possam ser as consequências específicas de uma ação, ela tece fantasias em torno dessas questões. É sua maneira de "brincar com as ideias". Oferecer à criança o pensamento racional como seu principal instrumento para organizar seus sentimentos e compreender o mundo só servirá para confundi-la e limitá-la.

Isso é verdadeiro mesmo quando a criança parece pedir informações factuais. Piaget descreve como uma menina que ainda não completara quatro anos lhe perguntou a respeito das asas de um elefante. Ele respondeu que elefantes não voam. E ela insistiu: "Voam sim; eu vi."A resposta dele foi que ela devia estar brincando.[38] Esse exemplo mostra os limites da fantasia da criança. A menininha obviamente estava enfrentando algum problema, e explicações factuais não ajudavam em nada, uma vez que não se dirigiam àquele problema.

Se Piaget tivesse entabulado uma conversa a respeito de para onde o elefante necessitava voar com tanta pressa, ou de que perigos estava tentando escapar, as questões com as quais a criança estava se debatendo talvez tivessem emergido, uma vez que ele teria demonstrado sua boa vontade em aceitar o seu método de explorar o problema. Mas Piaget estava tentando entender como funcionava a mente dessa criança com base em seu sistema de coordenadas racional, enquanto que a menina estava tentando compreender o mundo com base em seu entendimento: por meio da elaboração fantasiosa da realidade como *ela* a via.

Essa é a tragédia de boa parte da "psicologia infantil": suas descobertas são corretas e importantes, mas não beneficiam a criança. As descobertas psicológicas ajudam o adulto a compreendê-la a partir de um sistema de coordenadas adulto. Mas uma tal compreensão adulta das maquinações da mente infantil frequentemente aumentam a distância entre o adulto e a criança; os dois parecem observar o mesmo fenômeno de pontos de vista tão diferentes que cada um vê algo completamente distinto. Se o adulto insiste que o seu modo de ver as coisas é o correto — como bem pode ser, visto objetivamente e com sabedoria adulta —, isso dá à criança um sentimento desesperançado de que não adianta tentar chegar a um entendimento comum. Sabendo quem detém o poder, a criança, para evitar problemas e ficar em paz, diz que concorda com o adulto, e é forçada então a prosseguir sozinha.

Os contos de fadas sofreram uma crítica severa quando as novas descobertas da psicanálise e da psicologia infantil revelaram o quanto a imaginação de uma criança é violenta, angustiada, destrutiva e até mesmo sádica. Uma criança pequena, por exemplo, não só ama os pais com um sentimento incrivelmente intenso, como por vezes também os odeia. Sabido isso, deveria ser fácil reconhecer que os contos de fadas falam à vida mental íntima da criança. Mas, em vez disso, os céticos proclamaram que essas histórias criam, ou pelo menos encorajam bastante, esses pensamentos inquietantes.

Aqueles que proscreveram os contos de fadas tradicionais e populares decidiram que, caso houvesse monstros numa história narrada a crianças, deveriam ser todos amigáveis — mas esqueceram-se do monstro que a criança conhece melhor e com o qual se preocupa mais: o monstro que ela se sente ou teme ser, e que também algumas vezes a persegue. Ao manterem inexpresso, escondido em seu inconsciente esse monstro que a criança carrega dentro de si, os adultos a impedem de tecer fantasias em torno dele à imagem dos contos de fadas que conhece. Sem tais fantasias, a criança não chega a conhecer melhor seu monstro, nem lhe são dadas sugestões a respeito de como conseguir dominá-lo. Como resultado, mantém-se impotente com suas piores angústias, muito mais do que se lhe tivessem narrado contos de fadas que dão forma e corpo a essas angústias e também mostram meios de dominar esses monstros. Se nosso medo de ser devorado toma a forma tangível de uma bruxa, podemos nos livrar dele queimando-a no forno. Mas essas considerações não ocorreram àqueles que proscreveram os contos de fadas.

É uma imagem estranhamente unilateral e limitada dos adultos e da vida aquela que se espera que a criança aceite como a única correta. Ao não alimentar a sua imaginação esperava-se extinguir os gigantes e ogros do conto de fadas — isto é, os monstros obscuros que residem no inconsciente —, de modo a impedir que estes obstruíssem o desenvolvimento da mente racional da criança. Esperava-se que o ego racional reinasse supremo desde o berço! Pretendia-se chegar a isso não pela conquista por parte do ego das forças obscuras do id, mas sim impedindo a criança de prestar atenção a seu inconsciente ou de ouvir histórias que falassem a este. Em resumo, a criança supostamente recalcaria suas fantasias desagradáveis e teria apenas fantasias agradáveis.*

Porém essas teorias que recalcam o id não funcionam. Podemos ilustrar com um exemplo extremo o que pode ocorrer quando uma criança é forçada a recalcar o conteúdo de seu inconsciente. Depois de um longo trabalho terapêutico, um menino que, no final de seu período de latência, tinha subitamente se tornado mudo, explicou a origem de seu mutismo. Disse: "Minha mãe lavou minha boca com sabão por causa de todas as palavras más que eu disse, e elas eram bem más, admito. O que ela não sabia é que, ao lavar as palavras más, ela também lavou as boas." Na terapia, todas essas palavras más foram liberadas e, com isso, as boas também reapareceram. Muitas outras coisas tinham corrido mal na vida pregressa desse menino; lavar sua boca com sabão não foi a causa principal de seu mutismo, embora tenha contribuído para isso.

O inconsciente é a fonte de matéria-prima e a base sobre a qual o ego erige o edifício de nossa personalidade. Prosseguindo na comparação, nossas fantasias são os recursos naturais que fornecem e moldam essa matéria-prima, tornando-a útil para as tarefas egoicas de construção da personalidade. Se somos privados desse recurso natural, nossa vida fica limitada; sem fantasias para nos dar esperanças, não temos forças para enfrentar as adversidades da vida. A infância é a época em que essas fantasias precisam ser alimentadas.

Efetivamente encorajamos as fantasias de nossos filhos; dizemo-lhes que pintem o que quiserem, ou que inventem histórias. Mas sem o alimento de nossa herança comum de fantasias, o conto de fadas popular, a criança não pode inventar por conta própria histórias que

---

*É como se a máxima de Freud sobre a essência do desenvolvimento rumo a uma humanidade mais elevada, que reza que "onde havia id, deveria haver ego", se desvirtuasse em seu oposto: "onde havia id, dele não deveria haver nada". Mas Freud deixou claramente implícito que só o id pode prover o ego da energia necessária para moldar as tendências inconscientes e usá-las construtivamente. Embora a teoria psicanalítica mais recente afirme que o ego também é investido de sua própria energia desde o nascimento, um ego que não possa recorrer além disso a fontes de energia do id muito maiores será um ego fraco. E mais, um ego que é forçado a despender sua quantidade limitada de energia para manter a energia do id recalcada está duplamente depauperado.

a ajudem a lidar com os problemas da vida. Todas as histórias que ela pode inventar são apenas expressões de seus próprios desejos e angústias. Apoiando-se em seus próprios recursos, tudo o que a criança pode imaginar são elaborações de onde está no momento, uma vez que não pode saber para onde precisa ir, nem como fazer para chegar lá. É aí que o conto de fadas fornece aquilo de que ela mais necessita: ele começa exatamente no ponto em que ela está emocionalmente, mostra-lhe para onde tem que ir e como fazê-lo. Mas o conto de fadas o faz por dedução, sob a forma de material de fantasia a que a criança pode recorrer como lhe parecer melhor, e por meio de imagens que tornam mais fácil para ela compreender aquilo que é essencial que compreenda.

As racionalizações para continuar proibindo os contos de fadas apesar do que a psicanálise revelou a respeito do inconsciente, particularmente o da criança, tomaram muitas formas. Quando não podia mais ser negado que a criança é perturbada por conflitos profundos, angústias e desejos violentos, e irremediavelmente sacudida por todos os tipos de processos irracionais, concluiu-se que, pelo fato de já temer tantas coisas, qualquer outra coisa que parecesse assustadora deveria ser mantida longe dela. Uma história específica pode efetivamente tornar certas crianças angustiadas, mas, uma vez que estejam mais familiarizadas com as histórias de fadas, os aspectos temíveis parecem desaparecer, enquanto que os traços tranquilizadores se tornam cada vez mais dominantes. *O desprazer original da angústia se transforma então no grande prazer da angústia enfrentada e dominada com sucesso.*

Pais que querem negar que seu filho tem desejos assassinos e quer fazer em pedaços coisas e até mesmo pessoas acreditam que devem impedi-lo de mergulhar nesses pensamentos (como se isso fosse possível). Ao negarem acesso a histórias que implicitamente dizem à criança que outros têm as mesmas fantasias, levam-na a crer que ela é a única a imaginar tais coisas. Isso torna suas fantasias realmente assustadoras. Por outro lado, ser informado de que outros têm fantasias iguais ou semelhantes faz com que nos sintamos parte da humanidade e apazigua nosso medo de que o ter tais ideias destrutivas nos haja conduzido além dos limites considerados normais.

É uma estranha contradição que pais instruídos tenham proscrito os contos de fadas mais ou menos na mesma época em que as descobertas da psicanálise os tornavam cientes de que, longe de ser inocente, a mente da criança está cheia de ideações angustiantes, raivosas e destrutivas.* É igualmente notável que esses pais, tão preocupados em não aumentar as angústias da criança, se esqueçam de todas as mensagens tranquilizadoras que há nos contos de fadas.

A resposta ao quebra-cabeça pode ser encontrada no fato de a psicanálise também ter revelado os sentimentos ambivalentes da criança a respeito dos pais. É perturbador para os pais perceber que a mente da criança não está repleta apenas de um amor profundo, mas também de um grande ódio por eles. Querendo ser amados por seu filho, os pais evitam expô-lo a histórias que possam encorajá-lo a vê-los como maus ou rejeitadores.

Os pais desejam acreditar que, se o filho os vê como gigantes, madrastas, ou bruxas, isso não tem nada a ver com eles e com a maneira como, em certos momentos, aparecem à criança, mas é resultado unicamente de contos que ouviu. Esses pais têm esperança de que, se o filho for impedido de saber a respeito de tais personagens, não os verá sob essa imagem. Numa reversão completa da qual permanecem

---

*As histórias de fadas estimulam as fantasias da criança — como o fazem muitas outras experiências. Como a objeção dos pais aos contos de fadas frequentemente se baseia nos eventos violentos ou amedrontadores que ocorrem nesses contos, podemos mencionar um estudo experimental feito com estudantes do quinto grau que demonstra que, quando a criança que tem uma vida rica em fantasias — algo que os contos de fadas estimulam — é exposta a material de fantasia agressivo, como ocorre nas histórias de fadas (no experimento, um filme com conteúdo agressivo), ela responde a essa experiência com uma diminuição notável do comportamento agressivo. Quando não é estimulada a cultivar fantasias agressivas, não se observa nenhuma redução no comportamento agressivo. (Ephraim Biblow, "Imaginative Play and the Control of Agressive Behavior", em *The Child's World of Make Belief*, de Jerome L. Singer, Nova York: Academic Press, 1973.)

Uma vez que os contos de fadas estimulam intensamente a vida de fantasia da criança, as duas frases finais desse estudo podem ser citadas: "A criança pobre em fantasia, tal como observado durante as brincadeiras, se apresentou como orientada para o aspecto motor, revelando muita ação e pouco pensamento nas atividades lúdicas. Em contraste, a criança com um alto teor de fantasia era mais altamente estruturada e criativa, e tendia a ser mais agressiva verbal do que fisicamente."

em grande parte inconscientes, esses pais se enganam ao acreditar que, se são vistos dessa forma pela criança, isso se deve às histórias que ela ouviu, enquanto que, na realidade, o oposto é que é verdadeiro: a criança gosta dos contos de fadas não porque as imagens que encontra neles estejam conformes ao que se passa em seu íntimo, mas porque — apesar de todos os pensamentos raivosos e angustiados em sua mente aos quais o conto de fadas dá forma e conteúdo específicos — essas histórias têm sempre um resultado feliz que a criança não pode imaginar por conta própria.

Transcendendo a Infância
com a Ajuda da Fantasia

SE ACREDITÁSSEMOS NUM grande desígnio para a vida humana, poderíamos admirar a sabedoria que providencia para que uma grande variedade de eventos psicológicos coincida exatamente no tempo certo, reforçando-se mutuamente de tal modo que o impacto sobre o jovem ser humano o empurre para fora da primeira infância e o jogue na segunda. Justamente quando a criança começa a ser tentada pelo mundo mais vasto, que a incita a mover-se para além do círculo limitado que a abarca juntamente com seus pais, seus desapontamentos edipianos a induzem a desligar-se um pouco destes, que até então eram a única fonte de seu sustento físico e psicológico.

Quando isso acontece, a criança se torna capaz de obter alguma satisfação emocional de pessoas que não fazem parte da sua família imediata, o que compensa até certo ponto sua desilusão com os pais. Poderíamos ver como parte do mesmo desígnio o fato de que, ao ficar profunda e dolorosamente desencantada com seus pais por eles não conseguirem se manter à altura de suas expectativas infantis, ela se torne física e mentalmente capaz de prover ela própria algumas de suas necessidades. Esses e muitos outros desenvolvimentos importantes ocorrem ao mesmo tempo ou em breve sucessão; estão inter-relacionados, cada um sendo uma função de todos os demais.

Devido à crescente habilidade da criança para lidar com as coisas, ela pode ter mais contato com os outros e com aspectos mais vastos do mundo. Como é capaz de fazer mais coisas, os pais sentem que chegou o momento de esperar mais dela, e se tornam menos dispostos a fazê-las por ela. Essa mudança em suas relações é um enorme desapontamento para a criança, na sua expectativa de sempre receber infindavelmente; é a decepção mais grave de sua jovem vida, infinitamente pior por ser infligida por aqueles que ela acredita que lhe devam uma atenção ilimitada. Mas isso ocorre igualmente em função de ela ter um contato mais significativo com o mundo exterior, de receber dele pelo menos algumas provisões emocionais, assim como de sua habilidade crescente em satisfazer até certo ponto algumas de suas próprias necessidades. Em virtude de suas novas experiências com o mundo exterior, a criança pode se dar ao luxo de tomar consciência das "limitações" dos pais — isto é, de suas falhas, vistas pela ótica de suas expectativas irreais a respeito deles. Em consequência, ela fica tão desgostosa com eles que se aventura a buscar satisfação em outros lugares.

Quando isso acontece, são tão assoberbantes os novos desafios propostos à criança pela expansão de suas experiências e tão mínimas sua aptidão para realizar essas coisas novas e sua probabilidade de resolver os problemas suscitados por seus passos rumo à independência, que ela necessita de satisfações fantasiosas para não desistir levada pelo desespero. Embora suas conquistas reais sejam consideráveis, parecem desaparecer na insignificância se comparadas a seus fracassos, quando nada por ela não ter qualquer compreensão daquilo que é de fato possível. Essa decepção pode levá-la a um desapontamento tão cruel que ela pode abandonar todo esforço e se refugiar inteiramente dentro de si, afastada do mundo, a menos que a fantasia venha resgatá-la.

Se qualquer um desses vários passos que a criança está dando ao crescer pudesse ser visto isoladamente, poder-se-ia dizer que a capacidade de tecer fantasias para além do presente é a nova aquisição que torna possíveis as demais — porque torna suportáveis as frustrações experimentadas na realidade. Se ao menos pudéssemos nos lembrar o quão totalmente derrotada uma criança pequena se sente quando seus companheiros de brincadeiras ou irmãos mais velhos temporariamente a rejeitam ou podem obviamente fazer as coisas melhor do que ela, ou quando os adultos — pior ainda, seus pais — parecem ridicularizá-la ou depreciá-la, então saberíamos por que a criança frequentemente se sente como uma proscrita: uma "simplória". Só as esperanças e fantasias exageradas de realizações futuras podem equilibrar os pratos da balança, de modo a que ela possa prosseguir vivendo e lutando.

O quão enorme é a frustração, a decepção e o desespero da criança em momentos de derrota total e absoluta pode ser visto em seus acessos de mau humor, que são a expressão visível da convicção de que ela nada pode fazer para melhorar as condições "insuportáveis" de sua vida. Tão logo ela é capaz de imaginar (isto é, fantasiar) uma solução favorável para suas dificuldades presentes, os acessos de mau humor desaparecem, porque, uma vez instalada a esperança no futuro, as dificuldades presentes não são mais insuportáveis. A descarga física aleatória por meio de chutes e gritos é substituída então pelo pensamento ou atividade destinados a atingir uma meta desejada, seja agora ou numa data futura. Assim, os problemas que uma criança encontra e não pode resolver no momento se tornam fáceis de lidar, porque o desapontamento no presente é mitigado por visões de vitórias futuras.

Se uma criança, por qualquer razão, é incapaz de imaginar com otimismo o seu futuro, dá-se uma parada no desenvolvimento. O exemplo extremo disso pode ser encontrado no comportamento da criança que sofre de autismo infantil. Ela não faz nada ou tem intermitentemente fortes acessos de mau humor, mas em qualquer dos casos insiste em que nada deve ser alterado no seu ambiente e nas condições de sua vida. Tudo isso é a consequência de sua incapacidade total de imaginar qualquer mudança para melhor. Quando uma dessas crianças, depois de uma terapia prolongada, finalmente emergiu de sua fuga autista total e refletiu sobre o que caracteriza os bons pais, disse: "Eles têm esperanças em você." O que estava implícito era que os pais haviam sido maus pais porque falharam tanto em ter esperança nela como em dar-lhe esperança em si própria e na sua vida futura neste mundo.

Sabemos que, quanto mais profundamente infelizes e desesperados estamos, mais necessitamos de ser capazes de nos envolver em fantasias otimistas. Mas estas não estão à nossa disposição nessas ocasiões. Então, mais que em qualquer outro momento, necessitamos de que os outros nos soergam com sua esperança em nós e em nosso futuro. Nenhum conto de fadas por si só fará isso pela criança; como nos lembrou a criança autista, necessitamos primeiro que nossos pais nos instilem esperança. Sobre essa base firme e real — os modos positivos com que nossos pais nos veem e a nosso futuro — podemos então construir castelos no ar, em parte cientes de que eles não passam disso, mas mesmo assim obtendo daí uma grande segurança. Embora a fantasia seja *irreal*, as boas sensações que ela nos dá a respeito de nós mesmos e de nosso futuro são reais, e essas boas sensações *reais* são aquilo de que necessitamos para nos sustentar.

Todo genitor sensível ao fato de o filho estar se sentindo arrasado lhe diz que as coisas mudarão para melhor. Mas o desespero da criança engloba tudo — por não conhecer gradações, ela se sente ou no inferno mais tenebroso, ou gloriosamente feliz — e, por conseguinte, só a bem-aventurança mais perfeita e duradoura pode combater seu medo de uma devastação total naquele momento. Nenhum genitor razoável pode prometer a seu filho que a bem-aventurança perfeita está à sua disposição na realidade. Mas, ao contar-lhe histórias de fadas, ele pode encorajá-lo a tomar emprestado para uso próprio esperanças fantásticas quanto ao futuro, sem iludi-lo sugerindo que há algo de real em tais fantasias.*

---

*Contar a história de "Cinderela" para uma criança e deixá-la imaginar-se no papel de Cinderela e usar a história para fantasiar como será a sua própria libertação é algo bem diferente de deixá-la representar a fantasia a sério. No primeiro caso, encoraja-se a esperança; no último, cria-se ilusões.

Um pai, em lugar de contar contos de fadas para sua filhinha, decidiu — a partir de suas próprias necessidades emocionais e como uma fuga de suas dificuldades conjugais por intermédio da fantasia — que seria capaz de fazer melhor do que contá-los. Noite após noite, ele desfiava para sua filha uma fantasia de Cinderela na qual ele era o príncipe que reconhecia que, apesar de seus farrapos e cinzas, ela era a moça mais maravilhosa do mundo e, por conseguinte, levaria, daí em diante — graças a ele —, a vida de uma princesa de contos de fadas. O pai não contava isso como um conto de fadas, mas sim como se fosse algo que estivesse acontecendo entre os dois na realidade, e uma promessa válida de coisas que viriam. Ele não percebia que, ao pintar para a filha as condições de sua vida real como se fossem as de Cinderela, ele fazia com que a mãe — sua esposa — virasse uma traidora malévola de sua própria filha. Como não era um príncipe encantado da terra do nunca, mas sim ele próprio quem escolhia Cinderela como sua amada, esses contos noturnos mantinham a menina fixada na situação edipiana com o pai.

BRUNO BETTELHEIM

Sentindo agudamente as insatisfações que surgem com a dominação dos adultos, e destituída de seu reino de criança pequena em que não se lhe faziam exigências e em que parecia que todos os seus desejos eram satisfeitos pelos pais, nenhuma criança pode evitar desejar um reino para si própria. As afirmações realistas a respeito daquilo que a criança pode obter quando crescer não podem satisfazer ou sequer ser comparadas a desejos tão extravagantes.

Que reino é esse que muitos heróis de contos de fadas ganham no final da história? Sua principal característica é que nunca sabemos nada a seu respeito, nem mesmo o que o rei ou a rainha fazem. Não há outro propósito em ser-se o rei ou a rainha desse reino a não ser o de governar em lugar de ser governado. Ter se tornado rei ou rainha na conclusão da história simboliza um estado de verdadeira *independência,* no qual o herói se sente tão seguro, satisfeito e feliz quanto a criança se sentia no seu estado mais dependente, quando era realmente bem cuidada no reino de seu berço.

O conto de fadas começa com o herói à mercê dos que o desprezam e às suas habilidades, que o maltratam e até mesmo ameaçam sua vida, como faz a rainha má em "Branca de Neve". À medida que a história

---

Esse pai certamente "tinha esperança" em sua filha, mas de uma forma drasticamente irrealista. O resultado foi que, à medida que a menina crescia, obtinha tanta gratificação de suas entregas noturnas a essas fantasias em companhia do pai que não queria que a realidade interferisse e se recusava a chegar a um acordo com ela. Por essa e outras razões correlatas, ela não funcionava de maneira apropriada para a sua idade. Fez um exame psiquiátrico e o diagnóstico foi de que perdera contato com a realidade. Na verdade, ela não "perdera" contato com a realidade, antes não conseguira estabelecê-lo para proteger o seu mundo imaginário. Ela não queria ter nada a ver com o mundo cotidiano, já que, por um lado, o comportamento do pai lhe indicava que ele não desejava que ela o tivesse, e, por outro, ela não necessitava disso. Vivia o dia inteiro em suas fantasias e se tornou esquizofrênica.

Sua história realça a diferença entre a brincadeira fantasiosa numa terra do nunca e os prognósticos falsamente fundamentados a respeito daquilo que está prestes a ocorrer na realidade cotidiana. As promessas dos contos de fadas são uma coisa; nossas esperanças em nossos filhos, outra, e estas devem se manter enraizadas na realidade. É necessário que saibamos que as frustrações que as crianças experimentam, as dificuldades que têm que vencer, não vão além daquilo que todos nós encontramos em circunstâncias normais. Mas, uma vez que na mente da criança essas dificuldades são as maiores possíveis, ela necessita do encorajamento de fantasias em que o herói, com o qual se pode identificar, encontra com sucesso o seu caminho a partir de situações incrivelmente difíceis.

se desenrola, o herói é frequentemente forçado a depender de amigos que o ajudam: criaturas do mundo subterrâneo, como os anões em "Branca de Neve", ou animais mágicos, como os pássaros em "Cinderela". Quando o conto termina, o herói venceu todas as provações e, apesar delas, permaneceu fiel a si próprio ou, ao passar por elas com sucesso, alcançou sua verdadeira identidade. Tornou-se um autocrata no melhor sentido da palavra — alguém que se autogoverna, uma pessoa verdadeiramente autônoma, não uma pessoa que governa os outros. Nos contos de fadas, à diferença dos mitos, a vitória não é sobre os outros, mas apenas sobre si mesmo e sobre a vileza (principalmente a própria, que é projetada como o antagonista do herói). Se nos é dito algo a respeito do governo desses reis e rainhas, é que reinaram com sabedoria, pacificamente, e que viveram felizes. É nisso que deveria consistir a maturidade: que a pessoa se autogoverne sabiamente e, em consequência, viva feliz.

A criança entende isso muito bem. Nenhuma criança acredita que um dia virá a ser governante de outro reino que não a sua própria vida. A história de fadas lhe assegura que algum dia esse reino poderá ser seu, mas não sem luta. O como a criança imagina especificamente o "reino" depende de sua idade e estado de desenvolvimento, mas ela nunca o toma literalmente. Para a criança mais nova, pode significar simplesmente que então ninguém mandará nela e que todos os seus desejos serão satisfeitos. Para a mais velha, também incluirá a obrigação de governar, isto é, viver e agir sabiamente. Mas, em qualquer idade, uma criança interpreta o tornar-se rei ou rainha como o ter atingido a maturidade.

Uma vez que a maturidade requer uma solução positiva para os conflitos edipianos da criança, consideremos como o herói obtém esse reino no conto de fadas. No mito grego, Édipo se tornou rei matando seu pai e casando-se com a mãe depois de solucionar o enigma da Esfinge, que então se matou. Para resolver o enigma foi necessário compreender em que consistiam os três estágios do desenvolvimento humano. Para uma criança, o maior enigma é em que consiste o sexo; esse é o segredo dos adultos que ela deseja descobrir. Como a solução do enigma da Esfinge permitiu a Édipo chegar a seu reino ao se casar com a mãe, podemos supor que esse enigma tem algo a ver com o conhecimento sexual, pelo menos num nível inconsciente.

Em muitos contos de fadas, também, solucionar "o enigma" leva ao casamento e à obtenção do reino. Por exemplo, na história dos Irmãos Grimm, "O Alfaiatezinho Esperto", apenas o herói é capaz de adivinhar corretamente as duas cores do cabelo da princesa e, por conseguinte, ele a conquista. De modo semelhante, a história da princesa Turandot conta que ela só pode ser conquistada pelo homem que adivinhar corretamente as respostas para seus três enigmas. Resolver o enigma colocado por uma mulher em particular representa o enigma da mulher em geral; e, uma vez que o casamento normalmente se segue à solução correta, não parece exagero que o enigma a ser resolvido seja sexual: quem quer que compreenda o segredo que o outro sexo apresenta obteve sua maturidade. Mas, enquanto que no mito de Édipo a personagem cujo enigma foi respondido corretamente destrói a si própria, seguindo-se uma tragédia conjugal, nos contos de fadas a descoberta do segredo leva à felicidade tanto da pessoa que resolveu o enigma quanto daquela que o propôs.

Édipo se casa com uma mulher que é sua mãe; sendo assim, ela é obviamente muito mais velha do que ele. O herói de conto de fadas, seja homem ou mulher, se casa com um parceiro da mesma idade. Isto é, seja qual for a ligação edipiana que o herói de conto de fadas possa ter tido com seu genitor, ele a transferiu com sucesso para um parceiro não edipiano bastante adequado. Repetidamente nos contos de fadas uma relação insatisfatória com um genitor — tal como é invariavelmente uma relação edipiana — é substituída, como a ligação de Cinderela a um pai fraco e ineficiente, por uma relação feliz com o parceiro conjugal resgatador.

O genitor, em tais contos de fadas, longe de se ressentir com a superação por parte da criança de sua ligação edipiana a ele, se alegra com isso e frequentemente é instrumental para que isso ocorra. Por exemplo, em "Hans, o Ouriço" e em "A Bela e a Fera", o pai (voluntária ou involuntariamente) faz com que a filha case; abandonar sua ligação edipiana com a filha e induzi-la a abandonar a sua com ele leva a uma solução feliz para ambos.

Nunca num conto de fadas um filho usurpa o reino de seu pai. Se este o abandona, isso se deve sempre à idade provecta. Mesmo então o filho tem de merecê-lo, encontrando a mulher mais desejável para si, como em "As Três Penas". Essa história deixa bem claro que obter o reino equivale a ter atingido a maturidade moral e sexual. Primeiro, é solicitado ao herói que execute uma tarefa para herdar o reino. Quando o herói é bem-sucedido, isso se mostra insuficiente. A mesma coisa acontece uma segunda vez. A terceira tarefa é encontrar e trazer para casa a noiva certa; quando o herói o consegue, o reino finalmente é seu. Assim, longe de projetar um ciúme que o filho tenha do pai, ou um ressentimento deste pelos empenhos sexuais do filho, a história de fadas narra o oposto: quando a criança atingiu a idade e maturidade adequadas, o genitor quer que ela também se realize sexualmente; na verdade, ele só aceitará seu filho como um sucessor digno depois que ele tiver feito isso.

Em muitas histórias de fadas, o rei dá sua filha em casamento ao herói, quer compartilhando o reino com ele, quer nomeando-o como eventual sucessor. Esse é, naturalmente, um desejo fantasioso da criança. Mas, uma vez que a história lhe assegura que isso é de fato o que vai acontecer, e uma vez que no inconsciente o "rei" representa o próprio pai, o conto de fadas promete a mais alta recompensa possível — uma vida feliz e o reino — para o filho que, por meio de suas lutas, encontrou a solução correta para seus conflitos edipianos: transferir o amor pela mãe para uma parceira adequada de sua própria idade; e reconhecer que o pai (longe de ser um competidor ameaçador) é na verdade um protetor benevolente que aprova que seu filho se realize como adulto.

Obter seu reino ao se unir pelo amor e pelo casamento com o parceiro mais apropriado e desejável — uma união que os pais aprovam totalmente e que conduz à felicidade para todos exceto os vilões — simboliza a resolução perfeita das dificuldades edipianas, assim como a obtenção da verdadeira independência e da completa integração da personalidade. Será de fato tão irrealista falar de aquisições tão grandes como a tomada de posse de seu próprio reino?

Isso talvez sugira também a razão pela qual as realizações do herói nas histórias infantis "realistas" frequentemente parecem, em comparação, banais e comuns. Essas histórias também oferecem à criança a convicção de que resolverá problemas importantes que encontra em sua vida "real" — como os adultos definem esses problemas. Ao fazê-lo, as histórias têm méritos evidentes mas limitados. No entanto, que problemas poderiam ser mais difíceis de apreender e mais "reais" para a criança do que seus conflitos edipianos, a integração de sua personalidade e o alcançar a maturidade, o que inclui a maturidade sexual — em que ela consiste, e como obtê-la? Uma vez que detalhar o que esses assuntos implicam acabrunharia e confundiria a criança, o conto de fadas usa símbolos universais que permitem que ela o escolha, selecione, negligencie e interprete de maneiras congruentes ao seu estado de desenvolvimento intelectual e psicológico. Qualquer que seja esse estado de desenvolvimento, o conto sugere como a criança pode transcendê-lo, e o que pode estar envolvido no alcançar o estágio seguinte em seu progresso rumo à integração madura.

Uma comparação de duas histórias infantis bem conhecidas com um conto de fadas pode ilustrar as insuficiências relativas da história infantil moderna e realista.

Há muitas histórias infantis modernas, como "A Locomotivazinha que Podia", que encorajam a criança a acreditar que, se ela se esforçar bastante e não desistir, sair-se-á bem no final.[39] Uma jovem adulta lembrou-se de quão impressionada ficara quando sua mãe lhe leu essa história. Ficou convencida de que a postura de uma pessoa de fato afeta suas realizações; de que, se agora se aproximasse de uma tarefa com a convicção de que poderia vencê-la, seria bem-sucedida. Poucos dias depois, essa menina se defrontou no primeiro grau com uma situação desafiadora: tentava fazer uma casa de papel colando várias folhas juntas. Mas a casa desmoronava seguidamente. Frustrada, começou a duvidar seriamente de que sua ideia de construir tal casa de papel pudesse se realizar. Mas então lhe veio à mente a história da "Locomotivazinha que Podia"; vinte anos mais tarde, ela se lembrava de como, naquele momento, começara a cantar para si própria a fórmula mágica: "Acho que posso, acho que posso, acho que posso..." Assim, continuou a trabalhar na sua casa de papel, e esta continuou a desmoronar. O projeto terminou numa completa derrota, com essa menininha convencida de que falhara ali onde qualquer outro teria sido bem-sucedido, tal como a Locomotivazinha o fora.

Como "A Locomotivazinha que Podia" é uma história situada no presente, utilizando-se de propulsores comuns como locomotivas que puxam trens, essa menina tentara aplicar sua lição diretamente à sua vida cotidiana, sem qualquer elaboração fantasiosa, e experimentara uma derrota que ainda doía vinte anos depois.

Bem diferente foi o impacto de "A Família do Robinson Suíço" noutra criança. A história conta como uma família de náufragos consegue levar uma vida aventurosa, idílica, construtiva e agradável — uma vida bem diferente de como era a existência dessa criança. Seu pai ficava muito tempo fora de casa, a mãe era doente mental e passava longos períodos em sanatórios. Devido a isso, a menina era transferida de sua casa para a de uma tia, depois para a de uma avó, e novamente para a sua casa, conforme as necessidades. Durante esses anos, ela leu repetidamente as histórias dessa família feliz que vivia numa ilha deserta, o que impedia qualquer membro de se separar do restante dela. Vários anos depois, ela se lembrava da sensação cálida e confortável que tinha quando, reclinada numa pilha de travesseiros, se esquecia completamente de suas dificuldades presentes enquanto lia essa história. Tão logo terminava, recomeçava a lê-la na íntegra. As horas felizes que passou com a família Robinson naquela terra de fantasia impediram que fosse derrotada pelas dificuldades que a realidade lhe apresentava. Foi capaz de neutralizar o impacto de uma realidade árdua com gratificações imaginárias. Mas, como a história não era um conto de fadas, não continha nenhuma promessa de que sua vida melhoraria — uma esperança que lhe teria tornado a vida bem mais suportável.

Outra estudante de pós-graduação lembrou que, quando criança, "eu me alimentava de contos de fadas, tanto os tradicionais quanto os que eu própria criava, mas 'Rapunzel' dominava meus pensamentos". Quando essa mulher ainda era uma menina pequena, a mãe morrera num acidente de carro. Seu pai, profundamente perturbado com o que acontecera à sua esposa (ele estava dirigindo o carro), se voltou totalmente para dentro de si e entregou a filha aos cuidados de uma babá, que pouco se interessava pela menina. Quando ela completou sete anos, o pai se casou de novo e, de acordo com o que recordava, foi por essa época que "Rapunzel" se tornou tão importante para ela. A madrasta era claramente a bruxa da história, e ela era a menina trancafiada na torre. Ela se recordava de se sentir tal qual Rapunzel, já que "a feiticeira, à força" a obtivera, tal como a madrasta entrara à força na vida da menina. Esta se sentia prisioneira em sua nova casa, pois a babá que pouco se importara com ela lhe dera completa liberdade de fazer o que quisesse. Sentia-se tão vitimizada quanto Rapunzel, que, em sua torre, tinha tão pouco controle sobre sua vida. Os cabelos compridos de Rapunzel eram para ela a chave da história. Desejava deixar crescer seus cabelos, mas a madrasta os cortava curtos; os cabelos compridos tinham se tornado para ela um símbolo de liberdade e felicidade. Já adulta, percebeu que o príncipe por cuja vinda ansiava era seu pai. A história a convencera de que algum dia ele viria salvá-la, e essa convicção a sustentou. Se a vida se tornava muito difícil, tudo que tinha que fazer era se imaginar como Rapunzel, com os cabelos compridos e o príncipe amando-a e salvando-a. E ela deu um final feliz a "Rapunzel". Na história, o príncipe ficara cego por algum tempo — isso significava para ela que a "bruxa" com quem seu pai vivia o tornara cego para o encanto de sua própria filha —, mas finalmente seu cabelo, que a madrasta cortara, cresceu de novo e o príncipe veio para viver feliz com ela para sempre.

Uma comparação de "Rapunzel" com "A Família do Robinson Suíço" sugere o porquê de os contos de fadas poderem oferecer mais à criança do que até mesmo uma história infantil tão boa quanto essa. Em "A Família do Robinson Suíço", não há uma bruxa contra a qual a criança possa descarregar sua raiva em fantasia, e a quem ela possa culpar pela falta de interesse do pai. "A Família do Robinson Suíço" oferece fantasias de escape, e de fato ajudou a menina que a leu repetidas vezes a esquecer temporariamente o quanto a vida era difícil para ela. Mas não oferecia nenhuma esperança específica para o futuro. "Rapunzel", por outro lado, oferecia à menina uma oportunidade de ver a bruxa da história como tão malvada que, em comparação, até mesmo a "bruxa" madrasta em casa não era tão má. "Rapunzel" também lhe prometia que seu resgate seria efetuado pelo próprio corpo, quando seu cabelo crescesse. E, ainda mais importante, prometia que o "príncipe" estava apenas temporariamente cego; que ele recuperaria a visão e salvaria a princesa. Essa fantasia continuou a amparar a menina, embora em grau menos intenso, até ela se apaixonar e casar, quando passou a não necessitar mais dela.

Podemos entender por que à primeira vista a madrasta, caso tivesse sabido o significado de "Rapunzel" para sua filha adotiva, teria achado que os contos de fadas são prejudiciais às crianças. O que não teria sabido é que, a não ser que a filha adotiva pudesse encontrar aquela satisfação fantasiosa em "Rapunzel", ela teria tentado romper o casamento do pai; e, sem a esperança no futuro que a história lhe dava, talvez se tivesse desencaminhado na vida.

Argumenta-se que, quando uma história suscita esperanças irreais, a criança necessariamente experimentará desilusões e sofrerá ainda mais por causa disso. Mas sugerir-lhe esperanças razoáveis — isto é, limitadas e provisórias — naquilo que o futuro lhe reserva não é um paliativo para suas imensas angústias a respeito do que lhe acontecerá e às suas aspirações. Seus medos irreais requerem esperanças irreais. Em comparação com os seus desejos, as promessas realistas e limitadas são experimentadas como desapontamento profundo, não como consolo. Mas é tudo o que uma história relativamente realista pode oferecer.

A promessa extravagante de um final feliz nos contos de fadas também levaria à desilusão com a vida real da criança se fizesse parte de uma história realista, ou fosse projetada como algo que acontecerá onde a criança real vive. Mas o final feliz da história de fadas ocorre na terra das fadas, um país que só podemos visitar em pensamento.

O conto de fadas oferece esperança à criança de que algum dia o reino será dela. Como ela não pode fazer por menos, mas não acredita poder obter esse reino por conta própria, o conto de fadas lhe diz que forças mágicas virão em seu auxílio. Isso reacende a esperança, que, sem tal fantasia, seria extinta pela dura realidade. Uma vez que o conto de fadas promete o tipo de triunfo que a criança almeja, ele é mais convincente psicologicamente do que qualquer conto "realista" é capaz de ser. E, como garante que o reino será dela, a criança está pronta a acreditar no mais que a história de fadas ensina: que devemos deixar o lar para encontrar nosso reino; que ele não pode ser obtido imediatamente; que devemos assumir riscos e nos submeter a provações; que não podemos fazer tudo sozinhos e que necessitamos de outros que ajudem; e que, para garantir a sua ajuda, devemos satisfazer algumas de suas exigências. Justamente porque a promessa derradeira coincide com os desejos de vingança e de uma existência gloriosa por parte da criança, o conto de fadas enriquece a sua fantasia para além de qualquer comparação.

O problema com parte daquilo que é considerado "boa literatura infantil" é que muitas dessas histórias fixam a imaginação da criança no nível que ela já atingiu por conta própria. As crianças gostam de tais histórias, mas pouco se beneficiam com elas para além do prazer momentâneo. Não obtêm delas nem conforto nem consolo para seus problemas urgentes; apenas escapam provisoriamente deles.

Por exemplo, há histórias "realistas" em que a criança tira sua desforra de um dos pais. O seu desejo de vingança é mais agudo quando ela deixa o estágio edipiano e não está mais totalmente dependente dos pais. Fantasias de vingança são algo que a criança entretém nessa época de sua vida, mas em seus momentos mais lúcidos ela as reconhece como extremamente injustas, pois sabe que os pais lhe fornecem tudo de que precisa para sobreviver, e trabalham duro para fazê-lo. Ideias de vingança sempre provocam culpa, assim como angústia quanto a uma retribuição. Uma história que encoraje essa fantasia de efetivamente tirar uma desforra aumenta as duas, e tudo o que a criança pode fazer por conta própria é recalcar essas ideias. Frequentemente o resultado de tal recalque é que uma dúzia de anos mais tarde o adolescente põe em prática na realidade essas fantasias de vingança infantis.

Não há necessidade de a criança recalcar tais fantasias; ao contrário, ela pode desfrutá-las ao máximo, se for sutilmente guiada para orientá-las na direção de um alvo que é próximo o bastante do genitor verdadeiro mas que claramente não é ele. Que objeto mais adequado para pensamentos vingativos do que a pessoa que usurpou o lugar de um dos pais: o padrasto ou madrasta da história de fadas? Caso se dê vazão a violentas fantasias de vingança contra um tal usurpador maligno, não há razão para se sentir culpado ou necessidade de temer retaliação, pois aquela personagem claramente merece isso. Caso se objete que pensamentos de vingança são imorais e que a criança não deveria tê-los, é necessário frisar que a ideia de que não se deve ter certas fantasias nunca impediu as pessoas de tê-las, apenas as baniu para o inconsciente, onde o dano resultante para a vida mental é muito maior. Assim, a história de fadas permite à criança ter o melhor de dois mundos: ela pode se entregar totalmente e desfrutar de fantasias de vingança a respeito do padrasto ou madrasta da história, sem qualquer culpa ou medo em relação ao pai ou mãe verdadeiros.

O poema de Milne no qual James Morrison adverte sua mãe para não ir ao ponto extremo da cidade sem ele, porque ela poderá nunca mais encontrar seu caminho de volta e desaparecer para sempre, o que no poema de fato acontece, é uma história encantadoramente divertida — para os adultos.[40] Para a criança, ela dá corpo a sua mais apavorante angústia de abandono. O que parece divertido para o adulto é que aqui os papéis do protetor e do protegido estão invertidos. Por mais que a criança possa desejar que seja assim, não pode acalentar a ideia quando a perda permanente do genitor se projeta como resultado. O que ela aprecia, ao ouvir esse poema, é o conselho dado aos pais para que nunca andem sem ela. Apesar de gostar disso, tem de recalcar a angústia muito maior e mais profunda de que será abandonada para sempre, que é o que o poema sugere que acontecerá.

Há uma quantidade de histórias modernas semelhantes em que a criança é mais capaz e mais inteligente do que o genitor, não numa terra do nunca, como nos contos de fadas, mas na realidade quotidiana. A criança aprecia essas histórias porque estão de acordo com aquilo que ela gostaria de acreditar; mas as consequências últimas são falta de confiança no genitor com que ainda tem que contar e decepção — porque, ao contrário do que a história a leva a crer, os pais ainda se mantêm superiores por um bom tempo.

Nenhum conto de fadas tradicional tiraria da criança a segurança necessária que ela obtém da consciência de que o genitor sabe mais, com uma única exceção crucial: quando sucede de este ter se enganado quanto às suas capacidades. O genitor, em muitos contos de fadas, menospreza um de seus filhos — frequentemente chamado de "simplório" —, o qual, à medida que a história prossegue, demonstra que ele errou em sua avaliação. Aqui o conto de fadas é mais uma vez psicologicamente verdadeiro. Quase toda criança está convencida de que os pais sabem mais sobre praticamente tudo, com uma exceção: não a valorizam o suficiente. É benéfico encorajar tal pensamento porque ele sugere à criança que deve desenvolver suas habilidades — não para ser melhor do que o genitor, mas para corrigir o baixo conceito que este tem dela.

Com respeito a superar o genitor, o conto de fadas usa frequentemente o expediente de dividi-lo em duas personagens: o genitor que menospreza o filho e outra personagem — um velho sábio, ou um animal que o jovem encontra — que lhe dá bons conselhos sobre como vencer, não o genitor, o que seria muito amedrontador, mas um irmão que tem a sua preferência. Algumas vezes essa outra personagem ajuda o herói a realizar uma tarefa quase impossível, o que mostra ao genitor que seu baixo conceito sobre o filho estava errado. O genitor é assim dividido em seus aspectos dubitativo e apoiador, com o último saindo-se vencedor.

O conto de fadas apresenta do seguinte modo o problema da competição entre as gerações, do desejo do filho de superar o genitor: quando um genitor sente que é chegado o momento, envia seu filho (ou filhos) mundo afora para se pôr à prova e, assim, demonstrar sua habilidade e valor para tomar seu lugar, substituí-lo. Os feitos extraordinários que o filho executa em suas andanças, embora objetivamente impossíveis de acreditar, não são mais fantásticos para a criança do que a ideia de que poderia ser superior ao genitor e, por conseguinte, substituí-lo.

Contos desse tipo (que, sob formas diversas, podem ser encontrados em todo o mundo) começam de modo bem realístico, com um pai que está envelhecendo e tem de decidir qual dos filhos é digno de herdar sua fortuna, ou de substituí-lo de algum outro modo. Quando lhe é apresentada a tarefa que deve executar, o herói da história se sente exatamente como a criança: parece-lhe impossível realizá-la. Apesar dessa convicção, o conto de fadas mostra que a tarefa pode ser efetuada, mas só com o auxílio de poderes sobre-humanos ou de algum outro intermediário. E, de fato, só uma realização extraordinária pode dar à criança a sensação de que é superior ao genitor; acreditar nisso sem uma tal prova seria uma megalomania sem sentido.

"A Moça dos Gansos"

Adquirindo Autonomia

A aquisição de autonomia no que diz respeito aos pais é o tópico de uma história dos Irmãos Grimm muito famosa antigamente mas menos conhecida hoje em dia: "A Moça dos Gansos". Com variações, essa história pode ser encontrada em quase todos os países europeus, bem como em outros continentes. Na versão dos Irmãos Grimm, o conto começa assim: "Era uma vez uma velha rainha cujo marido morrera muitos anos atrás, e que tinha uma bela filha. Quando chegou o momento desta se casar e ela teve que viajar para um país estrangeiro", a mãe lhe deu joias preciosas e tesouros. Foi designada uma criada de quarto para acompanhá-la. Cada uma recebeu um cavalo para a viagem, mas o da princesa podia falar, e se chamava Falada.[41] "Chegada a hora da partida, a velha mãe entrou em seu quarto, pegou uma pequena faca e fez um corte num dedo até ele sangrar; em seguida, deixou cair três gotas de sangue num lenço branco, deu-o à filha e lhe disse: 'Guarde-o com cuidado, querida filha, pois lhe será de muita utilidade durante a viagem.'" Depois de uma hora de viagem, a princesa teve sede e pediu à criada que lhe trouxesse água de um regato em sua taça ouro. A criada se recusou e tomou a taça da princesa, dizendo-lhe que apeasse e bebesse no rio; e que não seria mais sua criada.

Mais tarde, aconteceu novamente a mesma coisa, mas, desta vez, quando a princesa se debruçou para beber, deixou cair e perdeu o lenço com as três gotas de sangue; com essa perda, ficou fraca e sem forças. A criada tirou partido disso e forçou a princesa a trocar os cavalos e as roupas, fazendo-a jurar que não contaria a ninguém da corte real sobre essa troca. Na chegada, a criada foi tomada pela princesa noiva. Interrogada sobre a companheira, a criada disse ao velho rei que deveria dar algum trabalho para ela fazer, e a princesa foi designada para ajudar um menino a cuidar de gansos. Logo depois, a falsa noiva pediu ao jovem rei, seu noivo, o favor de mandar cortar a cabeça de Falada, porque temia que o cavalo revelasse a sua má ação. Assim foi feito, mas a cabeça do cavalo, graças às súplicas da verdadeira princesa, foi colocada sobre um portão negro pelo qual ela tinha de passar todos os dias quando ia cuidar dos gansos.

Todas as manhãs, quando a princesa e o garoto com quem conduzia os gansos passavam pelo portão, ela cumprimentava a cabeça de Falada com grande mágoa, ao que esta replicava:

"Se sua mãe soubesse um dia,
Seu coração se partiria."

No pasto, a princesa soltou os cabelos. Como pareciam ouro puro, o menino se viu tentado a arrancar um punhado deles, o que a princesa impediu invocando um vento que soprou o chapéu dele para longe, de modo a obrigá-lo a correr-lhe atrás. Os mesmos acontecimentos se repetiram por dois dias consecutivos, o que aborreceu tanto o menino que ele se queixou ao velho rei. No dia seguinte, este se escondeu atrás do portão e observou tudo. À noite, quando a moça dos gansos voltou ao castelo, o rei lhe perguntou o que significavam essas coisas. Ela lhe disse que havia feito uma promessa de não contar nada a nenhum ser humano. Resistiu à sua pressão para que lhe revelasse sua história, mas finalmente acatou a sugestão de contá-la à lareira. O velho rei se escondeu atrás desta e assim pôde conhecer a história da moça dos gansos.

Depois disso, a verdadeira princesa recebeu trajes reais e todos foram convidados para uma grande festa, na qual a verdadeira noiva se sentou de um dos lados do jovem rei e a impostora do outro. No final da refeição, o velho rei perguntou à impostora qual seria o castigo apropriado para uma pessoa que tivesse agido de determinada maneira e lhe descreveu a maneira pela qual ela efetivamente agira. A impostora, sem saber que fora descoberta, respondeu: "Ela mereceria nada menos do que ser colocada inteiramente nua num barril cuja parte interna fosse salpicada de ferros pontiagudos, e dois cavalos brancos deveriam arrastá-lo rua acima e rua abaixo até que ela morresse." "Essa pessoa é você", disse o velho rei, "e acaba de decretar sua própria sentença, e é isso o que lhe acontecerá." E, depois de executada a sentença, o jovem rei se casou com a noiva certa e ambos governaram o reino com paz e segurança.

No comecinho desse conto, o problema da sucessão de gerações é ressaltado quando a velha rainha envia sua filha para se casar com um príncipe distante, isto é, para dar início a uma vida própria, independente de seus pais. Apesar de grandes provações, a princesa mantém sua promessa de não revelar a nenhum ser humano o que lhe sucedera; prova, assim, sua virtude moral, que traz como resultado a retribuição e um final feliz. Aqui os perigos que a heroína deve dominar são interiores: não ceder à tentação de revelar o segredo. Mas o tema principal dessa história é a usurpação do lugar do herói por um impostor.

A razão de essa história e motivo serem amplamente difundidos em todas as culturas é o seu significado edipiano. Apesar de a personagem principal ser quase sempre feminina, a história também aparece com um herói masculino — como na sua mais conhecida versão inglesa, "Roswal e Lillian", na qual um rapaz é enviado à corte de outro rei para ser educado, o que torna ainda mais claro que o tema diz respeito ao processo de crescimento, maturação e aquisição de independência.[42] Como em "A Moça dos Gansos", durante a viagem do rapaz o criado o força a trocar de lugar com ele. Chegados à corte estrangeira, o usurpador é tomado pelo príncipe, que, embora degradado ao papel de criado, conquista o coração da princesa. Com a ajuda de personagens benevolentes, o impostor é desmascarado e, ao final, severamente punido, enquanto que o príncipe é reinstaurado em seu lugar de direito. Uma vez que o impostor neste conto também tentou substituir o herói no seu casamento, a

A PSICANÁLISE DOS CONTOS DE FADAS | 197

trama é essencialmente a mesma, mudando apenas o sexo do herói, o que sugere que ele não tem importância. Isso porque a história lida com um problema edipiano que ocorre tanto na vida das meninas quanto na dos meninos.

"A Moça dos Gansos" corporifica simbolicamente as duas facetas opostas do desenvolvimento edipiano. No estágio inicial, uma criança crê que o genitor do mesmo sexo é um impostor que assumiu por engano o seu lugar nas afeições do genitor do outro sexo, que na verdade preferiria muito mais tê-la como parceira conjugal. A criança suspeita que o genitor do mesmo sexo, usando de astúcia (ele já estava por perto antes de a criança chegar), a trapaceou naquilo que deveria ser seu direito de nascença, e espera que, graças a alguma intervenção mais alta, as coisas serão corrigidas e ela se tornará a parceira do genitor do outro sexo.

Esse conto de fadas também guia a criança na passagem do estágio edipiano inicial ao estágio superior seguinte, quando o pensamento fantasioso é substituído por uma visão um tanto mais correta de sua verdadeira situação durante a fase edipiana. À medida que cresce em entendimento e maturidade, a criança começa a compreender que sua ideia de que o genitor do mesmo sexo está usurpando o lugar que deveria ser seu não está de acordo com a realidade. Começa a perceber que é *ela* quem deseja ser o usurpador, é *ela* quem anseia por tomar o lugar do genitor do mesmo sexo. "A Moça dos Gansos" previne que se deve abandonar tais ideias devido ao terrível castigo que é imposto àqueles que, por algum tempo, conseguem substituir o legítimo parceiro conjugal. A história mostra que é melhor aceitar o próprio lugar como criança do que tentar tomar o de um dos pais, por mais que se deseje fazê-lo.

Alguns podem se perguntar se faz alguma diferença para as crianças que esse motivo apareça principalmente em versões da história que têm uma heroína. Mas, independentemente do sexo, a história impressiona fortemente qualquer criança, uma vez que, num nível pré-consciente, esta compreende que o conto lida com problemas edipianos que lhe são bem próprios. Num de seus mais famosos poemas, "Alemanha, um Conto de Fadas de Inverno" ("Deutschland, ein Wintermärchen"), Heinrich Heine fala do impacto profundo que "A Moça dos Gansos" teve sobre ele:

Como meu coração costumava bater quando a velha ama contava como:

A filha do rei, em dias de outrora
Se sentava a sós no calor do deserto
Enquanto lhe resplendiam as tranças tão douradas

Seu trabalho era cuidar dos gansos
Como moça dos gansos, e quando, ao cair da noite,
Passando pelo portão, levava os gansos para casa,
As lágrimas lhe escorriam tristemente...[43]

"A Moça dos Gansos" também contém a importante lição de que o genitor, mesmo sendo tão poderoso quanto o é uma rainha, é impotente para assegurar o desenvolvimento do filho rumo à maturidade. Para adquirir identidade, a criança tem de enfrentar as provações da vida por conta própria; não pode depender dos pais para resgatá-la das consequências de sua própria fraqueza. Uma vez que todo o tesouro e as joias dados à princesa pela mãe não a ajudam em nada, isso sugere que o que os pais podem dar ao filho em matéria de bens terrenos é de pouca valia se a criança não souber como usá-los bem. Como último presente, e o mais importante, a rainha dá à filha o lenço com as três gotas de seu próprio sangue. Mas até mesmo isso a princesa perde por descuido.

O significado das três gotas de sangue como símbolo da aquisição de maturidade sexual será discutido mais a fundo posteriormente, em conexão com "Branca de Neve" e "A Bela Adormecida". Uma vez que a princesa parte para se casar, o que a fará passar de donzela a mulher e esposa, e que sua mãe frisa a importância da doação do lenço com o sangue até mesmo sobre a do cavalo falante, não parece exagero pensar que as gotas de sangue espargidas num pedaço de tecido branco simbolizam a maturidade sexual: um vínculo especial forjado por uma mãe que está preparando a filha para se tornar sexualmente ativa.*

Por conseguinte, quando a princesa perde o objeto decisivo que, se tivesse sido conservado, a teria protegido dos atos nefandos da usurpadora, isso sugere que, no fundo, ela ainda não estava bastante madura para se tornar mulher. Pode-se supor que sua perda negligente do lenço foi um ato falho "freudiano", por meio do qual evitou aquilo de que não queria se lembrar: a perda iminente de sua virgindade. Como moça dos gansos, seu papel reverteu ao de uma mocinha solteira, imaturidade enfatizada ainda mais por ter de se juntar a um menino pequeno para conduzir os gansos. Mas a história mostra que se aferrar à imaturidade quando é hora de se tornar maduro produz uma tragédia para si e para os mais próximos, como o fiel cavalo Falada.

Os versos que Falada pronuncia três vezes — cada uma delas em resposta ao lamento da moça ao se deparar com sua cabeça: "Pobre Falada, você aí pregado" —, mais do que lamentar o destino dela, expressam a dor impotente de sua mãe. A advertência implícita de Falada é que, não só para seu próprio bem como para o bem de sua mãe, a princesa deveria parar de aceitar passivamente tudo que lhe sucedia. Há aí também uma acusação sutil de que, se a princesa não tivesse agido de modo tão imaturo ao largar e perder o lenço e ao se deixar levar para lá e para cá pela criada, ele, Falada, não teria sido morto. Todas as coisas ruins que acontecem são por culpa da própria moça, porque não consegue se afirmar. Nem mesmo o cavalo falante pode tirá-la de suas dificuldades.

A história enfatiza as dificuldades que encontramos na viagem da vida: atingir a maturidade sexual, adquirir a independência e a autorrealização. Perigos precisam ser vencidos, provações suportadas, decisões tomadas; mas a história diz que, se permanecemos fiéis a nós mesmos e a nossos valores, então, por mais que as coisas pareçam de-

---

*Podemos ver a importância que tem um elemento como as três gotas de sangue nesse conto a partir do fato de que uma versão alemã da história, encontrada em Lorraine, se intitula "O Tecido com as Três Gotas de Sangue". Numa história francesa, o presente com o poder mágico é uma maçã dourada, reminiscente da maçã entregue a Eva no paraíso, que significa conhecimento sexual.[44]

sesperadoras durante algum tempo, haverá um final feliz. E, é claro, de acordo com a resolução da situação edipiana, a história frisa que usurpar o lugar de outra pessoa porque o desejamos muito será a destruição do usurpador. A única maneira de obtermos reconhecimento é por meio de nossas próprias realizações.

Podemos comparar mais uma vez a profundidade desse conto de fadas curto — cerca de cinco páginas — com uma história moderna mencionada anteriormente e que teve ampla aceitação, "A Locomotivazinha que Podia", que também encoraja a criança a acreditar que, se tentar com bastante persistência, finalmente será bem-sucedida. Essa história moderna e outras semelhantes a ela de fato lhe dão esperança e assim servem a um propósito útil mas limitado. Mas os seus mais profundos desejos e angústias inconscientes permanecem intocados por elas e, em última análise, são esses elementos inconscientes que impedem a criança de confiar em si mesma na vida. Tais histórias não lhe revelam nem direta nem indiretamente suas angústias mais profundas, nem oferecem alívio em patamar idêntico ao dessas sensações prementes. Ao contrário da mensagem de "A Locomotivazinha", o sucesso, por si só, não põe fim às dificuldades íntimas. De outro modo não haveria tantos adultos que continuam tentando, que não desistem e que finalmente conseguem ser bem-sucedidos exteriormente, mas cujas dificuldades íntimas não são aliviadas pelo seu "sucesso".

A criança não teme simplesmente o fracasso como tal, embora ele faça parte de sua angústia. Mas isso é o que os autores dessas histórias parecem pensar, talvez porque seja nisso que os temores adultos se concentrem: isto é, nas desvantagens que o fracasso ocasiona realisticamente. A angústia da criança no que diz respeito ao fracasso se concentra na ideia de que, se falhar, será rejeitada, abandonada e totalmente destruída. Assim, somente uma história na qual um ogro ou outra personagem má ameace destruir o herói se ele falhar em se mostrar forte o bastante para enfrentar o usurpador está correta de acordo com a visão psicológica da criança das consequências de seu fracasso.

O sucesso final é vivenciado pela criança como destituído de significado se suas angústias inconscientes subjacentes não são também resolvidas. No conto de fadas, isso é simbolizado pela destruição do malfeitor. Sem isso, a conquista final por parte do herói de seu devido lugar não seria completa, porque, se o mal continuasse a existir, permaneceria uma ameaça constante.

Os adultos frequentemente acham que a punição cruel de uma pessoa má nos contos de fadas perturba e amedronta desnecessariamente as crianças. O oposto é verdadeiro: tal punição assegura à criança que o castigo está de acordo com o crime. Com frequência ela se sente injustamente tratada pelos adultos ou pelo mundo em geral, e parece-lhe que nada é feito a esse respeito. Com base apenas em tais experiências, ela deseja que aqueles que enganam e a degradam — como a criada impostora engana a princesa nessa história — sejam severamente punidos. Se não são, a criança acha que ninguém está pensando seriamente em protegê-la; mas, quanto mais severamente os maus são tratados, mais segura ela se sente.

Aqui é importante notar que a usurpadora pronuncia a sua própria sentença. Assim como a criada escolheu tomar o lugar da princesa, agora ela escolhe o modo de sua própria destruição; ambas as escolhas são a consequência de sua maldade, que a faz inventar um castigo tão cruel — portanto, este não lhe é infligido de fora. A mensagem é que as más intenções são a desgraça da própria pessoa má. Ao escolher dois cavalos brancos como carrascos, a usurpadora revela a sua culpa inconsciente por ter matado Falada — já que era o cavalo montado por uma noiva para se casar, presume-se que Falada fosse branco, a cor que representa a pureza e, sendo assim, parece adequado que cavalos brancos vinguem Falada. A criança aprecia tudo isso num nível pré-consciente.

Foi mencionado antes que o sucesso ao se defrontar com tarefas externas não é suficiente para aquietar as angústias interiores. Por conseguinte, a criança necessita receber sugestões sobre o que é necessário fazer além de ser perseverante. Superficialmente pode parecer que "A Moça dos Gansos" nada faz para mudar seu destino e só é reintegrada graças à interferência de poderes benevolentes ou do acaso, que põe em marcha a descoberta do rei e o seu resgate. Mas o que pode parecer nada ou muito pouco para um adulto é percebido pela criança como uma realização considerável, pois ela também pouco pode fazer para mudar seu destino a qualquer momento. O conto de fadas sugere que os feitos menos marcantes são os que contam, mas um desenvolvimento interior deve ocorrer para que o herói conquiste uma verdadeira autonomia. A independência e a superação da infância antes requerem o desenvolvimento da personalidade do que tornar-se melhor numa tarefa específica ou travar batalha com as dificuldades externas.

Já discuti como "A Moça dos Gansos" projeta os dois aspectos da situação edipiana: a sensação de que um usurpador tomou o lugar que de direito pertencia a outrem e o reconhecimento posterior de que a criança deseja usurpar uma posição que na realidade pertence a seu genitor. A história também ressalta os perigos de uma dependência infantil prolongada por tempo demasiado. A heroína a princípio transfere a dependência de seu genitor para sua criada, e age como lhe mandam, sem usar o próprio discernimento. Assim como uma criança não deseja abandonar a dependência, também a Moça dos Gansos não consegue responder à mudança em sua situação; isso, narra a história, é sua ruína. Apegar-se à dependência não lhe trará uma humanidade mais elevada. Se ela parte para o mundo — tal como é simbolizado pelo fato de a princesa deixar o lar para ter seu reino noutro lugar —, tem que se tornar independente. Essa é a lição que a Moça dos Gansos aprende enquanto cuida destes.

O menino que é seu parceiro na condução dos gansos tenta mandar nela, como havia feito a criada na viagem para seu novo lar. Motivado apenas pelos próprios desejos, ele desconsidera a autonomia da princesa. Na viagem em que abandonou a casa de sua infância, ela deixou a criada se sair impune ao lhe tomar a taça de ouro. Agora, enquanto a princesa está sentada no pasto e penteia os cabelos (as tranças que "resplendiam-lhe... tão douradas" no poema de Heine), o menino deseja possuí-los, usurpar, por assim dizer, uma parte de seu corpo. Isso ela não permite; agora sabe como repeli-lo. Se antes temia demasiadamente a raiva da criada para poder lhe resistir, agora tem tino suficiente para não se deixar maltratar pela ira do menino contra ela por não ter cedido a seus desejos. A ênfase da história no fato de tanto a taça como o cabelo da moça serem dourados alerta o ouvinte para a importância das *diferentes* reações desta última face a situações semelhantes.

É sua raiva diante da recusa da Moça dos Gansos em lhe fazer a vontade que leva o menino a se queixar dela ao rei, desencadeando assim o desfecho. A autoafirmação da heroína ao ser degradada pelo menino é o momento decisivo de sua vida. Ela, que não ousou se opor quando a criada a degradou, aprendeu o que a autonomia requer. Isso é confirmado quando ela *não* trai o juramento, embora ele lhe tenha sido extraído ilegalmente. Percebe que não deveria ter se permitido fazer essa promessa, mas, uma vez que a fez, deve mantê-la. Mas isso não a impede de contar o segredo a um objeto, do mesmo modo que uma criança se sentirá livre para despejar sua mágoa sobre algum brinquedo. A lareira, que representa a santidade do lar, é um objeto adequado ao qual confessar sua triste sina. Na história dos Irmãos Grimm, a lareira virou um fogão ou forno, que, por ser o lugar em que a comida é preparada, também representa a segurança básica. Mas o essencial é que, ao afirmar sua dignidade e a inviolabilidade de seu corpo — a recusa da moça em deixar o menino arrancar um punhado de seus cabelos contra a sua vontade —, a solução feliz se concretizou. A malfeitora só podia pensar em tentar ser — ou parecer ser — alguém que ela não era. A Moça dos Gansos aprendeu que é muito mais difícil ser de fato quem se é, mas que somente isso lhe proporcionaria a verdadeira autonomia e modificaria o seu destino.

Fantasia, Recuperação, Escape e Consolo

As insuficiências das histórias de fadas modernas fazem ressaltar os elementos que são mais duradouros nos contos de fadas tradicionais. Tolkien descreve as facetas necessárias a um bom conto de fadas, tais como fantasia, recuperação, escape e consolo — recuperação de um desespero profundo, escape de algum grande perigo, mas, acima de tudo, consolo. Falando do final feliz, Tolkien frisa que todas as histórias de fadas completas devem tê-lo. É "uma súbita 'reviravolta' feliz"... Por mais fantástica ou terrível que seja a aventura, pode dar à criança ou ao adulto que a ouve, quando chega a 'reviravolta', uma retomada de fôlego, um pulsar e acelerar do coração, próximo às lágrimas."[45]

É compreensível, portanto, que, quando se pede às crianças para nomear alguns de seus contos de fadas prediletos, dificilmente há um conto moderno entre suas escolhas.[46] Muitas dessas novas histórias têm finais tristes, que não conseguem prover o escape e o consolo que os eventos amedrontadores no conto de fadas tornam necessários, de modo a fortalecer a criança para enfrentar os caprichos de sua vida. Sem tais conclusões encorajadoras, a criança, após ouvir a história, acharia que de fato não há nenhuma esperança de se livrar dos desesperos de sua vida.

No conto de fadas tradicional, o herói é recompensado e a pessoa má encontra a merecida sorte, satisfazendo assim a necessidade profunda da criança de que prevaleça a justiça. De que outro modo pode ela esperar que lhe seja feita justiça, ela que se sente tantas vezes tratada injustamente? E de que outro modo pode se convencer de que deve agir corretamente, quando se sente tão intensamente tentada a ceder às incitações antissociais de seus desejos? Chesterton observou certa vez que algumas crianças com as quais assistiu à peça de Maeterlinck *O Pássaro Azul* ficaram desapontadas "porque ela não terminava com um Dia do Juízo e não era revelado ao herói e à heroína que o Cão fora fiel e o Gato, infiel. Pois as crianças são inocentes e gostam de justiça, enquanto que a maioria de nós é má e naturalmente prefere a clemência."[47]

Pode-se questionar com razão a crença de Chesterton na inocência das crianças, mas ele está absolutamente certo quando observa que o encarecimento da clemência para o injusto, conquanto característica de uma mente madura, frustra a criança. Além disso, o consolo não só requer, como é o resultado direto de haver justiça (ou, no caso de ouvintes adultos, clemência).

A uma criança parece particularmente apropriado que aquilo que o malfeitor desejou infligir ao herói seja exatamente a sina da pessoa má — como a bruxa em "João e Maria", que desejava cozinhar as crianças no forno e que é empurrada para dentro dele e queimada até morrer, ou a usurpadora em "A Moça dos Gansos", que determina e sofre seu próprio castigo. O consolo requer que a ordem correta do mundo seja restabelecida; isso significa o castigo do malfeitor, o que equivale a eliminar a maldade do mundo do herói — e nada mais impedirá este último de viver feliz para sempre.

Talvez fosse apropriado acrescentar mais um elemento aos quatro que Tolkien enumera. Creio que um elemento de ameaça é crucial ao conto de fadas — uma ameaça à existência física ou moral do herói, tal como a degradação da Moça dos Gansos é vivenciada como uma dificuldade moral pela criança. Se meditamos a respeito disso, é surpreendente como o herói do conto de fadas aceita sem questionamento ser ameaçado assim — isso simplesmente acontece. A fada enraivecida profere uma maldição em "A Bela Adormecida", e nada pode impedir que ela venha a ocorrer, pelo menos em sua forma amenizada. Branca de Neve não se pergunta por que a rainha a persegue com um ciúme tão mortal, nem tampouco os anões, embora estes a advirtam que a evite. Não se questiona por que a feiticeira em "Rapunzel" deseja tomá-la dos pais — isso simplesmente acontece com a pobre Rapunzel. As raras exceções dizem respeito à vontade de uma madrasta de promover as próprias filhas à custa da heroína, como em "Cinderela" — mas mesmo aí não nos é dito por que o pai de Cinderela o permite.

De qualquer modo, tão logo a história começa, o herói é lançado em graves perigos. E é assim que a criança vê a vida, mesmo quando na realidade sua vida ocorre em circunstâncias bastante favoráveis, no que diz respeito a exterioridades. A vida lhe parece uma sequência de períodos de tranquilo existir que são súbita e incompreensivelmente interrompidos quando ela é lançada em perigos imensos. Ela se sentia segura, sem quase nenhuma preocupação no mundo, mas num instante tudo muda, e o mundo amigável se transforma num pesadelo de perigos. Isso ocorre quando um genitor amoroso subitamente faz o que parecem ser exigências totalmente irracionais e ameaças terríveis. A criança está convencida de que não há nenhuma causa razoável para tais coisas; elas simplesmente ocorrem; é seu destino inexorável que elas ocorram. Então ela ou cede ao desespero (e alguns heróis de contos de fadas fazem exatamente isso — sentam-se e choram até que chegue um defensor mágico e mostre como proceder e combater a ameaça) ou então tenta fugir de tudo isso, procurando escapar de uma sina terrível como fez Branca de Neve: "A pobre menina estava desesperadamente sozinha na vasta floresta, e tão aterrorizada... que não sabia como se defender. Então começou a correr e a correr sobre pedras pontiagudas e entre os espinheiros."

Não há maior ameaça na vida do que a de que seremos abandonados, deixados completamente sós. A psicanálise denominou isso — o maior medo do homem — angústia de separação; e quanto mais novos somos, mais excruciante é nossa angústia quando nos sentimos abandonados, pois a criança pequena efetivamente perece quando não é adequadamente protegida e cuidada. Assim sendo, o consolo máximo é que nunca seremos abandonados. Há um ciclo de contos de fadas turcos em que os heróis repetidamente se veem nas situações as mais impossíveis, mas conseguem evitar ou superar o perigo tão logo tenham conquistado um amigo. Por exemplo, num famoso conto de fadas, o herói, Iskender, desperta a inimizade de sua mãe, que força o pai a colocá-lo num baú e a lançá-lo à deriva no oceano. Quem vem em sua ajuda é um pássaro verde, que o salva deste e de inúmeros perigos posteriores, cada qual mais ameaçador que o precedente. A cada vez, o pássaro tranquiliza Iskender com as seguintes palavras: "Saiba que nunca o abandonam."[48] Esse, pois, é o consolo máximo, aquele que está implícito no final tradicional do conto de fadas: "E viveram felizes para sempre."

A felicidade e a realização que são o consolo máximo do conto de fadas têm dois níveis de significado. A permanente união de, por exemplo, um príncipe e uma princesa simboliza a integração dos aspectos díspares da personalidade — falando psicanaliticamente, o id, o ego e o superego — e a conquista de uma harmonia das tendências até então discordantes dos princípios masculino e feminino, tal como foi discutido em conexão com o final de "Cinderela".

Eticamente falando, essa união simboliza, por intermédio do castigo e da eliminação do mal, a unidade moral no plano mais elevado — e, ao mesmo tempo, que a angústia de separação é transcendida para sempre ao ser encontrado o parceiro ideal com o qual se estabelece a mais satisfatória relação pessoal. Dependendo do conto de fadas e a que área de problema psicológico ou nível de desenvolvimento ele está se dirigindo primordialmente, isso toma formas externas bastante diversas, embora o significado intrínseco seja sempre o mesmo.

Por exemplo, em "O Irmão e a Irmã", durante a maior parte da história os dois não se separam; eles representam os lados animal e espiritual de nossa personalidade, que se separaram mas devem ser integrados para a felicidade humana. Mas a principal ameaça ocorre depois que a irmã se casa com seu rei e é substituída por uma usurpadora após dar à luz um filho. A irmã ainda volta todas as noites, para cuidar do filho e do irmão corço. Sua recuperação é descrita assim: "O rei (...) se lançou em sua direção e disse: 'Você só pode ser a minha querida esposa.' Ao que ela respondeu: 'Sim, eu sou a sua querida esposa', e, no mesmo momento, ela foi restituída à vida pela graça de Deus, bem-disposta, corada e com boa saúde." O consolo máximo tem de esperar até que se acabe com o mal: "A bruxa foi lançada ao fogo, onde ficou queimando até morrer. E enquanto ela se transformava em cinzas, o pequeno corço foi devolvido à sua forma humana, e irmão e irmã viveram felizes e unidos até o fim." Assim, o "final feliz", o consolo final, consiste tanto na integração da personalidade quanto no estabelecimento de uma relação permanente.

Na superfície, as coisas são diferentes em "João e Maria". Essas crianças atingem sua humanidade mais elevada assim que a feiticeira morre queimada, e isso é simbolizado pelos tesouros que obtêm. Mas, como os dois definitivamente não estão em idade de se casar, o estabelecimento de relações humanas que abolirão para sempre a angústia de separação é simbolizado não por seu casamento, mas por seu retorno feliz para o pai em casa, onde — com a morte da outra personagem má, a mãe — agora "todas as preocupações haviam terminado, e eles viveram juntos na mais completa alegria".

Comparado ao que esses finais justos e consoladores dizem a respeito do desenvolvimento do herói, o seu sofrimento em muitos contos de fadas modernos, embora profundamente comovente, parece muito mais fora de propósito porque não conduz à forma máxima da existência humana. (Por ingênuo que pareça, o fato de o príncipe e a princesa se casarem e herdarem o reino, governando em paz e felicidade, simboliza para a criança a forma mais elevada possível de existência, porque isso é tudo o que ela deseja para si própria: governar seu reino — sua própria vida — com sucesso e paz, e se unir em bem-aventurança ao parceiro mais desejável, que jamais a deixará.)

O fracasso em experimentar recuperação e consolo é assaz verdadeiro na realidade, mas isso dificilmente encoraja a criança a enfrentar a vida com a firmeza que lhe permitirá aceitar que atravessar provações severas pode levar a viver num plano mais elevado. O consolo é o maior serviço que o conto de fadas pode prestar à criança: a confiança em que, apesar de todas as tribulações que tem de sofrer (como a ameaça de deserção dos pais em "João e Maria"; o ciúme por parte dos pais em "Branca de Neve" e das irmãs em "Cinderela"; a raiva devoradora do gigante em "João e o Pé de Feijão"; a vileza dos poderes do mal em "A Bela Adormecida"), não só ela terá sucesso, como as forças do mal serão extintas e nunca mais ameaçarão sua paz de espírito.

Os contos de fadas embelezados ou expurgados são rejeitados, com razão, por qualquer criança que os tenha ouvido na forma original. A criança não acha adequado que as irmãs más de Cinderela se saiam impunes ou até mesmo sejam exaltadas por Cinderela. Uma tal magnanimidade não a impressiona favoravelmente, nem ela a aprenderá de um genitor que expurga a história de modo a que o justo e o malvado sejam igualmente recompensados; ela bem sabe o que necessita ouvir. Ao ler para uma criança de sete anos a história de "Branca de Neve", um adulto, ansioso por não lhe perturbar a mente, encerrou a história com o casamento de Branca de Neve. A criança, que a conhecia, prontamente perguntou: "E os sapatos de ferro em brasa que mataram a rainha malvada?" A criança só acha que tudo vai bem com o mundo, e que pode estar segura nele, se os maus forem castigados no final.

Isso não significa que o conto de fadas não consiga levar em conta a enorme diferença entre o mal e as consequências infelizes do comportamento egoísta. "Rapunzel" ilustra essa questão. Apesar do fato de a feiticeira eventualmente forçar Rapunzel a viver num deserto "em grande dor e miséria", ela não é castigada por isso. A razão se torna clara a partir dos acontecimentos da história. O nome Rapunzel deriva da palavra alemã para raponço (uma planta europeia que é usada em saladas) e é a pista para entender o que acontece. A mãe de Rapunzel, quando grávida, foi atormentada por um enorme desejo de comer os raponços que cresciam no jardim murado da feiticeira. Persuadiu o marido a entrar no jardim proibido e lhe trazer alguns raponços. Na segunda vez que ele o fez, foi surpreendido pela feiticeira, que ameaçou puni-lo pelo roubo. Ele alegou seus motivos: o desejo incontrolável de sua esposa grávida por raponço. A feiticeira, persuadida por sua defesa, permitiu-lhe levar tantos raponços quanto quisesse, desde que "você me dê a criança que sua mulher vai dar à luz. Ela será bem tratada e eu cuidarei dela como uma mãe." O pai concordou com essas condições. Assim, a feiticeira obtém a custódia de Rapunzel porque os pais, em primeiro lugar, transpuseram seu domínio proibido e, em segundo, concordaram em entregá-la. Por conseguinte, a feiticeira queria Rapunzel mais do que os pais, ou assim parece.

Tudo vai bem até que Rapunzel faz doze anos — isto é, como a história leva a concluir, até que atinge a idade da maturidade sexual. Com isso, há o risco de que ela possa deixar a mãe adotiva. É bem verdade que é egoísmo da parte da feiticeira tentar segurar Rapunzel não importa como, colocando-a reclusa num quarto inacessível de uma torre. Embora seja errado privá-la da liberdade de se locomover, o desejo desesperado da feiticeira de não deixá-la partir não parece um crime grave aos olhos da criança, que deseja desesperadamente ser mantida com firmeza pelos pais.

A feiticeira visita Rapunzel na torre subindo por suas tranças — as mesmas tranças que permitem a Rapunzel estabelecer uma relação com o príncipe. Simboliza-se assim a transferência de uma relação estabelecida com um genitor para a relação com um amante. Rapunzel deve saber o quão terrivelmente importante ela é para sua mãe-substituta feiticeira, porque nessa história ocorre um dos raros atos falhos "freudianos" encontrados nos contos de fadas: Rapunzel, sentindo-se obviamente culpada por seus encontros clandestinos com o príncipe, trai o seu segredo quando pergunta à feiticeira desavisada: "Por que será que você é tão mais pesada para puxar do que o jovem filho do rei?"

Até uma criança sabe que nada provoca maior fúria do que um amor traído, e Rapunzel, mesmo enquanto pensava em seu príncipe, sabia que a feiticeira a amava. Embora o amor egoísta seja errado e sempre perca, como ocorre com o da feiticeira, mais uma vez a criança é capaz de compreender que, se uma pessoa ama alguém com exclusividade, não deseja que uma outra pessoa goze desse amor e a prive dele. Amar de forma tão egoísta e tola é errado, mas não ruim. A feiticeira não destrói o príncipe; tudo que faz é exultar quando ele se vê privado de Rapunzel, tal como *ela*. A tragédia do príncipe é o resultado de sua própria ação: em seu desespero por Rapunzel ter partido, ele salta da torre, caindo sobre espinhos que furam seus olhos. Tendo agido tola e egoisticamente, a feiticeira perde — mas como agiu a partir de um amor excessivo por Rapunzel e não por ruindade, nenhum mal lhe sucede.

Mencionei anteriormente como é consolador para a criança ser informada, de maneira simbólica, de que possui em seu próprio corpo os meios de conseguir o que deseja — assim como as tranças de Rapunzel permitem ao príncipe alcançá-la. O final feliz em "Rapunzel" é igualmente desencadeado por seu corpo: suas lágrimas curam os olhos do amado e, com isso, eles recuperam o reino.

"Rapunzel" ilustra a fantasia, o escape, a recuperação e o consolo, embora inúmeros outros contos de fadas populares pudessem servir igualmente bem. A história se desenvolve com um feito sendo contrabalançado por outro, cada um se seguindo ao outro com um rigor ético geométrico: o raponço (Rapunzel) roubado leva ao raponço devolvido ao local de onde fora anteriormente tirado. O egoísmo da mãe, que obriga o marido a roubar o raponço, é contrabalançado pelo egoísmo da feiticeira, que deseja guardar Rapunzel só para si. O elemento fantástico é o que fornece o consolo final: o poder do corpo é imaginativamente exagerado pelas tranças supercompridas, pelas quais se pode subir numa torre, e pelas lágrimas, que podem restituir a visão. Mas que outra fonte mais confiável de recuperação nós temos do que nosso próprio corpo?

Tanto Rapunzel quanto o príncipe agem imaturamente: ele vigia a feiticeira e sobe à torre às escondidas, em vez de abordá-la abertamente a respeito de seu amor por Rapunzel. E esta também trapaceia não dizendo o que fez, exceto por seu ato falho revelador. É por isso que o afastamento de Rapunzel da torre e da ascendência da feiticeira não ocasiona de imediato o final feliz. Tanto Rapunzel quanto o príncipe têm de passar por um período de provas e tribulações, de crescimento íntimo a partir do infortúnio — como ocorre com os heróis de muitos contos de fadas.

A criança não está ciente de seus processos íntimos, razão pela qual eles são exteriorizados no conto de fadas e simbolicamente representados por ações que substituem as lutas interiores e exteriores. Mas o crescimento pessoal também requer uma profunda concentração. Isso é tipicamente simbolizado nos contos de fadas pelos anos destituídos de acontecimentos manifestos, sugerindo desenvolvimentos íntimos, silenciosos. Assim, o escape físico da criança do domínio dos pais é seguido por um extenso período de recuperação, de aquisição de maturidade.

Na história, depois de Rapunzel ser banida para o deserto, chega o momento em que ela não está mais sob os cuidados da mãe substituta nem o príncipe sob o de seus pais. Ambos têm de aprender agora a cuidar de si próprios, mesmo nas circunstâncias mais adversas. Sua relativa imaturidade é sugerida pelo fato de terem abandonado a esperança — não confiar no futuro significa na verdade não confiar em si próprio. Razão pela qual nem o príncipe nem Rapunzel são capazes de se buscarem um ao outro com determinação. Ele, diz o conto, "vagou cego pela floresta, comendo apenas raízes e amoras, e não fazendo outra coisa senão lamentar-se e chorar por ter perdido sua amada". Também não nos é dito que Rapunzel tenha feito muita coisa de natureza positiva; ela também viveu na miséria e lamentou e chorou sua sina. Devemos supor, todavia, que, para ambos, foi um período de crescimento, de encontro consigo mesmos, uma era de recuperação. Tendo chegado ao fim, eles estão prontos não só para se socorrerem mutuamente, como para criarem uma vida boa um para o outro.

Sobre a Narração dos Contos de Fadas

Para atingir integralmente suas propensões consoladoras, seus significados simbólicos e, acima de tudo, seus significados interpessoais, um conto de fadas deveria ser narrado em vez de lido. Se for lido, deveria ser lido com um envolvimento emocional na história e na criança, com empatia pelo que a história pode significar para ela. Narrar é preferível a ler porque permite maior flexibilidade.

Já foi mencionado que o conto de fadas popular, à diferença dos contos inventados mais recentemente, é o resultado de uma história ter sido moldada e remoldada ao ser narrada milhões de vezes por diferentes adultos para todo tipo de outros adultos e crianças. Cada narrador, ao contar a história, eliminava e acrescentava elementos para torná-la mais significativa para si próprio e para os ouvintes, que conhecia bem. Ao falar a uma criança, o adulto respondia àquilo que inferia de suas reações. Assim, o narrador deixava sua compreensão inconsciente daquilo que a história narrava ser influenciada pela da criança. Narradores sucessivos adaptavam a história de acordo com as perguntas que a criança fazia, o prazer e o medo que ela expressava abertamente ou indicava pelo modo como se aninhava de encontro ao adulto. Ater-se servilmente à maneira como o conto de fadas está impresso tira muito de seu valor. A narração da história para uma criança, para ser mais eficaz, tem de ser um acontecimento interpessoal, moldado por aqueles que dele participam.

Não há como evitar a possibilidade de que isso também contenha algumas armadilhas. Um genitor não muito afinado com seu filho, ou excessivamente preso ao que se passa em seu próprio inconsciente, pode escolher narrar contos de fadas com base em *suas* necessidades — em lugar das da criança. Mas, mesmo que o faça, nem tudo está perdido. A criança entenderá melhor o que impulsiona o seu genitor, e

A Psicanálise dos Contos de Fadas | 215

isso é de grande interesse e valor para si na compreensão dos motivos daqueles que são mais importantes em sua vida.

Um exemplo disso ocorreu quando um pai estava prestes a abandonar sua esposa muito mais competente e seu filho de cinco anos, os quais não conseguia sustentar há algum tempo. Temia que seu filho ficaria inteiramente em poder de sua esposa, que considerava uma mulher dominadora, quando não estivesse mais por perto. Certa noite, o menino pediu que o pai lhe contasse uma história para dormir. O pai escolheu "João e Maria"; e, quando a narrativa atingiu o ponto em que João foi colocado numa jaula e estava sendo engordado para ser devorado pela feiticeira, o pai começou a bocejar e disse que se sentia muito cansado para continuar; deixou o menino, foi para a cama e adormeceu. Assim, João foi deixado em poder da bruxa devoradora sem nenhuma ajuda — tal como o pai achava que iria deixar o filho em poder da esposa dominadora.

Embora tivesse apenas cinco anos, o menino compreendeu que seu pai estava prestes a abandoná-lo e que considerava a mãe uma pessoa ameaçadora, mas que no entanto não via nenhum modo de protegê-lo ou de salvá-lo. Embora possa ter tido uma noite ruim, ele decidiu que, já que parecia não haver esperanças de seu pai cuidar bem dele, teria que aprender a aceitar a situação que enfrentava com a mãe. No dia seguinte, contou à mãe o que sucedera e espontaneamente acrescentou que, mesmo se o pai não estivesse por perto, sabia que a mãe sempre cuidaria bem dele.

Felizmente, as crianças não só sabem como lidar com tais distorções dos contos de fadas por parte dos pais, como também têm seus próprios meios de lidar com os elementos da história que vão de encontro às suas necessidades emocionais. Elas o fazem modificando a história e lembrando-se dela de modo diferente da versão original, ou acrescentando-lhe detalhes. As maneiras fantásticas com que a história se desenrola encorajam tais mudanças espontâneas; as histórias que negam o que temos de irracional não permitem tão facilmente essas variações. É fascinante ver as mudanças que até mesmo as histórias mais difundidas sofrem na mente das pessoas, apesar de os acontecimentos da história serem tão amplamente conhecidos.

Um menino modificou a história de João e Maria de tal modo que era Maria quem ficava na jaula e João quem tinha a ideia de usar um osso para enganar a bruxa e quem a empurrava para dentro do fogão, libertando assim Maria. Acrescentemos algumas distorções femininas dos contos de fadas, que os fizeram se conformar a necessidades individuais: uma menina se lembrava de "João e Maria" com a modificação de que era o pai quem insistia em que as crianças tinham que ser expulsas, apesar das súplicas da mulher, e que praticara sua má ação às escondidas desta.

Uma jovem senhora se recordava de "João e Maria" principalmente como uma história que retratava a dependência de Maria de seu irmão mais velho, e fazia objeções a seu caráter "machista chauvinista". Tanto quanto podia se lembrar da história — e dizia ter uma lembrança muito viva dela —, era João quem, com sua esperteza, conseguia escapar e empurrava a bruxa para dentro do fogão, assim salvando Maria. Ao relê-la, ficou muito surpresa pelo modo como sua memória a distorcera, mas percebeu que durante toda a infância sentira prazer em depender de um irmão um pouco mais velho e, em suas próprias palavras: "Eu tinha relutância em aceitar minha própria força e as responsabilidades que uma tal consciência acarreta." Havia outra razão pela qual, no início da adolescência, essa distorção fora grandemente reforçada. Enquanto seu irmão estava fora, sua mãe morrera e ela tivera que tomar as providências para a cremação. Por conseguinte, mesmo quando relia o conto de fadas, já adulta, sentia-se transtornada diante da ideia de que fora Maria a responsável pela morte da feiticeira no fogo; isso a lembrava dolorosamente da cremação da mãe. Inconscientemente compreendera bem a história, especialmente até que ponto a feiticeira representava a mãe má em relação à qual todos abrigamos sentimentos negativos, mas dos quais sentimo-nos culpados. Outra menina se lembrava com riqueza de detalhes como a ida de Cinderela ao baile se tornara possível graças ao pai, apesar das objeções da madrasta.

Já foi mencionado que, idealmente, a narração de um conto de fadas deveria ser um acontecimento interpessoal em que o adulto e a criança entram como parceiros iguais, o que não pode ser nunca o caso quando uma história é lida para uma criança. Um episódio da infância de Goethe ilustra isso.

Muito antes de Freud falar sobre o id e o superego, Goethe, a partir de sua própria experiência, adivinhara que eles constituíam as vigas para a construção da personalidade. Felizmente para ele, em sua vida cada um era representado por um dos pais. "De meu pai obtive as diretrizes, a seriedade nas buscas da vida; de minha mãe, o prazer de viver e a paixão por construir fantasias."[49] Goethe sabia que, para se ser capaz de apreciar a vida, de tornar-lhe o árduo trabalho palatável, é necessário que ela seja rica em fantasia. O relato de como obteve parte de seu talento e autoconfiança por intermédio dos contos de fadas que sua mãe lhe contava ilustra como as histórias devem ser narradas, e como podem unir pai e filho ao dar cada qual suas próprias contribuições. A mãe de Goethe relatava na velhice:

"Eu lhe apresentava o ar, o fogo, a água e a terra como belas princesas, e tudo em toda a natureza assumia um significado mais profundo", recordava ela; "Inventávamos estradas entre as estrelas, e os grandes espíritos que encontraríamos... Ele me devorava com os olhos; e, se o destino de um de seus favoritos não corria como ele queria, podia ver a raiva em seu rosto ou os esforços para não irromper em lágrimas. Ocasionalmente ele interferia dizendo: 'Mãe, a princesa não se casará com esse alfaiate miserável, mesmo se ele matar o gigante', quando então eu parava e adiava a catástrofe até a noite seguinte. Assim, sua imaginação muitas vezes substituía a minha; e quando, na manhã seguinte, eu ajustava o destino de acordo com sua sugestão e dizia: 'Você adivinhou, foi o que aconteceu', ele ficava todo excitado e podia-se ver seu coração batendo."[50]

Nem todos os pais podem inventar histórias tão bem quanto a mãe de Goethe — que ao longo de sua vida foi conhecida como uma grande contadora de histórias de fadas. Contava-as de acordo com os sentimentos íntimos de seus ouvintes a respeito de como as coisas deveriam se dar no conto, e esse era considerado o modo correto de contá-las. Infelizmente, muitos pais modernos não tiveram quem lhes contasse histórias de fadas quando crianças; e, tendo assim sido privados do intenso prazer e do enriquecimento da vida interior que elas proporcionam à criança, mesmo os melhores pais não são capazes de fornecer espontaneamente ao filho aquilo que esteve ausente de sua própria experiência. Nesse caso, uma compreensão intelectual de quão significativo um conto de fadas pode ser para seu filho, e por quê, deve substituir a empatia direta baseada em lembranças da própria infância.

Quando falamos aqui de uma compreensão intelectual do significado de um conto de fadas, devemos enfatizar que de nada servirá aproximar-se da narração dos contos de fadas com intenções didáticas. Quando em vários contextos ao longo deste livro mencionamos que o conto de fadas ajuda a criança a entender a si própria, orienta-a para encontrar soluções para os problemas que a afligem etc., isso tem sempre um significado metafórico. Se ouvir um conto de fadas permite à criança obter isso para si própria, o fato de ser capaz de fazê-lo não foi a intenção consciente quer daqueles que no passado obscuro inventaram uma história, quer dos que, ao recontá-la, transmitiram-na por várias gerações. O propósito de se contar uma história de fadas deveria ser o da mãe de Goethe: uma experiência compartilhada de fruição do conto, embora o que leve a essa fruição possa ser bem diferente para a criança e para o adulto. Enquanto que a criança frui a fantasia, o adulto pode derivar seu prazer da satisfação da criança: enquanto esta pode se sentir exultante porque entende melhor alguma coisa sobre si mesma, o prazer do adulto ao contar a história pode derivar do fato de a criança experimentar um súbito choque de reconhecimento.

Um conto de fadas é acima de tudo uma obra de arte, sobre a qual disse Goethe no prólogo ao *Fausto*: "Quem oferece muita coisa oferecerá a muitos alguma coisa."[51] Isso implica que qualquer tentativa deliberada de oferecer algo específico a uma pessoa em particular não pode ser o propósito de uma obra de arte. Ouvir um conto de fadas e absorver as imagens que ele apresenta pode ser comparado a espalhar sementes, de que apenas algumas serão implantadas na mente da criança. Algumas trabalharão de imediato em sua mente consciente; outras estimularão processos no seu inconsciente. Outras ainda precisarão descansar por um longo tempo até que a mente da criança tenha atingido um estado adequado para sua germinação, e muitas jamais criarão raízes. Mas aquelas sementes que caíram no solo certo se transformarão em belas flores e árvores robustas — isto é, darão validez a sentimentos importantes, promoverão percepções, alimentarão esperanças, reduzirão angústias — e, ao fazê-lo, enriquecerão a vida da criança então e para sempre. Narrar um conto de fadas com uma finalidade específica que não seja a de enriquecer a experiência da criança transforma-o num conto admonitório, numa fábula ou em alguma outra experiência didática que, na melhor das hipóteses, fala à sua mente consciente, ao passo que atingir diretamente o seu inconsciente é também um dos maiores méritos dessa literatura.

Se o genitor narra contos de fadas ao filho no espírito correto — isto é, com sentimentos evocados dentro de si próprio tanto pela recordação do significado que a história teve para si quando criança quanto pelo significado diferente que tem hoje; e com sensibilidade para as razões pelas quais o filho também pode extrair algum significado pessoal da audição da história —, este, ao ouvi-los, se sente compreendido em seus anseios mais ternos, seus desejos mais ardentes, suas mais cruéis angústias e sensações de infortúnio, assim como em suas mais altas esperanças. Uma vez que aquilo que o genitor lhe narra de algum modo estranho acaba também por esclarecê-lo sobre o que se passa nos aspectos mais obscuros e irracionais de sua mente, isso mostra ao filho que ele não está sozinho em sua vida de fantasia, que esta é compartilhada pela pessoa de que ele mais necessita e ama. Em tais condições favoráveis, o conto de fadas sutilmente oferece sugestões sobre como lidar construtivamente com essas experiências interiores. A história de fadas comunica à criança uma compreensão intuitiva, subconsciente, de sua própria natureza e do que o futuro pode lhe reservar se ela desenvolver seus potenciais positivos. Ela percebe a partir dos contos de fadas que ser um ser humano neste nosso mundo significa ter de aceitar desafios difíceis, mas também encontrar aventuras maravilhosas.

Nunca se deve "explicar" à criança os significados dos contos de fadas. Todavia, é importante a compreensão, por parte do narrador, da mensagem do conto de fadas para a mente pré-consciente da criança. A compreensão por parte do narrador dos vários níveis de significado do conto facilita à criança extrair pistas da história para o melhor entendimento de si própria. Ela favorece a sensibilidade do adulto para a seleção daquelas histórias que são mais apropriadas ao estado de desenvolvimento da criança e às dificuldades psicológicas específicas com que ela se defronta no momento.

Os contos de fadas descrevem estados mentais interiores por meio de imagens e ações. Do mesmo modo que uma criança reconhece a infelicidade e a mágoa quando uma pessoa está chorando, também o conto não precisa se estender sobre a infelicidade de uma pessoa. Quando a mãe de Cinderela morre, não nos é dito que Cinderela sofreu por ela ou lamentou a perda e se sentiu sozinha, abandonada, desesperada, mas simplesmente que "todos os dias ela ia ao túmulo da mãe e chorava".

No conto de fadas, os processos interiores são traduzidos em imagens visuais. Quando o herói é confrontado por problemas interiores difíceis que parecem desafiar uma solução, seu estado psicológico não é descrito; a história de fadas o mostra perdido numa floresta impenetrável e densa, sem saber que caminho tomar, desesperado para encontrar uma saída. Para todos que ouviram contos de fadas, a imagem e o sentimento de estar perdido numa floresta profunda e escura são inesquecíveis.

Infelizmente, alguns modernos rejeitam os contos de fadas porque aplicam a essa literatura padrões que são totalmente inapropriados. Se tomamos essas histórias como descrições da realidade, então elas são efetivamente revoltantes sob todos os aspectos — cruéis, sádicas e outras coisas mais. Mas, como símbolos de acontecimentos ou problemas psicológicos, essas histórias são totalmente verdadeiras.

Por isso é que depende muito da sensibilidade do narrador a determinado conto de fadas o fato de ele não despertar interesse ou ser apreciado. A avó amorosa, que narra um conto para uma criança que, sentada em seu colo, o ouve extasiada, comunicará algo bem diferente de um genitor que, entediado pela história, a lê para diversas crianças das mais variadas idades por obrigação. O senso de participação ativa do adulto ao narrar o conto dá uma contribuição vital e enriquece muito a experiência que a criança tem dele. Isso acarreta uma afirmação da personalidade desta última por intermédio de uma determinada experiência compartilhada com outro ser humano que, embora adulto, pode apreciar integralmente os sentimentos e as reações da criança.

A PSICANÁLISE DOS CONTOS DE FADAS | 221

Se, quando narramos a história, não reverberam em nós as agonias da rivalidade fraterna, nem tampouco o sentimento de rejeição desesperado a criança tem quando não se sente considerada a melhor de todas; seus sentimentos de inferioridade quando seu corpo não lhe corresponde; seu senso melancólico de inadequação se ela ou outros esperam a execução de tarefas que parecem hercúleas; sua angústia a respeito dos aspectos "animais" do sexo; e como tudo isso e muito mais pode ser transcendido — então nós a decepcionamos. Nesse fracasso também não conseguimos lhe dar a convicção de que, depois de todos os seus esforços, um mundo maravilhoso a está aguardando — e só essa crença pode lhe dar a força para crescer bem, com segurança, autoconfiança e autorrespeito.

PARTE 2
No País das Fadas

"João e Maria"

"João e Maria" começa realisticamente. Os pais são pobres e se preocupam com sua capacidade de cuidar dos filhos. Juntos, à noite, discutem sua situação difícil, e o que poderão fazer a respeito. Mesmo considerado nesse nível superficial, o conto de fadas popular transmite uma verdade importante, embora desagradável: a pobreza e a privação não aperfeiçoam o caráter do homem, antes o tornam mais egoísta, menos sensível aos sofrimentos dos outros e, sendo assim, inclinado a praticar más ações.

O conto de fadas expressa em palavras e ações as coisas que se passam nas mentes infantis. Em termos da angústia dominante da criança, João e Maria acreditam que em suas conversas os pais estão tramando abandoná-los. Uma criança pequena, ao acordar faminta na escuridão da noite, se sente ameaçada de total rejeição e abandono, que experimenta sob a forma de medo de passar fome. Projetando sua angústia interior sobre aqueles que temem que possam abandoná-los, João e Maria estão convencidos de que os pais planejam deixá-los morrer de fome! De acordo com as fantasias angustiantes da criança, a história conta que até então os pais tinham sido capazes de alimentar os filhos, mas que agora haviam caído numa fase de vacas magras.

A mãe representa a fonte de toda alimentação para os filhos e, sendo assim, é ela que agora é percebida como se os estivesse abandonando num deserto. A angústia e a decepção profunda da criança quando a mãe não está mais disposta a satisfazer todas as suas solicitações orais é que a leva a crer que ela subitamente se tornou desamadora, egoísta e rejeitadora. Como as crianças sabem que necessitam desesperadamente dos pais, tentam voltar para casa depois de abandonadas. De fato, na primeira vez em que o são, João consegue encontrar o caminho de volta da floresta. Antes de uma criança ter a coragem para empreender a viagem em busca de si própria, em busca de se tornar uma pessoa independente ao arrostar o mundo, só pode desenvolver a iniciativa tentando retornar à passividade, para garantir para si uma gratificação eternamente dependente. "João e Maria" mostra que, a longo prazo, isso não funcionará.

A volta bem-sucedida das crianças para casa não resolve nada. Seu esforço para prosseguirem na mesma vida de antes, como se nada tivesse acontecido, resulta vão. As frustrações continuam, e a mãe se torna mais astuta em seus planos para se livrar delas.

Implicitamente, a história discorre sobre as consequências debilitantes de tentar lidar com os problemas da vida por meio da regressão e da negação, que reduzem a capacidade de resolvê-los. Da primeira vez na floresta, João usou apropriadamente sua inteligência ao deixar cair pedras brancas para marcar o caminho de volta. Da segunda vez, não a utilizou tão bem — ele, que vivia próximo a uma grande floresta, deveria saber que os pássaros comeriam as migalhas de pão. Deveria ter antes estudado na ida pontos característicos do terreno para poder encontrar o caminho de volta. Mas, tendo-se empenhado na negação e na regressão — a volta ao lar —, João perdeu muito de sua iniciativa e habilidade para pensar claramente. A angústia de passar fome o conduziu de volta, por isso agora só consegue pensar no alimento como oferecendo solução ao problema de encontrar uma saída de uma dificuldade séria. O pão representa aqui o alimento em geral, a "corda salva-vidas" do homem — uma imagem que, devido a sua angústia, João toma literalmente. Isso mostra os efeitos limitadores das fixações em níveis primitivos de desenvolvimento, às quais nos entregamos por medo.

A história de "João e Maria" corporifica as angústias e tarefas de aprendizagem da criança pequena, que precisa dominar e sublimar seus primitivos desejos incorporativos e, por conseguinte, destrutivos. A criança precisa aprender que, caso não se liberte deles, seus pais ou a sociedade a forçarão a fazê-lo contra sua vontade, assim como sua mãe anteriormente deixara de amamentá-la ao sentir que era chegado o momento de fazê-lo. Esse conto dá expressão simbólica a essas experiências interiores diretamente ligadas à mãe. Por conseguinte, o pai permanece uma personagem apagada e ineficaz ao longo da história, tal como se revela à criança no início de sua vida, quando a mãe assume toda a importância, tanto nos aspectos benignos como nos ameaçadores.

Frustrados em sua capacidade de encontrar uma solução para seu problema na realidade, uma vez que a confiança no alimento como meio de salvação (migalhas de pão para marcar o caminho) os trai, João e Maria agora dão rédea solta à regressão oral. A casa de broa de gengibre representa uma existência baseada nas mais primitivas satisfações. Arrebatadas por sua ânsia incontrolável, as crianças não se importam se destroem aquilo que lhes daria abrigo e segurança, apesar de que o fato de os pássaros terem comido as migalhas deveria tê-las advertido a respeito de devorar as coisas.

Ao devorarem o telhado e a janela da casa de broa de gengibre, as crianças mostram o quão dispostas estão para alimentar-se ao deixar alguém sem sua casa e seu lar, um medo que haviam projetado nos pais como a causa de seu abandono. Apesar da voz admonitória que pergunta: "Quem está mordiscando a minha casinha?", as crianças mentem a si próprias pondo a culpa no vento e "(continuam) comendo sem se perturbar".

A casinha de broa de gengibre é uma imagem que ninguém esquece: que quadro incrivelmente atraente e tentador é esse, e que risco terrível corre aquele que cede à tentação! A criança reconhece que, tal como João e Maria, desejaria devorar a casinha de broa de gengibre, pouco importando os perigos. A casa representa a voracidade oral, e como é atraente ceder a ela. O conto de fadas é a cartilha em que a criança aprende a ler a sua mente na linguagem das imagens, a única linguagem que permite o entendimento antes de se atingir a maturidade intelectual. A criança precisa ser exposta a essa linguagem, e deve aprender a responder-lhe, para um dia vir a se tornar senhora de sua alma.

O conteúdo pré-consciente das imagens do conto de fadas é muito mais rico do que até mesmo as simples ilustrações que se seguem podem transmitir. Por exemplo, em sonhos, tanto quanto em fantasias e na imaginação da criança, uma casa, como o lugar em que habitamos, pode simbolizar o corpo, normalmente o da mãe. Uma casa de broa de gengibre, que podemos "devorar", é o símbolo da mãe, que efetivamente alimenta a criança a partir de seu corpo. Assim, a casa que, felizes e descuidados, João e Maria vão comendo aos poucos representa no inconsciente a mãe boa, que oferece seu corpo como fonte de nutrição. É a mãe totalmente dadivosa original, que toda criança espera reencontrar mais tarde pelo mundo, quando sua própria mãe começa a fazer exigências e a impor restrições. É por essa razão que, arrebatados por suas esperanças, João e Maria não dão atenção à voz macia que os chama, perguntando-lhes o que estão fazendo — uma voz que é sua consciência exteriorizada. Arrebatados por sua voracidade e enganados pelos prazeres da satisfação oral que parecem negar toda angústia oral prévia, as crianças "pensaram estar no céu".

Mas, como narra a história, tal abandono incontido à gula desenfreada traz a ameaça de destruição. A regressão ao modo de ser "celestial" de antes — quando, no peito da mãe, vivia-se simbioticamente dela — põe fim a toda individuação e independência. Chega mesmo a pôr em perigo a própria existência, uma vez que tendências canibalísticas são corporificadas na personagem da bruxa.

A bruxa, que é uma personificação dos aspectos destrutivos da oralidade, está tão propensa a comer as crianças quanto estas a demolir sua casa de broa de gengibre. Quando elas cedem aos impulsos indomados do id, tal como simbolizado por sua voracidade incontrolada, arriscam-se a ser destruídas. As crianças comem apenas a representação simbólica da mãe, a casa de broa de gengibre; a bruxa deseja comer as próprias crianças. Isso ensina ao ouvinte uma lição valiosa: lidar com os símbolos é seguro se comparado a atuar sobre a realidade. Inverter a situação desfavoravelmente à bruxa se justifica também num outro nível: crianças que têm pouca experiência e ainda estão aprendendo a se autocontrolar não devem ser avaliadas pelo mesmo critério que as pessoas mais velhas, que supostamente são mais capazes de controlar seus desejos instintivos. Assim, o castigo da bruxa é tão justificado quanto o resgate das crianças.

Os desígnios maléficos da bruxa finalmente forçam as crianças a reconhecer os perigos da voracidade oral descontrolada e da dependência.

Para sobreviver, devem desenvolver a iniciativa e se dar conta de que seu único recurso está no planejamento e na ação inteligentes. Devem trocar a subserviência às pressões do id pela ação em conformidade com o ego. O comportamento visando a um objetivo e baseado numa avaliação inteligente da situação em que se encontram deve tomar o lugar das fantasias de realização de desejos: a substituição do dedo pelo osso e o truque para fazer a bruxa entrar no forno.

Só quando os perigos inerentes à fixação na oralidade primitiva, com suas propensões destrutivas, são reconhecidos é que se abre o caminho para um estágio mais elevado de desenvolvimento. Ocorre então que a mãe boa e dadivosa estava escondida bem no âmago da mãe má e destrutiva, uma vez que há tesouros a serem obtidos: as crianças herdam as joias da bruxa, que se tornam valiosas para elas depois que voltam para casa — isto é, depois que podem reencontrar o genitor bom. Isso sugere que, tão logo as crianças transcendem sua angústia oral e se libertam de uma dependência da satisfação oral para a segurança, podem também se libertar da imagem da mãe ameaçadora — a bruxa — e redescobrir os pais bons, cuja maior sabedoria — as joias partilhadas — beneficia a todos.

Não passa despercebido a nenhuma criança, ao ouvir repetidamente "João e Maria", o fato de que os pássaros comem as migalhas de pão e, assim, impedem os meninos de voltarem para casa sem primeiro se defrontarem com sua grande aventura. É também um pássaro que guia João e Maria em direção à casa de broa de gengibre, e é somente graças a outro pássaro que conseguem voltar para casa. Isso dá à criança — que pensa de modo diferente das pessoas mais velhas sobre os animais — tempo para pensar: esses pássaros devem ter um propósito, caso contrário não impediriam inicialmente João e Maria de encontrarem o caminho de volta, levando-os em seguida à bruxa e por fim proporcionando-lhes o meio de chegar a casa.

Obviamente, como tudo termina bem, os pássaros deviam saber que era preferível para João e Maria que eles não descobrissem como voltar da floresta diretamente para casa, mas, em vez disso, se arriscassem a enfrentar perigos do mundo. Em consequência de seu encontro ameaçador com a bruxa, tanto as crianças quanto os pais vivem mais felizes daí por diante. Os diferentes pássaros dão uma pista do caminho que as crianças devem seguir para serem recompensadas.

Depois de se familiarizar com "João e Maria", a maioria das crianças compreende, pelo menos inconscientemente, que o que sucede na casa paterna e na casa da bruxa não são senão aspectos separados daquilo que na realidade constitui uma única experiência total. Inicialmente, a bruxa é uma figura materna perfeitamente gratificante, uma vez que nos é dito que "ela os tomou pela mão e os levou para dentro de sua casinha. Então colocou bons alimentos diante deles, leite e panquecas com açúcar, maçãs e nozes. Depois cobriu duas belas caminhas com lençóis brancos e limpos, e João e Maria se deitaram e pensaram estar no céu." Só na manhã seguinte ocorre um rude despertar desses sonhos de felicidade infantil. "A velha apenas fingira ser tão amável; na realidade, era uma bruxa má..."

É assim que a criança se sente quando é assolada pelos sentimentos ambivalentes, frustrações e angústias do estágio edipiano de desenvolvimento, assim como pelos desapontamentos prévios e pela raiva por conta de fracassos por parte de sua mãe para satisfazer-lhe as necessidades e desejos tão integralmente quanto esperava. Intensamente transtornada porque sua mãe não a serve mais de maneira inquestionável mas sim lhe faz exigências e se devota cada vez mais aos próprios interesses — algo que antes a criança não havia permitido que aflorasse à sua consciência —, imagina que aquela, ao nutri-la e criar um mundo de felicidade oral, o fez apenas para enganá-la — como a bruxa da história.

Assim, o lar paterno "próximo a uma grande floresta" e a casa fatídica nas profundezas da mesma floresta não são, num nível inconsciente, senão os dois aspectos do lar paterno: o gratificante e o frustrante.

A criança que pondera por conta própria sobre os detalhes de "João e Maria" descobre um significado na maneira como começa. O fato de o lar paterno estar situado bem à beira da floresta em que tudo acontece sugere que o que vai se seguir era desde o início iminente. Esse é de novo o modo de o conto de fadas exprimir pensamentos por meio de imagens marcantes que levam a criança a usar sua própria imaginação para alcançar uma compreensão mais profunda.

Foi mencionado anteriormente como o comportamento dos pássaros significa que toda a aventura foi organizada para beneficiar as crianças. Desde os primeiros tempos cristãos, a pomba branca simboliza poderes benévolos superiores. João afirma estar retribuindo o olhar de uma pomba branca pousada no telhado da casa paterna querendo dizer-lhe adeus. É um pássaro branco como a neve, a cantar maravilhosamente, que guia as crianças até a casa de broa de gengibre e depois pousa no teto, sugerindo ser aquele o lugar certo a que chegarem. É necessário outro pássaro branco para guiar as crianças de volta à segurança: o caminho para casa está bloqueado por uma "grande água" que elas só podem atravessar com a ajuda de um pato branco.

Na ida, as crianças não encontram nenhuma extensão de água. Ter de cruzar uma na volta simboliza uma transição, e um novo começo num nível mais elevado de existência (como no batismo). Até o momento de atravessar essa água, as crianças nunca tinham se separado. A criança em idade escolar deveria desenvolver a consciência de sua singularidade pessoal, de sua individualidade, o que significa que ela não pode mais compartilhar tudo com os outros, tem de viver até certo ponto sozinha e avançar por conta própria. Isso é expresso simbolicamente quando as crianças se veem impossibilitadas de continuar juntas ao atravessar a água. Ao chegarem lá, João não vê jeito de atravessar, mas Maria avista um pato branco e lhe pede que os ajude a fazê-lo. João se senta nas costas do pato e pede à irmã que se junte a ele. Mas Maria discorda: isso não vai dar certo. Têm de atravessar separados, e é o que fazem.

A experiência das crianças na casa da bruxa as purgou de suas fixações orais; depois de atravessarem o rio, chegam à outra margem mais maduras, prontas para depender da própria inteligência e iniciativa para resolver os problemas da vida. Como crianças dependentes, tinham sido um fardo para os pais; ao retornarem ao lar, tornam-se o esteio da família, uma vez que trazem os tesouros que obtiveram. Esses tesouros são a recém-adquirida independência de pensamento e ação das crianças, uma nova autoconfiança, que é o oposto da dependência passiva que as caracterizava quando foram abandonadas na floresta.

São as mulheres — a madrasta e a bruxa — as forças inimigas nessa história. A importância de Maria na libertação das crianças reassegura à criança que uma figura feminina pode ser tanto libertadora quanto destruidora. Provavelmente mais importante ainda é o fato de João salvá-los uma vez e, mais tarde, Maria salvá-los de novo, o que sugere às crianças que, à medida que crescem, devem passar a confiar mais e mais nos companheiros da própria idade para ajuda e compreensão mútuas. Essa ideia reforça a mola principal da história, que é uma advertência contra a regressão e um encorajamento ao crescimento em direção a um plano mais elevado de existência psicológica e intelectual.

"João e Maria" termina com os heróis voltando ao lar de onde partiram e agora encontrando aí a felicidade. Isso está psicologicamente correto, pois uma criança pequena, impelida a suas aventuras por problemas orais ou edipianos, não pode esperar encontrar a felicidade fora do lar. Para que tudo corra bem em seu desenvolvimento, deve solucionar esses problemas enquanto ainda depende dos pais. Somente por meio de boas relações com os pais a criança pode amadurecer com sucesso rumo à adolescência.

Tendo vencido suas dificuldades edipianas, dominado suas angústias orais, sublimado os anseios que não podem ser satisfeitos realisticamente, e aprendido que as racionalizações do desejo devem ser substituídas pela ação inteligente, a criança está pronta para viver novamente feliz com os pais. Isso é simbolizado pelos tesouros que João e Maria trazem para casa para compartilhar com os pais. Em vez de esperar que todas as coisas boas venham dos pais, a criança mais velha precisa estar apta a dar alguma contribuição a seu próprio bem-estar emocional e ao de sua família.

Tal como se inicia prosaicamente com as preocupações da família de um pobre lenhador que é incapaz de se manter, "João e Maria" se encerra num nível igualmente chão. Embora a história narre que as crianças trouxeram para casa um monte de pérolas e pedras preciosas, nada mais sugere que o padrão de vida econômico da família tenha se modificado. Isso enfatiza a natureza simbólica dessas joias. O conto conclui: "E então todas as preocupações acabaram, e eles viveram juntos na mais completa alegria. Meu conto terminou; há um ratinho correndo, quem o pegar que faça dele um grande capuz de peles." Nada mudou no final de "João e Maria", a não ser as atitudes interiores; ou, mais corretamente, tudo mudou porque as atitudes interiores mudaram. As crianças não mais se sentirão expulsas, abandonadas e perdidas na escuridão da floresta, nem buscarão a miraculosa casa de broa de gengibre. Mas tampouco encontrarão ou temerão a bruxa, pois provaram a si próprias que, graças a seus esforços combinados, podem superá-la em esperteza e sair vitoriosas. A diligência, ao produzir algo bom até mesmo a partir de material inauspicioso (como ao usar o pelo de um rato de forma inteligente para fazer um capuz), é a virtude e a efetiva realização da criança em idade escolar que lutou com as dificuldades edipianas e as dominou.

"João e Maria" é um dos muitos contos de fadas em que dois irmãos cooperam no mútuo resgate e são bem-sucedidos devido a seus esforços conjugados. Essas histórias orientam a criança a transcender sua dependência imatura dos pais e a atingir o próximo estágio mais elevado de desenvolvimento: valorizando também o apoio dos companheiros de idade. A cooperação com eles no enfrentamento das tarefas da existência terá eventualmente que substituir a dependência monômana da criança unicamente aos pais. A criança em idade escolar frequentemente ainda não pode crer que um dia será capaz de enfrentar o mundo sem os pais; é por isso que deseja se agarrar a eles para além do ponto necessário. Precisa aprender a confiar em que algum dia dominará os perigos do mundo, mesmo na forma exagerada em que seus medos os pintam, e enriquecer-se com isso.

A criança não vê os perigos existenciais objetivamente, mas fantasticamente exagerados, de acordo com seu medo imaturo; por exemplo, personificados como uma bruxa devoradora de crianças. "João e Maria" encoraja a criança a explorar por conta própria até as invenções de sua imaginação angustiada, porque tais contos de fadas lhe dão confiança de que poderá dominar não apenas os perigos reais de que lhe falaram os pais, mas inclusive aqueles extremamente exagerados que ela teme que existam.

Uma bruxa criada pelas fantasias angustiadas da criança irá assombrá-la; mas uma bruxa que ela pode empurrar para dentro de seu próprio forno para que morra queimada é uma bruxa da qual a criança se pode crer livre. Enquanto as crianças continuarem a acreditar em bruxas — sempre o fizeram e sempre o farão, até a idade em que não são mais compelidas a dar aparência humana às suas apreensões informes —, elas necessitarão que lhes contem histórias nas quais crianças se livram, pela engenhosidade, dessas personagens persecutórias de sua imaginação. Ao conseguirem fazê-lo, ganham imensamente com a experiência, tal como aconteceu com João e Maria.

"Chapeuzinho Vermelho"

Uma menininha encantadora e "inocente" engolida por um lobo é uma imagem que deixa na mente uma marca indelével. Em "João e Maria", a bruxa só planejou devorar as crianças; em "Chapeuzinho Vermelho", tanto a avó quanto a menina são efetivamente engolidas pelo lobo. "Chapeuzinho Vermelho", como a maioria dos contos de fadas, existe em muitas versões diferentes. A mais popular é a dos Irmãos Grimm, na qual Chapeuzinho e a avó renascem e o lobo recebe um castigo bem merecido.

Mas a história literária desse conto começa com Perrault.[52] É pelo título dado por ele, "Capuchinho Vermelho", que o conto é mais conhecido em inglês, embora o título dado pelos Irmãos Grimm, "Chapeuzinho Vermelho", seja mais apropriado. Contudo, Andrew Lang, um dos estudiosos mais eruditos e sagazes dos contos de fadas, observa que, se todas as variantes de "Chapeuzinho Vermelho" terminassem como Perrault concluiu a sua, seria melhor que o descartássemos.[*53] Esse provavelmente teria sido o seu destino se a versão dos Irmãos Grimm não o transformasse num dos contos de fadas mais populares. Mas, uma vez que a história desse conto começa com Perrault, consideraremos — e descartaremos — primeiramente a sua versão.

A história de Perrault começa do mesmo modo que todas as outras versões bem conhecidas, narrando que a avó fizera um capuchinho

---

*O interessante é que Andrew Lang escolheu a versão de Perrault para seu livro *Blue Fairy Book*. A história de Perrault termina com o lobo vitorioso; sendo assim, é destituída de escape, recuperação e consolo; não é — e Perrault não pretendia que fosse — um conto de fadas, mas uma história admonitória que ameaça deliberadamente a criança com seu final que provoca angústia. É curioso que até mesmo Lang, apesar de suas críticas severas ao conto, tenha preferido reproduzir a versão de Perrault. Parece que muitos adultos acham melhor amedrontar as crianças para que elas se comportem bem do que aliviar suas angústias como faz um verdadeiro conto de fadas.

A Psicanálise dos Contos de Fadas | 235

(ou chapeuzinho) vermelho para a neta, o que levou a menina a ser conhecida por esse nome. Um dia, a mãe mandou Capuchinho Vermelho levar umas guloseimas para sua avó, que estava doente. O caminho da menina passava por uma floresta, onde se deparou com o lobo. Este não se atreveu a devorá-la então porque havia lenhadores na floresta. Sendo assim, perguntou a Capuchinho Vermelho onde ia e ela lhe disse. O lobo perguntou o lugar exato onde morava a avó e a menina lhe informou. Então ele disse que também iria visitar a avó e partiu em grande velocidade, enquanto a menina se retardava pelo caminho.

O lobo conseguiu entrar na casa da avó fingindo ser Capuchinho Vermelho e imediatamente engoliu a velhinha. Na história de Perrault, o lobo não se disfarça de avó, mas simplesmente se deita em sua cama. À chegada de Capuchinho Vermelho, o lobo lhe pediu que se juntasse a ele na cama. Capuchinho Vermelho se despiu e se deitou na cama e, espantada com a aparência da avó desnuda, exclamou: "Vovó, que braços enormes você tem!", ao que o lobo respondeu: "São para abraçá-la melhor!" Capuchinho Vermelho então disse: "Vovó, que pernas grandes você tem!", e recebeu como resposta: "São para poder correr melhor!" Esses dois diálogos, que não ocorrem na versão dos Irmãos Grimm, são seguidos então pelas perguntas bem conhecidas sobre as orelhas, olhos e dentes grandes da avó. À última pergunta, o lobo responde: "São para comê-la melhor." "E, pronunciando essas palavras, o lobo mau se atirou sobre Capuchinho Vermelho e a comeu."

Aí termina a tradução de Lang, assim como várias outras. Mas o relato original de Perrault continua com um pequeno poema expondo a moral a ser extraída da história: que boas meninas não deviam dar ouvidos a qualquer tipo de pessoa. Se o fazem, não é de surpreender que o lobo as pegue e devore. Quanto aos lobos, estes vêm em muitas variações e, destas, os lobos gentis são os mais perigosos, especialmente aqueles que seguem as mocinhas nas ruas e até mesmo às suas casas. Perrault não desejava apenas entreter o público, mas dar uma lição de moral específica com cada um de seus contos. Por isso, é compreensível que os modificasse de acordo com o que desejava.* Infelizmente, ao fazê-lo, tirava muito do seu significado. Na história tal como a conta, ninguém adverte a pequena Capuchinho Vermelho a não se demorar no caminho para a casa da avó, ou a não se desviar da estrada certa. Também não faz sentido, na versão de Perrault, que a avó, que nada fez de errado, acabe por ser destruída.

O "Capuchinho Vermelho" de Perrault perde muito de seu atrativo por ser tão óbvio que o seu lobo não é um animal voraz mas sim uma metáfora, que deixa pouco à imaginação do ouvinte. Tais simplificações, juntamente com uma lição moral expressa diretamente transformam esse potencial conto de fadas num conto admonitório que explica tudo por completo. Sendo assim, a imaginação do ouvinte não pode ser ativada para dar um significado pessoal à história. Preso a uma interpretação racionalista do propósito da história, Perrault torna tudo tão explícito quanto possível. Por exemplo, quando a menina se despe e se junta ao lobo na cama e este lhe diz que seus braços fortes são para abraçá-la melhor, nada é deixado à imaginação. Uma vez que Capuchinho Vermelho não responde a essa sedução óbvia e direta com um gesto de fuga ou de defesa, ou é tola ou deseja ser seduzida. Em nenhum dos dois casos ela é uma personagem apropriada à nossa

---

*Quando Perrault publicou sua coleção de contos de fadas em 1697, "Capuchinho Vermelho" já tinha uma história antiga, com alguns elementos que remontavam a muito tempo. Há o mito de Cronos engolindo seus filhos, que, no entanto, retornam miraculosamente de seu estômago; e uma pesada pedra foi utilizada para substituir a criança a ser engolida. Há uma história em latim, de 1023 (de Egberto de Lièges, chamada *Fecunda Ratis*), em que uma menininha é descoberta em companhia de lobos; a menina usa uma capa vermelha que é de grande importância para ela, e os estudiosos dizem que essa capa era um chapéu vermelho. Aqui, portanto, seis séculos ou mais antes da história de Perrault, encontramos alguns elementos básicos de "Capuchinho Vermelho": uma menina com um chapéu vermelho, a companhia de lobos, uma criança pequena que é devorada viva e que retorna incólume e uma pedra colocada em seu lugar.

Há outras versões francesas de "Capuchinho Vermelho", mas não sabemos quais delas influenciaram Perrault em seu reconto da história. Em algumas delas, o lobo faz Capuchinho Vermelho comer da carne da avó e beber do seu sangue, apesar de vozes advertirem-na que não o fizesse.[54] Se uma dessas histórias foi a fonte de Perrault, pode-se entender perfeitamente que ele tenha eliminado essa vulgaridade como inconveniente, visto que seu livro se destinava a ser manuseado na corte de Versalhes. Perrault não apenas embelezava suas histórias, ele também usava de afetação, como ao fingir que seus contos haviam sido escritos por seu filho de dez anos, que dedicou o livro a uma princesa. Nos apartes e máximas acrescentados às histórias, Perrault fala como se estivesse piscando para os adultos por cima da cabeça das crianças.

identificação. Com esses detalhes, Capuchinho Vermelho passa de uma menina ingênua e atraente, que é induzida a desprezar as advertências da mãe e a se regozijar com o que acredita conscientemente serem práticas inocentes, a nada mais, nada menos do que uma mulher decaída.

O valor do conto de fadas para a criança é destruído se alguém lhe detalha seu significado. Perrault faz pior — ridiculariza-o. Todos os bons contos de fadas têm vários níveis de significado; só a criança pode saber quais aqueles que são importantes para ela no momento. À medida que cresce, a criança descobre novos aspectos desses contos bem conhecidos, e isso lhe dá a convicção de que realmente amadureceu em compreensão, uma vez que a mesma história agora lhe revela muito mais. Isso só pode ocorrer se não a tiverem informado didaticamente daquilo que a história supostamente trata. O conto de fadas só alcança um sentido pleno para a criança quando é ela quem descobre espontânea e intuitivamente seus significados previamente ocultos. Essa descoberta faz com que uma história passe de algo que é dado à criança a algo que ela em parte cria para si própria.

Os Irmãos Grimm relatam duas versões dessa história, o que, no seu caso, é bastante incomum.* Em ambas, tanto a história quanto a heroína têm o nome de "Chapeuzinho Vermelho", devido ao "chapeuzinho de veludo vermelho que lhe caía tão bem que ela não usava outra coisa".

A ameaça de devoração é o tema central de "Chapeuzinho Vermelho", assim como de "João e Maria". As mesmas constelações psicológicas básicas recorrentes no desenvolvimento de cada pessoa podem levar aos mais diversos destinos e personalidades humanas, dependendo de quais sejam as outras experiências do indivíduo e de como ele as interprete para si próprio. Do mesmo modo, um número limitado de temas básicos retratam, nas histórias de fadas, aspectos bastante diversos da experiência humana; tudo depende de como um tal tema é elaborado e em que contexto os acontecimentos se dão. "João e Maria" lida com as dificuldades e angústias da criança que é forçada a abandonar sua ligação

---

*A coleção de contos de fadas dos Irmãos Grimm, que continha a história de "Chapeuzinho Vermelho", apareceu pela primeira vez em 1812 — mais de cem anos depois de Perrault ter publicado a sua versão.

dependente com a mãe e a se libertar da fixação oral. "Chapeuzinho Vermelho" retoma alguns problemas cruciais que a menina em idade escolar tem de solucionar se as ligações edipianas persistem no inconsciente, o que pode levá-la a se expor perigosamente a possíveis seduções.

Em ambos os contos de fadas, a casa na floresta e o lar paterno são o mesmo lugar, vivenciados de modo bastante diverso devido a uma mudança na situação psicológica. Em sua própria casa, Chapeuzinho Vermelho, protegida pelos pais, é a criança púbere sem preocupações que é perfeitamente apta a enfrentar as situações. Na casa da avó, que é ela própria frágil, a mesma menina se vê totalmente incapacitada pelas consequências de seu encontro com o lobo.

João e Maria, subjugados por sua fixação oral, não se incomodam de comer a casa que representa simbolicamente a mãe má que os abandonara (forçara-os a deixar o lar) e não hesitam em queimar a bruxa até a morte num forno, como se ela fosse um alimento para ser cozido. Chapeuzinho Vermelho, que ultrapassou sua fixação oral, não tem mais quaisquer desejos orais destrutivos. Psicologicamente existe uma enorme distância entre a fixação oral simbolicamente transformada em canibalismo, que é o tema central de "João e Maria", e o modo como Chapeuzinho Vermelho castiga o lobo. Este é o sedutor em "Chapeuzinho Vermelho", mas, no que diz respeito ao conteúdo manifesto da história, não faz nada que não seja natural — isto é, devora para se alimentar. E é normal o homem matar um lobo, embora o método usado nessa história seja inusitado.

Há fartura no lar de Chapeuzinho Vermelho, fartura essa que, por já ter ultrapassado a angústia oral, ela compartilha de bom grado com a avó, ao lhe levar comida. Para Chapeuzinho Vermelho, o mundo para além do lar paterno não é um ermo ameaçador através do qual a criança não consegue encontrar um caminho. Para lá do portão da casa de Chapeuzinho Vermelho há uma estrada bem conhecida, da qual sua mãe a previne que não se desvie.

Enquanto João e Maria tiveram de ser empurrados para o mundo, Chapeuzinho Vermelho deixa o lar voluntariamente. Não teme o mundo lá fora, antes reconhece sua beleza, e aí está o perigo. Se esse mundo para além do lar e do dever se torna demasiado atraente, poderá induzir a um retorno a um comportamento de acordo com o princípio de prazer — que, presume-se, Chapeuzinho Vermelho havia abandonado em favor do princípio de realidade graças aos ensinamentos de seus pais — e então encontros destrutivos podem vir a ocorrer.

Esse dilema de situar-se entre o princípio de realidade e o princípio de prazer é afirmado explicitamente quando o lobo diz a Chapeuzinho Vermelho: "Veja como são belas as flores ao seu redor. Por que não dá uma olhada por aí? Acho que você nem ouve como os passarinhos cantam bonito. Caminha atenta e concentrada como se fosse para a escola, enquanto que aqui na floresta tudo é alegria." Esse é o mesmo conflito entre fazer o que se gosta de fazer e o que se deve fazer, a respeito do qual a mãe de Chapeuzinho Vermelho a advertira no início, ao aconselhar a filha a "andar direitinho e não sair da estrada... E quando chegar à casa da vovó, não se esqueça de lhe desejar 'Bom dia', e não fique espiando em todos os cantos tão logo chegue." Assim, a mãe está ciente das inclinações de Chapeuzinho Vermelho para se desviar do caminho conhecido e espiar pelos cantos para descobrir os segredos dos adultos.

A ideia de que "Chapeuzinho Vermelho" lida com a ambivalência infantil entre viver de acordo com o princípio de prazer ou de realidade é corroborada pelo fato de que ela só para de colher flores "depois de ter coletado tantas que não podia mais carregá-las". Nesse momento Chapeuzinho Vermelho "se lembrou mais uma vez da avó e partiu a seu encontro". Isto é, só quando colher flores deixa de ser prazeroso é que o id, que busca o prazer, recua e Chapeuzinho Vermelho se torna ciente de suas obrigações.*

---

*Duas versões francesas bem diferentes da de Perrault tornam ainda mais óbvio que Chapeuzinho Vermelho escolheu seguir o caminho do prazer, ou pelo menos o mais fácil, embora o caminho do dever também lhe fosse assinalado. Nessas versões da história, Chapeuzinho Vermelho encontra o lobo numa bifurcação da estrada, isto é, um lugar onde uma decisão importante tem de ser tomada: qual caminho seguir. O lobo lhe pergunta: Que estrada você tomará, a das agulhas ou dos alfinetes? Chapeuzinho Vermelho escolhe a estrada dos alfinetes porque, como explica uma versão, é mais fácil unir as coisas com alfinetes, ao passo que dá muito mais trabalho costurá-las juntas com agulhas.[55] Numa época em que costurar era uma tarefa muito esperada das moças, tomar o caminho fácil de utilizar alfinetes em lugar de agulhas era imediatamente entendido como agir de acordo com o princípio de prazer, quando a situação requereria agir de acordo com o princípio de realidade.

Chapeuzinho Vermelho é genuinamente uma criança que já luta com problemas pubertários, para os quais ainda não está preparada emocionalmente por não ter dominado seus conflitos edipianos. Que Chapeuzinho Vermelho é mais madura que João e Maria é demonstrado por sua atitude interrogativa com relação àquilo que encontra no mundo. João e Maria não se perguntam sobre a casa de broa de gengibre, nem exploram o significado da bruxa. Chapeuzinho Vermelho deseja descobrir coisas, como indica a advertência materna para que não fique às espreitas. Ela percebe que algo está errado quando encontra a avó "parecendo muito estranha", mas fica confusa diante do disfarce do lobo com as roupas daquela. Chapeuzinho Vermelho tenta entender, ao perguntar à avó sobre suas orelhas enormes, ao perceber os olhos grandes, ao estranhar as manoplas e a boca horrível. Aqui temos uma enumeração dos quatro sentidos: audição, visão, tato e paladar; a criança púbere usa todos eles para compreender o mundo.

"Chapeuzinho Vermelho" projeta de forma simbólica a menina nos perigos de seus conflitos edipianos durante a puberdade, e em seguida a salva deles para que seja capaz de amadurecer livre de conflitos. As figuras maternas da mãe e da bruxa, que eram de importância capital em "João e Maria", se reduziram à insignificância em "Chapeuzinho Vermelho", em que nem a mãe nem a avó podem fazer nada — nem ameaçar, nem proteger. O macho, em contraste, é de importância capital, dividido em duas formas opostas: o sedutor perigoso que, em caso de anuência, se transforma no destruidor da avó boa e da menina; e o caçador, a figura paterna responsável, forte e resgatadora.

É como se Chapeuzinho Vermelho estivesse tentando entender a natureza contraditória do macho ao experimentar todos os aspectos de sua personalidade: as tendências egoístas, antissociais, violentas e potencialmente destrutivas do id (o lobo); e as propensões altruístas, sociais, amáveis e protetoras do ego (o caçador).

Chapeuzinho Vermelho é amada universalmente porque, embora virtuosa, é tentada; e porque sua sorte nos diz que confiar nas boas intenções de todos, que parece ser tão bom, na realidade nos deixa sujeitos a armadilhas. Se não houvesse algo em nós que aprecia o grande lobo mau, ele não teria poder sobre nós. Por conseguinte, é importante entender sua natureza, mas ainda mais importante é saber o que o torna atraente para nós. Por mais atraente que seja a ingenuidade, é perigoso permanecer ingênuo a vida toda.

Mas o lobo não é apenas o sedutor masculino, ele também representa todas as tendências antissociais, animalescas dentro de nós. Ao abandonar as virtudes da criança em idade escolar, de "caminhar com um único objetivo em mente" como exige sua tarefa, Chapeuzinho Vermelho reverte à criança edipiana em busca de prazer. Ao ceder às sugestões do lobo, ela também lhe deu a oportunidade de devorar sua avó. Aqui a história fala a alguns das dificuldades edipianas que permaneceram irresolvidas na menina, e o fato de o lobo engolir Chapeuzinho Vermelho é o castigo por ela ter arranjado as coisas de modo a permitir que o lobo eliminasse uma figura materna. Mesmo uma criança de quatro anos não pode deixar de se perguntar o que Chapeuzinho Vermelho pretende quando, ao responder à pergunta do lobo, dá a este orientações específicas de como chegar à casa de sua avó. Qual o propósito de uma informação tão detalhada, pergunta-se a criança, senão o de garantir que o lobo encontre mesmo o caminho? Só adultos convencidos de que os contos de fadas não fazem sentido são capazes de não ver que o inconsciente de Chapeuzinho Vermelho está trabalhando o tempo todo para se desfazer da avó.

Esta também não está livre de culpa. Uma jovem necessita de uma figura materna forte para protegê-la, e como modelo a ser imitado. Mas a avó de Chapeuzinho Vermelho se deixa levar pelas próprias necessidades para além daquilo que é bom para a criança, como narra o conto: "Nada havia que ela não houvesse dado à menina." Não seria nem a primeira, nem a última vez que uma criança tão mimada por uma avó se mete em dificuldades na vida real. Quer se trate da mãe ou da avó — uma vez essa mãe afastada —, é fatal para a jovem se essa mulher mais velha abdica de sua própria atratividade para os homens e a transfere para a filha ao dar-lhe uma capa vermelha excessivamente atraente.

Ao longo de "Chapeuzinho Vermelho", no título assim como no nome da menina, a ênfase é na cor vermelha, que ela usa às escâncaras. O vermelho é a cor que simboliza as emoções violentas, incluindo as sexuais. O chapéu de veludo vermelho dado pela avó a Chapeuzinho

Vermelho pode então ser visto como o símbolo de uma transferência prematura da atratividade sexual, que é ainda mais acentuada pelo fato de a avó ser velha e doente, demasiado fraca até para abrir uma porta. O nome "Chapeuzinho Vermelho" indica a importância capital dessa característica da heroína na história. Ele sugere que não é só o chapéu vermelho que é pequeno, mas também a menina. Ela é demasiado pequena, não para usar o chapéu, mas para administrar aquilo que esse chapéu vermelho simboliza e aquilo que seu uso atrai.

O perigo para Chapeuzinho Vermelho é sua sexualidade nascente, para a qual não está ainda emocionalmente madura o bastante. Aquele que está psicologicamente pronto para ter experiências sexuais pode dominá-las e crescer com isso. Mas uma sexualidade prematura é uma experiência regressiva, despertando tudo aquilo que ainda é primitivo dentro de nós e que ameaça nos engolir. A pessoa imatura, que ainda não está pronta para o sexo mas é exposta a uma experiência que suscita fortes sentimentos sexuais, recai em modos edipianos de lidar com ele. A única maneira pela qual tal pessoa acredita ser capaz de ser bem-sucedida sexualmente é se livrando dos competidores mais experientes — daí as instruções específicas que Chapeuzinho Vermelho dá ao lobo para que este chegue à casa da avó. Ao fazê-lo, porém, ela também mostra sua ambivalência. Ao guiar o lobo em direção à casa da avó, age como se lhe estivesse dizendo: "Deixe-me só: vá ter com vovó, que é uma mulher madura; ela deverá ser capaz de lidar com aquilo que você representa; eu não sou."

Essa luta entre seu desejo consciente de fazer a coisa certa e o anseio inconsciente de se sair vitoriosa sobre a mãe (a avó) é o que encarece a menina e a história e torna a primeira tão supremamente humana. Como muitos de nós que em criança éramos apanhados em ambivalências íntimas que, apesar de nossos melhores esforços, não podíamos dominar, ela tenta empurrar o problema para outra pessoa: uma pessoa mais velha, um dos genitores ou um substituto do genitor. Mas, ao tentar escapar assim de uma atuação ameaçadora, ela é quase destruída por ela.

Como mencionamos anteriormente, os Irmãos Grimm também apresentam uma variação importante de "Chapeuzinho Vermelho", que essencialmente consiste apenas em um acréscimo à história básica. De acordo com a variação, posteriormente, quando Chapeuzinho Vermelho mais uma vez está levando doces para a avó, outro lobo tenta atraí-la para fora do caminho reto (da virtude). Dessa vez, a menina corre para a avó e lhe conta tudo que aconteceu. Juntas, seguram a porta para que o lobo não possa entrar. No final, o lobo escorrega do telhado e cai num cocho cheio de água e morre afogado. É o fim da história: "Mas Chapeuzinho Vermelho voltou feliz para casa e ninguém lhe fez nenhum mal."

Essa variação desenvolve aquilo de que o ouvinte está convencido — que, depois de sua experiência ruim, a menina percebe que ainda não está de modo algum madura o bastante para lidar com o lobo (o sedutor) e se dispõe a estabelecer uma boa aliança de trabalho com a mãe. Isso é simbolicamente expresso pelo fato de ela correr para a avó tão logo o perigo a ameaça, em lugar de não dar nenhuma importância para ele, como fez no primeiro encontro com o lobo. Chapeuzinho Vermelho trabalha com sua mãe (avó) e segue seu conselho — na continuação, a avó lhe diz para encher o cocho com uma água que cheira a salsichas que nela haviam sido cozidas, e o odor atrai o lobo, levando-o a cair dentro dela — e, juntas, elas o vencem facilmente. A criança, portanto, necessita estabelecer uma firme aliança de trabalho com o genitor do mesmo sexo, de modo a que, por intermédio de sua identificação e de seu aprendizado consciente com ele, venha a se transformar com sucesso num adulto.

As histórias de fadas falam ao nosso consciente e ao nosso inconsciente e, assim sendo, não precisam evitar contradições, já que estas coexistem facilmente em nosso inconsciente. Num nível de significado bem diferente, o que ocorre com a avó pode ser visto sob nova luz. O ouvinte da história se pergunta com razão por que o lobo não devora Chapeuzinho Vermelho assim que a encontra — isto é, na primeira oportunidade. Como é típico de Perrault, ele oferece uma explicação aparentemente racional: o lobo o teria feito se não temesse uns lenhadores que estavam por perto. Como na história de Perrault o lobo é o tempo todo um sedutor masculino, faz sentido que um homem mais velho tenha medo de seduzir uma menina às vistas e aos ouvidos de outros homens.

As coisas são bem diferentes no conto dos Irmãos Grimm, em que somos levados a crer que a voracidade excessiva do lobo é responsável pelo atraso: "O lobo pensou lá consigo: 'Como é tenra! Que bom bocado! Deve ser mais gostosa do que a velha: é preciso agir com astúcia para pegar as duas'." Mas essa explicação não faz sentido, porque o lobo poderia ter apanhado Chapeuzinho Vermelho de imediato e depois ter enganado a avó tal como ocorre na história.

O comportamento do lobo começa a fazer sentido na versão dos Irmãos Grimm se admitirmos que, para apanhar Chapeuzinho Vermelho, o lobo teria que primeiro dar fim à avó. Enquanto a mãe (avó) estiver por perto, Chapeuzinho Vermelho não será dele.* Mas, tão logo a mãe (avó) esteja fora do caminho, este parece estar livre para que se aja de acordo com os próprios desejos, que tinham que se manter re calcados enquanto a mãe estivesse por perto. A história nesse nível lida com os desejos inconscientes da filha de ser seduzida pelo pai (o lobo).

Com a reativação na puberdade de antigos anseios edipianos, o desejo da menina por seu pai, sua inclinação a seduzi-lo e seu desejo de ser seduzida por ele também são reativados. A menina sente então que merece ser terrivelmente punida pela mãe, quando não também pelo pai, por seu desejo de tirá-lo dela. O redespertar na adolescência de antigas emoções que estavam relativamente adormecidas não se restringe aos sentimentos edipianos, mas inclui até mesmo angústias e desejos mais antigos que reaparecem durante esse período.

Num nível de interpretação diverso, poderíamos dizer que o lobo não devora Chapeuzinho Vermelho tão logo se depara com ela porque deseja levá-la antes para a cama: um encontro sexual dos dois tem de preceder à "devoração". Embora a maioria das crianças não tenha conhecimento daqueles animais dos quais um dos parceiros morre durante o ato sexual, essas conotações destrutivas estão bem nítidas na mente consciente e inconsciente da criança — de modo que a maioria delas vê o ato sexual antes de tudo como um ato de violência que um dos parceiros comete com o outro. Creio que é à equação inconsciente

---

*Não faz muito tempo que, em certas culturas camponesas, quando a mãe morria, a filha mais velha tomava o seu lugar sob todos os aspectos.

A PSICANÁLISE DOS CONTOS DE FADAS | 245

da criança de excitação sexual, violência, e angústia que Djuna Barnes alude quando escreve: "As crianças sabem de algo que não podem dizer; gostam de Chapeuzinho Vermelho e o lobo na cama!"[56] Uma vez que essa estranha coincidência de emoções opostas que caracteriza o conhecimento sexual infantil é corporificada em "Chapeuzinho Vermelho", a história tem uma grande atração inconsciente para as crianças, assim como para os adultos que, por seu intermédio, se recordam vagamente de sua própria fascinação infantil em relação ao sexo.

Outro artista deu expressão a esses mesmos sentimentos subjacentes. Gustave Doré, numa de suas famosas ilustrações para contos de fadas, mostra Chapeuzinho Vermelho e o lobo juntos na cama.[57] O lobo é retratado com um ar um tanto ou quanto plácido. Mas a menina parece assolada por sentimentos ambivalentes poderosos, enquanto olha para o lobo descansando a seu lado. Não faz nenhum movimento para se afastar. Parece bastante intrigada com a situação, a um tempo atraída e repelida. A combinação de sentimentos que seu rosto e corpo sugerem pode ser descrita como fascinação. É a mesma fascinação que o sexo, e tudo aquilo que o cerca, exerce sobre a mente da criança. Isso, para voltarmos à afirmação de Djuna Barnes, é o que as crianças sentem a respeito de Chapeuzinho Vermelho e o lobo e de sua relação, mas não são capazes de dizer — e é o que torna a história tão cativante.

É essa fascinação "mortal" pelo sexo — que é experimentado simultaneamente como a maior excitação e a maior angústia — que está estreitamente ligada aos anseios edipianos da menina pequena pelo pai e à reativação desses mesmos sentimentos sob forma diferente durante a puberdade. Sempre que essas emoções reaparecem, evocam memórias de sua propensão a seduzir o pai e, com ela, outras memórias de seu desejo de também ser seduzida por ele.

Enquanto que na versão de Perrault a ênfase recai sobre a sedução sexual, na história dos Irmãos Grimm se dá o oposto. Nela, nenhuma sexualidade é direta ou indiretamente mencionada; ela pode estar sutilmente implícita, mas, essencialmente, o ouvinte tem de prover a ideia para facilitar sua compreensão da história. Para a mente da criança, as implicações sexuais permanecem pré-conscientes, como deveriam permanecer. Conscientemente, uma criança sabe que não há nada de errado em colher flores; o errado é desobedecer à mãe quando se deve levar adiante uma importante missão que atende ao interesse legítimo do (pro)genitor. O conflito principal é entre aquilo que parece à criança ser interesses justificados e aquilo que ela sabe que os pais desejam que faça. A história sugere que a criança não sabe o quão perigoso pode ser ceder àquilo que considera ser seus desejos inócuos, portanto ela precisa ser instruída sobre esse perigo. Ou melhor, como adverte a história, a vida a ensinará a respeito dele — à sua custa.

"Chapeuzinho Vermelho" exterioriza os processos interiores da criança púbere: o lobo é a exteriorização da maldade que a criança sente quando vai de encontro aos conselhos dos pais e se permite seduzir, ou ser seduzida, sexualmente. Quando se desvia do caminho que o genitor lhe traçou, depara-se com a "maldade" e teme que esta venha a engoli-la e ao pai cuja confiança traiu. Mas pode haver uma ressurreição a partir da "maldade", como diz, em seguida, a história.

Muito diferentemente de Chapeuzinho Vermelho, que cede às tentações do id e, ao fazê-lo, trai a mãe e a avó, o caçador não permite que suas emoções o dominem. Sua primeira reação ao encontrar o lobo dormindo na cama da avó é: "Então você está aqui, seu velho pecador? Há muito que o venho procurando" — e sua inclinação imediata é a atirar no lobo. Mas seu ego (ou razão) se afirma, apesar das instâncias do id (raiva contra o lobo), e o caçador percebe que é mais importante tentar salvar a avó do que ceder à raiva matando o lobo imediatamente. O caçador se controla e, em vez de matar o animal a tiros, abre cuidadosamente o seu estômago com uma tesoura, salvando Chapeuzinho Vermelho e a avó.

O caçador é uma personagem extremamente atraente, tanto para meninos quanto para meninas, porque salva os bons e pune os maus. Todas as crianças têm dificuldades em obedecer ao princípio de realidade, e reconhecem facilmente, nas personagens opostas do lobo e do caçador, o conflito entre os aspectos do id e os do ego-superego de sua personalidade. Na ação do caçador, a violência (abrir o estômago a tesouradas) é utilizada a serviço do mais elevado propósito social (salvar as duas mulheres). A criança pressente que ninguém valoriza o fato de suas tendências violentas lhe parecerem construtivas, mas a história demonstra que elas podem ser.

Chapeuzinho Vermelho tem de ser extraída do estômago do lobo por uma espécie de operação cesariana; desse modo, a ideia de gravidez e nascimento é insinuada. Com ela, associações de uma relação sexual são evocadas no inconsciente da criança. Como um feto entra no útero da mãe? — pergunta-se a criança, e decide que isso só pode ocorrer se a mãe tiver engolido alguma coisa, como fez o lobo.

Por que o caçador se refere ao lobo como um "velho pecador" e diz que há muito tenta encontrá-lo? Assim como o sedutor é chamado de lobo na história, também aquele que seduz, particularmente quando o seu alvo é uma jovem, é popularmente chamado de "velho pecador", tanto hoje quanto nos velhos tempos. Num nível diferente, o lobo também representa as tendências inaceitáveis inerentes ao caçador; todos nos referimos ocasionalmente ao animal dentro de nós, como um símile para nossa propensão a agir violenta ou irresponsavelmente para alcançar nossos objetivos.

Embora o caçador seja da maior importância para o desfecho da história, não sabemos de onde ele vem e ele sequer interage com Chapeuzinho Vermelho — salva-a e é tudo. Ao longo de todo "Chapeuzinho Vermelho" nenhum pai é mencionado, o que é bastante incomum para um conto de fadas desse tipo. Isso sugere que o pai está presente, mas de forma velada. A menina certamente espera que o pai a salve de todas as dificuldades, particularmente daquelas emocionais que são a consequência de seu desejo de seduzi-lo e de ser seduzida por ele. "Sedução" significa aqui o desejo e os esforços da menina para induzir o pai a amá-la mais do que a qualquer outra pessoa, e sua aspiração a que ele venha a fazer todos os esforços para induzi-la a amá-lo mais do que a qualquer outra pessoa. Podemos então ver que o pai está efetivamente presente em "Chapeuzinho Vermelho" de duas formas opostas: como o lobo, que é uma exteriorização dos perigos de sentimentos edipianos assoberbantes, e como o caçador em sua função protetora e salvadora.

Apesar da inclinação imediata do caçador a matar o lobo a tiros, ele não o faz. Após ser salva, é a própria Chapeuzinho Vermelho quem tem a ideia de encher o estômago do lobo com pedras, "e, ao acordar, ele tentou escapar, mas as pedras eram tão pesadas que caiu morto". Tem que ser Chapeuzinho Vermelho a planejar espontaneamente o que fazer com o lobo e a levar adiante a sua execução. Para que ela esteja a salvo no futuro, deve ser capaz de acabar com o sedutor, livrar-se dele. Se o pai-caçador o fizesse por ela, Chapeuzinho Vermelho nunca sentiria que efetivamente vencera sua fraqueza, porque não teria se livrado dele ela própria.

A justiça dos contos de fadas exige que o lobo morra em consequência daquilo que tentou fazer: sua voracidade oral é sua própria ruína. Uma vez que tentou colocar algo em seu estômago nefandamente, o mesmo lhe é feito.*

Há outra excelente razão para que o lobo não morra em consequência do corte no estômago para libertar aqueles que engoliu. O conto de fadas protege a criança de uma angústia desnecessária. Se o lobo morresse ao ter seu estômago aberto tal como numa operação cesariana, os ouvintes poderiam temer que uma criança, ao sair do corpo da mãe, a matasse. Mas, como o lobo sobrevive à abertura do estômago e só morre porque pedras pesadas foram colocadas nele, não há razão para angústia a respeito do parto.

Chapeuzinho Vermelho e a avó não morrem realmente, mas com certeza renascem. Se há um tema central na grande variedade de contos de fadas, ele é o de um renascimento num plano mais elevado de existência. As crianças (e também os adultos) devem ser capazes de acreditar que é possível atingir uma forma de existência mais elevada se dominarem os estágios de desenvolvimento que isso requer. As histórias que dizem que isso não só é possível como também é provável têm um tremendo apelo para a criança, porque combatem o temor sempre presente de que não conseguirão fazer essa transi-

---

*Em algumas outras versões, acontece de o pai de Chapeuzinho Vermelho surgir em cena, cortar a cabeça do lobo e, assim, salvar as duas mulheres.[58] Talvez a substituição do estômago aberto pela cabeça cortada tenha ocorrido porque foi o pai de Chapeuzinho Vermelho quem executou a ação. A manipulação por parte de um pai de um estômago em que sua filha se acha temporariamente está desconfortantemente próxima de sugerir um pai numa atividade sexual relacionada à filha.

ção, ou de que perderão muito no processo. É por isso, por exemplo, que, em "Irmão e Irmã", os dois não se afastam um do outro depois de sua transformação, mas têm uma vida melhor juntos; é por isso que Chapeuzinho Vermelho é uma menina mais feliz depois de seu salvamento; e é também por isso que João e Maria se sentem muito melhor depois de voltarem para casa.

Muitos adultos hoje em dia tendem a tomar literalmente as coisas ditas nos contos de fadas, quando estas deveriam ser vistas como representações simbólicas de experiências de vida cruciais. A criança compreende isso intuitivamente, embora não o "saiba" explicitamente. Quando um adulto garante a uma criança que Chapeuzinho Vermelho "realmente" não morreu quando o lobo a engoliu, isso lhe soa a paternalismo condescendente. Isso é exatamente o mesmo que dizer a uma pessoa que, na história bíblica, o fato de Jonas ter sido engolido pelo peixe enorme não foi "realmente" o seu fim. Todos os que ouvem essa história sabem intuitivamente que a permanência de Jonas no estômago do peixe tinha um propósito — a saber, o de voltar à vida como um homem melhor.

A criança sabe intuitivamente que o fato de Chapeuzinho Vermelho ser engolida pelo lobo — de modo muito semelhante às várias mortes temporárias de outros heróis de contos de fadas — não é de modo algum o fim da história, mas uma parte necessária dela. A criança também compreende que Chapeuzinho Vermelho realmente "morreu" como a menina que se permitiu ser tentada pelo lobo; e que, quando a história diz que "a menina pulou para fora" do estômago do lobo, ela voltou à vida como uma pessoa diferente. Esse expediente é necessário porque, embora a criança possa compreender prontamente uma coisa sendo substituída por outra (a mãe boa pela madrasta malvada), ainda não pode compreender as transformações interiores. Por isso, um dos grandes méritos dos contos de fadas é que, ao ouvi-los, a criança passa a acreditar que essas transformações são possíveis.

A criança cuja mente consciente e inconsciente ficou profundamente envolvida com a história compreende que o significado de o lobo engolir a avó e a menina é que, devido ao que aconteceu, ambas se tornaram temporariamente perdidas para o mundo, ou seja, perderam a capacidade de estar em contato e influenciar o que ocorre. Sendo assim, alguém de fora deve vir em seu socorro; e, em se tratando de mãe e filha, quem poderia ser esse alguém senão o pai?

Chapeuzinho Vermelho, ao ser seduzida pelo lobo a agir de acordo com o princípio de prazer em vez do de realidade, implicitamente retornou a uma forma anterior e mais primitiva de existência. Num modo típico dos contos de fadas, seu retorno a um nível mais primitivo de vida é impressionantemente exagerado a ponto de ir até a existência pré-natal no útero, já que a criança pensa em extremos.

Mas por que a avó deve ter o mesmo destino da menina? Por que ela a um tempo morre e é reduzida a um estado inferior de existência? Esse detalhe está de acordo com o modo de a criança conceber o significado da morte — que tal ou tal pessoa não está mais disponível, não tem mais serventia. Os avós devem ter utilidade para a criança, devem ser capazes de protegê-la, ensiná-la, alimentá-la; caso contrário, são reduzidos a uma forma inferior de existência. Por ser tão incapaz de lidar com o lobo quanto Chapeuzinho Vermelho, a avó é reduzida ao mesmo destino da menina.*

A história deixa bem claro que as duas não morreram ao serem engolidas. Isso é evidenciado pelo comportamento de Chapeuzinho Vermelho ao ser libertada. "A menina pulou para fora gritando: 'Que medo que eu tive! Como estava escuro dentro do corpo do lobo!'" Ter sentido medo significa que a pessoa estava bem viva, e significa um estado oposto à morte, quando não se sente ou pensa mais. O medo de Chapeuzinho Vermelho era da escuridão, porque, devido a seu comportamento, ela havia perdido sua consciência mais elevada, a qual havia lançado luz sobre o seu mundo. Como a criança que, sabendo que agiu errado, ou não se sentindo mais bem protegida pelos pais, sente cair sobre si a escuridão da noite com seus terrores.

Não apenas em "Chapeuzinho Vermelho", mas ao longo de toda a literatura de contos de fadas, a morte do herói — diferentemente da

---

*Que essa interpretação se justifica confirma-o a segunda versão da história apresentada pelos Irmãos Grimm. Ela narra como a avó protege pela segunda vez Chapeuzinho Vermelho do lobo e planeja com êxito a sua morte. É assim que um (pro)genitor deve supostamente agir; se assim o fizer, nem o (pro)genitor, nem a criança precisam temer o lobo, por mais esperto que ele seja.

morte provocada pela velhice, após a realização da vida — simboliza o seu fracasso. A morte do fracassado — tal como a daqueles que tentaram chegar à Bela Adormecida antes do devido tempo e pereceram no espinhal — significa que essa pessoa ainda não estava madura o bastante para dominar a exigente tarefa que tolamente (prematuramente) empreendeu. Tais pessoas devem passar por outras experiências de crescimento, que lhes possibilitarão ser bem-sucedidas. Aqueles predecessores do herói que morrem nos contos de fadas não são senão as prévias encarnações imaturas do herói.

Tendo sido lançada na escuridão interior (a escuridão dentro do lobo), Chapeuzinho Vermelho se torna apta e grata a uma nova luz, uma melhor compreensão das experiências emocionais que tem de dominar e daquelas outras que tem de evitar porque por enquanto as oprimem. Por meio de histórias como "Chapeuzinho Vermelho", a criança começa a compreender — pelo menos num nível pré-consciente — que somente aquelas experiências que nos oprimem despertam-nos sentimentos íntimos correspondentes com os quais não podemos lidar. Uma vez que os tenhamos dominado, não precisamos mais temer o encontro com o lobo.

Isso é reforçado pela sentença que conclui a história, na qual Chapeuzinho Vermelho não diz que nunca mais se arriscará a se encontrar com o lobo, ou a andar sozinha na floresta. Ao contrário, o final implicitamente adverte a criança que a fuga a todas as situações problemáticas seria a solução errada. Eis como termina a história: "Mas Chapeuzinho Vermelho pensou: 'Enquanto você viver, jamais se desviará do caminho para se embrenhar sozinha na floresta quando sua mãe a proibir de fazê-lo.'" Com um tal diálogo interior, assentado numa experiência extremamente perturbadora, o encontro de Chapeuzinho Vermelho com a própria sexualidade terá um resultado bastante diferente, tão logo ela esteja pronta — ocasião em que terá a aprovação da mãe.

O desviar-se do bom caminho em desafio à mãe e ao superego foi temporariamente necessário para que a menina obtivesse uma condição mais elevada de organização da personalidade. Sua experiência a convenceu dos perigos de ceder aos desejos edipianos. Aprendeu que é bem melhor não se rebelar contra a mãe nem tentar seduzir ou se deixar seduzir pelos aspectos ainda perigosos do macho. Bem melhor, apesar dos próprios desejos ambivalentes, é se decidir provisoriamente pela proteção que o pai proporciona quando não é visto em seus aspectos sedutores. Aprendeu que é melhor introjetar o pai e a mãe e seus valores de modo mais profundo e mais adulto no próprio superego para se tornar capaz de lidar com os perigos da vida.

Há muitas contrapartes modernas de "Chapeuzinho Vermelho". A profundidade dos contos de fadas quando comparados a boa parte da literatura infantil contemporânea se torna evidente quando os pomos lado a lado. David Riesman, por exemplo, comparou "Chapeuzinho Vermelho" com uma história infantil moderna, *Apito, a Locomotiva*, um dos Livrinhos de Ouro que há cerca de vinte anos vendeu milhões de exemplares.[59] Nele, uma locomotivazinha retratada antropomorficamente vai para uma escola de locomotivas para aprender a se tornar aerodinâmica. Tal como Chapeuzinho Vermelho, Apito recebeu a recomendação de não sair dos trilhos. A locomotivazinha também é tentada a se desviar deles, pois gosta de brincar entre as belas flores do campo. Para impedir que Apito se desvie, os cidadãos se reúnem e concebem um plano engenhoso com a participação de todos. Na vez seguinte em que Apito sai dos trilhos para vagar nos prados de que tanto gosta, é detido por uma bandeira vermelha a cada virada que dá, até que promete não sair mais dos trilhos.

Hoje esta poderia ser vista como uma história que exemplifica a mudança de comportamento por meio de estímulos adversos: as bandeiras vermelhas. Apito se corrige e a história termina com ele tendo acertado o caminho e efetivamente se preparando para crescer e se tornar uma grande locomotiva aerodinâmica. *Apito* parece ser essencialmente um conto admonitório, aconselhando a criança a que se mantenha no caminho estreito da virtude. Mas como é raso quando comparado aos contos de fadas!

"Chapeuzinho Vermelho", fala de paixões humanas, voracidade oral, agressão e desejos sexuais pubertários. Opõe a oralidade refinada da criança em maturação (a boa comida levada para a avó) à sua forma canibalística anterior (o lobo engolindo a avó e a menina). Com

A PSICANÁLISE DOS CONTOS DE FADAS | 253

sua violência, inclusive a que salva as duas personagens femininas e destrói o lobo ao abrir-lhe o estômago e ao colocar em seguida pedras dentro dele, o conto de fadas não mostra o mundo sob uma luz rósea. A história termina quando todas as personagens — a menina, a mãe, a avó, o caçador e o lobo — "fazem o que devem": o lobo tenta escapar e cai morto, em seguida o caçador lhe tira a pele e a leva para casa; a avó come aquilo que Chapeuzinho Vermelho lhe trouxe; e a menina aprende sua lição. Não existe uma conspiração dos adultos a forçar a heroína da história a corrigir seu caminho como exige a sociedade — um processo que nega o valor do direcionamento íntimo. Em lugar de os outros fazerem isso por ela, a experiência de Chapeuzinho Vermelho a leva a se modificar, uma vez que promete a si própria que, "enquanto você viver, jamais se desviará do caminho para se embrenhar na floresta..."

Quão mais verdadeiro, tanto em relação à realidade da vida quanto às nossas experiências interiores, é o conto de fadas quando comparado com *Apito,* que se utiliza de elementos realistas como acessórios cênicos: trens correndo nos trilhos, bandeiras vermelhas fazendo-os parar. Os acessórios são bastante reais, mas todo o essencial é irreal, já que a população inteira de uma cidade não para o que está fazendo para ajudar uma criança a se emendar. Além disso, nunca houve qualquer risco real para a vida de Apito. De fato, ele é ajudado a se emendar, mas tudo aquilo em que a experiência de crescimento implica é tornar-se um trem maior e mais rápido — isto é, um adulto externamente mais bem-sucedido e útil. Não há qualquer reconhecimento de angústias íntimas, nem dos perigos que a tentação oferece à nossa própria existência. Citando Riesman, "Não há nada da crueldade de 'Chapeuzinho Vermelho'", que foi substituída por "uma fraude que os cidadãos encenam em benefício de Apito". Em *Apito* não há em momento algum uma exteriorização em personagens da história dos processos íntimos e problemas emocionais que fazem parte do crescimento, de modo a permitir que a criança seja capaz de enfrentar os primeiros e, assim, resolver os últimos.

Não há como duvidar quando, ao final de *Apito,* somos informados de que este se esqueceu de que algum dia gostou de flores. Mas nem mesmo alguém dotado da maior capacidade de imaginação pode acreditar que Chapeuzinho Vermelho poderia um dia esquecer o encontro com o lobo, ou deixar de gostar de flores ou da beleza do mundo. A história de Apito, ao não criar nenhuma convicção íntima na mente do ouvinte, precisa insistir em sua lição e predizer o resultado: a locomotiva ficará nos trilhos e se tornará aerodinâmica. Não há aí nenhuma iniciativa, nenhuma liberdade.

O conto de fadas traz consigo a convicção de sua mensagem; por conseguinte, não necessita fixar o herói a um modo de vida específico. Não há necessidade de dizer o que Chapeuzinho Vermelho fará, ou qual será o seu futuro. Dada a sua experiência, ela será perfeitamente capaz de decidir isso por conta própria. Todos os ouvintes adquirem a sabedoria a respeito da vida e a respeito dos perigos que os desejos de Chapeuzinho Vermelho podem provocar.

Chapeuzinho Vermelho perdeu sua inocência infantil quando encontrou os perigos que residiam em si própria e no mundo, e a trocou pela sabedoria que só os "renascidos" podem possuir: aqueles que não só dominam uma crise existencial mas também se tornam conscientes de que foi sua própria natureza que os projetou nela. A inocência infantil de Chapeuzinho Vermelho morre quando o lobo se revela como tal e a engole. Quando é retirada do estômago do lobo, ela renasce num plano mais elevado de existência; relacionando-se positivamente com ambos os pais, não mais uma criança, ela volta à vida como uma jovem donzela.

"João e o Pé de Feijão"

Os contos de fadas lidam sob forma literária com os problemas básicos da vida, particularmente os inerentes à luta para adquirir maturidade. Previnem contra as consequências destrutivas caso não se consiga desenvolver níveis mais elevados de individualidade responsável, dando exemplos admonitórios como os irmãos mais velhos em "As Três Penas", as irmãs de criação em "Cinderela" e o lobo em "Chapeuzinho Vermelho". Para a criança, esses contos sugerem sutilmente a razão pela qual ela deveria lutar por uma integração superior, e o que se acha envolvido nisso.

Essas mesmas histórias também sugerem ao genitor que ele deve estar consciente dos riscos envolvidos no desenvolvimento de seu filho, de modo a poder estar-lhes alerta e proteger a criança quando necessário, a fim de evitar uma catástrofe; e que ele deveria apoiar e encorajar o desenvolvimento pessoal e sexual do filho quando e onde isso fosse apropriado.

Os contos do ciclo de João são de origem britânica; daí se difundiram para os países do mundo de língua inglesa.[60] De longe a história mais conhecida e interessante desse ciclo é "João e o Pé de Feijão". Elementos importantes desse conto de fadas aparecem em muitas histórias em todo o mundo: a troca aparentemente tola que fornece algo que tem poder mágico; a semente miraculosa da qual nasce uma árvore que chega até o céu; o ogro canibalesco que é sobrepujado em esperteza e roubado; a galinha que põe ovos de ouro ou o ganso de ouro; o instrumento musical que fala. Mas sua combinação numa história que afirma a necessidade de autoafirmação social e sexual no menino púbere e a tolice de uma mãe que menospreza isso é que faz de "João e o Pé de Feijão" um conto de fadas tão significativo.

Uma das histórias mais antigas do ciclo é a de "João e suas Barganhas". Nela, o conflito original não é entre um filho e sua mãe que o considera um tolo, mas sim uma luta entre filho e pai pela preponderância. Essa história apresenta alguns problemas do desenvolvimento social e sexual do homem de forma mais clara do que "João e o Pé de Feijão", e a mensagem subjacente a este último pode ser mais prontamente compreendida à luz do conto anterior.

Em "João e suas Barganhas", é-nos dito que João é um menino desregrado, de nenhuma serventia para o pai. Pior, por sua causa o pai se viu em dificuldades e tem de enfrentar todo tipo de dívidas. Sendo assim, enviou-o à feira com uma das sete vacas da família para que a vendesse pelo melhor preço possível. No caminho, João encontra um homem que lhe pergunta para onde se dirige. Ele lhe diz e o homem propõe trocar a vaca por um bordão maravilhoso; basta que seu dono diga: "Erga-se, bordão, e ao trabalho", para que ele bata em todos os inimigos até deixá-los sem sentidos. João faz a troca. Quando chega em casa, o pai, que esperava receber dinheiro pela vaca, fica tão furioso que vai buscar um bordão para bater no filho. Para defender-se, este invoca o seu bordão, que bate no pai até ele pedir clemência. Isso estabelece a ascendência de João sobre o pai dentro de casa, mas não fornece o dinheiro de que necessitam. Assim, João é enviado à feira seguinte para vender outra vaca. Encontra o mesmo homem e troca a vaca por uma abelha que canta belas canções. A necessidade de dinheiro aumenta, e João é encarregado da venda de uma terceira vaca. Novamente encontra o homem e troca a vaca por um violino que toca melodias maravilhosas.

Aqui mudamos de cena. O rei que governa essa parte do mundo tem uma filha que é incapaz de sorrir. O pai promete casá-la com o homem que conseguir alegrá-la. Muitos príncipes e homens ricos tentam, em vão, diverti-la. João, com suas roupas esfarrapadas, leva a melhor sobre todos os competidores bem-nascidos, uma vez que a princesa sorri quando ouve a abelha cantar e o violino tocar tão maravilhosamente. Ela ri às escâncaras quando o bordão desanca todos os outros pretendentes. Sendo assim, João deverá se casar com ela.

Antes de se casarem, os dois devem passar uma noite juntos na cama. João fica imóvel nesta e não faz nenhum movimento em direção à princesa. Isso a ofende enormemente, assim como a seu pai; mas o rei acalma a filha e sugere que talvez João tenha medo dela e da nova situação em que se encontra. Assim, na noite seguinte, é feita outra tentativa, mas a noite passa de maneira idêntica à primeira. Quando, numa terceira tentativa, João mais uma vez não faz nenhum movimento em direção à princesa na cama, o rei irado manda lançá-lo num poço cheio de leões e tigres. O bordão de João bate nesses animais ferozes até subjugá-los, deixando a princesa maravilhada com "o homem digno que ele é". Os dois se casam "e têm uma infinidade de filhos".

A história está um tanto incompleta. Por exemplo, embora se enfatize repetidamente o número três — três encontros com o homem, três trocas de uma vaca por um objeto mágico, três noites com a princesa sem que João "se volte para ela" —, não fica claro por que se mencionam sete vacas no início e a seguir não se ouve mais falar das quatro que restaram depois que três foram trocadas pelos objetos mágicos. Em segundo lugar, embora haja muitos contos em que um homem se mantém indiferente a sua amada por três dias ou noites consecutivos, normalmente isso é explicado de algum modo;* porém, o comportamento de João no que diz respeito a isso não é explicado e temos de usar a imaginação para inferir o seu significado.

A fórmula mágica "Erga-se, bordão, e ao trabalho" sugere associações fálicas, assim como o fato de que só essa nova aquisição permite a João não ceder diante do pai, que até então o dominava. É esse bordão que lhe dá a vitória na competição com todos os pretendentes — competição essa que é uma disputa sexual, já que o prêmio é o casamento com a princesa. É o bordão que finalmente leva à posse sexual da princesa, após ter batido nos animais até subjugá-los. Enquanto a

---

*Por exemplo, no conto dos Irmãos Grimm "O Corvo", a filha de uma rainha que foi transformada em corvo pode ser libertada do encantamento se o herói a esperar totalmente desperto na tarde seguinte. O corvo o adverte de que, para permanecer acordado, não deverá comer ou beber nada que uma velha irá lhe oferecer. Ele promete, mas em três dias consecutivos acaba permitindo que o induzam a tomar alguma coisa e, em consequência disso, dorme na hora marcada para a princesa-corvo encontrá-lo. Aqui são os ciúmes de uma velha e a cupidez egoísta de um jovem o que explica que este caia no sono quando deveria estar bem acordado para sua amada.

encantadora canção da abelha e as belas melodias do violino fazem a princesa sorrir, é o bater do bordão nos pretendentes pretensiosos — reduzindo assim a frangalhos o que podemos supor fosse a sua pose masculina — o que a faz rir.* Mas, se a história tivesse apenas essas conotações sexuais, não seria um conto de fadas, ou pelos menos um conto de fadas muito significativo. Para chegar a seu significado mais profundo, temos que considerar os outros objetos mágicos e as noites durante as quais João se quedou imóvel ao lado da princesa como se ele próprio fosse um bordão.

A história deixa implícito que potência fálica não é o bastante. Por si só não leva a coisas melhores e mais elevadas, nem conduz à maturidade sexual. A abelha — símbolo de trabalho árduo e de doçura, já que nos dá mel, daí suas canções encantadoras — representa o trabalho e o prazer de executá-lo. O labor construtivo, tal como simbolizado pela abelha, é um contraste perfeito com a selvageria e preguiça iniciais de João. Depois da puberdade, o menino deve encontrar metas construtivas e trabalhar por elas para se tornar um membro útil da sociedade. Por essa razão, João recebe primeiro o bordão, antes da abelha e do violino. O violino, o último presente, simboliza a realização artística e com ela a mais alta realização humana. Para conquistar a princesa, não bastam o poder do bordão e o que ele simboliza sexualmente. Esse poder (proeza sexual) deve ser controlado, como sugerem as três noites na cama durante as quais João não se move. Com esse comportamento, ele demonstra seu autocontrole e não mais se apoia na exibição de uma masculinidade fálica: não deseja conquistar a princesa dominando-a. Ao subjugar os animais ferozes, João demonstra que usa sua força para controlar essas tendências mais baixas — a ferocidade do leão e

---

*Há muitos contos de fadas em que uma princesa excessivamente séria é conquistada pelo homem que consegue fazê-la rir — isto é, liberá-la emocionalmente. O herói frequentemente consegue isso fazendo com que pessoas que normalmente inspiram respeito pareçam ridículas. Por exemplo, em "O Ganso de Ouro", dos Irmãos Grimm, Simplório, o mais jovem de três filhos, graças a sua bondade para com um anãozinho velho, recebe um ganso com penas de ouro. A cupidez induz várias pessoas a tentarem arrancar uma pena, mas, devido a isso, elas ficam grudadas no ganso e umas nas outras. Finalmente, um pároco e um sacristão ficam grudados também e têm de correr atrás de Simplório e seu ganso. Têm um aspecto tão ridículo que, ao ver essa procissão, a princesa ri.

do tigre, sua insensatez e irresponsabilidade que acumularam dívidas para o pai — e, com isso, se torna digno da princesa e do reino. A princesa reconhece isso. João de início fez apenas com que ela risse, mas, no final, quando demonstrou não só poder (sexual) mas também autocontrole (sexual), é reconhecido por ela como um homem digno com quem pode ser feliz e ter muitos filhos.*

"João e suas Barganhas" começa com a autoafirmação fálica adolescente ("Erga-se, bordão, e ao trabalho") e termina com a maturidade social e pessoal quando o autocontrole e a valorização das coisas superiores da vida são alcançados. A história bem mais conhecida de "João e o Pé de Feijão" começa e termina consideravelmente mais cedo no desenvolvimento sexual masculino. Enquanto que a perda do prazer infantil mal é sugerida na primeira história com a necessidade de vender as vacas, essa é uma questão central em "João e o Pé de Feijão". É-nos dito que a boa vaca Branca Leiteira, que até então sustentara o filho e a mãe, parou repentinamente de dar leite. Assim começa a expulsão de um paraíso infantil, que continua com a mãe escarnecendo da crença de João no poder mágico de suas sementes. O pé de feijão fálico permite a João se envolver num conflito edipiano com o ogro, ao qual sobrevive e finalmente vence, graças apenas ao fato de a mãe edipiana tomar o seu partido contra o próprio marido. João renuncia à sua confiança no poder mágico da autoafirmação fálica ao derrubar o pé de feijão, e isso abre caminho em direção ao desenvolvimento da masculinidade madura. Sendo assim, juntas, ambas as versões da história de João cobrem em sua totalidade o desenvolvimento masculino.

A lactância termina quando a crença num suprimento infindável de amor e nutrimento demonstra ser uma fantasia irreal. A infância

---

*A história "O Corvo", dos Irmãos Grimm, pode servir de comparação para corroborar a ideia de que o autocontrole sobre as tendências pulsionais repetido três vezes demonstra maturidade sexual, enquanto que sua ausência indica uma imaturidade que impede a conquista do verdadeiro amor. Diferentemente de João, o herói de "O Corvo", em lugar de controlar o seu desejo de comer, beber e dormir, sucumbe três vezes à tentação ao aceitar o ditado da velha: "Uma vez é vez nenhuma" — isto é, não conta —, o que demonstra sua imaturidade moral. Assim, ele perde a princesa. Ele finalmente a conquista, mas só depois de muitas incumbências que o fazem crescer.

começa com uma crença igualmente irreal naquilo que o próprio corpo da criança em geral, e especificamente um de seus aspectos — seu aparelho sexual recém-descoberto —, pode obter para ela. Assim como na lactância o seio da mãe simbolizava tudo aquilo que a criança queria da vida e parecia receber dela, agora o seu próprio corpo, incluindo os genitais, fará tudo isso por ela — ou ela assim quer acreditar. Isso vale tanto para meninos quanto para meninas; por isso é que as crianças de ambos os sexos gostam de "João e o Pé de Feijão". Atinge-se o final da infância, como sugerimos anteriormente, quando tais sonhos infantis de glória são abandonados e a autoafirmação, mesmo contra um dos pais, torna-se a ordem do dia.

Qualquer criança pode captar facilmente o significado inconsciente da tragédia quando a boa vaca Branca Leiteira, que fornecia tudo o que era necessário, de repente para de dar leite. Isso suscita vagas lembranças daquele momento trágico em que o fluxo de leite cessou para a criança quando foi desmamada. É o momento em que a mãe exige que a criança aprenda a se arranjar com o que o mundo externo lhe pode oferecer. Isso é simbolizado pelo fato de a mãe enviar João ao mundo lá fora para conseguir algo (o dinheiro que ele supostamente obterá pela vaca) que provenha o seu sustento. Mas a crença de João em suprimentos mágicos não o preparou para enfrentar o mundo realisticamente.

Se até o momento a mãe (a vaca, na metáfora de conto de fadas) fornecera tudo o que era necessário e agora não o faz mais, a criança naturalmente se voltará para o pai — representado na história pelo homem encontrado no caminho —, esperando que ele lhe forneça magicamente tudo aquilo de que necessita. Privado dos suprimentos "mágicos" que até então eram garantidos e que ele julgava que eram seus "direitos" inquestionáveis, João está mais que disposto a trocar a vaca por qualquer promessa de solução mágica para o impasse de vida em que se encontra.

Não é apenas a mãe que diz a João para vender a vaca porque ela não dá mais leite; João também quer se livrar dessa vaca inútil que o decepciona. Se a mãe, sob a forma de Branca Leiteira, o priva e torna imperativo mudar as coisas, então João trocará a vaca não por aquilo que a mãe quer, mas pelo que lhe parece mais desejável.

Ser enviado ao encontro do mundo lá fora significa o final da lactância. A criança deve então dar início ao longo e difícil processo de se transformar num adulto. O primeiro passo nessa estrada é abandonar a confiança em soluções orais para todos os problemas da vida. A dependência oral deve ser substituída por aquilo que a criança pode fazer por si mesma, por iniciativa própria. Em "João e suas Barganhas", o herói recebe todos os três objetos mágicos e só por meio deles obtém sua independência; esses objetos fazem tudo por ele. Sua única contribuição, embora demonstre autocontrole, é um tanto quanto passiva; ele não faz nada quando está na cama com a princesa. Quando é lançado num poço com os animais ferozes, o que o salva não é sua coragem ou inteligência, mas unicamente o poder mágico de seu bordão.

As coisas são muito diferentes em "João e o Pé de Feijão". Essa história mostra que, embora a crença na magia possa ajudar a ousar enfrentar o mundo por conta própria, em última análise devemos tomar a iniciativa e desejar correr os riscos inerentes a ser dono da própria vida. Ao receber as sementes mágicas, João sobe no pé de feijão por iniciativa própria e não por sugestão de outrem. Utiliza habilmente a força do corpo para escalar o pé de feijão, e arrisca a vida três vezes para obter os objetos mágicos. No final da história, abate o pé de feijão e assegura assim a posse dos objetos que obteve por meio de sua própria astúcia.

A criança só aceita abandonar a dependência oral se puder encontrar segurança numa crença realística — ou, o que é mais provável, fantasticamente exagerada — naquilo que seu corpo e seus próprios órgãos farão por ela. Mas uma criança vê na sexualidade não algo baseado numa relação entre um homem e uma mulher, mas algo que pode realizar sozinha. Decepcionado com a mãe, é pouco provável que um menino pequeno aceite a ideia de que, para realizar sua masculinidade, necessite de uma mulher. Sem tal crença (irrealista) em si própria, a criança não está apta a enfrentar o mundo. A história conta que João procurou trabalho, mas não conseguiu encontrá-lo; ainda não é capaz de lidar com as coisas realisticamente; isso o homem que lhe dá as sementes mágicas compreende, embora sua mãe não. Só a confiança naquilo que o próprio corpo — ou, mais especificamente, sua sexualidade nascente — pode realizar por si permite à criança abandonar a dependência da satisfação oral; essa é outra razão pela qual João está pronto a trocar uma vaca por sementes.

Se a mãe de João aceitasse sua vontade de crer que suas sementes e aquilo em que elas podem eventualmente se transformar são tão valiosas quanto foi o leite de vaca no passado, ele teria menos necessidade de recorrer a satisfações fantasiosas, tais como a crença em poderes fálicos mágicos como os simbolizados pelo enorme pé de feijão. Em vez de aprovar o primeiro ato de independência e iniciativa de João — trocar a vaca por sementes —, a mãe ridiculariza o que ele fez, fica zangada com ele por isso, bate nele e, pior ainda, volta a exercer seu poder oral privador: como castigo por ter demonstrado iniciativa, João é mandado para a cama sem comer.

Lá, enquanto está na cama, tendo a realidade se mostrado tão decepcionante, a satisfação por intermédio da fantasia assume o controle. A sutileza psicológica das histórias de fadas, que dá àquilo que narram um quê de verdade, é mais uma vez demonstrada pelo fato de que é durante a noite que as sementes se transformam no enorme pé de feijão. Nenhum menino normal poderia durante o dia exagerar tão fantasticamente as esperanças que sua recém-descoberta masculinidade lhe desperta. Mas durante a noite, em seus sonhos, ela lhe surge em imagens extravagantes, tais como o pé de feijão pelo qual subirá às portas do céu. A história conta que, quando João desperta, seu quarto está parcialmente escuro, com o pé de feijão interceptando a luz. Essa é mais uma sugestão de que tudo o que ocorre — a subida de João ao céu pelo pé de feijão, seus encontros com o ogro etc. — são apenas sonhos, sonhos que dão a um menino esperanças de um dia realizar grandes feitos.

O crescimento fantástico das despretensiosas porém mágicas sementes durante a noite é entendido pelas crianças como um símbolo do poder milagroso e das satisfações que o desenvolvimento sexual de João pode ocasionar: a fase fálica está substituindo a fase oral; o pé de feijão substituiu Branca Leiteira. Por esse pé de feijão a criança subirá ao céu para alcançar uma existência superior.

Mas, como adverte a história, isso não está isento de grandes perigos. Estancar na fase fálica é progredir pouco desde a fixação na fase oral. Somente quando a relativa independência adquirida graças ao novo desenvolvimento social e sexual é utilizada para resolver os velhos problemas edipianos é que ela levará a um verdadeiro progresso humano. Daí os encontros perigosos de João com o ogro, como o pai edipiano. Mas João também recebe ajuda da mulher do ogro, sem o quê seria destruído por ele. O quão inseguro João é a respeito de sua recém-descoberta força masculina é ilustrado por sua "regressão" à oralidade sempre que se sente ameaçado: esconde-se duas vezes no forno e, por fim, num grande caldeirão. Sua imaturidade é sugerida ainda pelo fato de ele roubar os objetos mágicos pertencentes ao ogro, o que só consegue porque este está dormindo.* A falta de preparo essencial de João para confiar em sua masculinidade recém-descoberta é sugerida pelo fato de ele pedir comida à mulher do ogro por estar tão faminto.

À maneira dos contos de fadas, essa história descreve os estágios de desenvolvimento que um menino deve atravessar para se tornar um ser humano independente, e mostra como isso é possível, e até mesmo agradável, apesar de todos os perigos, e muito vantajoso. Deixar de apoiar-se nas satisfações orais — ou antes, ter sido forçado a fazê-lo devido às circunstâncias, e substituí-las pela satisfação fálica como solução para todos os problemas da vida não é o bastante: também é necessário que se acrescente, passo a passo, valores mais altos aos já conquistados. Antes que isso possa acontecer, é preciso trabalhar a situação edipiana, que começa com uma profunda decepção em relação à mãe e envolve competição intensa com o pai e ciúme deste. O menino ainda não confia o bastante no pai para se relacionar abertamente com ele. Para dominar as dificuldades desse período, ele necessita da ajuda compreensiva da mãe: João só é capaz de adquirir os poderes do pai-ogro porque a mulher do ogro o protege e esconde.

Em sua primeira expedição, João rouba uma bolsa cheia de ouro. Isso lhe dá e à sua mãe os recursos para que comprem o que precisam,

---

*Quão diferente é o comportamento de João em "João e suas Barganhas", o qual confia em sua força recém-conquistada. Não se esconde nem obtém coisas sorrateiramente: ao contrário, quando está numa situação perigosa, seja com o pai, com seus competidores pela princesa ou com as bestas ferozes, utiliza às escâncaras o poder do bordão para conseguir seus objetivos.

mas o dinheiro eventualmente acaba. João então repete sua excursão, embora agora saiba que, ao fazê-lo, arrisca a vida.*

Na segunda expedição, João obtém a galinha que põe ovos de ouro: aprendeu que ficamos sem as coisas se não as pudermos produzir ou não tivermos quem as produza. Com a galinha, João poderia ficar satisfeito, uma vez que agora todas as necessidades físicas serão permanentemente satisfeitas. Sendo assim, não é a necessidade o que motiva a última expedição de João, mas o desejo do risco e da aventura — o desejo de encontrar algo melhor do que meros bens materiais. Assim, João consegue em seguida a harpa de ouro, que simboliza a beleza, a arte, as coisas superiores da vida. Segue-se então a última experiência de crescimento, na qual ele aprende que não dá certo confiar em magia para resolver os problemas da vida.

Quando João adquire plena humanidade ao lutar por e obter aquilo que a harpa representa, ele também forçosamente toma consciência — devido ao fato de o ogro quase capturá-lo — de que, se continuar a depender de soluções mágicas, acabará sendo destruído. Quando o ogro o persegue pé de feijão abaixo, João grita para a mãe pegar o machado e cortá-lo. Ela traz o machado como foi pedido, mas,

---

*Em certo nível, escalar o pé de feijão simboliza não só o poder mágico de ereção do falo, mas também os sentimentos de um menino em conexão com a masturbação. A criança que se masturba teme que, se for descoberta, sofrerá um castigo terrível, tal como simbolizado pelo fato de que o ogro virá a matá-lo caso descubra o que João pretende. Mas a criança também tem a sensação, ao se masturbar, de estar "roubando" parte do poder dos pais. A criança que, num nível inconsciente, compreende esse significado da história, se assegura de que suas angústias masturbatórias são destituídas de valor. Sua excursão "fálica" no mundo dos ogros gigantes adultos, longe de conduzi-la à destruição, lhe traz vantagens de que é capaz de gozar permanentemente.

Temos aqui um outro exemplo de como o conto de fadas permite à criança compreender e ser auxiliado num nível inconsciente sem ter que se dar conta num nível consciente daquilo com que a história está lidando. O conto de fadas representa em imagens o que se passa no inconsciente ou no pré-consciente da criança: como a sua sexualidade nascente parece um milagre que ocorre na escuridão da noite, ou em seus sonhos. A escalada do pé de feijão, e o que ela simboliza, cria a angústia de que no final dessa experiência ela será destruída por sua ousadia. A criança teme que seu desejo de se tornar sexualmente ativa signifique roubar os poderes e prerrogativas dos pais, e que, sendo assim, isso só pode ser feito à socapa, quando os adultos não são capazes de ver o que ocorre. Depois de a história ter dado corpo a essas angústias, ela assegura à criança de que o final será bom.

quando vê as enormes pernas do gigante descendo o pé de feijão, fica paralisada; é incapaz de lidar com objetos fálicos. Num nível diverso, a paralisia da mãe significa que, embora uma mãe possa proteger o filho contra os perigos que a luta pela masculinidade envolve — como fez a mulher do ogro ao esconder João —, não pode obtê-la por ele, só ele próprio pode fazê-lo. João agarra o machado e abate o pé de feijão e, com isso, derruba o ogro, que morre da queda. Ao fazê-lo, João se livra do pai que é vivenciado no nível oral: como um ogro ciumento que deseja devorar.

Mas, ao abater o pé de feijão, João não apenas se liberta de uma imagem do pai como um ogro destrutivo e devorador; também abandona assim sua crença no poder mágico do falo como o meio de obter para si todas as coisas boas da vida. Ao atacar o pé de feijão com o machado, João abjura as soluções mágicas; torna-se "um homem de verdade". Não tomará mais as coisas dos outros, mas tampouco viverá com medo mortal dos ogros, nem dependerá de que a mãe o esconda num forno (regredindo à oralidade).

Ao terminar a história de "João e o Pé de Feijão", João está pronto para abandonar as fantasias fálicas e edipianas e, em seu lugar, tentar viver na realidade o quanto isso for possível para um menino de sua idade. O próximo estágio de desenvolvimento talvez não dê mais com ele tentando enganar um pai adormecido para roubar suas posses, nem fantasiando que uma figura materna trairá por ele o marido, mas pronto a lutar abertamente por sua ascendência social e sexual. É aqui que tem início "João e suas Barganhas", que vê seu herói atingir tal maturidade.

Esse conto de fadas, assim como vários outros, poderia ensinar os pais tanto quanto ajuda as crianças a crescerem. Ele diz às mães o que os meninos pequenos necessitam para solucionar seus problemas edipianos: a mãe deve tomar o partido da ousadia masculina do menino, por mais sub-reptícia que esta ainda seja, e protegê-lo contra os perigos que possam ser inerentes à afirmação masculina, particularmente quando dirigida contra o pai.

A mãe, em "João e o Pé de Feijão", desaponta o filho porque, em lugar de apoiar sua masculinidade em desenvolvimento, nega sua validade. O genitor do outro sexo deveria encorajar o desenvolvimento sexual pubertário de uma criança, particularmente quando ela busca metas e realizações no mundo mais vasto. A mãe de João, que considerava o filho um rematado tolo devido à troca que fez, se revela a verdadeira tola por não ter conseguido perceber o desenvolvimento de criança a adolescente que estava ocorrendo com seu filho. Se as coisas tivessem acontecido como queria, João teria permanecido uma criança imatura, e nem ele nem a mãe teriam escapado de sua miséria. João, motivado por sua masculinidade nascente, não se deixando desencorajar pela opinião desfavorável da mãe a seu respeito, obtém grande fortuna por meio de suas ações corajosas. Essa história ensina — como o fazem muitos outros contos de fadas, entre eles "As Três Linguagens" — que o erro dos pais é basicamente a falta de uma resposta apropriada e sensível aos vários problemas envolvidos na maturação pessoal, social e sexual de uma criança.

O conflito edipiano no íntimo do menino nesse conto é convenientemente exteriorizado em duas personagens bem distantes que habitam um castelo em algum lugar nas alturas: o ogro e sua mulher. Na experiência de muitas crianças, a maior parte do tempo, quando o pai — como o ogro no conto — está fora de casa, a criança e a mãe passam juntas horas agradáveis, como o fazem João e a mulher do ogro. Então, repentinamente, o pai volta para casa, pedindo sua refeição, o que estraga tudo para a criança, que não é bem acolhida pelo pai. Se não se proporciona a uma criança a sensação de que seu pai está feliz por encontrá-la em casa, ela passará a temer aquilo que fantasiou enquanto ele esteve fora, uma vez que não o incluía. Como a criança quer roubar o pai de seus mais estimados bens, é natural que venha a temer ser destruída em retaliação.

Tendo em vista todos os perigos de regredir à oralidade, eis aqui outra mensagem implícita da história de João: não foi de todo ruim que Branca Leiteira tivesse parado de dar leite. Se isso não tivesse acontecido, João não teria obtido as sementes que deram origem ao pé de feijão. A oralidade, portanto, não sustenta apenas: se nos aferrarmos a ela por muito tempo, ela impede que o desenvolvimento prossiga; chega até a destruir, como faz o ogro com fixação oral. A oralidade pode ser substituída com segurança pela masculinidade, se a mãe aprova e continua a oferecer proteção. A mulher do ogro esconde João num lugar seguro e protegido, tal como o útero materno proporcionou segurança contra todos os perigos. Essa breve regressão a um estágio de desenvolvimento prévio dá a segurança e a torça necessárias para o passo seguinte na independência e na autoafirmação, permite ao menino gozar integralmente as vantagens do desenvolvimento fálico que se inicia. E se a bolsa de ouro e, mais ainda, a galinha que põe ovos de ouro representam ideias anais de possessão, a história assegura que a criança não ficará aferrada ao estágio anal de desenvolvimento: logo se dará conta de que deve sublimar tais pontos de vista primitivos e se tornar insatisfeita com eles. Dar-se-á então por satisfeita com nada menos do que a harpa de ouro e o que ela simboliza.*

---

*Infelizmente, "João e o Pé de Feijão" é com frequência reimpresso numa forma que contém muitas modificações e acréscimos, na maioria resultantes de esforços para fornecer justificação moral para o fato de João roubar o gigante. Essas modificações, todavia, destroem o impacto poético da história e lhe roubam o significado psicológico mais profundo. Nessa versão expurgada, uma fada revela a João que o castelo do gigante e os objetos mágicos pertenceram outrora a seu pai, e que o gigante os tomou depois de matá-lo; e que, por conseguinte, João deve matar o gigante e se apossar de direito dos objetos. Isso torna tudo o que ocorre a João um conto moral de retribuição em lugar de uma história de aquisição da masculinidade.

O "João e o Pé de Feijão" original é a odisseia de um menino que luta para conquistar independência de uma mãe que o menospreza, e que alcança a grandeza por conta própria. Na versão expurgada, João faz apenas o que outra mulher mais velha e poderosa, a fada, lhe ordena que faça.

Um último exemplo de como aqueles que creem estar melhorando um conto de fadas tradicional na verdade fazem o oposto. Em ambas as versões, quando João apanha a harpa mágica, esta grita: "Senhor, senhor", despertando o ogro, que então persegue João com a intenção de matá-lo. Que harpa falante desperte seu senhor de direito ao ser roubada faz todo sentido num conto de fadas. Mas o que pensará a criança de uma harpa mágica que não só foi roubada de seu senhor de direito, mas roubada pelo homem que o matou infamemente, e que, no processo de ser recuperada pelo filho de seu senhor de direito, não obstante desperta o ladrão e assassino? Modificar tais detalhes tira à história seu impacto mágico, do mesmo modo que priva os objetos mágicos — e tudo o mais que sucede na história — de seu significado simbólico como representações exteriores de processos íntimos.

A Rainha Ciumenta em "Branca de Neve" e o Mito de Édipo

Uma vez que os contos de fadas lidam imaginativamente com as mais importantes questões de desenvolvimento de toda a nossa vida, não é de surpreender que muitos se centrem de algum modo em dificuldades edipianas. Mas, até agora, os contos de fadas que discutimos enfocaram os problemas da criança e não os dos pais. Na realidade, assim como a relação da criança com os pais é cheia de problemas, também o é a relação dos pais com a criança, por isso muitos contos de fadas tocam também nos problemas edipianos daqueles. Enquanto que a criança é encorajada a acreditar que tem capacidade bastante para se livrar de suas dificuldades edipianas, os pais são advertidos das consequências desastrosas para eles caso se deixem aprisionar por elas.*

Aludimos ao fato de, em "João e o Pé de Feijão", uma mãe não estar pronta a permitir que o filho se tornasse independente. "Branca de Neve" conta como um dos genitores — a rainha — é destruído pelo ciúme que sente da filha, que, ao crescer, o supera. Na tragédia grega de Édipo, o qual, naturalmente, é destruído por complicações edipianas, não só sua mãe, Jocasta, é também destruída, mas o primeiro de todos a cair é seu pai, Laio, cujo medo de que o filho o substitua leva eventualmente à tragédia que destrói a todos. O medo da rainha de que Branca de Neve a supere é o tema do conto de fadas que leva o nome da criança prejudicada, tal como sucede com a história de Édipo. Pode ser útil, portanto, considerar rapidamente esse mito famoso que,

---

*Como sucede com os desejos, o conto de fadas tem total compreensão de que a criança não pode evitar estar sujeita às dificuldades edipianas e, por conseguinte, ela não é punida se age de acordo com elas. Mas o genitor que se permite exteriorizar *seus* problemas edipianos sobre a criança sofre seriamente por isso.

por intermédio dos escritos psicanalíticos, se tornou a metáfora pela qual nos referimos a uma constelação emocional específica dentro da família — a qual pode causar os mais sérios impedimentos a que alguém cresça e se torne uma pessoa madura e bem integrada, enquanto que, por outro lado, é a fonte potencial do mais rico desenvolvimento da personalidade.

Em geral, quanto menos capaz alguém foi de resolver seus sentimentos edipianos de modo construtivo, tanto maior o risco de que possa ser novamente acossado por eles ao se tornar genitor. O genitor masculino que não conseguiu integrar no processo de maturação seu desejo infantil de possuir a própria mãe e seu medo irracional do pai está propenso a se angustiar a propósito do filho como competidor, e pode inclusive agir de modo destrutivo por causa do medo, como somos informados que o rei Laio fez. Tampouco o inconsciente da criança deixa de responder a tais sentimentos num genitor, caso eles façam parte da relação deste com ela. A história de fadas permite à criança compreender não só que ela sente ciúme de seu genitor, mas também que este pode ter sentimentos paralelos — uma percepção que não só pode ajudar a transpor a distância entre genitor e filho, como também pode permitir lidar construtivamente com dificuldades de relacionamento que, de outro modo, não teriam solução acessível. Mais importante ainda, o conto de fadas tranquiliza a criança de que não precisa temer o ciúme do genitor no caso de ele existir, uma vez que ela sobreviverá com êxito, sejam quais forem as complicações que esses sentimentos possam temporariamente criar.

Os contos de fadas não dizem *por que* um genitor pode ser incapaz de sentir prazer em que seu filho cresça e o supere, sentindo em lugar disso ciúme dele. Não sabemos por que a rainha em "Branca de Neve" não pode envelhecer com graça e obter satisfação do prazer vicário que lhe proporciona o desabrochar de sua filha numa bela menina, mas algo deve ter acontecido em seu passado para torná-la vulnerável a ponto de odiar a filha que deveria amar. Como a sucessão das gerações pode explicar o medo que um genitor sente de seu filho é ilustrado no ciclo de mitos em que a história de Édipo ocupa a parte central.[61]

Esse ciclo mítico, que termina com *Os Sete contra Tebas*, começa com Tântalo, que, sendo amigo dos deuses, tentou testar sua capacidade de tudo saberem assassinando seu filho Pélops e servindo-o como jantar para aqueles. (A rainha em "Branca de Neve" ordena que a filha seja morta e come o que acredita ser parte do corpo de Branca de Neve.) O mito conta que foi a vaidade de Tântalo que motivou sua má ação, assim como é a vaidade que incita a rainha a cometer uma torpeza. Esta, que desejava ser eternamente a mais bela, tem por castigo ser obrigada a dançar até morrer com sapatos de ferro em brasa. Tântalo, que tentou enganar os deuses com o corpo de seu filho como alimento, sofre eternamente no Tártaro, sendo tentado a satisfazer sua sede e fome intermináveis com água e frutos que parecem estar a seu alcance, mas que se retraem quando ele tenta pegá-los. Assim, o castigo é condizente com o crime tanto no mito quanto no conto de fadas.

Também em ambas as histórias a morte não significa necessariamente o fim da vida, já que Pélops é ressuscitado pelos deuses e Branca de Neve retoma consciência. A morte é antes um símbolo de que se deseja o sumiço de determinada pessoa — do mesmo modo que a criança edipiana não deseja realmente que o genitor-competidor morra, mas simplesmente o quer removido do caminho que a levará a conquistar a atenção integral do outro genitor. A expectativa da criança é de que, por mais que tenha desejado um dos pais fora do caminho em determinado momento, este deveria estar bem vivo e à sua disposição no momento seguinte. Consequentemente, no conto de fadas, uma pessoa está morta ou transformada em pedra num determinado momento e volta a viver no momento seguinte.

Tântalo foi um pai disposto a arriscar o bem-estar do filho para alimentar sua vaidade, e isso foi destrutivo para ele e também para o filho. Pélops, tendo assim sido usado pelo pai, mais tarde não hesitará em matar um pai para conseguir seus objetivos. O rei Enómao de Élide desejava egoisticamente conservar sua bela filha, Hipodamia, só para si, e elaborou um plano em que disfarçava esse desejo ao mesmo tempo que se assegurava de que sua filha jamais o deixaria. Qualquer pretendente a Hipodamia tinha de competir com o rei Enómao numa corrida de carruagens; se ganhasse, podia se casar com ela; se perdesse, o rei obtinha o direito de matá-lo, o que sempre fazia. Pélops sub-repticiamente substituiu as cavilhas de cobre das rodas da carruagem do rei por outras de cera e, desse modo fraudulento, venceu a corrida, na qual o rei foi morto.

Até aqui o mito indica que as consequências são igualmente trági-cas se um pai abusa do filho para fins próprios ou se, a partir de uma fixação edipiana na filha, tenta privá-la de uma vida própria e da pró-pria vida os seus pretendentes. Em seguida, o mito fala das terríveis consequências da rivalidade "edipiana" entre irmãos. Pélops tinha dois irmãos legítimos, Atreus e Tiestes. Por ciúme, Tiestes, o mais novo dos dois, roubou o carneiro de Atreu, que tinha um velo de ouro. Em retribuição, Atreu matou os dois filhos de Tiestes e os deu de comer a este num grande banquete.

Esse não foi o único exemplo de rivalidade fraterna na casa de Pélops. Este tinha também um filho ilegítimo, Crisipo. Laio, o pai de Édipo, quando jovem, encontrara proteção e abrigo na corte de Pélops. Apesar da generosidade deste para com ele, Laio cometeu uma injustiça com Pélops ao sequestrar — ou seduzir — Crisipo. Podemos supor que Laio agiu assim por ciúme de Crisipo, que era preferido por Pélops. Como castigo por tal ato de rivalidade, o oráculo de Delfos disse a Laio que ele seria morto pelo próprio filho. Tal como Tântalo destruíra, ou tentara destruir, seu filho, Pélops, e como Pélops forjara a morte do sogro, Enó-mao, também Édipo viria a matar seu pai, Laio. No curso normal dos acontecimentos, um filho substitui o pai — assim, podemos ler todas essas histórias como narrativas do desejo do filho de fazê-lo e da tentativa do pai de impedi-lo. Mas esse mito relata que a atuação edipiana por parte dos pais precede a atuação edipiana por parte dos filhos.

Para impedir que seu filho o matasse, quando Édipo nasceu Laio mandou perfurar-lhe os calcanhares e atar-lhe os pés. Ordenou que um pastor o levasse e o abandonasse no deserto para morrer. Mas o pastor — como o caçador em "Branca de Neve" — teve pena da criança; fingiu ter abandonado Édipo, mas o entregou aos cuidados de outro pastor. Este o levou ao seu rei, que o criou como filho.

Quando rapaz, Édipo consultou o oráculo de Delfos e lhe foi dito que assassinaria o pai e desposaria a mãe. Pensando que o casal real que o criara fosse seus pais, Édipo, para impedir tal horror, não voltou para casa e se pôs a vagar. Numa encruzilhada, matou Laio, sem saber que era seu pai. Em suas andanças, chegou a Tebas, solucionou o enigma da Esfinge e assim libertou a cidade. Como recompensa, casou-se com a rainha — sua mãe viúva, Jocasta. Assim, o filho substituiu o pai como rei e marido; apaixonou-se pela mãe e esta teve relações sexuais com o filho. Quando toda a verdade foi finalmente descoberta, Jocasta se suicidou e Édipo se cegou: destruiu seus olhos como castigo por não ter visto o que estava fazendo.

Mas a história trágica não termina aí. Os filhos gêmeos de Édipo, Etéocles e Polinices, não o apoiaram em sua desgraça, e só sua filha Antígona permaneceu ao seu lado. O tempo passou e, na guerra dos Sete contra Tebas, Etéocles e Polinices se mataram em combate. Antígona enterrou Polinices contra as ordens do rei Creonte e, por isso, foi morta. Não só uma rivalidade fraterna intensa é devastadora, como demonstra o destino dos dois irmãos, mas também uma ligação fraterna para lá de intensa é igualmente fatal, como nos ensina a sorte de Antígona.

Resumindo a variedade de relações que ocasionam a morte nesses mitos: em vez de aceitar amorosamente o filho, Tântalo o sacrifica para seus próprios fins; o mesmo faz Laio com relação a Édipo; e os dois pais acabam destruídos. Enómao morre porque tenta guardar a filha só para si, como faz Jocasta, que se liga demasiado estreitamente ao filho: o amor sexual pelo filho do outro sexo é tão destrutivo quanto o temor materializado de que a criança do mesmo sexo venha a substituir e superar os pais. Matar o genitor do mesmo sexo é a ruína de Édipo, como o é de seus dois filhos que o abandonam na desgraça. A rivalidade fraterna mata os filhos de Édipo. Antígona, que não abandona seu pai, Édipo, mas, ao contrário, compartilha sua desgraça, morre devido a sua devoção excessiva ao irmão.

Mas isso ainda não conclui a história. Creonte, que, como rei, condena Antígona à morte, o faz apesar das súplicas de seu filho, Hêmon, que ama Antígona. Ao destruir Antígona, Creonte destrói também o filho; mais uma vez, eis aqui um pai que não pode deixar de controlar a vida do filho. Hêmon, desesperado com a morte de Antígona, tenta matar o pai e, não conseguindo, se suicida; o mesmo faz sua mãe, esposa de Creonte, em consequência da morte do filho. A única a sobreviver na família de Édipo é Ismene, irmã de Antígona, que não se ligou muito profundamente a nenhum dos pais nem a nenhum dos irmãos, e com a qual nenhum membro mais chegado da família havia se envolvido profundamente. De acordo com o mito, não parece haver saída: quem, por acaso ou por desejo próprio, se mantiver profundamente envolvido numa relação "edipiana" será destruído.

Neste ciclo de mitos encontramos quase todos os tipos de ligações incestuosas, os quais também são sugeridos nos contos de fadas. Mas, nos contos de fadas, a história do herói mostra como essas relações infantis potencialmente destrutivas podem ser, e são, integradas em processos de desenvolvimento. No mito, as dificuldades edipianas se materializam e, consequentemente, tudo termina em destruição total, sejam as relações positivas ou negativas. A mensagem é clara o bastante: quando um genitor não pode aceitar seu filho como tal e se sentir satisfeito por ter que ser eventualmente substituído por ele, daí resulta a mais profunda tragédia. Somente uma aceitação do filho como filho — nem como um competidor, nem como um objeto de desejo sexual — permite boas relações entre pais e filhos e entre os irmãos.

Quão diferentes são as maneiras de o conto de fadas e esse mito clássico apresentarem as relações edipianas e suas consequências. Apesar dos ciúmes da madrasta, Branca de Neve não só sobrevive mas também encontra uma grande felicidade, tal como Rapunzel, cujos pais a entregaram porque satisfazer os próprios anseios fora mais importante para eles do que conservar a filha, e cuja mãe adotiva tentou mantê-la por tempo demasiado. Em "A Bela e a Fera", a Bela é amada pelo pai, e o ama com igual profundidade. Nenhum dos dois é punido por sua mútua ligação: ao contrário, a Bela salva o pai e a Fera, ao transferir sua ligação do pai para o amado. Cinderela, longe de ser destruída pelos ciúmes fraternos, como sucedeu com os filhos de Édipo, emerge vitoriosa.

É assim em todos os contos de fadas. A mensagem *dessas* histórias é que as complicações e dificuldades edipianas podem parecer insolúveis, mas, lutando corajosamente com essas complexidades emocionais relativas à família, pode-se alcançar uma vida muito melhor do que a daqueles que nunca são afligidos por problemas graves. No mito há apenas dificuldade e derrota insuperáveis; no conto de fadas há idêntico perigo, mas ele é superado com êxito. Não morte e destruição, mas uma integração superior — simbolizada pela vitória sobre o inimigo ou competidor, e pela felicidade — é a recompensa do herói no final do conto. Para obtê-la, passa por experiências de crescimento comparáveis às necessárias ao desenvolvimento da criança rumo à maturidade. Isso dá à criança a coragem para não se deixar desanimar pelas dificuldades que encontra em sua luta pela identidade.

"Branca dè Neve"

"Branca de Neve" é um dos contos de fadas mais conhecidos. Tem sido narrado há séculos, sob várias formas, em todos os países e línguas europeias; daí se disseminou para os outros continentes. Quase sempre o título da história é apenas o nome "Branca de Neve", embora existam muitas variações.* "Branca de Neve e os Sete Anões", o título pelo qual o conto é hoje amplamente conhecido, é um expurgo que, infelizmente, enfatiza os anões, que, não conseguindo alcançar uma humanidade amadurecida, estão permanentemente presos a um nível pré-edipiano (anões não têm pais, nem tampouco casam ou têm filhos) e servem apenas de fundo para realçar os desenvolvimentos importantes que estão ocorrendo em "Branca de Neve".

Algumas versões de "Branca de Neve" começam assim: "Um conde e uma condessa passaram por três montes de neve branca, o que fez o conde dizer: 'Quisera ter uma filha tão branca como essa neve.' Pouco depois, depararam-se com três buracos cheios de sangue vermelho e o conde disse: 'Quisera ter uma filha com as faces tão vermelhas como esse sangue.' Por fim, três corvos passaram voando e, nesse momento, ele desejou uma filha 'com os cabelos tão negros como esses corvos'. Continuando o caminho, encontraram uma menina branca como a neve, rosada como o sangue e de cabelos tão negros quanto os corvos; era Branca de Neve. O conde imediatamente a fez sentar-se na carruagem e lhe deu seu amor, mas a condessa não gostou disso e só pensava em como poderia se livrar dela. Por fim, deixou cair sua luva

---

*Por exemplo, uma versão italiana se intitula "La Ragazza di Latte e Sangue" ("A Moça de Leite e Sangue"), que tem sua explicação no fato de que, em muitas versões italianas, as três gotas de sangue que a rainha derrama não caem sobre neve, que é rara na maior parte da Itália, mas antes sobre leite, mármore branco ou mesmo queijo branco.

e ordenou a Branca de Neve que a procurasse; nesse meio-tempo, o cocheiro teve que partir em grande velocidade.

Uma versão paralela difere apenas no detalhe de que o casal passeia por uma floresta e Branca de Neve é solicitada a apear para colher um ramo de belas rosas que cresciam ali. Quando ela o faz, a rainha ordena ao cocheiro que prossiga, e Branca de Neve é abandonada.[62]

Nessas versões da história, conde e condessa ou rei e rainha são pais tenuemente disfarçados, e a menina tão admirada por uma figura paterna e encontrada por acaso é uma filha substituta. Os desejos edipianos de um pai e de uma filha e o modo pelo qual despertam o ciúme da mãe, fazendo com que deseje se livrar desta última, são expostos com mais clareza aqui do que em versões mais comuns. A forma hoje mais amplamente aceita de "Branca de Neve" deixa as complicações edipianas a cargo de nossa imaginação em lugar de impingi-las a nossa mente consciente.[*63]

Seja abertamente expressas, seja apenas insinuadas, as dificuldades edipianas e como o indivíduo as resolve são fundamentais para o modo como sua personalidade e relações humanas se desenvolvem. Ao camuflar as dificuldades edipianas ou ao apenas sugerir sutilmente as complicações, os contos de fadas nos permitem tirar nossas próprias conclusões quando o momento é propício a que obtenhamos uma melhor compreensão desses problemas. As histórias de fadas ensinam de modo indireto. Nas versões que acabamos de mencionar, Branca

---

*Alguns elementos de uma das versões mais antigas do motivo de "Branca de Neve" tal como se encontra em "A Jovem Escrava" de Giambattista Basile deixam claro que a perseguição à heroína se deve ao ciúme da mãe (madrasta), cuja causa é não apenas a beleza da menina, mas antes o amor real ou imaginado do marido da mãe (madrasta) pela menina. Esta, de nome Lisa, morre temporariamente por causa de um pente que fica preso em seus cabelos. Como Branca de Neve, ela é enterrada num caixão de cristal no qual continua crescendo, e o caixão com ela. Depois de ela ter passado sete anos no caixão, seu tio parte. Esse tio, que na verdade é seu pai adotivo, é o único pai que ela jamais teve, já que sua mãe fora magicamente fecundada pela folha de uma rosa que havia engolido. Sua esposa, loucamente enciumada por aquilo que considerava ser o amor do marido por Lisa, sacode-a para fora do caixão; o pente cai dos cabelos de Lisa e ela desperta. A mãe (madrasta) ciumenta a transforma em escrava; daí o título da história. No final, o tio descobre que a jovem escrava é Lisa. Restitui-lhe a liberdade e expulsa sua esposa, que, por ciúme de seu amor por Lisa, quase a destruíra.[64]

de Neve não é filha do conde e da condessa, apesar de profundamente desejada e amada por aquele e do ciúme que desperta nesta. Na história bem conhecida de Branca de Neve, a mulher ciumenta mais velha não é a mãe mas a madrasta, e a pessoa por cujo amor as duas competem não é mencionada. Assim sendo, os problemas edipianos — fonte do conflito da história — são deixados à nossa imaginação.

Enquanto que, psicologicamente falando, os pais criam o filho, é a chegada deste o que faz com que essas duas pessoas se tornem pais. Por conseguinte, é o filho que cria os problemas paternos e, com estes, surgem os seus próprios problemas. Os contos de fadas geralmente começam quando a vida da criança de certo modo chegou a um impasse. Em "João e Maria", a presença dos filhos cria privações para os pais e, por causa disso, a vida se torna problemática para os primeiros. Em "Branca de Neve", não é nenhuma dificuldade externa, como a pobreza, e, sim, as relações entre ela e os pais, o que cria a situação problemática.

Tão logo a posição da criança dentro da família se torna um problema para ela ou para os pais, tem início o processo de sua luta para escapar da existência triádica. Com isso, ela se lança no caminho com frequência desesperadamente solitário para se encontrar — uma luta na qual os outros servem principalmente de contrastes que facilitam ou impedem esse processo. Nalguns contos de fadas, o herói tem de procurar, viajar e sofrer ao longo de anos de uma existência solitária antes de estar preparado para encontrar, resgatar e se unir a uma outra pessoa, numa relação que dá significado permanente à vida de ambos. Em "Branca de Neve", são os anos que ela passa com os anões os que representam seu período de dificuldades, de enfrentamento dos problemas, seu período de crescimento.

Poucos contos de fadas ajudam o ouvinte a distinguir tão nitidamente entre as principais fases da infância quanto "Branca de Neve" o faz. Os primeiros anos pré-edipianos de dependência absoluta quase não são mencionados, o que é verdadeiro da maioria dos contos de fadas. A história lida essencialmente com os conflitos edipianos entre mãe e filha; com a infância; e, finalmente, com a adolescência, colocando maior ênfase naquilo que constitui uma boa infância e no que é necessário para ir além dela.

A PSICANÁLISE DOS CONTOS DE FADAS

A história de "Branca de Neve" dos Irmãos Grimm começa assim: "Era uma vez, no meio do inverno, quando os flocos de neve caíam como penas do céu, uma rainha que estava sentada junto a uma janela cuja moldura era de ébano negro. Enquanto costurava olhando para a neve, espetou o dedo com a agulha e três gotas de sangue caíram na neve. O vermelho ficou tão bonito sobre a neve branca que ela pensou: 'Quem me dera ter uma filha branca como a neve, rosada como o sangue e de cabelos negros como a madeira da moldura da janela.' Pouco depois, ela teve uma filha que era branca como a neve, rosada como o sangue e de cabelos negros como o ébano, e que, por isso, foi chamada de Branca de Neve. E, quando a criança nasceu, a rainha morreu. Passado um ano, o rei se casou novamente...".

A história começa com a mãe de Branca de Neve espetando os dedos e as três gotas de sangue vermelho caindo sobre a neve. Aqui são sugeridos os problemas que a história pretende resolver: a inocência sexual — a brancura — é contrastada com o desejo sexual, simbolizado pelo sangue vermelho. Os contos de fadas preparam a criança para aceitar aquilo que de outro modo é um acontecimento bastante perturbador: o sangramento sexual, tal como ocorre na menstruação e, posteriormente, na relação sexual, quando o hímen é rompido. Ao ouvir as primeiras frases de "Branca de Neve", a criança aprende que uma quantidade pequena de sangramento — três gotas de sangue (sendo o número três o mais associado no inconsciente ao sexo[65]) — é uma precondição para a concepção, porque a criança só nasce depois desse sangramento. Aqui, portanto, o sangramento (sexual) está intimamente ligado a um acontecimento "feliz"; sem explicações detalhadas, a criança aprende que nenhuma criança, nem mesmo ela, poderia nascer sem sangramento.

Embora seja-nos dito que sua mãe morreu quando ela nasceu, nada de ruim sucede a Branca de Neve durante seus primeiros anos, apesar de a mãe ter sido substituída por uma madrasta. Esta só se transforma na "típica" madrasta de contos de fadas *depois* que Branca de Neve faz sete anos e começa a amadurecer. Então a madrasta começa a se sentir ameaçada por Branca de Neve e se torna ciumenta. O narcisismo da madrasta é demonstrado pela busca de confirmação de sua beleza junto ao espelho mágico muito antes de que a beleza de Branca de Neve eclipse a sua.

O consultar o espelho quanto a seu valor — isto é, beleza — por parte da rainha repete o tema antigo de Narciso, que amava apenas a si próprio, a tal ponto que acabou tragado por seu amor a si. O genitor narcisista é aquele que se sente mais ameaçado pelo crescimento de seu filho, pois isso significa que ele, genitor, deve estar envelhecendo. Enquanto a criança é totalmente dependente, ela como que continua sendo *parte* do genitor; não ameaça o narcisismo deste. Mas quando começa a amadurecer e buscar a independência, passa a ser vista como uma ameaça por um tal genitor, como sucede com a rainha em "Branca de Neve".

O narcisismo é parte importante da constituição da criança pequena. A criança deve aprender gradualmente a transcender essa forma perigosa de autoenvolvimento. A história de Branca de Neve adverte sobre as consequências funestas do narcisismo tanto para os pais como para a criança. O narcisismo de Branca de Neve quase a destrói quando ela cede por duas vezes às seduções da rainha camuflada para fazê-la parecer mais bela, enquanto que a rainha é destruída por seu próprio narcisismo.

Enquanto permaneceu em casa, Branca de Neve nada fez; nada nos é dito sobre a sua vida antes de ser expulsa. Tampouco sobre sua relação com o pai, embora seja razoável supor que é a competição por ele que coloca a mãe (madrasta) contra a filha.

O conto de fadas não vê objetivamente o mundo e o que ocorre nele, mas sim sob a perspectiva do herói, que é sempre uma pessoa em desenvolvimento. Uma vez que o ouvinte se identifica com Branca de Neve, ele vê todos os acontecimentos pelos olhos dela, e não pelos da rainha. Para a menina, o amor pelo pai é a coisa mais natural do mundo, assim como o dele por ela. Ela não pode conceber que isso seja um problema — a não ser que ele não a ame o bastante, preferindo-a a todos os demais. Por mais que deseje que o pai a ame mais do que à mãe, a criança é incapaz de aceitar que isso eventualmente possa levar a mãe a ter ciúme dela. Mas, num nível pré-consciente, a criança sabe perfeitamente o quão ciumenta ela é da atenção que um dos genitores dedica ao outro, enquanto que ela acha que deveria receber essa atenção para si. Uma vez que a criança deseja ser amada por ambos os genitores — um fato que é bem sabido, mas frequentemente negligenciado na discussão da situação edipiana devido à natureza do problema —, é-lhe por demais ameaçador imaginar que o amor de um dos genitores por ela possa causar ciúme no outro. Quando esse ciúme (como no caso da rainha em "Branca de Neve") não pode ser ignorado, então é preciso encontrar alguma outra razão que o explique, tal como nessa história, em que ele é atribuído à beleza da menina.

No curso normal dos acontecimentos, as relações dos pais entre si não são ameaçadas pelo amor de um deles, ou de ambos, pela criança. A menos que as relações conjugais sejam muito ruins, ou um dos pais seja muito narcisista, o ciúme provocado por uma criança que é favorecida por um dos pais se mantém pequeno e bem controlado pelo outro pai.

As coisas são bem diferentes no que diz respeito à criança. Em primeiro lugar, ela não consegue encontrar alívio para as dores do ciúme numa boa relação, como aquela que os pais têm um com o outro. Em segundo lugar, todas as crianças têm ciúme, senão dos pais, ao menos dos privilégios que eles gozam como adultos. Quando a dedicação terna, amorosa do genitor do mesmo sexo não é forte o bastante para construir laços positivos cada vez mais importantes na criança edipiana naturalmente ciumenta, e com isso pôr o processo de identificação em funcionamento contra esse ciúme, então este domina a vida emocional da criança. Uma vez que uma mãe (madrasta) narcisista é uma personagem com a qual não é apropriado se relacionar ou se identificar, Branca de Neve, caso fosse uma criança de verdade, não poderia deixar de ter intenso ciúme da mãe e de todas as suas vantagens e poderes.

Se uma criança não pode se permitir sentir ciúme de um genitor (isso é deveras ameaçador para a sua segurança), ela projeta seus sentimentos sobre ele. Assim, "Eu tenho ciúmes de todas as vantagens e prerrogativas de mamãe" se transforma no pensamento fantasioso: "Mamãe tem ciúmes de mim." O sentimento de inferioridade é transformado defensivamente num sentimento de superioridade.

O filho pré-púbere ou adolescente pode dizer de si para si: "Não compito com meus pais, já sou melhor do que eles; são eles que estão competindo comigo." Infelizmente, há também pais que tentam convencer os filhos adolescentes de que são superiores a eles — o que os pais podem perfeitamente ser em certos aspectos mas, por bem da capacidade de seus filhos de se tornarem seguros, deveriam guardar esse fato para si. Pior, há pais que sustentam que são tão bons quanto o filho adolescente sob todos os aspectos: o pai que tenta se igualar à força juvenil e às proezas sexuais do filho; a mãe que busca na aparência, roupas e comportamento ser tão juvenilmente atraente quanto a filha. A antiguidade de histórias como "Branca de Neve" sugere que esse é um fenômeno de longa data. Mas a competição entre um genitor e seu filho torna a vida insuportável para ambos. Sob tais condições, a criança deseja se libertar e se ver livre do genitor, que a força a competir ou a se curvar. O desejo de se ver livre do genitor suscita uma grande culpa, por mais justificado que seja quando a situação é vista objetivamente. Por isso, numa reversão que elimina o sentimento de culpa, esse desejo também é projetado no genitor. Assim, nos contos de fadas, há pais que tentam se livrar dos filhos, como ocorre em "Branca de Neve"

Em "Branca de Neve", tal como em "Chapeuzinho Vermelho", aparece uma figura masculina que pode ser vista como uma representação inconsciente do pai — o caçador que recebe ordens de matar Branca de Neve mas, em vez disso, lhe salva a vida. Quem senão um substituto do pai pareceria aquiescer à preponderância da madrasta e, no entanto, pelo bem da criança, ousar contrariar a vontade da rainha? Isso é o que a adolescente edipiana quer acreditar a respeito de seu pai: que, embora ele faça o que a mãe lhe ordena, tomaria o partido da filha se fosse livre para tanto, ao mesmo tempo que enganaria aquela.

Por que às personagens masculinas resgatadoras é dado com tanta frequência o papel de caçadores nos contos de fadas? Embora a caça possa ter sido uma ocupação tipicamente masculina quando surgiram as histórias de fadas, essa é uma explicação demasiado fácil. Naquele tempo, os príncipes e princesas eram tão raros quanto hoje, e nos contos de fadas eles simplesmente abundam. Mas, quando e onde essas histórias se originaram, a caça era um privilégio aristocrático, o que fornece uma boa razão para se ver o caçador como uma personagem tão dignificada como um pai.

Na verdade, os caçadores aparecem com frequência nos contos de fadas porque se prestam tão bem a projeções. Toda criança deseja em algum momento ser um príncipe ou uma princesa — e por vezes, inconscientemente, acredita sê-lo, tendo apenas sofrido um rebaixamento temporário devido às circunstâncias. A razão de haver tantos reis e rainhas nos contos de fadas é que sua posição significa poder absoluto, do tipo que o genitor parece deter sobre o filho. Assim, a realeza dos contos de fadas representa projeções da imaginação infantil, tal como o caçador.

A pronta aceitação da personagem do caçador como uma imagem adequada de uma figura paterna forte e protetora — em oposição aos muitos pais ineficazes, tal como o de "João e Maria" — deve estar relacionada a associações que se prendem a essa personagem. No inconsciente, o caçador é visto como o símbolo da proteção. Em conexão com isso, devemos considerar as fobias de animais de que nenhuma criança está inteiramente livre. Em seus sonhos e devaneios, a criança é ameaçada e perseguida por animais ferozes, criações de seu medo e culpa. Segundo ela, apenas o pai-caçador pode espantar esses animais ameaçadores, mantê-los permanentemente à distância. Daí que o caçador nos contos não seja uma personagem que mata criaturas amistosas, mas sim uma que domina, controla e subjuga animais selvagens e ferozes. Num nível mais profundo, ele representa a subjugação das tendências animais, antissociais, violentas no homem. Uma vez que busca, alcança e derrota o que é visto como aspectos inferiores do homem — o lobo —, o caçador é uma personagem eminentemente protetora que não só pode nos salvar como efetivamente nos salva dos perigos tanto de nossas próprias emoções violentas quanto das dos outros.

Em "Branca de Neve", a luta edipiana da menina púbere não é recalcada, mas sim dramatizada em torno da mãe como competidora. Na história de Branca de Neve, o pai-caçador não consegue tomar uma posição forte e explícita. Não cumpre o seu dever para com a rainha, nem a sua obrigação moral para com Branca de Neve de lhe dar proteção e segurança. Não a mata imediatamente, mas a abandona na floresta, esperando que seja morta pelos animais ferozes. O caçador busca aplacar tanto a mãe, ao fingir que executa sua ordem, quanto a menina, ao simplesmente não matá-la. O ódio e o ciúme duradouros da mãe são as consequências da ambivalência do pai, que, em "Branca de Neve", são projetadas na rainha má, a qual, por conseguinte, continua reaparecendo na vida da menina.

Um pai fraco é de tão pouca utilidade para Branca de Neve quanto era para João e Maria. O aparecimento frequente de tais personagens nos contos de fadas sugere que maridos dominados pelas esposas não são exatamente uma novidade neste mundo. Mais propriamente, são tais pais que ou criam dificuldades insuperáveis para a criança ou não conseguem ajudá-la a resolvê-las. Esse é outro exemplo das mensagens importantes contidas nos contos de fadas para os pais.

Por que nesses contos de fadas a mãe é inequivocamente rejeitadora enquanto que o pai é com frequência apenas ineficaz e fraco? A razão pela qual a mãe (madrasta) é apresentada como má e o pai como fraco tem a ver com aquilo que a criança espera de seus genitores. No típico cenário da família nuclear, é dever do pai proteger o filho dos perigos do mundo exterior, e também dos que se originam das próprias tendências antissociais da criança. A mãe deve prover o cuidado com a criação e a satisfação geral das necessidades físicas imediatas requeridas para a sobrevivência da criança. Por conseguinte, se a mãe desaponta a criança nos contos de fadas, a própria vida desta se vê ameaçada, como é o caso em "João e Maria" quando a mãe insiste que as crianças devem ser abandonadas. Se, por fraqueza, o pai é negligente em cumprir suas obrigações, então a vida da criança enquanto tal não está tão diretamente ameaçada, embora uma criança privada da proteção do pai deva se virar da melhor maneira possível. Assim sendo Branca de Neve tem de se arranjar por conta própria quando é abandonada pelo caçador na floresta.

Somente o desvelo amoroso conjugado a um comportamento responsável da parte de ambos os pais permite à criança integrar seus conflitos edipianos. Se ela é privada de um dos dois por um dos pais ou por ambos, não poderá se identificar com estes. Se uma menina não for capaz de formar uma identificação positiva com a mãe, não só ficará presa aos conflitos edipianos, como também instalar-se-á a regressão, como ocorre sempre que a criança não consegue atingir o próximo estágio mais elevado de desenvolvimento para o qual está cronologicamente pronta.

A rainha, que está fixada num narcisismo primário e retida no estágio oral incorporativo, é uma pessoa que não pode se relacionar positivamente e com a qual ninguém pode se identificar. Ela ordena ao caçador não somente que mate Branca de Neve, mas que retorne com seus pulmões e fígado como prova. Quando o caçador traz para a rainha os pulmões e o fígado de um animal para provar que executara sua ordem, "o cozinheiro teve de cozinhá-los no sal, e a mulher má os comeu e acreditou ter comido os pulmões e o fígado de Branca de Neve". De acordo com o pensamento e o costume primitivos, uma pessoa adquire os poderes ou características daquilo que come. A rainha, com ciúme da beleza de Branca de Neve, desejava incorporar o seu encanto, tal como simbolizado por seus órgãos internos.

Essa não é a primeira história a respeito do ciúme que uma mãe sente da sexualidade nascente da filha, nem é tão raro assim que uma filha acuse mentalmente a mãe de tal ciúme. O espelho mágico parece falar com a voz de uma filha e não com a de uma mãe. Como a menina pequena acha que a mãe é a pessoa mais bela do mundo, é isso que o espelho inicialmente diz à rainha. Mas como a menina mais velha se acha muito mais bela do que a mãe, é isso que o espelho diz mais adiante. Uma mãe pode ficar desalentada ao olhar no espelho; ela se compara à filha e pensa: "Minha filha é mais bela do que eu." Mas o espelho diz: "Ela é mil vezes mais bela!" — uma afirmação muito mais afim a um exagero de adolescente, que este faz para aumentar suas vantagens e silenciar sua voz interior de dúvida.

A criança púbere é ambivalente em seu desejo de ser muito melhor do que o genitor do mesmo sexo porque teme que, se de fato assim fosse, o genitor, sem embargo muito mais poderoso, exerceria uma vingança terrível. É a criança que teme a destruição devido à sua superioridade imaginária ou real, e não o genitor que deseja destruir. Este pode ter acessos de ciúme se, por sua vez, não tiver conseguido se identificar com o filho num modo bastante positivo, porque só então pode sentir um prazer vicário com suas realizações. É essencial que o genitor se identifique fortemente com o filho do mesmo sexo para que a identificação deste com ele tenha êxito.

Sempre que na puberdade os conflitos edipianos são revividos, a criança acha a vida familiar insuportável devido a seus sentimentos violentamente ambivalentes. Para escapar de sua agitação íntima, sonha em ser o filho de genitores diferentes e melhores, com os quais não teria nenhuma dessas dificuldades psicológicas. Algumas crianças vão até mesmo além de tal fantasia e efetivamente fogem em busca desse lar ideal. Os contos de fadas, todavia, implicitamente ensinam à criança que ele só existe num pais imaginário e que, quando encontrado, com frequência se revela bastante satisfatório. É o que acontece com Branca de Neve e também com João e Maria. Enquanto que a experiência de Branca de Neve com uma casa que não é seu lar é menos assustadora do que a de João e Maria, ela também não dá muito certo. Os anões são incapazes de protegê-la e a mãe continua a ter um poder sobre ela que Branca de Neve não pode se impedir de lhe dar — como é simbolizado pela permissão que concede à rainha (em seus vários disfarces) para entrar na casa, apesar dos avisos dos anões para que tivesse cuidado com os truques desta e não permitisse a entrada de ninguém.

Não podemos nos libertar do impacto dos pais e de nossos sentimentos a seu respeito fugindo de casa, embora esse pareça o caminho mais fácil. Só conseguimos ganhar independência elaborando nossos conflitos íntimos, os quais as crianças normalmente tentam projetar nos pais. Inicialmente, toda criança gostaria que fosse possível escapar do difícil trabalho de integração, o qual, como também mostra a história de "Branca de Neve", está repleto de grandes perigos. Durante algum tempo parece possível escapar dessa tarefa. Branca de Neve leva provisoriamente uma existência pacífica e, sob a orientação dos anões, se transforma de criança incapaz de lidar com as dificuldades do mundo numa menina que aprende a trabalhar bem e a gostar disso. É isso o que os anões requerem dela para que more com eles: ela poderá ficar com eles e nada lhe faltará se "você cuidar da casa, cozinhar, arrumar as camas, lavar, costurar e remendar, e conservar tudo limpo e organizado". Branca de Neve se torna uma boa governanta, como sucede com muitas meninas que, com a mãe fora, cuidam bem do pai, da casa e até mesmo dos irmãos.

Mesmo antes de encontrar os anões, Branca de Neve demonstra que pode controlar os anseios orais, por maiores que sejam. Uma vez em casa dos anões, embora esteja com muita fome, come apenas um bocadinho de cada um dos sete pratos e bebe apenas um pouquinho de cada um dos sete copos, para não tirar muito de ninguém. (Que diferença de João e Maria, as crianças com fixação oral que desrespeitosa e vorazmente devoram a casa de broa de gengibre!)

Depois de ter saciado a fome, Branca de Neve experimenta todas as sete camas, mas uma é comprida demais, outra curta demais, até que, finalmente, ela adormece na sétima cama. Branca de Neve sabe que todas essas são camas que pertencem a outras pessoas, e que o dono de cada uma desejará dormir nela, mesmo que ela ali esteja deitada. Seu exame de todas as camas sugere que está ligeiramente consciente desse risco, e procura se instalar numa cama que não o envolva. E está certa. Ao chegarem em casa, os anões se sentem bastante atraídos por sua beleza, e o sétimo deles, em cuja cama ela dorme, não a exige e, em vez disso, "dormiu com seus companheiros, uma hora com cada um, até que a noite tivesse passado".

Dada a concepção generalizada da inocência de Branca de Neve, a ideia de que subconscientemente ela possa ter se arriscado a ficar na cama com um homem parece chocante. Mas Branca de Neve mostra, ao se deixar tentar três vezes pela rainha disfarçada, que, como a maioria dos humanos — e, acima de tudo, dos adolescentes —, cede com muita facilidade à tentação. No entanto, sua incapacidade de resistir à tentação a torna ainda mais atraente e humana, sem que o ouvinte da história tome consciência disso. Por outro lado, sua frugalidade ao comer e beber, sua resistência a dormir numa cama que não lhe é adequada, mostra que também já aprendeu a controlar até certo ponto os impulsos do id e a submetê-los às exigências do superego. Descobrimos que seu ego também amadureceu, uma vez que ela agora trabalha duro e bem, e compartilha as coisas com os outros.

Anões — esses homens diminutos — têm diferentes conotações em vários contos de fadas.[66] Como as próprias fadas, eles podem ser bons ou maus; em "Branca de Neve", são do tipo prestativo. A primeira coisa que ficamos sabendo sobre eles é que voltaram para casa depois de trabalharem como mineiros nas montanhas. Como todos os anões, mesmo os desagradáveis, são trabalhadores e hábeis em suas ocupações. O trabalho é a essência de suas vidas; nada sabem a respeito de descanso ou recreação. Embora os anões fiquem de imediato impressionados pela beleza de Branca de Neve e comovidos com sua história de desdita, vão logo deixando claro que o preço de viver com eles é dedicar-se ao trabalho consciencioso. Os sete anões sugerem os sete dias da semana — dias repletos de trabalho. É esse mundo de trabalho que Branca de Neve deve tornar seu, caso queira chegar bem à idade adulta; esse aspecto de sua estada com os anões é facilmente compreendido.

Outros significados históricos dos anões podem servir para explicá-los melhor. Os contos de fadas e lendas europeias frequentemente eram resíduos de temas religiosos pré-cristãos que se tornaram inaceitáveis, uma vez que a Cristandade não toleraria tendências pagãs de forma aberta. De certo modo, a beleza perfeita de Branca de Neve parece remotamente derivada do sol; seu nome sugere a brancura e a pureza da luz forte. De acordo com os antigos, sete planetas circundam o sol, daí os sete anões. Anões ou gnomos, no folclore teutônico, são trabalhadores da terra, extraindo metais, dos quais só sete eram comumente conhecidos em tempos idos — outra razão pela qual esses mineiros são sete. E cada um desses sete metais estava relacionado a um dos planetas na antiga filosofia natural (o ouro ao sol, a prata à lua etc.).

Essas conotações não estão imediatamente ao alcance da criança moderna. Os anões evocam também outras associações inconscientes. Não há mulheres anãs. Enquanto que todas as fadas são do sexo feminino, os magos são sua contraparte masculina, e há tanto bruxos como bruxas, ou feiticeiros e feiticeiras. Os anões, portanto, são eminentemente machos, mas machos que têm o seu desenvolvimento interrompido. Tudo nesses "homenzinhos" com seus corpos atrofiados e sua ocupação de mineradores — eles penetram habilidosamente em buracos escuros — sugere conotações fálicas. Certamente não são homens em nenhum sentido sexual — o seu modo de vida, o interesse em bens materiais com exclusão do amor sugerem uma existência pré-edipiana.*

À primeira vista, pode parecer estranho identificar uma personagem que simboliza uma existência fálica como representando também a infância antes da puberdade, um período durante o qual todas as formas de sexualidade estão relativamente adormecidas. Mas os anões estão livres de conflitos interiores e não desejam ir além de sua existência fálica até relações íntimas. Estão satisfeitos com uma sucessão idêntica de atividades; sua vida é um círculo de imutável trabalho no interior da terra, assim como os planetas circulam infindavelmente numa órbita imutável no céu. Essa ausência de mudança ou mesmo de qualquer desejo dela é o que torna sua existência semelhante à da criança pré-púbere. E é por isso que os anões não compreendem nem simpatizam com as pressões internas que tornam impossível para Branca de Neve resistir às tentações da rainha. São os conflitos que nos deixam insatisfeitos com nosso modo de vida atual e nos induzem a encontrar outras soluções; se estivéssemos isentos deles, nunca correríamos os riscos que estão envolvidos na passagem para uma forma de viver diferente e, assim esperamos, mais elevada.

O tranquilo período pré-adolescente vivido por Branca de Neve entre os anões, antes de a rainha voltar a perturbá-la, dá-lhe forças

---

*Dar a cada anão um nome em separado e uma personalidade distinta — no conto de fadas, eles são todos idênticos —, como no filme de Walt Disney, interfere seriamente com a compreensão inconsciente de que eles simbolizam uma forma de existência pré-individual prematura que Branca de Neve deve transcender. Esses acréscimos inadequados aos contos de fadas, que aparentemente aumentam o interesse humano, na verdade podem destruí-lo, pois tornam difícil captar corretamente o significado profundo da história. Os poetas compreendem o significado das personagens dos contos de fadas melhor do que um cineasta e do que aqueles que seguem sua orientação ao recontar a história. A versão poética de Anne Sexton para "Branca de Neve", ao se referir a eles como "os anões, aqueles pequenos cachorros-quentes", sugere-lhes a natureza fálica.[67]

para passar à adolescência. Ela entra, assim, novamente num período de problemas — agora não mais como uma criança que deve padecer passivamente o que lhe é infligido pela mãe, mas como uma pessoa que deve tomar parte e ter responsabilidade naquilo que acontece consigo.

As relações entre Branca de Neve e a rainha simbolizam algumas dificuldades graves que podem ocorrer entre mãe e filha. Mas são também projeções em personagens separadas de tendências que são incompatíveis numa única pessoa. Frequentemente essas contradições íntimas têm origem nos relacionamentos de uma criança com seus pais. Assim, a projeção, no conto de fadas, de um dos lados de um conflito íntimo numa figura paterna também representa uma verdade histórica: foi aí que ele se originou. Isso é sugerido pelo que acontece com Branca de Neve quando sua vida calma e sossegada com os anões é interrompida.

Quase destruída pelos conflitos do início da puberdade e pela competição com a madrasta, Branca de Neve tenta escapar de volta a um período de latência livre de conflitos, em que o sexo se mantém adormecido e consequentemente as perturbações da adolescência podem ser evitadas. Mas nem o tempo, nem o desenvolvimento humano se mantêm estáticos, e uma volta a uma vida de latência para escapar das dificuldades da adolescência não pode ter êxito. Quando Branca de Neve se torna uma adolescente, começa a experimentar os desejos sexuais que estavam recalcados e adormecidos durante a latência. Com isso, a madrasta, que representa os elementos conscientemente negados no conflito íntimo de Branca de Neve, ressurge em cena e lhe destrói a paz interior.

A presteza com que Branca de Neve se deixa repetidamente tentar pela madrasta, apesar das advertências dos anões, sugere o quão próximas as tentações daquela estão de seus desejos íntimos. O conselho dos anões para que não deixe ninguém entrar na casa — ou, simbolicamente, no ser interior de Branca de Neve — de nada adiantam. (Os anões ficam à vontade para pregar contra os perigos da adolescência porque, com sua fixação no estágio fálico de desenvolvimento, não estão sujeitos a eles.) Os altos e baixos dos conflitos adolescentes são simbolizados pelo fato de Branca de Neve ser duas vezes tentada, posta em perigo e salva por um retorno à sua vida de latência anterior. Sua terceira experiência de tentação põe de uma vez por todas fim a seus esforços para voltar à imaturidade ao se deparar com dificuldades adolescentes.

Embora não nos seja dito por quanto tempo Branca de Neve viveu com os anões antes de a madrasta reaparecer em sua vida, é a atração dos cordões de espartilho que a induz a deixar a rainha, disfarçada de mascate, entrar na residência dos anões. Isso torna claro que a essa altura Branca de Neve é uma adolescente bem desenvolvida e, de acordo com a moda de tempos idos, necessitada de e interessada nos cordões. A madrasta amarra tão apertadamente os cordões que Branca de Neve tomba como se estivesse morta.*

Ora, se o propósito da rainha fosse matar Branca de Neve, poderia facilmente tê-lo feito nesse momento. Mas sendo seu objetivo impedir a filha de superá-la, reduzi-la à imobilidade é suficiente por um certo tempo. A rainha, portanto, representa um genitor que temporariamente consegue manter a sua predominância cerceando o desenvolvimento da filha. Noutro nível, o significado desse episódio está em sugerir os conflitos de Branca de Neve a respeito de seu desejo adolescente de estar bem espartilhada, porque isso a torna sexualmente atraente. Seu tombar inconsciente simboliza o ter sido ela esmagada pelo conflito entre seus desejos sexuais e sua angústia a seu respeito. Como é a própria vaidade de Branca de Neve que a seduz para que se deixe espartilhar, ela e a madrasta vaidosa têm muito em comum. Parece que os conflitos e desejos adolescentes de Branca de Neve são a sua ruína. Mas, para o conto de fadas, isso não é o bastante, e prossegue ensinando à criança uma lição ainda mais significativa: sem ter experimentado e dominado aqueles perigos que surgem com o crescimento, Branca de Neve jamais se uniria a seu príncipe.

Ao voltar do trabalho, os bondosos anões encontram Branca de Neve inconsciente e lhe desapertam o cordão. Ela volta a si; retrocede

---

*Dependendo do costume da época ou do lugar, não é uma fita de corpete que tenta Branca de Neve, mas sim alguma outra peça de vestuário — em algumas versões, é uma blusa ou um manto com que a rainha envolve tão apertadamente Branca de Neve que esta desmaia.

temporariamente à latência. Os anões a advertem de novo, e desta vez mais seriamente, contra os truques da rainha má — isto é, contra as tentações do sexo. Mas os desejos de Branca de Neve são muito fortes. Quando a rainha, disfarçada de velha, se oferece para arrumar o seu cabelo — "Penteá-la-ei convenientemente ao menos uma vez" —, Branca de Neve é novamente seduzida e deixa que ela o faça. As intenções conscientes de Branca de Neve são dominadas por seu desejo de ter um belo penteado, e seu desejo inconsciente é ser sexualmente atraente. Uma vez mais esse desejo é "venenoso" para Branca de Neve em sua condição adolescente inicial, imatura, e ela novamente perde a consciência. Novamente os anões a salvam. Na terceira vez que cede à tentação, Branca de Neve come a maçã fatídica que a rainha, vestida de camponesa, lhe entrega. Os anões então já não podem mais ajudá-la, porque a regressão da adolescência para uma vida de latência deixou de ser uma solução para ela.

Em muitos mitos, assim como em muitos contos de fadas, a maçã representa o amor e o sexo, seja no aspecto benevolente, seja no perigoso. Uma maçã, dada a Afrodite, a deusa do amor, mostrando ser ela preferida a deusas castas, levou à Guerra de Troia. Foi com a maçã bíblica que o homem foi seduzido a renegar sua inocência para obter conhecimento e sexualidade. Embora tenha sido Eva quem foi tentada pela masculinidade do homem, tal como representada pela serpente, nem mesmo esta pôde fazer tudo sozinha — precisou da maçã, que na iconografia religiosa também simboliza o seio materno. No seio materno, todos fomos atraídos pela primeira vez para formar uma relação e nela encontrar satisfação. Em "Branca de Neve", mãe e filha dividem a maçã. O que esta simboliza em "Branca de Neve" é algo que mãe e filha têm em comum e que é ainda mais profundo do que o ciúme que cada uma tem da outra — seus desejos sexuais maduros.

Para vencer as suspeitas de Branca de Neve em relação a si, a rainha divide a maçã ao meio, comendo a parte branca, enquanto Branca de Neve aceita a metade vermelha, a "envenenada". A natureza dupla de Branca de Neve foi-nos repetidamente referida: ela era branca como a neve e vermelha como o sangue, isto é, seu ser tem a um tempo seu aspecto assexuado e seu aspecto erótico. O comer a parte vermelha (erótica) da maçã assinala o fim da "inocência" de Branca de Neve. Os anões, os companheiros de sua vida de latência, não podem mais trazê-la de volta à vida; Branca de Neve fez sua escolha, que é tão necessária quanto fatal. O vermelho da maçã evoca associações sexuais como as três gotas de sangue que levaram ao nascimento de Branca de Neve, e também a menstruação, um acontecimento que marca o começo da maturidade sexual.

Ao comer a parte vermelha da maçã, a criança em Branca de Neve morre, e é colocada num caixão transparente feito de vidro. Ali permanece por muito tempo, visitada não apenas pelos anões mas também por três pássaros: primeiro uma coruja, depois um corvo e, por fim, uma pomba. A coruja simboliza a sabedoria; o corvo — tal como o corvo do deus teutônico Odin —, provavelmente a consciência madura, e a pomba representa tradicionalmente o amor. Esses pássaros sugerem que o sono mortal de Branca de Neve no caixão é um período de gestação que é seu período final de preparação para a maturidade.*

A história de Branca de Neve ensina que o fato de alguém atingir a maturidade física não o torna de modo algum preparado intelectual e emocionalmente para a condição adulta, representada pelo casamento. Crescimento e tempo consideráveis são necessários antes que se forme a nova e mais madura personalidade e os velhos conflitos sejam integrados. Só então se está preparado para um parceiro do outro sexo e para a relação íntima com ele que é necessária para que se alcance uma condição adulta amadurecida. O parceiro de Branca de Neve é o príncipe, que "a leva embora" em seu caixão — o que faz com que ela regurgite tossindo ou cuspa a maçã envenenada e retorne à vida, pronta para o casamento. Sua tragédia começou com desejos incorporativos

---

*Esse período de inércia talvez explique ainda o nome de Branca de Neve, que salienta apenas uma das três cores responsáveis por sua beleza. O branco frequentemente simboliza a pureza, a inocência, o espiritual. Mas, ao enfatizar a conexão com a neve, a inércia também é simbolizada. Quando a neve cobre a terra, toda vida parece estancar, como parece suceder com a de Branca de Neve enquanto está deitada no caixão. Então o ter comido a maçã vermelha foi prematuro; ela fora longe demais. Experimentar a sexualidade muito cedo, adverte a história, não pode levar a nada de bom. Mas quando isso é seguido de um período prolongado de inércia, então a menina pode se recuperar inteiramente de suas experiências prematuras e portanto destrutivas com a sexualidade.

orais: a vontade da madrasta de comer os órgãos internos de Branca de Neve. A regurgitação por parte desta da maçã que a sufocava — o objeto mau que havia incorporado — assinala sua libertação definitiva da oralidade primitiva, que representa todas as suas fixações imaturas.

Como Branca de Neve, cada criança no seu desenvolvimento deve repetir a história humana, real ou imaginada. Todos somos eventualmente expulsos do paraíso original da infância, onde todos os nossos desejos pareciam se realizar sem qualquer esforço de nossa parte. O aprendizado a respeito do bem e do mal — a obtenção de conhecimento — parece dividir nossa personalidade em dois: o caos vermelho de emoções desenfreadas, o id; e a pureza branca de nossa consciência, o superego. À medida que crescemos, vacilamos entre sermos vencidos pela agitação do primeiro ou pela rigidez do segundo (a fita apertada e a imobilidade imposta pelo caixão). A condição adulta só pode ser alcançada quando essas contradições internas são resolvidas e realiza-se um novo despertar do ego maduro, em que vermelho e branco coexistem harmoniosamente.

Mas, antes que a vida "feliz" possa começar, os aspectos maus e destrutivos de nossa personalidade devem ser postos sob nosso controle. A bruxa, em "João e Maria", é castigada por seus desejos canibalísticos ao ser queimada no forno. Em "Branca de Neve", a rainha vaidosa, ciumenta e destrutiva é forçada a calçar sapatos de ferro em brasa, com os quais tem que dançar até morrer. O ciúme sexual incontrolado, que tenta arruinar os outros, destrói a si próprio — tal como simbolizado não só pelos sapatos vermelhos em brasa, mas pela morte causada por dançar com eles. Simbolicamente, a história diz que a paixão descontrolada deve ser refreada ou será a ruína da própria pessoa. Só a morte da rainha ciumenta (a eliminação de toda turbulência interior e exterior) pode contribuir para um mundo feliz.

Muitos heróis de contos de fadas, num ponto crucial de seu desenvolvimento, caem num sono profundo ou renascem. Cada redespertar ou nascimento simboliza a conquista de um estado mais adiantado de maturidade e compreensão. É uma das maneiras de o conto de fadas estimular o desejo de um significado mais elevado na vida: consciência mais profunda, maior autoconhecimento e mais maturidade. O longo período de inatividade antes de redespertar leva o ouvinte a se dar conta — sem verbalizá-lo conscientemente — de que esse renascimento requer um tempo de descanso e concentração em ambos os sexos.

A mudança significa a necessidade de abandonar-se algo que até então se apreciava, como a existência de Branca de Neve antes de a rainha sentir ciúmes, ou sua vida tranquila com os anões — experiências de crescimento difíceis e dolorosas que não podem ser evitadas. Essas histórias também convencem o ouvinte de que não precisa ter medo de renunciar a sua posição infantil de dependência dos outros, uma vez que, depois das agruras perigosas do período de transição, ele emergirá num plano mais elevado e melhor para dar início a uma existência mais rica e feliz. Os que relutam em arriscar uma tal transformação, como os dois irmãos mais velhos em "As Três Penas", jamais conquistam o reino. Os que ficaram presos ao estágio pré-edipiano de desenvolvimento, como os anões, não conhecerão nunca a felicidade do amor e do casamento. E os pais que, como a rainha, põem em ação seus ciúmes edipianos quase destroem seus filhos e certamente se destroem.

"Cachinhos Dourados e os Três Ursos"

Faltam a essa história algumas das características mais importantes dos verdadeiros contos de fadas: em seu final não há nem recuperação nem consolo; não há resolução de conflito e, por conseguinte, não há final feliz. Mas é um conto muito significativo, porque lida simbolicamente com alguns dos mais importantes problemas de crescimento da criança: a luta com as dificuldades edipianas, a busca de identidade e a rivalidade entre irmãos.

Em sua forma atual, essa história é de origem recente, embora derive de um conto antigo. Sua curta história moderna ilustra o desenvolvimento, ao longo do tempo, de um conto admonitório que vai adquirindo características de conto de fadas e se tornando cada vez mais popular e significativo. Sua história demonstra que o aparecimento em letra de imprensa de um conto de fadas não impede que seja revisto em edições posteriores. Mas, quando ocorrem tais alterações, as mudanças — em contraste com a época em que os contos de fadas só eram perpetuados oralmente — refletem mais do que apenas as idiossincrasias pessoais do narrador.

A menos que seja um artista original, um autor quando remodela um conto de fadas para nova impressão raramente é guiado sobretudo por seu sentimento inconsciente em relação à história, e tampouco tem em mente uma criança específica a quem queira entreter e ilustrar ou ajudar num problema premente. Tais alterações são, ao contrário, instituídas a maior parte das vezes com base naquilo que o autor acha que um leitor "em abstrato" deseja que lhe contem. Destinado a satisfazer os desejos ou escrúpulos morais de um leitor desconhecido, o conto é, com frequência, narrado sob formas gastas e cediças.

Quando uma história existe apenas na tradição oral, é em grande parte o inconsciente do narrador que determina que história ele relata e o que lembra dela. Ao fazê-lo, ele é motivado não só por seus sentimentos conscientes e inconscientes em relação à história, mas também pela natureza de seu envolvimento emocional com a criança a quem a narra. Em muitas dessas repetições orais de uma história ao longo dos anos por várias pessoas e para ouvintes diferentes, chega-se por fim a uma versão que é a tal ponto convincente para o consciente e inconsciente de tantas pessoas que não parece mais ser necessária qualquer alteração. Com isso, a história atingiu sua forma "clássica".

Todos concordam em que a fonte da qual se origina "Cachinhos Dourados" é um antigo conto escocês em que três ursos têm o lar invadido por uma raposa fêmea.[68] Os ursos devoram a invasora — um conto admonitório aconselhando-nos a respeitar a propriedade e privacidade dos outros. Num livrinho de produção caseira escrito por Eleanor Muir em 1831 como presente de aniversário para um menino e só redescoberto em 1951, a história tem uma velha irada no papel da intrusa. É possível que isso se deva a um equívoco na interpretação do "vixen" do original como significando não uma raposa fêmea e sim uma mulher rabugenta. Quer essa alteração tenha sido um caso de identidade trocada, um ato falho "freudiano" ou tenha sido deliberada, foi o que deu início à transição de um velho conto admonitório para uma história de fadas. Em 1894, outra versão, provavelmente bastante antiga, da história se tornou conhecida a partir da tradição oral. Nela, a intrusa se serve de leite, senta-se nas cadeiras e descansa nas camas dos ursos, que, aqui, vivem num castelo na floresta. Em ambas as histórias a intrusa é punida com bastante severidade pelos ursos, que tentam lançá-la ao fogo, afogá-la ou jogá-la da torre de uma igreja.

Não sabemos se Robert Southey, que publicou a história pela primeira vez em forma impressa em 1837, em seu livro *The Doctor*, estava familiarizado com quaisquer desses contos mais antigos, mas ele fez uma alteração importante, pois pela primeira vez a intrusa saltou pela janela e daí em diante não se soube de seu destino. Sua história termina assim: "A mulherzinha saltou para fora; e não sei dizer se ela quebrou o pescoço na queda, se correu para a floresta e lá se perdeu ou se conseguiu achar a saída e foi presa pelo guarda por vagabundagem. Mas os Três Ursos nunca mais a viram" Houve de imediato uma resposta positiva a essa versão impressa da história.

A alteração seguinte foi feita por Joseph Cundall, como ele próprio explica numa nota dedicatória de 1849 ao livro *Treasury of Pleasure Books for Young Children*, que apareceu em 1856: transformou a intrusa numa menininha e a chamou de "Cabelos Prateados" ("Cabelos Prateados" ou "Cachinhos Prateados" se tornou, em 1889, "Cabelos Dourados" e, finalmente, em 1904, "Cachinhos Dourados"). O conto só obteve grande popularidade após duas outras alterações importantes. Em *Mother Goose's Fairy Tales*, de 1878, "Ursão Grandão", "Urso Médio" e "Ursinho Pequenininho" se transformaram em "Papai Urso", "Mamãe Ursa" e "Bebê Urso"; e a heroína simplesmente desaparece pela janela — não mais se antecipa ou se narra qualquer final ruim para ela.

Com essa designação explícita dos ursos como constituintes de uma família, a história inconscientemente passou a dizer muito mais respeito à situação edipiana. Embora seja aceitável que uma tragédia ressalte resultados destrutivos de conflitos edipianos, a um conto de fadas não é permitido fazê-lo. A história só pôde se tornar popular porque o desenlace foi deixado a cargo de nossa imaginação. A razão pela qual tal incerteza é aceitável é que a intrusa é vista interferindo com a integração da constelação familiar básica, e, desse modo, está ameaçando a segurança emocional da família. De uma estranha que invade a privacidade e assume a propriedade, ela se transformou em alguém que põe em perigo a segurança e o bem-estar emocionais da família. É esse esteio psicológico o que explica a súbita grande popularidade da história.

Quando comparado a um conto popular antigo várias vezes narrado, as falhas relativas de um conto de fadas inventado mais ou menos recentemente surgem quando traçamos um paralelo entre "Cachinhos Dourados" e "Branca de Neve", de que alguns detalhes foram tirados e modificados para aperfeiçoar o "Três Ursos" original. Em ambos os contos, uma menina perdida na floresta encontra uma casinha convidativa que se acha temporariamente abandonada por seus habitantes. Em "Cachinhos Dourados", não nos é dito nem como nem por que a menina se perdeu na floresta, por que razão precisava buscar refúgio ou onde era seu lar. Não sabemos nem as razões manifestas, nem as subjacentes — as que mais importam — para ela estar perdida.* Assim, desde o início, "Cachinhos Dourados" suscita questões que permanecem irrespondidas, enquanto que o maior mérito de um conto de fadas é o de fornecer respostas, por fantásticas que sejam aparentemente, até mesmo para perguntas de que não estamos cientes porque nos perturbam apenas em nosso inconsciente.

Apesar das vicissitudes históricas que fizeram com que a intrusa passasse de uma raposa a uma velha desagradável e desta a uma menina atraente, ela é e continua sendo uma estranha que nunca se torna íntima. Talvez a razão pela qual esse conto se tornou tão imensamente popular na virada do século foi que mais e mais pessoas passaram a se sentir como estranhas. Somos levados a lamentar pelos ursos cuja privacidade foi invadida, e lamentamos pela pobre, bela e encantadora "Cachinhos Dourados", que vem de nenhures e não tem para onde ir. Não há vilões na história, embora Bebê Urso tenha a comida roubada e a cadeira quebrada. Diferentemente dos anões, os ursos não se sentem atraídos pela beleza de "Cachinhos Dourados". Nem se comovem com o relato de uma desgraça, como sucede com os anões quando ouvem a história de Branca de Neve. Mas Cachinhos Dourados tampouco tem história para contar; sua chegada é tão enigmática quanto sua saída.

"Branca de Neve" começa com uma mãe que deseja profundamente uma filha. Mas a mãe idealizada da infância desaparece e é substituída por uma madrasta ciumenta que, além de expulsar Branca de Neve de casa, ameaça sua vida. A simples necessidade de sobreviver obriga Branca de Neve a correr os perigos da floresta selvagem, onde aprende

---

*Em algumas versões modernas expurgadas, o fato de Cachinhos Dourados estar perdida se explica por sua mãe tê-la mandado cumprir uma tarefa, e ela ter se perdido na floresta. Essa adaptação nos recorda como Chapeuzinho Vermelho foi expedida pela mãe; só que ela não se perdeu — permitiu-se ser tentada a se desviar de um caminho amplamente conhecido, de modo que o que lhe ocorreu foi em grande parte culpa sua. João e Maria, assim como Branca de Neve, se perdem não por culpa sua, mas de seus pais. Mesmo a criança pequena sabe que ninguém se perde na floresta sem motivo; é por isso que todas as verdadeiras histórias de fadas contam qual o motivo. Como sugerimos anteriormente, perder-se numa floresta é um velho símbolo da necessidade de se encontrar. Esse significado é seriamente prejudicado caso isso se deva inteiramente ao puro acaso.

a ter êxito na vida por conta própria. O ciúme edipiano entre mãe e filha é esboçado com clareza suficiente para que a criança compreenda intuitivamente os conflitos emocionais e as pressões íntimas subjacentes à trama.

O contraste em "Cachinhos Dourados" é entre a família bem integrada representada pelos ursos e a estranha em busca de si própria. Os ursos felizes porém ingênuos não têm problemas de identidade: cada um sabe exatamente qual a sua posição em relação aos demais membros da família, fato que se torna mais óbvio ao serem denominados Papai, Mamãe e Bebê Urso. Embora cada um tenha a sua individualidade, funcionam como um trio. Cachinhos Dourados busca descobrir quem é, que papel lhe é adequado. Branca de Neve é a criança mais velha lutando com uma fase específica de seus conflitos edipianos irresolvidos: a relação ambivalente com a mãe. Cachinhos Dourados é a pré-adolescente que tenta lidar com sucesso com todos os aspectos da situação edipiana.

Isso é simbolizado pelo papel significativo que o número três desempenha na história. Os três ursos formam uma família feliz, na qual as coisas caminham em tal uníssono que, para eles, não existem quaisquer problemas sexuais ou edipianos. Cada um está feliz em seu lugar; cada um tem o respectivo prato, cadeira e cama. Cachinhos Dourados, por sua vez, está totalmente confusa quanto a qual de cada um dos três lhe servirá. Mas, em seu comportamento, o número três aparece muito antes de ela encontrar os três pratos, camas e cadeiras — pois três esforços em separado marcam sua entrada na residência dos ursos. Na versão de Southey, a velha "primeiro... olhou pela janela, depois espiou pelo buraco da fechadura e, não vendo ninguém em casa, ergueu a aldrava". Em algumas versões posteriores, Cachinhos Dourados faz o mesmo; noutras, bate três vezes na porta antes de entrar.

Espiar pela janela e pelo buraco da fechadura antes de erguer a aldrava sugere uma curiosidade angustiada e ávida a respeito daquilo que se passa detrás da porta fechada. Qual a criança que não sente curiosidade a respeito daquilo que os adultos fazem de portas fechadas e que não gostaria de descobri-lo? Que criança não se deliciaria com a ausência temporária dos pais, que lhe dá uma oportunidade de investigar seus segredos? Com a substituição da velha por Cachinhos Dourados como a principal personagem da história, torna-se muito mais fácil associar a seu comportamento o espreitar de uma criança que visa a descobrir os mistérios da vida adulta.

Três é um número místico e frequentemente sagrado, e já o era muito antes da doutrina cristã da Santíssima Trindade. É o trio composto pela cobra, Eva e Adão que, de acordo com a Bíblia, concorre para o conhecimento carnal. No inconsciente, o número três representa o sexo, porque cada sexo tem três características sexuais visíveis: o pênis e os dois testículos no homem; a vagina e os dois seios na mulher.

O número três também representa o sexo no inconsciente de um modo bem diferente, uma vez que simboliza a situação edipiana com seu envolvimento profundo de três pessoas entre si — relações que, como mostra, entre muitas outras, a história de "Branca de Neve", têm bem mais que uma tintura de sexualidade.

A relação com a mãe é a mais importante na vida de todas as pessoas; mais do que qualquer outra, ela condiciona o desenvolvimento inicial de nossa personalidade, influindo em grande parte em qual será nossa visão da vida e de nós mesmos — se, por exemplo, otimista ou pessimista.* Mas, no que se refere à criança, não há nenhuma escolha envolvida: a mãe e a atitude desta para com ela são já eminentemente "dadas". São-no igualmente, é claro, o pai e os irmãos. (E também as condições econômicas e sociais da família; mas estas só influenciam a criança pequena por intermédio do impacto sobre seus pais e seu comportamento em relação a ela.)

A criança começa a se sentir como uma pessoa, como um parceiro significativo e expressivo numa relação humana quando começa a se relacionar com o pai. Só nos tornamos pessoas quando nos definimos em oposição a outra pessoa. Uma vez que a mãe é a primeira e, por algum tempo, a única pessoa em nossa vida, uma autodefinição bastante rudimentar tem início com nossa definição em relação a ela.

---

*Erikson se refere ao fato de que essas experiências determinarão por toda a vida se nos aproximaremos de cada acontecimento com confiança ou desconfiança — uma atitude básica que não pode deixar de moldar o desenrolar desses eventos e o impacto que terão sobre nós.[69]

Mas, devido a sua profunda dependência da mãe, a criança não é capaz de se encaminhar para a autodefinição a menos que possa contar com uma terceira pessoa. Um passo necessário para a independência é aprender que: "eu também posso contar, confiar em outra pessoa além de mamãe", antes que se possa acreditar ser possível sair-se bem sem depender de *alguém*. Depois de a criança ter estabelecido um relacionamento íntimo com uma outra pessoa, ela pode começar a sentir que, se agora prefere a mãe a essa outra pessoa, trata-se de uma decisão sua — não mais algo a respeito do qual ela se sente sem liberdade.

O número três é central em "Cachinhos Dourados"; refere-se a sexo, mas não em termos do ato sexual. Ao contrário, diz respeito a algo que deve preceder de muito a sexualidade madura: a saber, descobrir quem somos biologicamente. O número três também representa as relações no interior da família nuclear, e os esforços para averiguar onde nos encaixamos aí. Assim, o três simboliza uma busca pelo que somos biologicamente (sexualmente), e quem somos em relação às pessoas mais importantes em nossa vida. De modo geral, ele simboliza a busca da identidade pessoal e social. A partir de suas características sexuais visíveis e por meio de suas relações com pais e irmãos, a criança tem de aprender com quem deve se identificar à medida que cresce e quem está apto a se tornar seu companheiro para a vida e, com isso, também seu parceiro sexual.

Há, em "Cachinhos Dourados", com seus três pratos, cadeiras e camas, uma clara alusão a essa busca de identidade. A imagem mais direta para a necessidade de busca é de que algo que foi perdido deve ser encontrado. Se a busca for por nós mesmos, o símbolo mais convincente para isso é de que nos perdemos. Nos contos de fadas, estar perdido na floresta não simboliza uma necessidade de ser encontrado, mas sim que é mister encontrar-se ou descobrir-se.

O embarque de Cachinhos Dourados em sua viagem de autodescoberta tem início com sua tentativa de espiar a casa dos ursos. Isso evoca associações com o desejo que a criança tem de descobrir os segredos dos adultos em geral e dos pais em particular. Essa curiosidade frequentemente tem muito mais a ver com sua necessidade de obter informação a respeito daquilo que se acha envolvido em sua própria sexualidade do que com um desejo de saber exatamente o que os pais estão fazendo um com o outro na cama.

Uma vez dentro de casa, Cachinhos Dourados explora três diferentes conjuntos de objetos — pratos de mingau, cadeiras e camas — no que diz respeito à sua adequação a si. Experimenta-os sempre na mesma sequência: primeiro os do pai, depois os da mãe e finalmente os do filho. Isso poderia ser visto como uma sugestão de que Cachinhos Dourados investiga a um tempo qual papel sexual e qual das posições no interior da família — a de pai, mãe ou filho — se lhe adequam melhor. A busca de sua identidade e de seu papel na família por parte de Cachinhos Dourados começa com comer, uma vez que a primeira experiência consciente de qualquer pessoa é a de ser alimentada, e seu relacionar-se com outra pessoa começa em torno de sua alimentação pela mãe. Mas sua escolha do prato de Papai Urso sugere que ela anseia ser como ele (do sexo masculino) ou que deseja imensamente se relacionar com ele. O mesmo se dá com sua escolha da cadeira e da cama dele em primeiro lugar, embora sua experiência com o mingau e a cadeira já devesse tê-la ensinado que o que pertence a ele não é adequado a ela. Dificilmente chega-se mais perto dos desejos edipianos de uma menina do que ao sugerir que Cachinhos Dourados tenta compartilhar cama e mesa com uma figura paterna.

Mas, como narra a história, quer seja um desejo de ser do sexo masculino ou de dormir na cama do pai, isso não funciona. As razões são que o mingau do pai é "muito quente" e a sua cadeira "muito dura". Assim, desapontada devido ao fato de que uma identidade masculina, ou intimidade com o pai, não está a seu alcance ou é muito ameaçadora — pode causar queimaduras — e muito difícil de lidar, Cachinhos Dourados, como qualquer menina que experimenta um profundo desapontamento edipiano com o pai, retorna à relação original com a mãe. Mas isso também não dá certo. O que antes fora uma relação calorosa, agora é vista como demasiadamente fria para confortar (o mingau é muito frio). E, não obstante a cadeira da mãe não ser muito dura para sentar, é considerada demasiado macia; talvez ela envolva tal como a mãe envolve a criança, e Cachinhos Dourados com razão não deseja voltar a isso.

Quanto às camas, Cachinhos Dourados acha a cabeceira da cama do pai muito alta, e os pés da cama da mãe também, mostrando que tanto os papéis destes quanto a intimidade com eles estão fora de seu alcance. Só as coisas do bebê Urso se adequam "perfeitamente" a ela. Assim, nada parece lhe restar a não ser o papel de criança; mas não exatamente: quando Cachinhos Dourados se senta na cadeira de Bebê Urso, que, somos informados, "não era nem demasiado dura, nem demasiado macia, mas perfeita, o assento se soltou e lá se foi o dela direto ao chão". Portanto, ela obviamente tinha superado em tamanho a cadeirinha de criança. Ela efetivamente perdeu o assento na vida porque não conseguia ter êxito em ser ou em se relacionar com, primeiramente, o pai e, depois, a mãe; mas isso só ocorreu quando, após esses fracassos, Cachinhos Dourados tentou relutantemente voltar a uma existência infantil, semelhante à de um bebê. Para ela não há final feliz — acorda, como se de um pesadelo, de seu fracasso para encontrar o que lhe é adequado e foge.

A história de Cachinhos Dourados ilustra o significado da escolha difícil que a criança deve fazer: deverá ela ser como o pai, como a mãe ou como uma criança? Decidir quem deseja ser com respeito a essas posições humanas básicas é, de fato, uma tremenda batalha psicológica, uma provação por que todo ser humano tem de passar. Mas, enquanto ela ainda não está pronta para estar no lugar do pai ou da mãe, aceitar apenas o da criança não é uma solução — é por isso que os três testes não são suficientes. Para o crescimento, a consciência de que ainda se é criança deve ser acoplada a outro reconhecimento: o de que é preciso alcançar a individualidade, algo diferente de se identificar a um dos genitores ou de ser meramente o filho de ambos.

Nos contos de fadas populares, diferentemente de um conto inventado como "Cachinhos Dourados", as coisas não acabam depois de três esforços. No final de "Cachinhos Dourados", não é proposta nenhuma resolução do problema de identidade, nenhuma autodescoberta, nenhuma transformação numa pessoa nova e independente. Mesmo assim, a experiência de Cachinhos Dourados na casa dos ursos ao menos lhe ensina que a regressão ao infantilismo não oferece qualquer escape das dificuldades de crescimento. Alcançar a individualidade, sugere a história, é um processo que tem início com o esclarecimento daquilo que se acha envolvido nas relações com os pais.

Os ursos em "Cachinhos Dourados" não fornecem ajuda; ao contrário mostram-se consternados e críticos pelo fato de que uma menina tente caber na cama de Papai e tente tomar o lugar de Mamãe. Ocorre o oposto em "Branca de Neve": os anões, longe de criticarem Branca de Neve por provar de seus sete pratos e copos e experimentar suas sete camas, admiram a pequena heroína. Enquanto que os ursos despertam Cachinhos Dourados com sua consternação, os anões se asseguram de que o sono de Branca de Neve se mantenha imperturbado, mesmo que isso lhes traga inconvenientes. Por mais que sejam atraídos pela beleza de Branca de Neve, dizem-lhe desde o início que, se quiser continuar com eles, terá de aceitar encargos: se quiser se tornar uma pessoa, terá de agir com maturidade. Os anões a advertem dos perigos que o crescimento pode acarretar, mas, mesmo quando Branca de Neve não lhes segue o conselho, eles repetidamente a ajudam a sair de suas dificuldades.

Cachinhos Dourados não recebe ajuda dos ursos para seus problemas de crescimento e, sendo assim, tudo o que pode fazer é fugir, assustada com a própria ousadia, derrotada em seus esforços para se encontrar. Fugir de uma difícil tarefa de desenvolvimento não encoraja muito uma criança a prosseguir o trabalho árduo de resolver, um de cada vez, os problemas que o crescimento lhe apresenta. Além disso, a história de Cachinhos Dourados não termina com nenhuma promessa de felicidade futura à espera daqueles que controlaram sua situação edipiana quando crianças e novamente quando adolescentes, ao ressurgirem essas velhas dificuldades, desta vez para serem resolvidas de formas mais maduras. A esse respeito, "Cachinhos Dourados" deixa tristemente a desejar, uma vez que somente grandes esperanças quanto ao futuro fornecem a uma criança a coragem que a capacita a continuar lutando até alcançar a individualidade.

Apesar das insuficiências de "Cachinhos Dourados" quando comparado a outros contos de fadas populares, ele tem considerável mérito, ou não teria obtido tal popularidade. A história lida com as dificuldades de alcançar a identidade sexual, e com os problemas criados pelos desejos edipianos e pelos esforços para obter o amor indiviso, primeiramente de um dos pais e, em seguida, do outro.

Por ser "Cachinhos Dourados" uma história ambígua, muita coisa depende de como ela é narrada. O genitor que, lá por suas razões, sente prazer com a ideia de que as crianças devem ser amedrontadas para que não espiem os segredos dos adultos narrá-la-á com uma ênfase diferente da daquele que tem empatia pelo desejo que uma criança sente de fazê-lo. Uma pessoa simpatizará com as dificuldades de Cachinhos Dourados para se sentir em paz com o fato de ser uma menina; já outra, não. Algumas pessoas sentirão mais profundamente a frustração de Cachinhos Dourados ao ter de aceitar que ainda é uma criança, mas sentirão também que ela deve superar a infância, embora possa não desejar fazê-lo.

A ambiguidade da história permite narrá-la enfatizando a rivalidade fraterna — seu outro motivo principal. Aqui, muita coisa depende de como, por exemplo, se narra o incidente com a cadeira quebrada. Ele pode ser narrado com empatia pelo choque de Cachinhos Dourados quando a cadeira, que parecia tão adequada, subitamente se quebra; ou, em sentido oposto, com júbilo seja por sua queda, seja pelo fato de ela ter quebrado a cadeira de Bebê Urso.

Quando a história é narrada da perspectiva de Bebê Urso, Cachinhos Dourados é a intrusa que subitamente surge não se sabe de onde, como fez o irmão mais novo seguinte, e usurpa — ou tenta usurpar — um lugar numa família que, para Bebê Urso, estava completa sem ela. Essa intrusa desagradável rouba sua comida, destrói sua cadeira e até tenta tirá-lo da cama — e, por extensão, ocupar seu lugar no amor dos pais. É, portanto, compreensível que não tenha sido a voz dos pais e, sim, a de Bebê Urso que, "por ser tão aguda e estridente, a acordou imediatamente. Ergueu-se... e correu para a janela". É o Bebê Urso — a criança — quem deseja se livrar da recém-chegada, deseja que regresse ao lugar de onde veio, de modo a não ver "nem mais um pedacinho dela". Assim, a história empresta corpo, na imaginação, aos medos e desejos que uma criança tem de um recém-chegado, imaginário ou real, na família.

Se, adotando-se o ponto de vista de Cachinhos Dourados, o Bebê Urso é o irmão, então podemos sentir empatia por seu desejo de

A PSICANÁLISE DOS CONTOS DE FADAS | 309

tirar-lhe a comida, destruir-lhe o brinquedo (a cadeira) e ocupar-lhe a cama para que ele não tenha mais nenhum lugar na família. Interpretada assim, a história novamente se torna um conto admonitório, agora advertindo para que não se ceda à rivalidade fraterna a ponto de agir destrutivamente contra os bens do irmão. Quem o fizer, corre o risco de ser abandonado no frio, sem ter para onde ir.

A grande popularidade de "Cachinhos Dourados" tanto entre as crianças quanto entre os adultos deriva em parte de seus múltiplos significados em vários níveis diferentes. A criança pequena pode responder antes de tudo ao tema da rivalidade fraterna, satisfeita por Cachinhos Dourados ter de voltar para o lugar de onde veio, como muitas crianças desejariam que o novo bebê fizesse. Uma criança mais velha ficará fascinada com as experimentações de papéis adultos por parte de Cachinhos Dourados. As crianças apreciarão o fato de ela espionar e penetrar na casa; alguns adultos talvez desejem lembrar a seus filhos que Cachinhos Dourados foi expulsa por causa disso.

A história é particularmente oportuna por retratar a intrusa, Cachinhos Dourados, de forma tão fascinante. Isso torna essa mesma história tão atraente para uns quanto é para outros, já que os de casa, os ursos, vencem. Assim, quer nos sintamos como um intruso, quer como de casa, a história pode ser igualmente encantadora. A alteração do título com o correr do tempo mostra como uma história que salvaguarda a propriedade e os direitos psicológicos dos de casa — os ursos — passou a concentrar a atenção sobre a intrusa. Aquilo que antes se intitulava "Os Três Ursos" agora é conhecido principalmente como "Cachinhos Dourados". Além disso, a ambiguidade da narrativa, que está tão de acordo com o temperamento da época, pode também explicar a sua popularidade, enquanto que as soluções bem delineadas do conto de fadas tradicional parecem sugerir uma época mais feliz em que se acreditava que as coisas podiam ter soluções claras.

Mais importante ainda, sob esse aspecto, é o maior atrativo da história, que é, ao mesmo tempo, a sua maior fraqueza. Não apenas nos tempos modernos, mas em todas as épocas, fugir de um problema — o que no inconsciente significa negá-lo ou recalcá-lo — parece a saída mais fácil quando se é confrontado com o que parece ser uma situação muito difícil ou insolúvel. Essa é a solução que nos é legada em "Cachinhos Dourados". Os ursos parecem indiferentes a seu aparecimento e súbito desaparecimento em suas vidas. Agem como se nada tivesse acontecido, a não ser um interlúdio sem consequências; tudo se resolve com seu pulo para fora da janela. No que diz respeito a Cachinhos Dourados, sua fuga sugere que não é necessária nenhuma solução das dificuldades edipianas ou da rivalidade fraterna. Ao contrário do que acontece nos contos de fadas tradicionais, a impressão é de que a experiência de Cachinhos Dourados na casa dos ursos causou tão pouca mudança em sua vida quanto na da família de ursos; não se ouve mais falar disso. Apesar de sua séria investigação sobre onde se adequa melhor — e, implicitamente, sobre quem é —, não somos informados de que isso tenha conduzido Cachinhos Dourados a alguma forma mais elevada de identidade.

Os pais gostariam que suas filhas permanecessem eternamente as suas menininhas, e a criança gostaria de crer que é possível escapar da batalha do crescimento. É por isso que a reação espontânea diante de "Cachinhos Dourados" é: "Que história encantadora!"; mas é também por isso que essa história não ajuda a criança a obter maturidade emocional.

"A Bela Adormecida"

A ADOLESCÊNCIA É uma fase de mudanças grandes e rápidas, caracterizada por períodos de total passividade e letargia que se alternam com atividade frenética e até mesmo com comportamento perigoso para "pôr-se à prova" ou descarregar a tensão interna. Esse comportamento adolescente ziguezagueante encontra expressão em alguns contos de fadas quando o herói se lança em busca de aventuras e subitamente é transformado em pedra por algum encantamento. No mais das vezes, e mais corretamente, do ponto de vista psicológico, a sequência é invertida: Simplório, em "As Três Penas", nada faz até bem entrado na adolescência; e o herói de "As Três Linguagens", impulsionado pelo pai a partir para o exterior em busca de aprimoramento, passa três anos num aprendizado passivo antes que suas aventuras comecem.

Enquanto muitos contos de fadas frisam os grandes feitos que os heróis devem executar para se tornarem tais, "A Bela Adormecida" enfatiza a concentração demorada e tranquila em si próprio que é igualmente necessária. Durante os meses que antecedem a primeira menstruação, e com frequência também no período imediatamente posterior, as meninas são passivas, parecem sonolentas e se refugiam dentro de si. Embora nenhum estado igualmente notável anuncie a chegada da maturidade sexual nos meninos, muitos deles experimentam um período de lassidão e de ensimesmamento durante a puberdade que equivale à experiência da mulher. É, portanto, compreensível que uma história de fadas em que um longo período de sono se inicia no desabrochar da puberdade tenha sido por um longo tempo extremamente popular entre meninas e meninos.

Em grandes mudanças na vida, como é o caso da adolescência, para oportunidades de crescimento bem-sucedidas são necessários tanto períodos de atividade quanto de repouso. O ensimesmamento, que, pela aparência externa, se assemelha à passividade (ou a passar a vida dormindo), ocorre quando se dão no interior da pessoa processos mentais íntimos tais que ela não tem energia para uma ação voltada para o exterior. Aqueles contos de fadas que, como "A Bela Adormecida", têm o período de passividade como tópico central, permitem que o adolescente em botão não se preocupe durante seu período inativo: ele aprende que as coisas continuam a evoluir. O final feliz assegura à criança de que ela não ficará permanentemente presa a um aparente não fazer nada, mesmo que, no momento, pareça que esse período de quietude durará cem anos.

Depois do período de inatividade que tipicamente ocorre durante o início da puberdade, os adolescentes se tornam ativos e compensam o período de passividade; na vida real e nos contos de fadas, eles buscam provar sua jovem masculinidade ou feminilidade, muitas vezes por meio de aventuras perigosas. É assim que a linguagem simbólica do conto de fadas afirma que, depois de terem adquirido força na solidão, devem agora alcançar a individualidade. Na verdade, esse desenvolvimento está repleto de perigos: um adolescente deve abandonar a segurança da infância, o que é representado por perder-se na floresta perigosa; aprender a enfrentar suas tendências violentas e angústias, simbolizadas por encontros com animais ferozes ou dragões; começar a se conhecer, o que está implícito no encontrar personagens e experiências estranhas. Nesse processo, o adolescente perde uma inocência prévia sugerida pelo fato de ter sido um "Simplório", considerado tolo e inferior, ou meramente o filho de alguém. São óbvios os riscos envolvidos em aventuras ousadas, como quando João encontra o ogro. "Branca de Neve" e "A Bela Adormecida" encorajam a criança a não temer os perigos da passividade. Por antiga que seja, "A Bela Adormecida" tem, sob muitos aspectos, uma mensagem mais importante para a juventude atual do que muitos outros contos. Hoje em dia, muitos de nossos jovens — e seus pais — temem o crescimento tranquilo, em que nada parece acontecer, devido a uma crença comum de que só o fazer o que pode ser visto atinge objetivos. "A Bela Adormecida" mostra que um longo período de repouso, de contemplação, de concentração no eu, pode levar e com frequência leva à mais alta realização.

Afirmou-se recentemente que, nos contos de fadas, a luta contra a dependência infantil e para alcançar a individualidade é com frequência descrita diferentemente no que diz respeito à menina do que no que diz respeito ao menino, e que isso é o resultado de uma estereotipia sexual. Os contos de fadas não transmitem tais imagens unilaterais. Mesmo quando uma menina é retratada como voltando-se para dentro de si em sua luta para alcançar a individualidade e o menino como lidando agressivamente com o mundo exterior, esses dois *juntos* simbolizam os dois modos pelos quais se deve conquistar a individualidade: aprendendo a entender e dominar tanto o mundo interior quanto o exterior. Nesse sentido, os heróis masculinos e femininos são mais uma vez projeções em duas personagens diferentes de dois aspectos separados (artificialmente) de um único processo pelo qual *todos* têm de passar ao crescer. Embora alguns pais que tomam as coisas ao pé da letra não o percebam, as crianças sabem que, independentemente do sexo do herói, a história diz respeito a seus próprios problemas.

Personagens masculinas e femininas aparecem nos mesmos papéis nos contos de fadas; em "A Bela Adormecida", é o príncipe que observa a moça dormindo, mas em "Cupido e Psique" e nos muitos contos derivados dele, é Psique quem percebe Cupido dormindo e, como o príncipe, fica maravilhada com a beleza que contempla. Esse é só um exemplo. Como há milhares de contos de fadas, podemos supor com segurança que provavelmente há um número idêntico em que a coragem e a determinação das fêmeas salvam os machos e vice-versa. É assim que deveria ser, uma vez que as histórias de fadas revelam verdades importantes sobre a vida.

"A Bela Adormecida" é mais conhecida hoje em dia em duas versões diferentes: a de Perrault e a dos Irmãos Grimm.[70] Para explicar a diferença, talvez seja melhor considerar brevemente a forma que tomou a história no *Pentamerone*, de Basile, em que tem por título: "Sol, Lua e Tália"*[71]

Quando nasceu sua filha Tália, um rei pediu a todos os sábios e videntes que predissessem o seu futuro. Eles concluíram que ela se exporia a grande perigo derivado de uma farpa de linho. Para prevenir qualquer acidente desse tipo, o rei ordenou que nunca entrasse linho ou cânhamo em seu castelo. Mas, um dia, Tália, já crescida, viu uma velha que fiava passar por sua janela. Ela, que nunca vira nada parecido, "ficou, por isso mesmo, encantada com a dança do fuso". Curiosa, pegou a roca e começou a esticar o fio. Uma farpa de cânhamo "penetrou sob sua unha e ela imediatamente caiu morta no chão". O rei colocou sua filha sem vida sentada numa cadeira de veludo no palácio, trancou a porta e partiu para sempre, a fim de apagar a lembrança de sua dor.

Algum tempo depois, outro rei estava caçando quando seu falcão entrou voando por uma janela do castelo vazio e não voltou. Tentando achá-lo, o rei vagou pelo castelo. Nele encontrou Tália como que dormindo, porém nada a despertava. Apaixonando-se por sua beleza, coabitou com ela; depois partiu e se esqueceu de todo o incidente. Nove meses depois, Tália deu à luz duas crianças, permanecendo adormecida o tempo todo. Elas eram amamentadas em seus seios. "Certa vez, quando um dos bebês desejava mamar, não conseguiu encontrar o seio e colocou na boca o dedo que fora espetado. O bebê o sugou com tamanha força que extraiu a farpa, e Tália foi despertada como que de um sono profundo."

Um dia, o rei se lembrou de sua aventura e foi ver Tália. Ficou encantado ao encontrá-la desperta com as duas belas crianças, e daí em diante elas não lhe saíram mais do pensamento. Sua esposa descobriu-lhe o segredo e, às escondidas, mandou buscar as duas crianças em nome do rei. Ordenou que as cozinhassem e servissem ao marido. O cozinheiro as escondeu em sua casa e preparou em seu

---

*Por essa época já era um tema antigo, pois há versões em francês e catalão dos séculos XIV ao XVI que serviram de modelos para Basile, se é que ele não se baseou em contos populares de sua própria época que ainda nos são desconhecidos.[72]

lugar alguns cabritinhos, que a rainha serviu ao rei. Pouco depois, a rainha mandou buscar Tália e planejava lançá-la ao fogo, por ser ela a causa da infidelidade do rei. No último minuto o rei chegou, mandou lançar a esposa ao fogo, casou-se com Tália e ficou feliz por encontrar seus filhos, que o cozinheiro salvara. A história termina com os versos:

Gente de sorte, conforme se proclama,
Recebe a bênção da Fortuna de cama.*

Perrault, ao acrescentar por conta própria a história da fada menosprezada que pronuncia a maldição, ou ao utilizar esse motivo familiar aos contos de fadas, explica o porquê de a heroína cair num sono semelhante à morte e, assim, enriquece a história, uma vez que, em "Sol, Lua e Tália", não nos é dada nenhuma razão para que esse seja o seu destino.

Na história de Basile, Tália é a filha de um rei que a amava tanto que não pôde permanecer em seu castelo depois de ela cair num sono semelhante à morte. Nada mais nos é dito a seu respeito depois que ele deixou Tália refestelada numa cadeira semelhante a um trono "sob um dossel bordado", nem sequer depois que ela despertou, casou-se com seu rei e viveu feliz com ele e seus belos filhos. Um rei substitui outro rei no mesmo país; um rei substitui outro na vida de Tália — o pai rei é substituído pelo amante rei. Não seriam esses reis substitutos um do outro em diferentes períodos da vida da moça, em diferentes papéis, sob diferentes disfarces? Aqui encontramos novamente a "inocência"

---

*Uma vez que os filhos de Tália se chamam Sol e Lua, é possível que Basile tenha sido influenciado pela história de Leto, um dos muitos amores de Zeus, que lhe gerou Apolo e Ártemis, o deus do sol e a deusa da lua. Se assim for, podemos supor que, como Hera tinha ciúmes daquelas que Zeus amava, a rainha, nesse conto, é uma lembrança distante de Hera e seus ciúmes.

A maior parte dos contos de fadas do mundo ocidental incluiu, em algum momento, elementos cristãos, de tal modo que uma explicação desses significados cristãos subjacentes daria um outro livro. Nesse conto, Tália, que não sabe que teve relações sexuais ou que concebeu, assim o fez sem prazer e sem pecado. Ela tem isso em comum com a Virgem Maria, pois, como esta, desse modo ela se torna mãe de Deus(es).

da criança edipiana, que não sente responsabilidade pelo que desperta ou deseja despertar no genitor.

Perrault, o acadêmico, distancia duplamente a sua história da de Basile. Ele era, afinal de contas, um cortesão que narrava histórias para serem compulsadas por príncipes, fazendo de conta que foram inventadas por seu filho pequeno para agradar a uma princesa. Os dois reis são transformados em um rei e um príncipe, este último alguém que obviamente ainda é solteiro e sem filhos. E a presença do rei é separada do príncipe por um sono de cem anos, de modo a que tenhamos certeza de que os dois não têm nada em comum. O interessante é que Perrault não consegue em absoluto se livrar das conotações edipianas: em sua história, a rainha não fica loucamente enciumada devido à traição do marido, mas surge como a mãe edipiana que tem tanto ciúme da moça por quem seu filho, o príncipe, se apaixona que busca destruí-la. Mas, enquanto que a rainha, na história de Basile, é convincente, a de Perrault não é. Sua história incide em duas partes incongruentes: a primeira termina com o príncipe despertando a Bela Adormecida e se casando com ela; segue-se uma segunda em que nos é subitamente dito que a mãe do Príncipe Encantado é, na verdade, uma ogra devoradora de crianças, que deseja comer os próprios netos.

Em Basile, a rainha deseja dar de comer ao marido os filhos dele — o mais terrível castigo que é capaz de imaginar por ele ter preferido Bela Adormecida a ela. Em Perrault, ela mesma deseja comê-los. Em Basile, a rainha tem ciúmes porque a mente e o amor do marido estão totalmente absorvidos por Tália e seus filhos. A esposa do rei tenta queimar Tália no fogo — o amor "abrasador" do rei por Tália tendo despertado o ódio "abrasador" da rainha por ela.

Não há outra explicação para o ódio canibalesco da rainha no conto de Perrault senão a de que ela é apenas uma ogra que "sempre que via criancinhas passando... tinha toda a dificuldade do mundo para evitar lançar-se sobre elas". O Príncipe Encantado, por outro lado, mantém segredo de seu casamento com Bela Adormecida durante dois anos, até a morte do pai. Só então traz Bela Adormecida e suas duas crianças, de nome Aurora e Dia, para o castelo. E, embora saiba que a mãe é uma ogra, quando parte para a guerra deixa-a no comando, confiando-lhe o reino, a esposa e as crianças. A história de Perrault termina com o rei voltando no exato momento em que sua mãe acaba de mandar lançar Bela Adormecida num poço cheio de víboras. Com sua chegada, a ogra, que vê seus planos prejudicados, se atira no poço.

É fácil de entender que Perrault não julgasse apropriado contar na corte francesa uma história em que um rei casado viola uma donzela adormecida, engravida-a, esquece-se totalmente disso e, passado um tempo, só por acaso se lembra dela. Mas um príncipe encantado que faz segredo para o pai rei de seu casamento e paternidade — supostamente porque teme um ciúme edipiano do rei caso o filho também se torne pai — não é convincente, nem que seja apenas pelo fato de que o ciúme edipiano da mãe e do pai em relação ao mesmo filho, no mesmo conto, é exagero, mesmo numa história de fadas. Sabendo que sua mãe é uma ogra, o príncipe não traz a esposa e os filhos para casa enquanto seu bom pai possa exercer uma influência controladora, mas apenas depois da morte deste, quando tal proteção não está mais disponível. A razão para isso tudo não é que faltasse habilidade artística a Perrault, mas sim que ele não levava a sério seus contos de fadas e estava mais preocupado com o final em versos engenhoso ou moralista que acrescentava a cada um deles.*

---

*Perrault, dirigindo-se aos cortesãos que tinha em mente como seus leitores, troçava dos próprios contos. Por exemplo, especifica que a rainha-ogra deseja que as crianças lhe sejam servidas "com molho Robert". Introduz assim detalhes que prejudicam a personagem da história de fadas, como ao dizer que, quando de seu despertar, o vestido de Bela Adormecida foi considerado fora de moda: "ela estava vestida como minha avó, e tinha um colarinho pontudo surgindo sobre uma gola alta; não parecia nem um pouco menos bela e encantadora por isso". Como se os heróis de contos de fadas não vivessem num mundo em que a moda não muda.

Essas observações, em que Perrault mistura indiscriminadamente racionalidade trivial com fantasia de história de fadas, prejudicam enormemente a sua obra. O detalhe do vestido, por exemplo, destrói aquele tempo mítico, alegórico e psicológico que é sugerido pelos cem anos de sono ao transformá-lo num tempo cronológico determinado. Torna tudo frívolo — não como as lendas de santos que despertam de cem anos de sono, percebem o quanto o mundo mudou e imediatamente se transformam em pó. Com tais detalhes, que tinham a intenção de divertir, Perrault destruía a sensação de atemporalidade que é um elemento importante na eficácia dos contos de fadas.

Com duas partes tão incongruentes, é compreensível que, na narração oral — e com frequência também em forma impressa —, a história termine com a união feliz do príncipe com a Bela Adormecida. Foi assim que os Irmãos Grimm a ouviram e registraram, e tanto então como hoje é assim que ela é mais amplamente conhecida. Todavia, algo se perdeu que estava presente em Perrault. Desejar a morte a um recém-nascido apenas porque não se é convidado para o batismo, ou por receber talheres de metal inferior, é característico de uma fada má. Desse modo, na versão de Perrault, assim como na dos Irmãos Grimm, no comecinho da história encontramos a (fada madrinha) mãe dividida nos aspectos bom e mau. O final feliz requer que o princípio do mal seja apropriadamente castigado e abolido; só então o bem, e com ele a felicidade, pode prevalecer. Em Perrault, assim como em Basile, o princípio do mal é abolido e assim é feita a justiça de conto de fadas. Mas a versão dos Irmãos Grimm, que seguiremos daqui em diante, é deficiente porque a fada má não é castigada.

Por mais que variem os detalhes, o tema central de todas as versões de "A Bela Adormecida" é que, apesar de todas as tentativas da parte dos pais para impedir o despertar sexual do filho, ele inevitavelmente ocorrerá. Além do mais, os esforços mal orientados dos pais podem adiar a conquista da maturidade no momento adequado, tal como é simbolizado nos cem anos de sono de Bela Adormecida, que separa o seu despertar sexual de sua união com o amado. Há, intimamente relacionado a este, um motivo diferente — a saber, que a realização sexual não perde sua beleza mesmo que tenhamos que aguardar um longo tempo por ela.

As versões de Perrault e dos Irmãos Grimm começam indicando que pode-se ter que esperar muito tempo para encontrar a realização sexual, tal como ter um filho o demonstra. É-nos dito que, por um longuíssimo tempo, o rei e a rainha desejaram em vão um filho. Em Perrault, os pais se comportam como os contemporâneos do autor: "Foram a todos os banhos do mundo; promessas, peregrinações, tudo foi tentado e não deu em nada. Finalmente, contudo, a rainha engravidou." O começo dos Irmãos Grimm tem muito mais o aspecto de um conto de fadas: "Era uma vez, um rei e uma rainha que todo dia diziam: 'Ó, se tivéssemos um filho!' — mas nunca o conseguiam. Certa vez, quando a rainha estava se banhando, uma rã saltou da água para a terra e lhe disse: 'Seu desejo será realizado; antes de um ano, você dará à luz uma filha.'" O vaticínio da rã de que a rainha dará à luz antes de um ano aproxima o período de espera dos nove meses de gravidez. Isso, somado ao fato de a rainha estar no banho, leva a crer que a concepção ocorreu por ocasião da visita da rã à rainha. (O porquê de, nos contos de fadas, a rã com frequência simbolizar a realização sexual será discutido mais adiante, em conexão com a história "O Rei Sapo".)

A longa espera dos pais por um filho que finalmente chega sugere que não há necessidade de pressa no que diz respeito ao sexo; ele nada perde de suas recompensas no caso de se ter que esperar por ele um longo tempo. As fadas boas e seus votos durante o batismo na verdade pouco têm a ver com a trama, a não ser para contrastar com a maldição da fada que se sente diminuída. Isso pode ser visto pelo fato de o número de fadas variar de país a país, de três a oito e a treze.* Os dons que as fadas boas proporcionam à criança também diferem nas várias versões, enquanto que a maldição é sempre a mesma: a menina (na história dos Irmãos Grimm, ao completar quinze anos) espetará o dedo na roca (de uma roda de fiar) e morrerá. A última das fadas boas consegue trocar essa ameaça de morte por um sono de cem anos. A mensagem é semelhante à de "Branca de Neve": aquilo que pode parecer um período de passividade idêntico à morte, no final da infância, é apenas um tempo de crescimento tranquilo e de preparação, do qual a pessoa despertará madura, pronta para a união sexual. É necessário frisar que, nos contos de fadas,

---

*Nas *Anciennes Chroniques de Perceforest*, do século XIV (impressas pela primeira vez na França em 1528), três deusas são convidadas para a comemoração do nascimento de Zellandine. Lucina confere-lhe saúde; Témis, irada por não haver nenhuma faca ao lado de seu prato, pronuncia a maldição segundo a qual Zellandine, ao fiar, puxará uma linha para fora da roca e a espetará no dedo; terá que dormir até ela ser retirada. Vênus, a terceira deusa, promete providenciar para que o salvamento ocorra. Em Perrault, há sete fadas convidadas e uma não convidada, que pronuncia a célebre maldição. Na história dos Irmãos Grimm, há doze fadas benevolentes e uma malévola.

essa união é tanto uma união das mentes e almas de dois parceiros quanto uma união de satisfação sexual.

Em tempos idos, a menstruação começava frequentemente aos quinze anos. As treze fadas na história dos Irmãos Grimm lembram os treze meses lunares em que se dividia antigamente o ano. Embora esse simbolismo possa escapar àqueles que não estão familiarizados com o ano lunar, é bem sabido que a menstruação ocorre tipicamente com a frequência de vinte e oito dias dos meses lunares, e não com a de doze meses em que se divide o nosso ano. Assim, o número de doze fadas boas mais uma décima terceira malvada indica simbolicamente que a "maldição" fatal se refere à menstruação.

É muito significativo que o rei, o macho, não compreenda a necessidade da menstruação e tente impedir a filha de passar pelo sangramento fatal. A rainha, em todas as versões da história, parece não se preocupar com a predição da fada má. De qualquer modo, ela sabe perfeitamente que não adianta tentar evitá-la. A maldição se focaliza na roca, uma palavra que, em inglês (*distaff*), veio a representar a mulher em geral. Embora o mesmo não seja verdade para o termo francês (Perrault) ou alemão (Grimm) para roca, até bem recentemente fiar e tecer eram consideradas ocupações caracteristicamente "femininas".

Todos os esforços penosos do rei para evitar a "maldição" da fada maligna falham. A remoção de todas as rocas do reino não pode impedir o sangramento fatal da menina uma vez atingida a puberdade, aos quinze anos, como a fada má predissera. Sejam quais forem as precauções que um pai tome, quando a filha estiver madura para ela, a puberdade se manifestará. A ausência temporária de ambos os pais quando esse fato ocorre simboliza a incapacidade de todos os pais de protegerem a criança das várias crises de crescimento pelas quais todo ser humano tem de passar.

Quando se torna uma adolescente, a menina explora as áreas da existência previamente inacessíveis, tal como representadas pelo quarto oculto onde uma velha está fiando. Nesse ponto, a história abunda em simbolismo freudiano. Ao se aproximar do lugar fatídico, a menina sobe por uma escada circular; nos sonhos, tais escadas representam tipicamente experiências sexuais. No alto dessa escada, ela encontra uma portinha com uma chave na fechadura. Ao girar a chave, a porta "se abre de chofre" e ela entra num quartinho onde uma velha fia. Um quartinho trancado costuma representar, nos sonhos, os órgãos sexuais femininos; girar uma chave na fechadura com frequência simboliza a cópula.

Ao ver a velha fiando, a menina pergunta: "Que coisa é essa que salta de um lado para outro de modo tão engraçado?" Não é preciso muita imaginação para ver as possíveis conotações sexuais da roca; mas, tão logo a menina a toca, espeta o dedo e cai adormecida.

As principais associações que esse conto desperta no inconsciente da criança são antes com a menstruação do que com a cópula. Na linguagem comum, referindo-se também à sua origem bíblica, a menstruação é com frequência chamada a "maldição", e é uma maldição feminina — a da fada — que ocasiona o sangramento. Em segundo lugar, a idade em que essa maldição se efetivará é mais ou menos aquela em que, em tempos idos, a menstruação surgia pela primeira vez. Finalmente, o sangramento se dá por intermédio de um encontro com uma mulher velha, não um homem; e, de acordo com a Bíblia, a maldição é herdada de mulher para mulher.

Sangrar, como ocorre na menstruação, é, para a jovem (e também para o rapaz, de um modo diferente), uma experiência assoberbante se ela não estiver emocionalmente preparada para isso. Vencida pela experiência de um sangramento súbito, a princesa cai num longo sono, protegida de todos os pretendentes — isto é, de encontros sexuais prematuros — por um muro impenetrável de espinhos. Enquanto que a versão mais familiar frisa no título "Bela Adormecida" o longo sono da heroína, os títulos de outras variantes ressaltam o muro protetor, como a inglesa "Roseira Brava".*

Muitos príncipes tentam chegar a Bela Adormecida antes que seu tempo de maturação tenha acabado; todos esses pretendentes prema-

---

*Em alemão, o nome da moça e do conto, *Dornröschen*, enfatiza, ao mesmo tempo, a cerca de espinhos e o roseiral. A forma diminutiva de "rosa" no título alemão frisa a imaturidade da moça, que deve ser protegida pela cerca de espinhos.

turos perecem nos espinheiros. Essa é uma advertência à criança e aos pais de que o despertar sexual, antes de a mente e o corpo estarem prontos para ele, é muito destrutivo. Mas quando Bela Adormecida finalmente adquire maturidade física e emocional e está pronta para o amor, assim como para o sexo e o casamento, então aquilo que antes parecera impenetrável cede. O muro de espinhos subitamente se transforma numa cerca de flores grandes e belas que se abre para deixar o príncipe entrar. A mensagem implícita é a mesma de vários outros contos de fadas: não se preocupe e não tente apressar as coisas; no seu devido tempo, o problema impossível será solucionado, como que por si só.

O longo sono da bela donzela também tem outras conotações. Quer se trate de Branca de Neve em seu caixão de vidro ou de Bela Adormecida em sua cama, o sonho adolescente de juventude e perfeição eternas é apenas isso: um sonho. A troca da maldição original, que ameaçava com a morte, por outra de um sono prolongado sugere que ambas não são de todo diferentes. Se não queremos nos modificar e desenvolver, podemos perfeitamente permanecer num sono semelhante à morte. Durante o seu sono, a beleza das heroínas é uma beleza frígida; o seu é o isolamento do narcisismo. Nessa autoabsorção que exclui o resto do mundo não há sofrimento, mas também não há conhecimento a ser obtido, não há sentimentos a serem experimentados.

Qualquer transição de um estágio de desenvolvimento para o seguinte está repleta de perigos; os da puberdade são simbolizados pelo derramamento de sangue ao tocar na roca. Uma reação natural à ameaça de ter de crescer é retirar-se de um mundo e de uma vida que impõem tais dificuldades. A evasão narcisista é uma reação tentadora às tensões da adolescência, mas, adverte a história, conduz a uma existência perigosa, semelhante à morte, se a abraçamos como uma fuga das incertezas da vida. O mundo inteiro se torna então morto para a pessoa: é esse o significado simbólico, e a advertência, do sono semelhante à morte em que caem todos os que cercam Bela Adormecida. O mundo só se torna vivo para a pessoa que, por si própria, desperta para ele. Só o relacionar-se positivamente com o outro nos "desperta" do perigo de passar a vida dormindo. O beijo do príncipe rompe o encanto do narcisismo e desperta uma feminilidade que até então não se desenvolvera. Só se a donzela se transforma em mulher a vida pode prosseguir.

O encontro harmonioso de príncipe e princesa, o despertar de um para o outro, é um símbolo daquilo que implica a maturidade: não apenas a harmonia dentro de si, mas também com o outro. Depende do ouvinte se a chegada do príncipe no momento certo é interpretada como o acontecimento que produz o despertar sexual ou o nascimento de um ego mais elevado; a criança provavelmente compreende ambos os significados.

O despertar de um longo sono será compreendido diferentemente pela criança dependendo de sua idade. A criança mais nova verá nele sobretudo um despertar para a sua individualidade, a obtenção de concordância entre aquilo que havia sido suas tendências caóticas interiores — isto é, um atingir a harmonia interior entre o id, ego e superego.

Depois de a criança ter vivenciado esse significado até atingir a puberdade, ela adquirirá uma compreensão adicional do mesmo conto de fadas. Ele então se torna também uma imagem da aquisição de harmonia com o outro, tal como representado por uma pessoa do sexo oposto, de modo que as duas, como é dito no final de "Bela Adormecida", possam viver prazerosamente juntas até o seu fim. Esse, o objetivo mais desejável da vida, parece ser a mensagem mais significativa que os contos de fadas transmitem à criança mais velha. É simbolizado por um final em que príncipe e princesa descobrem um ao outro "e vivem felizes até a morte". Só depois de se alcançar a harmonia interna é que se pode almejar encontrá-la nas relações com os outros. A criança adquire uma compreensão pré-consciente da conexão entre os dois estágios por intermédio das próprias experiências de desenvolvimento.

A história da Bela Adormecida incute em toda criança que uma ocorrência traumática — tal como o sangramento da menina no início da puberdade e, mais tarde, na primeira cópula — tem na verdade as mais felizes consequências. A história inculca a ideia de que tais ocorrências devem ser levadas muito a sério, mas não se deve temê-las. A "maldição" é uma bênção disfarçada.

Vejamos ainda uma vez a mais antiga forma conhecida do motivo da "Bela Adormecida" em *Perceforest*, há cerca de seiscentos anos atrás: é Vênus, a deusa do amor, quem promove o despertar da moça, ao fazer com que seu bebê sugue a farpa de seu dedo, e o mesmo sucede na história de Basile. A autorrealização integral da mulher não vem com a menstruação. Sua completude não é atingida quando ela se apaixona, nem sequer ao copular e tampouco ao parir, uma vez que as heroínas em *Perceforest* e na história de Basile dormem o tempo todo. Esses são passos necessários rumo à maturidade definitiva; mas a individualidade completa só chega ao se gerar a vida e ao se amamentar aquele a quem se trouxe ao mundo: com o bebê sugando do corpo materno. Assim, essas histórias enumeram experiências que pertencem apenas à mulher; ela deve passar por todas antes de alcançar o auge da feminilidade.

É o fato de o bebê sugar a farpa de sob a unha da mãe que a traz de volta à vida — um emblema de que o filho não é apenas o beneficiário passivo daquilo que a mãe lhe dá, mas que também lhe presta ativamente grande serviço. É o fato de ela o amamentar que lhe permite fazê-lo; mas é o fato de ele se nutrir dela que a faz ressurgir para a vida — um renascer que, como sempre ocorre nos contos de fadas, simboliza a aquisição de um estado mental mais elevado. Assim, o conto de fadas informa tanto aos pais quanto à criança que o bebê não apenas recebe de sua mãe, mas também lhe dá. Enquanto que ela lhe dá vida, ele acrescenta uma nova dimensão à vida dela. O autoenvolvimento que foi sugerido pelo longo sono da heroína chega ao fim quando ela dá para o bebê, e este, ao receber dela, a reintegra no nível mais alto de existência: uma reciprocidade em que aquele que recebe vida também dá vida.

Em "A Bela Adormecida", isso é ainda mais enfatizado porque não apenas ela mas todo o seu mundo — seus pais, todos os habitantes do castelo — retorna à vida naquele mesmo instante. Se somos insensíveis ao mundo, ele deixa de existir para nós. Quando Bela Adormecida se pôs a dormir, o mesmo fez o mundo para ela. Este redesperta quando uma criança é alimentada para ingressar nele, porque só desse modo a humanidade pode continuar existindo.

Esse simbolismo se perdeu nas formas posteriores da história, que terminam com o despertar de Bela Adormecida, assim como de seu mundo, para uma nova vida. Mesmo na forma reduzida em que o conto nos chegou, na qual Bela Adormecida é despertada pelo beijo do príncipe, sentimos — sem que isso seja explicitado como ocorre nas versões mais antigas — que ela é a encarnação da feminilidade perfeita.

"Cinderela"

Ao que todos dizem, "Cinderela" é o conto de fadas mais conhecido, e provavelmente também o mais apreciado.[73] É um conto bastante antigo; ao ser registrado na China durante o século IX d.C., já possuía uma história.[74] O incomparavelmente minúsculo tamanho do pé como um sinal de virtude, distinção e beleza extraordinárias, assim como o sapatinho feito de material precioso, são facetas que indicam uma origem oriental, se bem que não necessariamente chinesa.* O ouvinte moderno não associa a atração sexual e a beleza à pequenez extrema do pé, como faziam os antigos chineses, de acordo com seu costume de enfaixar os pés das mulheres.

"Cinderela", tal como a conhecemos, é vivenciada como uma história a respeito das agonias e esperanças que formam o conteúdo essencial da rivalidade fraterna, bem como a respeito da vitória da heroína degradada sobre as irmãs que a maltrataram. Muito antes de Perrault ter dado a "Cinderela" a forma em que é hoje amplamente conhecida, "ter de viver entre as cinzas" era um símbolo de rebaixamento em relação aos irmãos, independentemente de sexo. Na Alemanha, por exemplo, havia histórias em que um desses meninos das cinzas mais tarde se tornava rei, o que corresponde ao destino de Cinderela. *"Aschenputtel"* é o título que os Irmãos Grimm deram à sua versão do conto. O termo originalmente designava uma auxiliar de cozinha humilde, suja, que deve cuidar das cinzas da lareira.

---

*A partir do século III, no Egito, há registro de sapatinhos feitos artisticamente de material precioso. Num decreto datado de 301 d.C., o imperador romano Diocleciano estabeleceu os preços máximos para diferentes tipos de calçados, incluindo sapatinhos feitos de um excelente couro babilônico, pintados de púrpura ou escarlate, e sapatinhos dourados para as mulheres.[75]

Há muitos exemplos na língua alemã de como ser forçado a viver entre as cinzas era um símbolo não apenas de degradação, mas também de rivalidade fraterna, e do irmão que finalmente supera o irmão ou irmãos que o degradaram. Martinho Lutero, em seu livro *Conversas à Mesa*, fala de Caim como o malfeitor abandonado por Deus e que é poderoso, enquanto que o pio Abel é forçado a ser seu irmão das cinzas *(Aschebrüdel)*, um mero nada, submisso a Caim; num de seus sermões, Lutero diz que Esaú foi obrigado a exercer o papel de irmão das cinzas de Jacó.[76] Caim e Abel, Jacó e Esaú são exemplos bíblicos de um irmão sendo suprimido ou destruído pelo outro.

O conto de fadas substitui as relações entre irmãos por relações entre meios-irmãos adotivos, talvez um expediente para explicar e tornar aceitável uma animosidade que gostaríamos que não existisse entre irmãos verdadeiros. Embora a rivalidade fraterna seja universal e "natural", no sentido de que ela é a consequência negativa de ser um irmão, essa mesma relação também gera em grau idêntico sentimentos positivos entre irmãos, enfatizados em contos como "Irmão e Irmã".

Nenhum outro conto de fadas transmite tão bem quanto as histórias de "Cinderela" as experiências interiores da criança pequena às voltas com a rivalidade fraterna, quando ela se sente desesperadamente sobrepujada por seus irmãos e irmãs. Cinderela é rebaixada e degradada por suas meias-irmãs; seus interesses são sacrificados em favor dos delas pela mãe (madrasta); exigem-lhe que execute os trabalhos mais sujos e, embora se saia a contento, não recebe nenhum crédito por isso; só lhe são feitas mais exigências. É assim que a criança se sente quando é assolada pelas desgraças da rivalidade fraterna. Por mais exageradas que as tribulações e degradações de Cinderela possam parecer ao adulto, a criança arrastada pela rivalidade fraterna sente que: "Essa sou eu; é assim que eles me maltratam ou gostariam de maltratar; esse é o quão pouco me consideram." E há momentos — com frequência longos períodos de tempo — em que, por razões íntimas, uma criança se sente assim apesar de sua posição entre os irmãos parecer não lhe dar motivos para isso.

Quando uma história corresponde a como uma criança se sente intimamente — o que provavelmente não ocorre com nenhuma narrativa realista —, ela alcança uma qualidade emocional de "verdade" para a criança. Os acontecimentos de "Cinderela" lhe oferecem imagens vívidas que dão corpo a suas emoções intensas mas, não obstante, frequentemente vagas e indescritíveis; assim, esses episódios lhe parecem mais convincentes do que suas experiências de vida.

A expressão "rivalidade fraterna" se refere a uma constelação extremamente complexa de sentimentos e suas causas. Com raríssimas exceções, as emoções despertadas numa pessoa sujeita à rivalidade fraterna são bastante desproporcionais àquilo que, vista objetivamente, sua situação real com irmãos e irmãs justificaria. Embora todas as crianças, em certos momentos, sofram muito com a rivalidade fraterna, os pais raramente sacrificam um dos filhos em favor dos outros, ou fecham os olhos quando aquele é perseguido por estes. Por mais difíceis que sejam os juízos objetivos para a criança pequena — quase impossíveis quando suas emoções são despertadas —, mesmo ela, em seus momentos mais racionais, "sabe" que não é tão maltratada quanto Cinderela. Mas a criança frequentemente se sente maltratada, apesar de todo o seu "conhecimento" em contrário. É por isso que ela acredita na verdade inerente de "Cinderela", e passa então a crer também que esta eventualmente se libertará e será vitoriosa. Do triunfo dela a criança adquire as esperanças exageradas para o seu futuro de que necessita para se contrapor à extrema aflição que experimenta ao ser assolada pela rivalidade fraterna.

Embora denominada "rivalidade fraterna", essa paixão infeliz só incidentalmente tem a ver com os irmãos e irmãs propriamente ditos de uma criança. Sua verdadeira fonte são os sentimentos desta em relação aos pais. Quando seu irmão ou irmã mais velha é mais capaz do que ela, isso desperta apenas sentimentos de ciúme temporários. O fato de outro filho estar recebendo atenção especial só se torna um insulto caso a criança, em contraste, tema estar sendo menosprezada pelos pais, ou se sinta rejeitada por eles. É devido a essa angústia que um ou todos os irmãos ou irmãs de uma criança podem se tornar um tormento constante. O temor de que, em comparação com eles, ela não possa conquistar o amor e a consideração dos pais é o que atiça a rivalidade fraterna. Isso é indicado nas histórias pelo fato de pouco importar se os irmãos efetivamente possuem maior capacidade. A história bíblica de José diz que é o ciúme da afeição que lhe prodigaliza o pai o que explica o comportamento destrutivo de seus irmãos. Diferentemente do de Cinderela, o genitor de José não participa de sua degradação e, ao contrário, o prefere aos outros filhos. Mas José, como Cinderela, é transformado em escravo e, como ela, escapa milagrosamente e acaba sobrepujando os irmãos.

Dizer a uma criança assolada pela rivalidade fraterna que ela crescerá e será tão capaz quanto seus irmãos e irmãs lhe proporciona pouco alívio de suas sensações presentes de melancolia. Por mais que deseje confiar em nossas asseverações, a maior parte do tempo não pode fazê-lo. Uma criança só consegue ver as coisas com um olhar subjetivo e, comparando-se com base nisso a seus irmãos, não confia em que, por conta própria, seja um dia tão bem-sucedida quanto eles. Se pudesse acreditar mais em si própria, não se sentiria destruída pelos irmãos independentemente do que lhe fizessem, uma vez que então poderia confiar em que o tempo traria uma desejada mudança de sorte. Mas, uma vez que a criança não pode, por si só, voltar os olhos confiantemente para um dia qualquer no futuro em que as coisas darão certo para si, ela só pode obter alívio por meio de fantasias de glória — um domínio sobre os irmãos — que espera que se torne realidade graças a algum acontecimento fortuito.

Qualquer que seja nossa posição na família, em certos momentos da vida somos de alguma forma assolados pela rivalidade fraterna. Mesmo um filho único sente que as outras crianças têm algumas grandes vantagens sobre ele, e isso o torna intensamente ciumento. Além disso, ele pode sofrer com o pensamento angustiante que, caso tivesse um irmão, os pais prefeririam essa outra criança a ele. "Cinderela" é um conto de fadas que tem uma atração quase tão forte para meninos quanto para meninas, pois as crianças de ambos os sexos sofrem igualmente com a rivalidade fraterna e têm o mesmo desejo de serem resgatadas de sua posição inferior e de sobrepujar aqueles que lhes parecem superiores.

Na superfície, "Cinderela" é uma história tão enganadoramente simples quanto a de "Chapeuzinho Vermelho", com a qual compartilha a popularidade máxima. "Cinderela" fala a respeito das agonias da rivalidade fraterna, de desejos se tornando realidade, de humildes sendo exaltados, do verdadeiro mérito sendo reconhecido mesmo quando oculto sob farrapos, da virtude recompensada e da maldade castigada — uma história fácil de compreender. Mas, sob esse conteúdo manifesto, está escondida uma enorme quantidade de material complexo e em grande parte inconsciente, a que detalhes da história aludem apenas o suficiente para pôr em movimento nossas associações. Isso cria um contraste entre simplicidade de superfície e complexidade subjacente que desperta profundo interesse pela história e explica a atração que exerceu sobre milhões de pessoas ao longo dos séculos. Para começar a obter uma compreensão desses significados ocultos, temos que ir além das fontes óbvias da rivalidade fraterna que foram discutidas até aqui.

Como mencionamos anteriormente, se a criança pudesse ao menos acreditar que sua posição inferior se deve às debilidades da própria idade, não precisaria sofrer tão desgraçadamente com a rivalidade fraterna, porque poderia confiar no futuro para consertar as coisas. Quando pensa que sua degradação é merecida, sente que sua condição é totalmente desesperadora. A observação perspicaz de Djuna Barnes sobre os contos de fadas — de que a criança sabe algo sobre eles que não pode contar (como, por exemplo, que lhe apraz a ideia de Chapeuzinho Vermelho e o lobo estarem juntos na cama) — poderia ser ampliada dividindo-se os contos de fadas em dois grupos: um em que a criança só responde inconscientemente à verdade inerente à história e, desse modo, não pode falar a seu respeito; e outro grande número de contos em que ela pré-conscientemente ou mesmo conscientemente sabe em que consiste a "verdade" da história e, desse modo, poderia falar a respeito, mas não deseja revelar que sabe.[77] Alguns aspectos de "Cinderela" incidem na última categoria. Muitas crianças acreditam que Cinderela provavelmente merece o seu fado no começo da história, assim como sentem que o mereceriam também; mas não querem que ninguém o saiba. Apesar disso, ela no final é digna de ser exaltada, tal como a criança espera que também venha a ser, independentemente de suas deficiências anteriores.

Toda criança acredita, num período qualquer de sua vida — e isso não apenas em raros momentos —, que, devido a seus desejos secretos, quando não também a seus atos clandestinos, mereça ser degradada, banida da presença dos outros, relegada a um submundo de fuligem. Ela teme que assim possa ser, independentemente de quão afortunada seja na realidade a sua situação real. Odeia e teme aqueles outros — tais como seus irmãos — que acredita estarem inteiramente livres de semelhante maldade, e teme que ou eles ou seus pais venham a descobrir como ela é realmente e assim venham a degradá-la tal como Cinderela foi degradada por sua família. Já que deseja que todos, principalmente os pais, acreditem na sua inocência, alegra-se vendo que "todo o mundo" acredita na de Cinderela. Esse é um dos grandes atrativos desse conto de fadas. Uma vez que as pessoas dão crédito à bondade de Cinderela, a criança espera que elas também acreditarão na sua. E "Cinderela" alimenta essa esperança, uma das razões pelas quais é uma história tão encantadora.

Outro aspecto de grande apelo para a criança é a vilania da madrasta e das meias-irmãs. Sejam quais forem a seus próprios olhos as insuficiências de uma criança, elas empalidecem até a insignificância diante da falsidade e da maldade da madrasta e das meias-irmãs. Além do mais, o que essas meias-irmãs fazem a Cinderela justifica qualquer pensamento ruim que se possa ter sobre os próprios irmãos: elas são tão vis que qualquer coisa que se possa desejar que lhes aconteça é mais que justificável. Em comparação com seu comportamento, Cinderela efetivamente é inocente. Assim, a criança, ao ouvir sua história, sente que não precisa se sentir culpada por seus pensamentos raivosos.

Num nível bem diferente — e considerações a respeito da realidade coexistem facilmente com exageros fantásticos na mente da criança —, por pior que pais e irmãos pareçam tratar-nos, e por mais que acreditemos sofrer por causa disso, isso não é nada comparado ao fado de Cinderela. Sua história lembra à criança a um só tempo o quanto é feliz e quão piores as coisas poderiam ser. (Qualquer angústia quanto à última possibilidade é aliviada, como sempre nos contos de fadas, pelo final feliz.)

O comportamento de uma menina de cinco anos e meio, tal como nos foi relatado por seu pai, talvez ilustre o quão facilmente uma criança pode achar que é uma "Cinderela". Essa menininha tinha uma irmã mais nova de que era muito ciumenta. A menina gostava muito de "Cinderela", uma vez que a história lhe oferecia material para dramatizar seus sentimentos, e porque, sem as imagens da história, ela teria grande dificuldade de compreendê-los e expressá-los. Essa menininha tinha o hábito de andar muito limpa e gostava de roupas bonitas, mas se tornou descuidada e suja. Um dia, ao ser enviada em busca de um pouco de sal, disse ao sair: "Por que você me trata como Cinderela?"

Quase sem fala, a mãe lhe perguntou: "Por que você acha que eu trato você como Cinderela?"

"Porque você me obriga a fazer todo o trabalho mais duro da casa", foi a resposta da menininha. Tendo assim atraído os pais para suas fantasias, ela as punha em prática mais abertamente, fingindo varrer toda a sujeira etc. Foi ainda mais além, brincando de preparar a irmã para o baile. E deu mais um passo além da história, baseada em sua compreensão inconsciente das emoções contraditórias fundidas no papel de "Cinderela", pois, noutra ocasião, disse à mãe e à irmã: "Vocês não deveriam ter ciúmes de mim só porque eu sou a mais bonita da família".[78]

Isso mostra que, por trás da humildade de superfície de Cinderela, está a convicção de sua superioridade em relação à mãe e às irmãs, como se pensasse: "Vocês podem me obrigar a fazer todo o trabalho sujo e eu finjo que sou suja, mas, no íntimo, sei que vocês me tratam assim porque sentem ciúmes de mim por eu ser tão melhor do que vocês." Essa convicção é apoiada pelo final da história, que assegura a toda "Cinderela" que eventualmente será descoberta por seu príncipe.

Por que a criança acredita, em seu âmago, que Cinderela merece seu estado de abatimento? Essa pergunta nos leva de volta ao estado de espírito da criança no final do período edipiano. Antes de ser apanhada nas complicações edipianas, a criança está convencida de que é amável, e amada, se tudo vai bem em suas relações familiares. A psicanálise descreve esse estágio de satisfação completa consigo mesmo como "narcisismo primário". Durante esse período, a criança está segura de ser o centro do universo e, por isso, não há motivo para ter ciúmes de ninguém.

As decepções edipianas que surgem no final desse estágio de desenvolvimento lançam profundas sombras de dúvida sobre o senso do próprio mérito por parte da criança. Ela sente que, se de fato fosse merecedora de amor como pensava, então seus pais nunca a criticariam ou desapontariam. A única explicação para a crítica paterna que a criança pode imaginar é a de que deve haver alguma falha séria nela que explique aquilo que experimenta como rejeição. Se seus desejos permanecem insatisfeitos e os pais a desapontam, deve haver algo errado com ela ou com seus desejos, ou ambas as coisas. Não pode contudo aceitar que outras razões além das que residem dentro de si possam ter impacto sobre seu destino. Em seu ciúme edipiano, querer livrar-se do genitor do mesmo sexo parecera a coisa mais natural do mundo, mas agora a criança se dá conta de que as coisas não podem ser do jeito que ela quer, e que talvez seja assim porque o desejo estava errado. Não tem mais tanta certeza de ser preferida em detrimento de seus irmãos, e começa a suspeitar que isso possa se dever ao fato de *eles*, ao contrário dela, estarem livres de quaisquer pensamentos ruins ou más ações.

Isso tudo sucede enquanto a criança vai sendo gradualmente submetida a atitudes cada vez mais críticas à medida que se vai socializando. Exigem-lhe um comportamento que vai de encontro a seus desejos naturais e ressente-se com isso. Mesmo assim, deve obedecer, o que lhe dá muita raiva. Esta é dirigida contra os que lhe fazem exigências, provavelmente os pais; e essa é outra razão para desejar se ver livre deles, assim como para se sentir culpada por tais desejos. É por isso que a criança também sente que merece ser castigada por seus sentimentos, uma punição de que acredita só poder escapar se ninguém souber o que ela está pensando quando está zangada. A sensação de ser indigna de ser amada pelos pais num momento em que seu desejo desse amor é muito forte leva ao medo de rejeição, mesmo que na realidade esta não exista. Esse medo de rejeição compõe a angústia de que outros são preferidos e talvez também preferíveis — a raiz da rivalidade fraterna.

Algumas das sensações difusas de desvalia por parte da criança têm sua origem em suas experiências durante e em torno do treinamento da toalete e todos os outros aspectos de sua educação com vistas a se tornar limpa, arrumada e disciplinada. Muito já foi dito sobre como as crianças são levadas a se sentir sujas e más porque não são tão limpas quanto os pais desejam ou exigem que sejam. Por mais que uma criança aprenda a ser limpa, ela sabe que preferiria muito mais dar vazão à sua tendência a ser abagunçada, desalinhada e suja.

No final do período edipiano, a culpa relativa a desejos de ser sujo e desalinhado se combina à culpa edipiana, devido ao desejo da criança de substituir o genitor do mesmo sexo no amor do outro genitor. O desejo de ser o objeto de amor, quando não também o parceiro sexual do genitor do outro sexo, que no começo do desenvolvimento edipiano parecia natural e "inocente", no final do período é recalcado como mau. Mas, enquanto esse desejo como tal é recalcado, a culpa no que diz respeito a ele e aos sentimentos sexuais em geral não é, e isso faz a criança se sentir suja e sem valor.

Aqui, mais uma vez, a falta de conhecimento objetivo leva a criança a achar que ela é a única ruim no que diz respeito a tudo isso — a única criança que tem tais desejos. Isso faz com que todas as crianças se identifiquem com Cinderela, que é relegada a se sentar entre as cinzas. Uma vez que a criança tem tais desejos "sujos", esse também é o seu lugar, e onde terminaria se os pais soubessem de seus desejos. É por isso que toda criança necessita acreditar que, mesmo que fosse de tal modo degradada, eventualmente seria resgatada de tal degradação e experimentaria a mais maravilhosa exaltação — como sucede com Cinderela.

Para lidar com seus sentimentos de desalento e desvalia despertados nesse período, a criança precisa desesperadamente adquirir alguma noção do que significam esses sentimentos de culpa e angústia. Ademais, necessita certificar-se tanto em nível consciente quanto inconsciente de que será capaz de se desembaraçar dessas dificuldades. Um dos maiores méritos de "Cinderela" é que, independentemente da ajuda mágica que esta recebe, a criança compreende que é essencialmente por meio de seus próprios esforços, e devido à pessoa que ela é, que Cinderela é capaz de transcender magnificamente sua condição degradada, apesar de obstáculos que parecem ser insuperáveis. Isso dá à criança a confiança de que o mesmo será verdadeiro para ela, uma vez que a história se relaciona à perfeição àquilo que causou sua culpa a um tempo consciente e inconsciente.

"Cinderela" fala abertamente da rivalidade fraterna em sua forma mais extrema: o ciúme e a inimizade das meias-irmãs e os sofrimentos de Cinderela devido a isso. Às várias outras questões psicológicas levantadas na história são feitas alusões tão encobertas que a criança não se dá conta delas conscientemente. Em seu inconsciente, porém, ela responde a esses detalhes significativos que se referem a assuntos e experiências de que se separou conscientemente, mas que, no entanto, continuam a lhe criar grandes problemas.

No mundo ocidental, a história de "Cinderela" em letra de imprensa tem início com o conto de Basile "A Gata Borralheira".[79] Ele nos fala a respeito de um príncipe viúvo cujo amor pela filha era tão grande que "via apenas pelos olhos dela". Esse príncipe se casa com uma mulher má que odeia sua filha — presume-se que por ciúmes —, "lançando-lhe olhares desagradáveis o suficiente para sobressaltá-la de medo". A menina se queixa disso com sua querida governanta, dizendo-lhe que preferiria que o príncipe a tivesse desposado. A governanta, tentada por essa oportunidade, diz à menina, chamada Zezolla, que peça à madrasta que pegue algumas roupas dentro de uma grande arca, de modo que, quando estivesse debruçada sobre seu interior, Zezolla pudesse soltar a tampa sobre sua cabeça e assim quebrar seu pescoço. Ela segue esse conselho e mata a madrasta.[80] Depois persuade o pai a se casar com a governanta.

Poucos dias depois do casamento, a nova esposa começa a promover suas seis filhas, que mantivera escondidas até então. Vira o coração do pai contra Zezolla, que "é levada a um tal estado que decai do salão para a cozinha, do dossel para a grelha, de esplêndidas sedas e ouro para panos de prato, do cetro para os espetos"; ela não só mudou de condição como também de nome, e de Zezolla passou a ser "Gata Borralheira".

Um dia, prestes a viajar, o príncipe pergunta a todas as filhas o que desejam que lhes traga ao voltar. As filhas adotivas pedem várias coisas caras, mas Zezolla solicita apenas que ele a recomende à pomba das fadas e peça que lhe enviem alguma coisa. As fadas lhe enviam uma tamareira com os utensílios para plantá-la e cultivá-la. Pouco tempo depois de Gata Borralheira ter plantado e cultivado cuidadosamente a árvore, esta cresce até ficar do tamanho de uma mulher. De dentro dela surge então uma fada que pergunta a Gata Borralheira o que deseja. Tudo o que ela quer é poder deixar a casa sem o conhecimento das irmãs.

No dia de uma grande festa, as meias-irmãs se enfeitam para ir. Tão logo saem, Gata Borralheira "corre para a árvore e pronuncia as palavras que a fada lhe ensinou, e imediatamente se vê nos trajes de uma rainha". O rei do país, que por acaso viera à festa, fica enfeitiçado pela extraordinária beleza de Gata Borralheira. Para descobrir quem ela é, ordena a um dos criados que a siga, mas ela consegue enganá-lo. Os mesmos eventos ocorrem na festa do dia seguinte. Numa terceira comemoração, os eventos novamente se repetem, mas, dessa vez, ao ser perseguida por um criado, Gata Borralheira deixa escorregar de seu pé "o tamanco mais rico e belo que se possa imaginar". (À época de Basile, as damas napolitanas, ao sair, usavam galochas de salto alto, chamadas de tamancos.) Para encontrar a bela moça a que pertence o sapato, o rei convoca todas as mulheres do reino para uma festa. No final, quando o rei ordena que todas experimentem o tamanco perdido, este, "ao se aproximar do pé de Zezolla, se projetou por conta própria para calçá-la". Assim, o rei faz de Zezolla sua rainha, e "as irmãs, lívidas de inveja, se arrastam furtivamente para junto da mãe em casa".

Uma criança que mata a mãe ou a madrasta é um motivo muito raro.* A degradação temporária de Zezolla é um castigo tão inadequado para um assassinato que temos de procurar alguma explicação, particularmente porque seu rebaixamento para "Gata Borralheira" não é uma retaliação por essa má ação ou, pelo menos, não diretamente. Outra característica única dessa história é a duplicação de madrastas.

---

*Numa história do tipo "Irmão e Irmã", intitulada "La Mala Matrè", as crianças matam a mãe má, a conselho de uma professora e, como na história de Basile, pedem ao pai para que se case com esta.[81] Esse conto, assim como o de Basile, tem origem no sul da Itália, por isso parece provável que um tenha servido de modelo para o outro.

Em "Gata Borralheira", nada nos é dito a respeito da mãe verdadeira, que é mencionada na maioria das histórias de "Cinderela"; e não é uma representação simbólica da mãe original que proporciona à filha maltratada os meios de encontrar seu príncipe, mas uma fada em forma de tamareira.

É possível que, em "Gata Borralheira", a mãe real e a primeira madrasta sejam a mesma pessoa em diferentes períodos de desenvolvimento; e que seu assassinato e substituição sejam uma fantasia edipiana em vez de realidade. Se assim for, faz sentido Zezolla não ser punida por crimes que só imaginou. Sua degradação em favor das irmãs pode também ser uma fantasia do que lhe sucederia se concretizasse os desejos edipianos. Uma vez Zezolla tendo ultrapassado a idade edipiana e estando pronta para ter novamente boas relações com a mãe, esta retorna sob a forma da fada na tamareira e permite à filha obter êxito sexual com o rei, um objeto não edipiano.

Que a posição de Cinderela é a consequência de uma relação edipiana é sugerido por diversas versões nesse ciclo de contos de fadas. Em histórias difundidas por toda Europa, África e Ásia — na Europa, por exemplo, na França, Itália, Áustria, Grécia, Irlanda, Escócia, Polônia, Rússia e Escandinávia —, Cinderela foge de um pai que quer se casar com ela. Noutro grupo de histórias amplamente divulgadas, ela é exilada pelo pai, porque não o ama tanto quanto ele exige, apesar de amá-lo bastante. Assim, há muitos exemplos do tema de "Cinderela" em que sua degradação — frequentemente sem que quaisquer mãe (madrasta) ou (meias-)irmãs façam parte da história — é consequência de um emaranhamento edipiano de pai e filha.

M. R. Cox, que fez um estudo abrangente de 345 histórias de "Cinderela", divide-as em três grandes categorias.[82] O primeiro grupo contém apenas as duas características que são essenciais a todas: uma heroína maltratada e seu reconhecimento por meio de um sapatinho. O segundo grupo principal de Cox contém mais duas características essenciais: aquilo que ele chama, em seu estilo vitoriano, de "pai desnaturado" — isto é, um pai que deseja se casar com a filha — e outra característica que é uma consequência desta: a fuga da heroína, que eventualmente a transforma numa "Cinderela". No terceiro grande grupo de Cox, as duas características adicionais do segundo são substituídas pelo que ele chama de "Julgamento de Rei Lear": a extração por parte de um pai de uma declaração de amor da filha que ele julga insuficiente, o que faz com que seja banida e a compele à posição de "Cinderela".

A de Basile é uma das poucas histórias de "Cinderela" em que o destino da heroína é claramente criação sua, o resultado de sua maquinação e más ações. Em praticamente todas as outras versões, ela é na superfície inteiramente inocente. Nada faz para despertar no pai o desejo de se casar com ela; não deixa de amá-lo, embora ele a expulse por achar que não o ama o bastante. Nas histórias mais conhecidas hoje em dia, Cinderela nada faz que pudesse justificar sua degradação em favor das meias-irmãs.

Na maioria das histórias de "Cinderela", com exceção da de Basile, frisa-se a sua inocência; sua virtude é perfeita. Infelizmente, nas relações humanas, é raro que um dos parceiros seja a inocência personificada e o outro a única parte culpada. Num conto de fadas, isso evidentemente é possível; não é maior milagre do que os efetuados por fadas madrinhas. Mas quando nos identificamos com a heroína de uma história, fazemo-lo por nossas próprias razões, e nossas associações conscientes e inconscientes têm parte nisso. As reflexões de uma menina sobre essa história podem ser fortemente influenciadas pelo que deseja acreditar a respeito da relação de seu pai consigo e por aquilo que deseja dissimular a respeito de seus sentimentos por ele.[83]

As muitas histórias em que a inocente Cinderela é requisitada pelo pai como parceira conjugal — um destino do qual ela só pode escapar pela fuga — poderiam ser interpretadas como conformando-se a e exprimindo fantasias infantis universais em que uma menina deseja que o pai se case com ela e, em seguida, devido à culpa por essas fantasias, nega ter feito qualquer coisa para despertar esse desejo do pai. Mas, bem no fundo, uma criança que sabe que efetivamente deseja que o pai a prefira à mãe sente que merece ser punida por isso — daí sua fuga e banimento, e sua degradação a uma existência de Cinderela.

As outras histórias em que Cinderela é expulsa pelo pai por não amá-lo o bastante podem ser vistas como uma projeção do desejo de uma menina pequena de que o pai queira que ela o ame para além da razão, que é como ela quer amá-lo. Ou a expulsão de Cinderela pelo pai por não amá-lo o bastante poderia igualmente ser vista como dando corpo a sentimentos edipianos paternos por uma filha, desse modo fazendo um apelo aos sentimentos edipianos inconscientes e, a essa altura, profundamente recalcados, tanto do pai quanto da criança.

Na história de Basile, Cinderela é inocente em relação a suas meias-irmãs e à governanta que virou madrasta, embora seja culpada de assassinar sua primeira madrasta. Nem na história de Basile, nem no muito mais antigo conto chinês há qualquer menção a maus-tratos a Cinderela por parte de suas irmãs, ou a qualquer degradação que não a de ser forçada por uma mãe (madrasta) a executar tarefas domésticas em roupas esfarrapadas. Não a excluem deliberadamente de comparecer ao baile. A rivalidade fraterna, tão predominante nas versões atualmente conhecidas de "Cinderela", tem um papel insignificante nessas histórias antigas. Por exemplo, quando, na história de Basile, as irmãs invejam Cinderela por esta ter se tornado rainha, isso parece não ser senão uma reação natural por terem perdido para ela.

As coisas são bem diferentes nas histórias de "Cinderela" conhecidas hoje em dia, nas quais as irmãs participam ativamente dos maus-tratos a Cinderela e são castigadas de acordo. Mesmo assim, nada de desagradável acontece à madrasta, embora ela tenha sido em boa parte cúmplice naquilo que as irmãs infligem a Cinderela. É como se estivesse implícito na história que os maus-tratos da parte da mãe (madrasta) seriam de algum modo merecidos, mas não os da parte das irmãs. Aquilo que Cinderela possa ter feito ou desejado ter feito que fosse capaz de justificar os maus-tratos da mãe (madrasta) pode apenas ser inferido de histórias como a de Basile ou daquelas outras em que ela desperta tanto amor no pai que este deseja desposá-la.

Tendo em vista essas antigas histórias de Cinderela em que a rivalidade fraterna desempenha apenas um papel insignificante enquanto que as rejeições edipianas são centrais — uma filha foge do pai devido aos desejos sexuais deste por ela; um pai rejeita a filha porque ela não o ama o suficiente; uma mãe rejeita a filha porque o marido a ama excessivamente; e o caso raro em que uma filha deseja substituir a esposa do pai por alguém de sua escolha —, poder-se-ia pensar que, originalmente, desejos edipianos frustrados dão conta da degradação da heroína. Mas não há, no que diz respeito a esses contos de fadas, nenhuma sequência histórica nítida que forme um ciclo, quanto mais não seja porque, na tradição oral, as versões antigas coexistem com as mais recentes. O fato de só num período tardio as histórias de fadas terem sido por fim reunidas e publicadas torna altamente especulativa qualquer ordenação sequencial delas antes de isso ter acontecido.

Mas, embora haja grandes variações em detalhes de menor importância, todas as versões dessa história se assemelham no que diz respeito aos traços fundamentais. Por exemplo, em todas as histórias a heroína de início gozou de amor e de alta consideração, e sua queda dessa posição privilegiada para a degradação total ocorre tão repentinamente quanto seu retorno a uma posição muitíssimo mais elevada no final da história. O desenlace se dá com ela sendo reconhecida pelo sapatinho que só cabe em seu pé. (Ocasionalmente outro objeto, tal como um anel, toma o lugar do sapatinho.[84]) O único ponto crucial de divergência — em termos do qual (como foi discutido) distinguem-se vários grupos das histórias — reside na causa da degradação de Cinderela.

Num grupo, o pai desempenha um papel central como antagonista de Cinderela. No segundo grupo, a mãe (madrasta) juntamente com as meias-irmãs são as antagonistas; nessas histórias, mãe e filhas estão tão intimamente identificadas umas com as outras que tem-se a impressão de que são uma unidade dividida em diferentes personagens. No primeiro grupo, o amor excessivo de um pai pela filha ocasiona a trágica condição de Cinderela. No outro, o ódio de uma mãe (madrasta) e suas filhas devido à competição fraterna é o responsável por isso.

Se confiamos nas pistas que a história de Basile nos oferece, podemos dizer então que o amor excessivo de um pai pela filha e o dela por ele vieram primeiro, e sua redução ao papel de Cinderela pela madrasta juntamente com as irmãs é a consequência disso. Essa situação corresponde ao desenvolvimento edipiano de uma menina. Primeiramente ela ama a mãe — a mãe boa original, que reaparece mais tarde na história como fada madrinha. Depois ela se volta da mãe para o pai, amando-o e querendo ser amada por ele; nesse ponto, a mãe e todos os irmãos, reais e imaginários, principalmente as irmãs, se tornam seus competidores. No final do período edipiano, a criança se sente alijada, totalmente só; então, quando tudo corre bem na puberdade, ou mesmo antes, a menina encontra o caminho de volta à mãe, agora não como uma pessoa a ser amada com exclusividade, mas como alguém com quem se identificar.

A lareira, o centro do lar, é um símbolo da mãe. Viver tão próximo a ela a ponto de habitar entre as cinzas pode simbolizar um esforço de se agarrar à mãe ou de voltar a ela e ao que ela representa. Com o desapontamento que o pai lhes inflige, todas as meninas pequenas tentam voltar à mãe. Essa tentativa de retorno à mãe, porém, não dá mais certo — porque ela não é mais a mãe toda dadivosa da lactância, mas uma mãe que faz exigências à criança. Vista sob essa luz, no começo da história Cinderela não só chora a perda da mãe original, como também se lastima diante da perda de seus sonhos a respeito da relação maravilhosa que teria com o pai. Cinderela tem de passar por seus profundos desapontamentos edipianos para retornar a uma vida coroada de êxito no final da história, não mais uma criança, mas uma jovem donzela preparada para o casamento.

Assim, os dois grupos de histórias de "Cinderela", que, na superfície, diferem tanto no que diz respeito àquilo que causa a sua desgraça, não se opõem absolutamente num nível mais profundo. Eles simplesmente apresentam em separado alguns aspectos essenciais do mesmo fenômeno: os desejos e angústias edipianas da menina.

As coisas são consideravelmente mais complexas nas histórias de Cinderela populares hoje em dia, o que talvez ajude a explicar a razão pela qual elas desbancaram algumas das versões mais antigas, como a de Basile. Os desejos edipianos pelo pai são recalcados — com exceção da expectativa de receber dele um presente mágico. O presente que o pai traz para Cinderela, como a tamareira em "Gata Borralheira", lhe dá a oportunidade de encontrar o príncipe e obter seu amor, o que faz com que este venha a substituir o pai como o homem que ela mais ama no mundo.

O desejo de Cinderela de eliminar a mãe é inteiramente recalcado nas versões modernas e substituído por um deslocamento e uma projeção: não é mais a mãe quem desempenha manifestamente um papel crucial na vida da menina, mas sim uma madrasta; a mãe é deslocada por uma substituta. E não é a menina quem quer rebaixar a mãe para poder desempenhar manifestamente um papel muitíssimo maior na vida do pai, mas, numa projeção, é a madrasta quem quer ver a menina substituída. Uma outra substituição garante ainda mais que os desejos verdadeiros se mantenham escondidos: são as irmãs que desejam tomar da heroína o seu lugar de direito.

Nessas versões, a rivalidade fraterna assume o lugar, como centro do enredo, de um envolvimento edipiano que foi recalcado. Na vida real, relações edipianas positivas e negativas, bem como a culpa decorrente dessas relações, permanecem frequentemente ocultas sob a rivalidade fraterna. No entanto, como costuma ocorrer com fenômenos psicológicos complexos que despertam grande culpa, tudo o que a pessoa experimenta conscientemente é a angústia decorrente da culpa, e não a culpa em si, ou o que a causou. Assim, "Cinderela" fala apenas do tormento de ser degradado.

Na melhor tradição dos contos de fadas, a angústia suscitada no ouvinte pela existência lastimosa de Cinderela é logo atenuada pelo final feliz. Ao sentir profundamente por Cinderela (implicitamente e sem que isso se torne consciente), a criança lida de algum modo com a angústia e a culpa edipianas, e também com os desejos subjacentes a elas. A esperança da criança de ser capaz de se desvencilhar de sua dificuldade edipiana encontrando um objeto de amor ao qual possa se entregar sem culpa ou angústia se transforma em confiança, pois a história demonstra que penetrar nos maiores abismos da existência não é senão um passo necessário para que alguém se torne capaz de realizar os mais elevados potenciais.

É necessário frisar que seria impossível, ao ouvir-se a história de Cinderela numa de suas formas populares hoje em dia, reconhecer conscientemente que seu estado de infelicidade se deve a envolvimentos edipianos de sua parte, e que, ao insistir em sua inocência ímpar, a história está encobrindo a sua culpa edipiana. As histórias bem conhecidas de "Cinderela" consistentemente obscurecem aquilo que é edipiano, e não fazem qualquer insinuação que possa suscitar dúvidas a respeito de sua inocência. Num nível consciente, a maldade da madrasta e das meias-irmãs é explicação suficiente para o que sucede com Cinderela. A trama moderna se centraliza na rivalidade fraterna; a degradação de Cinderela pela madrasta tem como causa única o desejo de promover suas próprias filhas; e a maldade das irmãs se deve ao ciúme que sentem dela.

Mas "Cinderela" não pode deixar de ativar em nós aquelas emoções e ideias inconscientes que, em nossa experiência interior, estão ligadas a nossos sentimentos de rivalidade fraterna. A partir de sua própria experiência com ela, a criança poderia perfeitamente compreender — sem que nada "saiba" sobre isso — o turbilhão de experiências interiores associadas a Cinderela. Recordando-se, caso seja uma menina, de seus desejos recalcados de se livrar da mãe e de ter o pai só para si, e agora sentindo-se culpada por tais desejos "sujos", ela pode perfeitamente "compreender" por que uma mãe mandaria a filha viver entre as cinzas longe de sua vista e preferiria os outros filhos. Qual a criança que não desejou em algum momento poder banir um dos pais e que não se sente merecedora do mesmo destino como retaliação? E qual a criança que não desejou de coração se chafurdar em sujeira ou lama e que, passando consequentemente a se sentir suja devido às críticas dos pais, não se convenceu de que tudo o que merecia era ser relegada a um cantinho sujo?

Nosso propósito ao nos estendermos sobre o fundo edipiano de "Cinderela" foi mostrar que a história oferece ao ouvinte uma compreensão mais profunda daquilo que está por trás de seus próprios sentimentos de rivalidade fraterna. Se o ouvinte permite a seu entendimento inconsciente "vibrar" de acordo com o que está sendo narrado a sua mente consciente, ele obtém uma compreensão muito mais profunda da razão de ser das emoções complexas despertadas por seus irmãos. A rivalidade fraterna, tanto na sua expressão manifesta quanto na sua negação, é parte importante de nossas vidas até bem entrados na maturidade, assim como o é a sua contraparte, nossas ligações positivas com nossos irmãos. Mas, uma vez que esta última raramente leva a dificuldades emocionais, ao contrário da primeira, uma compreensão maior daquilo que está psicologicamente envolvido na rivalidade fraterna poderia nos ajudar a lidar com esse problema importante e difícil em nossas vidas.

Como "Chapeuzinho Vermelho", "Cinderela" é conhecida hoje em dia em duas formas diversas, uma derivada de Perrault, a outra dos Irmãos Grimm — sendo que ambas as versões diferem consideravelmente.[85]

Como sucede com todas as histórias de Perrault, o problema no que diz respeito a sua versão de "Cinderela" é que ele lançou mão de material de conto de fadas — seja de Basile, seja de alguma outra história de "Cinderela" que conhecesse da tradição oral, ou de uma combinação de ambas as fontes —, despojou-o de todo conteúdo que considerava vulgar e refinou suas outras características para tornar o produto próprio para ser narrado na corte. Sendo um autor de grande habilidade e bom gosto, inventou alguns detalhes e modificou outros para conformar a história a suas concepções estéticas. Foi, por exemplo, por invenção sua que o sapatinho fatídico foi feito de vidro, e isso é assim apenas em versões derivadas da sua.

Há uma grande controvérsia a respeito desse detalhe. Como em francês os termos *vair* (que significa pele mosqueada) e *verre* (vidro) são por vezes pronunciados de modo semelhante, supôs-se que Perrault, ao ouvir a história, substituíra, por engano, *vair* por *verre* e transformara um sapatinho de peles num feito de vidro. Embora essa explicação seja repetida com frequência, não parece haver dúvidas de que o sapatinho de vidro foi uma invenção deliberada de Perrault. Mas, devido a isso, ele teve que pôr de lado uma característica importante de muitas versões anteriores de "Cinderela", que narram como as meias-irmãs mutilaram os pés para que coubessem no sapatinho. O príncipe caiu nesse logro até se dar conta pelos cantos de pássaros de que havia sangue no sapato. Esse detalhe teria sido imediatamente óbvio se o sapatinho fosse feito de vidro. Por exemplo, em "Rashin Coatie" (uma versão escocesa), a madrasta calça à força o sapatinho no pé da filha, amputando-lhe calcanhar e dedos. A caminho da igreja, um pássaro canta:

"Pé cortado e espremido,
Com o rei ela galopa,
Mas, pé elegante e bonito,
Na cozinha ela se entoca."[86]

O canto do pássaro desperta a atenção do príncipe para o fato de que a meia-irmã não é a noiva certa. Mas uma tal mutilação grosseira não estaria de acordo com a maneira polida com que Perrault desejava recontar sua história.

A história de Perrault e as que se baseiam diretamente nela retratam o caráter da heroína de modo bem diferente do de todas as outras versões. A "Cinderela" de Perrault é açucarada e de uma bondade insípida, e não tem nenhuma iniciativa (o que provavelmente explica o porquê de Disney ter escolhido a versão de Perrault de "Cinderela" como base de sua adaptação da história). A maioria das outras "Cinderelas" se parece mais a uma pessoa de carne e osso. Para mencionar apenas algumas das diferenças, em Perrault é Cinderela quem escolhe dormir entre as cinzas: "Depois que terminava o trabalho, ia para um canto da chaminé e se sentava entre as cinzas", o que deu origem a seu nome. Não há tal autodesvalorização na história dos Irmãos Grimm; tal como a narram, Cinderela *tinha* de dormir no meio das cinzas.

No tocante a vestir as meias-irmãs para o baile, a Cinderela de Perrault, por iniciativa própria, "as aconselhou da melhor maneira possível e se ofereceu para penteá-las", enquanto que, na versão dos Irmãos Grimm, as meias-irmãs lhe ordenam que lhes penteie os cabelos e escove os sapatos; ela obedece, mas chorando. Quanto à ida ao baile, a Cinderela de Perrault não toma qualquer iniciativa; é a fada madrinha quem lhe diz que ela deseja ir. Na história dos Irmãos Grimm, Cinderela pede à madrasta que a deixe ir ao baile, insiste no pedido apesar de recusado, e leva a cabo as tarefas impossíveis que lhe são exigidas para poder ir. No final do baile, parte por decisão própria e se esconde do príncipe que está em seu encalço. A Cinderela de Perrault não parte porque considere certo fazê-lo, mas simplesmente obedece a uma ordem de sua fada madrinha de não ficar nem mais um minuto depois de meia-noite, porque de outro modo a carruagem se transformaria novamente numa abóbora etc.

No tocante a experimentar o sapatinho, na história de Perrault não é o príncipe quem vai procurar a sua dona, mas sim um cavalheiro enviado à procura da moça em cujo pé ele cabe. Antes de Cinderela ir ao encontro do príncipe, sua fada madrinha surge e a veste com belas roupas. Desse modo, um detalhe importante na versão dos Irmãos Grimm e na maioria das outras se perde — a saber, que o príncipe se mantém impávido diante do surgimento de Cinderela em trapos porque reconhece suas qualidades interiores independentemente de seu aspecto exterior. Assim, o contraste entre as meias-irmãs materialistas, que se baseiam em aparências, e Cinderela, que pouco liga para elas, é reduzido.

Na versão de Perrault, não faz muita diferença o fato de se ser vil ou virtuoso. Em sua história, as meias-irmãs abusam consideravelmente mais de Cinderela do que na dos Irmãos Grimm; não obstante, no final, Cinderela abraça aquelas que a aviltaram e lhes diz que as ama de todo o coração e que deseja que a amem sempre. Partindo-se da história, porém, não se compreende por que ela se importaria com o seu amor, ou como elas poderiam amá-la depois de tudo o que aconteceu. Mesmo depois de ter se casado com o príncipe, a Cinderela de Perrault "acolheu as duas irmãs no palácio e as casou no mesmo dia com dois grandes fidalgos da corte".

Na versão dos Irmãos Grimm, o final é bem diferente, assim como em todas as outras adaptações do conto. Em primeiro lugar, as irmãs mutilam os pés para que caibam no sapatinho. Em segundo, comparecem por vontade própria ao casamento de Cinderela, para ganhar lhe as boas graças e obter uma fatia de sua boa fortuna. Mas, ao caminharem em direção à igreja, os pombos — provavelmente os mesmos pássaros que anteriormente tinham ajudado Cinderela a executar as tarefas impossíveis que lhe haviam sido impostas — arrancam um olho de cada uma e, ao voltarem de lá, o outro. E a história termina:

"E assim, por sua maldade e falsidade, foram punidas com a cegueira para o resto da vida."

Das várias outras diferenças entre essas versões, só mais duas serão mencionadas. No conto de Perrault, o pai tem um papel insignificante; tudo o que sabemos sobre ele é que se casou uma segunda vez e que Cinderela "não ousava se queixar ao pai porque ele a repreenderia, uma vez que era inteiramente dominado pela mulher". Também nada se diz a respeito da fada madrinha até que ela surge repentinamente não se sabe de onde para fornecer a Cinderela a carruagem, os cavalos e o vestido.

Uma vez que "Cinderela" é o mais popular de todos os contos de fadas e é divulgado no mundo inteiro, talvez seja apropriado considerar os importantes motivos entrelaçados na história que, em sua combinação, contribuem para a sua grande atração consciente e inconsciente e para o seu significado profundo. Stith Thompson, que fez a análise mais completa dos motivos dos contos populares, enumera como se segue os que aparecem na "Cinderela" dos Irmãos Grimm: uma heroína maltratada; o ter que viver junto à lareira; o presente que pede ao pai; o galho de aveleira que planta no túmulo da mãe; as tarefas exigidas da heroína; os animais que a ajudam a realizá-las; a mãe, transformada na árvore que Cinderela cultivou em seu túmulo, que lhe fornece belas roupas; o encontro no baile; a tripla fuga deste por parte de Cinderela; o seu ocultar-se primeiramente num pombal e a seguir numa pereira, que são derrubados pelo pai; a armadilha de pez e a perda do sapato; o teste do sapato; a mutilação dos pés por parte das irmãs e sua aceitação como (falsas) noivas; os animais que revelam o logro; o casamento feliz; a vingança infligida às vilãs.[87] Minha discussão desses elementos da história também inclui algumas observações sobre os detalhes mais conhecidos da "Cinderela" de Perrault e que não fazem parte do conto dos Irmãos Grimm.

O motivo principal da história em sua forma moderna, os maus-tratos a Cinderela em consequência da rivalidade fraterna, já foi discutido por nós. É isso que causa o impacto mais imediato no ouvinte e desperta sua empatia. Leva-o a se identificar com a heroína e arma a cena para tudo o que se segue.

O fato de Cinderela viver no meio das cinzas — das quais ela tira o seu nome — é um detalhe de grande complexidade.* Superficialmente, significa maus-tratos e o rebaixamento da posição privilegiada que gozava antes do começo da história. Mas não foi sem razão que Perrault a fez escolher viver entre as cinzas. Estamos tão acostumados a pensar que viver como um servo humilde entre as cinzas da lareira é uma situação extremamente degradada que perdemos toda capacidade de reconhecer que, de um outro ponto de vista, isso pode ser sentido como uma posição bastante desejável e até mesmo exaltada. Antigamente, ser guardiã do fogo do lar — função das virgens vestais — era uma das posições de maior prestígio, senão a mais exaltada, a que tinham acesso as mulheres. Ser uma virgem vestal era ser muito invejada na Roma Antiga. Uma menina era selecionada para esse cargo de honra entre os seis e os dez anos de idade — aproximadamente a idade de Cinderela tal como a imaginamos durante os seus anos de servidão. Na história dos irmãos Grimm, Cinderela planta uma nogueira e a cultiva com lágrimas e orações. Só depois de crescida e transformada em árvore é que ela lhe fornece aquilo de que necessita para ir ao baile — assim, muitos anos devem ter se passado entre o plantio e o baile. Seis a dez anos é também a idade das crianças às quais essa história causa a impressão mais profunda, e esta com frequência permanece e as ampara para o resto de suas vidas.

Por falar nos anos de servidão de Cinderela: só em épocas posteriores se tornou costumeiro as virgens vestais servirem por trinta anos antes de abandonarem o ofício e poderem se casar. Originalmente, permaneciam como sacerdotisas apenas por cinco anos: isto é, até atingirem a idade de se casarem. Imagina-se que esse seja aproxima-

---

*É uma pena que "Cinderela" tenha se tornado conhecida em inglês por esse nome ("Cinderella"), uma tradução extremamente fácil e incorreta do francês "Cendrillon", que, como no nome da heroína em alemão, frisa o fato de ela viver entre as cinzas. "Ashes" (cinzas), e não "cinders" (borralhos), é a tradução correta do francês *cendre*, que deriva do termo latino para cinzas, *cinerem*. O *Oxford English Dictionary* faz questão de frisar que *cinders* não está conectado etimologicamente ao termo francês *cendres*. Isso é importante no que diz respeito às conotações que se ligam ao nome de "Cinderela", pois as cinzas são a substância pulverulenta extremamente limpa que é o resíduo da combustão completa; borralhos, ao contrário, são os resíduos bastante sujos de uma combustão incompleta.

damente o tempo de duração dos sofrimentos de Cinderela. Ser uma virgem vestal significava a um tempo ser uma guardiã do fogo do lar e absolutamente pura. Depois de desempenharem bem sua função, essas mulheres realizavam casamentos de prestígio, tal como sucede com Cinderela. Assim, inocência, pureza e ser guardiã do fogo do lar se combinam nas conotações antigas.* É possível que, com a rejeição do paganismo, aquilo que antes fora um papel extremamente desejável tenha se desvalorizado na era cristã a ponto de se tornar o mais inferior. As virgens vestais serviam ao fogo sagrado do lar e a Hera, a deusa-mãe. Com a mudança para um deus-pai, as antigas deidades maternais foram degradadas e desvalorizadas, assim como o foi uma posição próxima ao fogo do lar. Nesse sentido, Cinderela poderia também ser vista como a deusa-mãe degradada que, no final da história, renasce das cinzas, tal como Fênix, o pássaro mítico. Mas estas são conexões de natureza histórica que o ouvinte médio de "Cinderela" não estabelecerá de imediato em sua mente.

Viver próximo à lareira tem outras associações igualmente positivas que são acessíveis à criança. As crianças adoram passar um tempo na cozinha, observando e participando do preparo da comida. Antes do aquecimento central, um assento próximo à lareira era o lugar mais aquecido e, com frequência, o mais aconchegante da casa. A lareira evoca, em muitas crianças, lembranças felizes do tempo ali passado com suas mães.

As crianças também gostam de se sujar bastante; poder fazer isso é um símbolo de liberdade instintiva para elas. Assim, ser uma

---

*A pureza das sacerdotisas responsáveis pelo fogo sagrado e o próprio fogo, que purifica, evocam conotações apropriadas também às cinzas. Em muitas sociedades, estas eram utilizadas para abluções, como higiene pessoal. Essa era uma das conotações que tinham as cinzas, embora hoje não seja mais difundida.

A outra conotação das cinzas é a de luto. Espalhar cinzas sobre a cabeça, como na quarta-feira de cinzas, ainda é um sinal de perda, tal como o era antigamente. Sentar-se entre as cinzas, como uma reação ao luto e como um sinal de luto, é mencionado na *Odisseia* e foi praticado entre muitos povos.[88] Ao fazer com que Cinderela se sente entre os borralhos e ao basear nisso o seu nome, essas conotações de pureza e luto profundo que estão ligadas a seu nome original na história italiana (que antecede em muito o conto de Perrault), tanto quanto a seus nomes em francês e alemão, passaram, em inglês, para conotações exatamente opostas, que se referem a negrura e sujeira.

pessoa que se movimenta nas cinzas, o significado original do nome Aschenbrödel, também tem conotações muito positivas para a criança. Sujar-se bastante tanto dá prazer e provoca culpa hoje quanto em épocas passadas.

Por fim, Cinderela pranteia a mãe morta. "Das cinzas às cinzas" não é o único dito que estabelece uma íntima conexão entre os mortos e as cinzas. Cobrir-se de cinzas é um símbolo de luto; viver em trapos sujos é um sintoma de depressão. Assim, habitar entre as cinzas pode tanto significar tempos agradáveis com a mãe na proximidade da lareira, quanto nosso estado de luto profundo pela perda, ao crescermos, dessa proximidade estreita à mãe, simbolizada pela sua "morte". Devido a essa combinação de imagens, a lareira evoca sentimentos intensos de empatia, lembrando-nos a todos do paraíso que um dia habitamos, e do quão radicalmente nossas vidas mudaram quando fomos forçados a abandonar a existência simples e feliz da criança pequenina para lidar com todas as ambivalências da adolescência e da idade adulta.

Enquanto a criança é pequena, os pais a protegem da ambivalência dos irmãos e das exigências do mundo. Em retrospecto, essa parece ter sido uma época paradisíaca. Então, de repente, esses irmãos mais velhos parecem tirar vantagem da criança agora menos protegida; fazem exigências; eles e a mãe se tornam críticos em relação àquilo que a criança faz. As referências a seu desalinho, quando não aos hábitos sujos, fazem com que se sinta rejeitada e suja, e os irmãos parecem viver em esplendor. Mas a criança acha que o bom comportamento deles é uma impostura, um fingimento e uma falsidade. Essa é a imagem das irmãs em "Cinderela". A criança pequena vive em extremos: em determinado momento, sente-se vil e suja, cheia de ódio; no momento seguinte, é toda inocência e os outros são criaturas ruins.

Quaisquer que sejam as condições externas, durante esses anos de rivalidade fraterna a criança vivencia um período íntimo de sofrimento, privação e mesmo de carência; e vivencia incompreensões, até malícia. Os anos de Cinderela entre as cinzas mostram à criança que ninguém pode escapar disso. Há épocas em que parece que existem apenas forças hostis, que não há nenhuma força adjuvante por perto. Se a criança a quem é narrada a história de Cinderela não tivesse se

A PSICANÁLISE DOS CONTOS DE FADAS | 353

apercebido de que esta teve de suportar uma extensão considerável de tais períodos ruins, o alívio da heroína seria incompleto quando finalmente as forças adjuvantes superassem as hostis. O sofrimento da criança em certos momentos é tão profundo que parece durar um tempo bastante longo. Por conseguinte, nenhum período passageiro na vida de Cinderela pareceria comparável a esse. Cinderela deve sofrer tanto e por tanto tempo quanto a criança acredita sofrer, para que sua libertação tenha poder de convencimento e dê àquela a certeza de que o mesmo ocorrerá em sua vida.

Depois de termos sentido compaixão pelo estado de desalento de Cinderela, ocorre o primeiro desenvolvimento positivo em sua vida. "Certa vez, aconteceu de o pai querer ir a uma feira, então perguntou às duas enteadas o que queriam que lhes trouxesse. 'Belas roupas', disse uma. 'Pérolas e pedras preciosas', disse a outra. 'E você, Aschenputtel, o que deseja?', perguntou. 'Pai, o primeiro ramo que bater no seu chapéu quando estiver voltando, arranque-o para mim.'" Ele age de acordo. Um galho de aveleira não só bate em seu chapéu como o derruba. Ele traz esse galho para Aschenputtel. "Ela lhe agradeceu, foi ao túmulo da mãe e ali plantou o galho; chorou tanto que suas lágrimas caíram sobre ele e o regaram. O ramo cresceu e se transformou numa bela árvore. Ela ia até lá três vezes ao dia e chorava e rezava; e, a cada vez, um pássaro branco pousava na árvore; e, quando ela exprimia um desejo, o pássaro lhe atirava o que ela tinha pedido."

O pedido feito por Cinderela ao pai do galho que tencionava plantar no túmulo da mãe e a satisfação de seu desejo por parte dele é um primeiro restabelecimento tentativo de uma relação positiva entre os dois. Presumimos, a partir da história, que Cinderela deve ter se sentido bastante decepcionada, quando não também zangada com o pai, por ele ter se casado com tal megera. Mas, para a criança pequena, os pais são onipotentes. Para que Cinderela venha a se tornar dona do próprio destino, a autoridade dos pais deve ser reduzida. Essa redução e transferência de poder poderia ser simbolizada pelo fato de o galho derrubar o chapéu da cabeça do pai, e também de o mesmo galho se transformar numa árvore que tem poderes mágicos para Cinderela. Por conseguinte, aquilo que diminuiu o pai (o galho de aveleira) é usado por Cinderela para aumentar o poder e o prestígio da mãe (morta) arcaica. Uma vez que o pai dá para Cinderela o galho que intensifica a lembrança da mãe, isso parece ser um sinal de que ele aprova que ela regresse de seu pesado envolvimento com ele para a relação original destituída de ambivalência com a mãe. Essa redução da importância emocional do pai na vida de Cinderela prepara o caminho para que ela transfira eventualmente seu amor infantil por ele para um amor maduro pelo príncipe.

A árvore que Cinderela planta no túmulo da mãe e rega com as próprias lágrimas é uma das características da história mais comoventes poeticamente e mais significativas psicologicamente. É um símbolo de que a lembrança da mãe idealizada da lactância, quando mantida viva como uma parte importante da experiência interior de alguém, pode sustentar e efetivamente sustenta esse alguém, mesmo na pior adversidade.

Isso é narrado de modo ainda mais claro em outras versões da história em que a mãe boa se transforma não em árvore, mas num animal adjuvante. Por exemplo, no mais antigo relato chinês do motivo de "Cinderela", a heroína tem um peixe domesticado que cresce de cinco centímetros para três metros sob seu devotado zelo. A madrasta má descobre a importância do peixe e astuciosamente o mata e come. A heroína fica desolada até que um sábio lhe diz onde estão enterrados os ossos do peixe e a aconselha a recolhê-los e guardá-los em seu quarto. Diz-lhe que, se rezar para esses ossos, obterá o que quiser. Em muitas variações europeias e orientais, é numa bezerra, vaca, cabra ou outro animal qualquer que a mãe morta é transformada para se tornar a ajudante mágica da heroína.

A história escocesa de "Rashin Coatie" é mais antiga do que tanto a "Cinderela" de Basile quanto a de Perrault, pois já é mencionada em 1540.[89] Uma mãe, antes de morrer, lega a sua filha, Rashin Coatie, uma bezerrinha vermelha, que lhe dá tudo aquilo que pede. A madrasta o descobre e ordena que matem a bezerra. Rashin Coatie fica desesperada, mas a bezerra morta lhe diz para recolher seus ossos e os enterrar sob uma pedra cinzenta. Ela o faz e, daí em diante, recebe o que deseja ao ir até a pedra e pedir à bezerra. Na época do Natal, quando todos se enfatiotam para ir à igreja, a madrasta diz a Rashin Coatie que ela está muito suja para se juntar a eles. A bezerra morta lhe fornece belas roupas: na igreja, um príncipe se apaixona por ela; em seu terceiro encontro, ela perde um sapatinho etc.

Em várias outras histórias de "Cinderela", o animal adjuvante também alimenta a heroína. Por exemplo, num conto egípcio, a madrasta e as meias-irmãs maltratam as duas crianças, que imploram: "Vaca, seja bondosa conosco, como nossa mãe o era." A vaca lhes dá boa comida. A madrasta descobre e manda matá-la. As crianças queimam os seus ossos e enterram as cinzas num pote de barro, do qual nasce uma árvore que lhes dá frutos, e isso lhes traz felicidade.[90] Assim, há histórias do tipo de "Cinderela" em que o animal e a árvore que representam a mãe se combinam, mostrando como um equivale à outra. Esses contos ilustram também a substituição simbólica da mãe original por um animal que nos dá leite — a vaca ou, nos países mediterrâneos, a cabra. Isso reflete a conexão emocional e psicológica de experiências pregressas de alimentação que nos proporcionam segurança na vida futura.

Erikson fala de "um senso de *confiança básica* que", diz ele, "é uma atitude para consigo mesmo e com o mundo derivada da experiência do primeiro ano de vida".[91] A confiança básica é instilada na criança pelos bons cuidados maternos que ela experimenta durante o período inicial de vida. Se tudo corre bem, então a criança terá confiança em si mesma e no mundo. O animal adjuvante ou a árvore mágica são uma imagem, corporificação, representação externa dessa confiança básica. É a herança que uma boa mãe outorga à criança, que ficará com ela e a preservará e sustentará na mais terrível aflição.

As histórias em que a madrasta mata o animal adjuvante mas não consegue privar Cinderela daquilo que lhe dá sua força interior indicam que, para lidarmos com a vida ou a enfrentarmos, o que existe na realidade é menos importante do que o que se passa em nossas mentes. O que torna a vida suportável, mesmo nas piores circunstâncias, é a imagem da mãe boa que interiorizamos, de tal modo que o desaparecimento do símbolo exterior não tem importância.[92]

Uma das principais mensagens manifestas das várias histórias de "Cinderela" é que nos equivocamos se pensamos que devemos nos agarrar a alguma coisa do mundo exterior para ter êxito na vida. Todos os esforços das meias-irmãs para atingirem seus objetivos por meio de exterioridades são inúteis — suas roupas cuidadosamente selecionadas e preparadas, a fraude por meio da qual tentam fazer com que seus pés caibam no sapato. Somente sendo-se autêntico consigo próprio, como é o caso de Cinderela, tem-se êxito no final. A mesma ideia é transmitida ao não ser necessária a presença da mãe ou do animal adjuvante. Isso é psicologicamente correto, pois, para a segurança interior e o sentimento de automerecimento de alguém, não são necessárias exterioridades uma vez que se tenha desenvolvido uma confiança básica — tampouco as exterioridades podem compensar o fato de não se ter atingido uma confiança básica durante a lactância. Aqueles desafortunados a ponto de terem sido malsucedidos na confiança básica no início da vida podem alcançá-la, se tanto, apenas por meio de modificações na estrutura interna de sua mente e personalidade, nunca por meio de coisas que parecem boas.

A imagem transmitida pela árvore que cresce de um ramo ou os ossos e cinzas da bezerra é a de algo diferente se desenvolvendo a partir da mãe original ou do seu vivenciamento. A imagem da árvore é particularmente pertinente porque envolve crescimento, seja a tamareira de Gata Borralheira ou o galho de aveleira de Cinderela. Isso indica que simplesmente reter a imagem interiorizada da mãe de um período passado não é o bastante. À medida que a criança cresce, essa mãe interiorizada, tal como ela, também deve passar por mudanças. É um processo de desmaterialização, semelhante àquele em que a criança sublima a boa mãe real numa experiência interior de confiança básica.

Na "Cinderela" dos Irmãos Grimm, tudo isso é aprimorado ainda mais. Os processos interiores de Cinderela têm início com seu luto desesperado pela mãe, tal como simbolizado por sua existência entre as cinzas. Caso permanecesse fincada ali, não ocorreria nenhum desenvolvimento interior. O luto é necessário como uma transição temporária para continuar a vida sem a pessoa amada; mas, para a sobrevivência, deve ser eventualmente transformado em algo positivo: a construção de uma representação interior daquilo que foi perdido na realidade. Um tal objeto interior se manterá sempre inviolável dentro de nós, independentemente do que suceda na realidade. O pranto de Cinderela sobre o ramo que plantou mostra que a memória de sua mãe morta permanece viva; mas, à medida que a árvore cresce, a mãe interiorizada também cresce dentro de Cinderela.

As preces de Cinderela, também ditas sobre a árvore, revelam as esperanças que cultiva. Preces pedem algo que acreditamos que venha a acontecer: a confiança básica se reafirma depois de o choque da adversidade ter passado; essa confiança nos restaura a esperança de que eventualmente as coisas voltarão a correr bem para nós, tal como no passado. O pequeno pássaro branco que surge em resposta às preces de Cinderela é o mensageiro do Eclesiastes: "Um pássaro do céu poderia levar a voz, e o que tem asas daria notícia da palavra." O pássaro branco é facilmente reconhecido como o espírito da mãe transmitido à criança pelos bons cuidados maternos que ela lhe proporciona; é o espírito que originalmente foi implantado na criança como confiança básica. Como tal, torna-se o próprio espírito da criança, que a sustém em todas as provações, dando-lhe esperança para o futuro e a força para criar uma vida boa para si própria.

Quer reconheçamos ou não conscientemente o significado integral daquilo que é expresso simbolicamente pela imagem de Cinderela pedindo o ramo, plantando-o e cultivando-o com suas lágrimas e preces e, finalmente, pelo pequeno pássaro branco pousando nele sempre que Cinderela dele necessita, essa característica da história nos toca a todos, e respondemos, ao menos pré-conscientemente, ao significado. É uma imagem bela e impressiva, ainda mais significativa e instrutiva para a criança que está apenas começando a interiorizar o que os pais representam para ela. É tão significativa para os meninos quanto o é para as meninas, porque a mãe interiorizada — ou confiança básica — é um fenômeno mental crucialmente importante, qualquer que seja o sexo da pessoa. Ao eliminar a árvore e substituí-la por uma fada madrinha que surge do nada repentina e inesperadamente, Perrault subtraiu da história uma parte de seu significado mais profundo.

A "Cinderela" dos Irmãos Grimm transmite com extrema sutileza à criança que, por mais desafortunada que ela se sinta no momento — devido à rivalidade fraterna ou qualquer outro motivo —, ao sublimar seu infortúnio e mágoa, como faz Cinderela quando planta e cultiva a árvore com suas emoções, a criança pode por conta própria arranjar as coisas de modo a que sua vida no mundo também se torne uma vida boa.

Na "Cinderela" dos Irmãos Grimm, logo depois de termos sido informados a respeito da árvore e do pequeno pássaro branco que satisfaz os desejos de Cinderela, ficamos sabendo que o rei ordenou a realização de três dias de festejo para que o filho pudesse escolher uma noiva. Cinderela pede que lhe seja permitido ir. Apesar das negativas, insiste nas súplicas. Finalmente, a madrasta lhe diz que esvaziou um prato de lentilhas no meio das cinzas; se Cinderela as recolher em no máximo duas horas, poderá ir ao baile.

Essa é uma das tarefas aparentemente impossíveis que os heróis de contos de fadas têm de executar. Em versões orientais de "Cinderela", ela tem de fiar; em algumas histórias ocidentais, tem de peneirar grãos.[93] Superficialmente, esse é outro exemplo dos maus-tratos que sofre. Mas, quando essa exigência é feita a Cinderela — depois da mudança radical em sua sorte, uma vez que obteve um adjuvante mágico no pássaro branco que satisfaz seus desejos, e pouco antes de partir para o baile —, isso sugere que tarefas árduas e difíceis têm de ser executadas para que ela seja merecedora de um final feliz. Graças aos pássaros que chama em seu auxílio, ela consegue terminar a tarefa que lhe permitiria sair, só que a madrasta repete a exigência, e com as dificuldades duplicadas: da segunda vez, ela tem de separar dois pratos de lentilhas que foram esparramadas entre as cinzas, e isso em apenas uma hora. Novamente contando com a ajuda dos pássaros, Cinderela consegue fazê-lo, mas a madrasta ainda não lhe permite ir ao baile, apesar de ter prometido duas vezes que o faria.

A tarefa exigida de Cinderela parece disparatada: por que esparramar lentilhas entre as cinzas apenas para reuni-las novamente? A madrasta está convencida de que isso é impossível, degradante, sem sentido. Mas Cinderela sabe que algo de bom pode ser obtido do que quer que se faça desde que se esteja apto a dotá-lo de significado — até mesmo de remexer em cinzas. Esse detalhe da história encoraja a criança em sua convicção de que morar em lugares despretensiosos — brincar na e com a sujeira — pode ser de grande valor, caso se saiba

A PSICANÁLISE DOS CONTOS DE FADAS | 359

como extraí-lo. Cinderela chama em seu auxílio os pássaros, dizendo-lhes que recolham as lentilhas boas e as coloquem no prato, mas que deem fim às ruins comendo-as.

A falsidade da madrasta ao descumprir duas vezes suas promessas se opõe assim ao reconhecimento de Cinderela de que o que é necessário é separar o bem do mal. Depois de esta ter espontaneamente transformado a tarefa num problema moral de bom contra mau e de ter eliminado o mau, ela se dirige ao túmulo da mãe e pede à árvore que "esparrame ouro e prata" sobre si. O pássaro lança sobre ela um vestido de ouro e prata e, na primeira e segunda vez respectivamente, sapatinhos enfeitados com seda e prata. Na última vez, os sapatinhos são feitos de ouro.

Também no conto de Perrault, Cinderela tem de executar uma tarefa antes que possa ir ao baile. Depois de a fada madrinha lhe dizer que deve ir, ordena que lhe traga uma abóbora do jardim. Embora Cinderela não compreenda o significado disso, faz como lhe mandam. É a fada madrinha, e não Cinderela, quem esvazia a abóbora e a transforma numa carruagem. Em seguida, a fada diz a Cinderela que desarme uma ratoeira e transforma os seis ratos ali encontrados em cavalos. De modo idêntico, um dos ratos é transformado em cocheiro. Por fim, Cinderela deve buscar seis lagartos, transmudados a seguir em lacaios. Seus farrapos são transformados em belas roupas e ela ganha os sapatinhos de cristal. Assim equipada, Cinderela parte para o baile, mas recebe ordem de retornar antes de meia-noite porque, nesse momento, tudo voltará à forma original.

Os sapatinhos de cristal, a abóbora que vira carruagem — essas são todas invenções de Perrault: não há nenhum traço delas em nenhuma outra versão a não ser a sua e as que dependem da sua. Marc Soriano vê nesses detalhes o escárnio, por parte de Perrault, do ouvinte que leva a história a sério, mas também a ironia com que trata o seu assunto: se Cinderela pode ser transformada na mais bela princesa, então camundongos e um rato podem virar cavalos e um cocheiro.*

---

*Quanto aos lagartos, Soriano nos recorda a expressão francesa "preguiçoso como um lagarto", que explica por que Perrault pode ter escolhido esses animais para serem transformados em lacaios, cuja preguiça era motivo de troça.[94]

A ironia é em parte o resultado de pensamentos inconscientes; e a ampla aceitação dos detalhes de Perrault só pode ser explicada pelo fato de eles encontrarem ressonância no ouvinte. A obrigação de se ater ao que há de melhor no próprio passado; de cultivar o próprio sentido de moralidade; de permanecer fiel aos próprios valores apesar da adversidade; de não se deixar derrotar pela malícia ou maldade dos outros — tudo isso é tão óbvio em "Cinderela" que não pode ter deixado de tocar Perrault. Deve-se concluir que ele, deliberadamente, se guarda contra isso. Sua ironia invalida a solicitação inerente à história de que nos transformemos por meio de um processo interior. Ela ridiculariza a ideia de que lutar pelas mais altas metas nos permite transcender as condições inferiores de nossa existência exterior.[95] Perrault reduz "Cinderela" a uma fantasia saborosa sem quaisquer implicações para nós. E é assim que muitos querem ver a história, o que dá conta da ampla aceitação de sua versão dela.

Embora isso possa explicar o modo de Perrault reelaborar o velho conto, não dá conta dos detalhes específicos que ele inventou tanto de acordo com sua compreensão consciente quanto inconsciente da história, e que nós aceitamos pela mesma razão. Ao contrário de todas as versões em que Cinderela é forçada a viver entre as cinzas, só Perrault diz que ela *escolheu* fazer isso. Isso faz dela a menina pré-púbere que ainda não reprimiu seu desejo de se sujar bastante; e que ainda não adquiriu uma aversão a animaizinhos furtivos como ratos, camundongos e lagartos; e que esvazia uma abóbora e imagina que se trata de uma bela carruagem. Camundongos e ratos habitam cantos escuros e sujos e roubam comida, todas coisas que a criança também gosta de fazer. Inconscientemente, também suscitam associações com o falo, indicando a chegada da maturação e dos interesses sexuais. Independentemente de suas conotações fálicas, transformar animais tão inferiores ou mesmo repulsivos em cavalos, cocheiros e lacaios representa uma sublimação. Assim, esse detalhe parece correto em pelo menos dois níveis: significa a companhia que Cinderela teve enquanto viveu entre as cinzas no seu estágio inferior, quando não também seus interesses fálicos, e parece adequado que tais interesses devam ser sublimados à medida que ela amadurece — isto é, prepara-se para o príncipe.

A versão de Perrault torna sua "Cinderela" mais aceitável para nossa compreensão consciente e inconsciente daquilo de que a história trata. Conscientemente, estamos dispostos a aceitar a ironia que reduz a história a uma fantasia saborosa, sem conteúdo sério, uma vez que nos livra da obrigação de outro modo implícita de aprender a conviver com o problema da rivalidade fraterna, e da tarefa de interiorizar nossos antigos objetivos e viver à altura de seus requisitos morais. Inconscientemente, os detalhes que ele acrescenta parecem convincentes com base em nossas experiências infantis sepultadas, uma vez que parecem indicar que, para tornarmo-nos maduros, devemos transformar e sublimar nosso antigo fascínio pelo comportamento instintivo, quer seja a atração pela sujeira ou por objetos fálicos.

A "Cinderela" de Perrault, que vai ao baile numa carruagem puxada por seis cavalos e escoltada por seis lacaios — como se o baile fosse ter lugar na Versalhes de Luís XIV —, deve se retirar antes da meia-noite, quando será devolvida às suas roupas modestas. Na terceira noite, porém, ela deixa de prestar atenção suficiente à passagem do tempo e, em sua pressa de escapar antes que o encantamento expire, perde um dos sapatinhos de cristal. "Os guardas dos portões do palácio foram interrogados se não tinham visto uma princesa saindo; disseram não ter visto ninguém sair a não ser uma mocinha muito malvestida, que parecia bem mais uma camponesa do que uma moça fina."

Na história dos Irmãos Grimm, Cinderela pode ficar no baile o tempo que quiser. Quando parte, é por decisão própria e não porque deva fazê-lo. Ao partir, o príncipe tenta acompanhá-la mas ela escapa, escondendo-se dele na primeira noite. "O filho do rei esperou até o pai da jovem chegar e lhe contou que uma moça desconhecida tinha pulado para dentro do pombal. O velho pensou: 'Seria Aschenputtel?', e tiveram que lhe trazer um machado e uma picareta para que pudesse partir o pombal ao meio; mas nele não havia ninguém." Nesse meio-tempo, Cinderela havia escapado e voltado a vestir suas roupas sujas. No dia seguinte, as coisas se repetem, com a diferença de que Cinderela se esconde numa pereira. No terceiro dia, o príncipe manda untar as escadas com pez, de modo que, quando ela novamente foge, um de seus sapatinhos fica preso ali.

Há variações da história em que Cinderela toma a iniciativa de se deixar reconhecer, em lugar de esperar passivamente. Numa delas, o príncipe lhe dá um anel, que ela coloca dentro de um bolo que lhe será servido; ele não se casará com moça nenhuma a não ser aquela em cujo dedo couber o anel.

Por que Cinderela vai três vezes ao baile para encontrar o príncipe apenas para fugir dele e voltar à sua posição degradada? Como ocorre com frequência, o comportamento três vezes repetido reflete a posição da criança com relação aos pais e sua busca da verdadeira identidade enquanto avança em sua convicção inicial de que é o elemento mais importante desse trio, e seu medo posterior de ser o mais insignificante. A verdadeira identidade não é obtida pelas três repetições, mas sim por outra coisa a que elas levam — a adequação do sapato.

No nível manifesto, a fuga de Cinderela do príncipe mostra que ela deseja ser escolhida pela pessoa que realmente é, e não por sua aparência esplendorosa. Somente se seu enamorado a tiver visto em seu estado degradado e continuar a desejá-la é que ela será sua. Mas, para isso, uma única aparição e a perda do sapatinho na primeira noite teriam sido suficientes. Num nível mais profundo, a repetição das idas ao baile simboliza a ambivalência da mocinha que quer se envolver pessoal e sexualmente, mas ao mesmo tempo tem medo de fazê-lo. É uma ambivalência que também se reflete no pai, que se pergunta se a bela moça é sua filha Cinderela mas não confia em seus sentimentos. O príncipe, como que reconhecendo que não pode conquistá-la enquanto ela permanecer emocionalmente ligada ao pai numa relação edipiana, não vai ele próprio ao seu encalço, mas pede a seu pai que o faça por ele. Apenas se o pai indicar primeiramente sua disposição de libertar a filha de seus laços para consigo, poderá ela se sentir à vontade para transferir seu amor heterossexual de seu objeto imaturo (o pai) para seu objeto maduro — o futuro marido. A demolição dos esconderijos de Cinderela pelo pai — o abater o pombal e a pereira — mostra sua disposição de entregá-la ao príncipe. Mas seus esforços não têm o resultado desejado.

Num nível bem diverso, o pombal e a pereira substituem os objetos mágicos que haviam amparado Cinderela até então. O primeiro é o local em que vivem os pássaros adjuvantes que separaram as lentilhas para ela — substitutos do pássaro branco na árvore que lhe proporcionou as belas roupas, incluindo os chinelinhos fatídicos. E a pereira nos recorda aquela outra árvore que havia crescido sobre o túmulo da mãe. Cinderela deve renunciar a sua crença e sua confiança no auxílio de objetos mágicos caso queira viver bem no mundo da realidade. O pai parece entender isso e, assim, derruba seus esconderijos: basta de se esconder entre as cinzas, mas também basta de buscar refúgio da realidade em lugares mágicos. De agora em diante, Cinderela não viverá nem muito abaixo nem muito acima de sua verdadeira posição.

Cox, seguindo Jacob Grimm, menciona o antigo costume alemão de o noivo dar um sapato à noiva em sinal de noivado.[96] Mas isso não explica por que o assentamento de um sapato de ouro decide quem é a noiva certa no antigo conto chinês, ou, no conto de Perrault, um sapatinho de cristal. Para que o teste dê certo, o sapatinho não deve ceder, caso contrário poderia servir a uma outra moça qualquer, como as meias-irmãs. A sutileza de Perrault é evidenciada quando afirma que o sapatinho foi feito de cristal, um material que não cede, é extremamente frágil e quebra com facilidade.

Um receptáculo minúsculo no qual alguma parte do corpo pode penetrar e se ajustar firmemente pode ser visto como um símbolo da vagina. Algo que é frágil e não deve ser esticado porque romperia nos lembra o hímen; e algo que se perde com facilidade no final de um baile quando o enamorado de alguém tenta manter segura a amada parece uma imagem apropriada para a virgindade, especialmente quando aquele prepara uma armadilha — o pez nas escadas — para agarrá-la. A fuga de Cinderela dessa situação poderia ser vista como seu esforço para proteger sua virgindade.

No conto de Perrault, a ordem da fada madrinha para que Cinderela esteja em casa a uma determinada hora ou as coisas irão muito mal é semelhante à solicitação do genitor de que sua filha não fique fora até muito tarde da noite devido a seu medo do que possa lhe suceder caso o faça. As diversas histórias de "Cinderela" nas quais ela foge para evitar ser estuprada por um pai "desnaturado" dão sustentação à ideia de que sua fuga do baile é motivada pela ânsia de estar protegida contra uma violação ou contra se deixar levar pelos próprios desejos. Isso também obriga o príncipe a procurá-la na casa do pai, o que equivale ao noivo ir pedir a mão de sua noiva. Enquanto que, na "Cinderela" de Perrault, é um fidalgo da corte que experimenta o sapato e, no conto dos Irmãos Grimm, o príncipe apenas o entrega a Cinderela, que o calça ela própria, em muitas histórias é o príncipe quem coloca o sapato. Isso pode ser comparado à colocação por parte do noivo do anel no dedo da noiva como parte importante da cerimônia de casamento, um símbolo de sua união a partir daí.

Tudo isso é facilmente compreendido. Quando se ouve a história, sente-se que o ajustamento do sapatinho é um noivado, e está bastante claro que Cinderela é uma noiva virgem. Toda criança sabe que o casamento é ligado ao sexo. Antigamente, quando mais crianças cresciam junto a animais, elas sabiam que o sexo tem algo a ver com o macho introduzir seu órgão dentro da fêmea, e a criança moderna é instruída pelos pais a esse respeito. Todavia, tendo em vista o tópico principal da história, a rivalidade fraterna, há outros significados simbólicos possíveis para o ajustamento do precioso sapatinho no pé apropriado.

A rivalidade fraterna é o assunto de "Cinderela", como o é de muitos contos de fadas. Nesses outros contos de fadas, a rivalidade quase sempre existe entre crianças do mesmo sexo. Mas, na vida real, na maioria das vezes a rivalidade mais aguda entre as crianças de uma mesma família é entre irmã e irmão.

A discriminação que as mulheres sofrem quando comparadas aos homens é uma história muito antiga que hoje está sendo posta em xeque. Seria de estranhar se essa discriminação também não criasse ciúmes e inveja entre irmãs e irmãos dentro da família. As publicações psicanalíticas estão repletas de exemplos de meninas que invejam o aparelho sexual do menino; a "inveja do pênis" por parte da mulher tem sido um conceito familiar já há algum tempo. Já não tão reconhecido é o fato de que essa inveja não é de modo algum uma rua de mão única; os meninos também têm bastante ciúme daquilo que as meninas possuem: os seios e a capacidade de ter filhos.[97]

Cada sexo tem ciúme daquilo que o outro tem e que lhe falta, por mais que possa gostar e se orgulhar daquilo que lhe pertence — quer seja a posição, o papel social ou os órgãos sexuais. Embora isso possa ser prontamente observado e seja sem dúvida uma visão correta do assunto, infelizmente ainda não é amplamente reconhecido e aceito. (Em certo grau, isso se deve à ênfase unilateral que a psicanálise deu, em seus primórdios, à assim chamada inveja do pênis por parte das meninas, o que provavelmente ocorreu porque, à época, a maioria dos tratados era escrita por homens que não examinavam sua própria inveja das mulheres. Isso tem, de certo modo, um paralelo hoje em dia em escritos de mulheres que têm um orgulho militante de sua condição feminina.)

"Cinderela", a história que, mais do que qualquer outro conto de fadas, lida com o tema da rivalidade fraterna, seria estranhamente deficiente se de algum modo não desse também expressão à rivalidade entre meninos e meninas devido às suas diferenças físicas. Por trás dessa inveja sexual há o temor sexual, a assim chamada "angústia de castração" de que alguma parte da própria anatomia esteja faltando. *Manifestamente*, "Cinderela" fala apenas da rivalidade fraterna entre meninas; mas não haveria algumas alusões *encobertas* a essas outras emoções de alcance mais profundo e muito mais recalcadas?

Embora meninos e meninas sofram com intensidade idêntica de "angústia de castração", os sentimentos de que padecem não são os mesmos. Os termos "inveja do pênis" e "angústia de castração" enfatizam apenas um dentre os muitos e complexos aspectos psicológicos dos fenômenos que nomeiam. De acordo com a teoria freudiana, o complexo de castração da menina se centraliza no fato de ela imaginar que originariamente todas as crianças tinham pênis e que as meninas de algum modo perderam os seus (possivelmente como castigo por mau comportamento) e na consequente esperança de que ele possa voltar a crescer. A angústia paralela do menino é a de que, uma vez que todas as meninas não têm pênis, isso só pode ser explicado pelo fato de elas os terem perdido, e ele teme que o mesmo possa lhe ocorrer. A menina sujeita à angústia de castração usa muitas e variadas defesas para proteger sua autoestima dessa deficiência imaginária; entre elas estão fantasias inconscientes de que também ela possui um órgão semelhante.

Para compreender os pensamentos e sentimentos que podem ter levado à invenção de um belo e minúsculo sapatinho como uma característica central de "Cinderela" e, mais importante, as respostas inconscientes a esse símbolo que o tornam tão convincente a ponto de ser este um dos contos mais apreciados, é necessário aceitar que várias atitudes psicológicas diferentes e mesmo contraditórias podem ter passado a se relacionar com o pé enquanto símbolo.

Um incidente bastante estranho que ocorre na maioria das versões de "Cinderela" é a mutilação dos próprios pés pelas meias-irmãs para que eles caibam no sapatinho. Embora Perrault tenha excluído essa ocorrência de sua história, de acordo com Cox ela é comum a todas as histórias de "Cinderela", com exceção das que derivam de Perrault e de pouquíssimas outras. Esse incidente pode ser visto como uma expressão simbólica de alguns aspectos do complexo de castração feminino.

A mutilação desonesta do pé por parte das irmãs é a última barreira ao final feliz; precede de imediato a descoberta de Cinderela pelo príncipe. Pela última vez, as meias-irmãs, com a ajuda ativa da madrasta, tentam lesar Cinderela daquilo que de direito lhe pertence. Tentando fazer com que seus pés caibam no sapato, as meias-irmãs os mutilam. Na história dos Irmãos Grimm, a irmã mais velha não consegue calçar o sapato devido ao dedão. Assim sendo, a mãe lhe entrega uma faca e lhe diz para cortar o dedo, porque, uma vez rainha, não precisará mais caminhar. A filha faz como a mãe lhe diz, força o pé para dentro do sapato e vai até o príncipe, que parte a cavalo com ela. Quando passam pelo túmulo da mãe de Cinderela e pela aveleira, dois pombos brancos que estão sobre esta proclamam: "Veja, há sangue no sapato; o sapato é pequeno demais; a verdadeira noiva ainda está em casa." O príncipe olha para o sapato e vê o sangue escorrendo. Conduz de volta a meia-irmã à sua casa. A outra meia-irmã tenta calçar o sapato, mas seu calcanhar é demasiado grande. De novo a mãe lhe diz que o corte, e ocorre a mesma sequência de eventos. Noutras versões em que há apenas uma noiva impostora, ela ou corta o dedão, ou o calcanhar, ou ambos. Em "Rashin Coatie", é a mãe quem pratica a operação.

Esse episódio reforça a impressão criada previamente de quão vulgares as meias-irmãs são, provando que não se detêm diante de nada para ludibriar Cinderela e atingir seus objetivos. Manifestamente, o comportamento das meias-irmãs as põe em nítido contraste com Cinderela, que não deseja obter a felicidade por outro meio que não o próprio eu. Recusa-se a ser escolhida com base em uma aparência criada por meio de mágica e dispõe as coisas de modo a que o príncipe seja forçado a vê-la com suas roupas esfarrapadas. As meias-irmãs se baseiam no logro e sua falsidade as leva à automutilação, um tópico que é retomado no final da história quando os dois pássaros brancos lhes arrancam os olhos. Mas trata-se de um detalhe de tão extraordinária crueza e crueldade que deve ter sido inventado por alguma razão específica, embora provavelmente inconsciente. As automutilações são raras nos contos de fadas, se comparadas a mutilações infligidas por outros, que não são de modo algum infrequentes como punição ou por qualquer outra razão.

Quando "Cinderela" foi inventada, o estereótipo comum contrastava a grandeza do homem com a pequenez da mulher, e o pezinho da heroína a tornaria especialmente feminina. O fato de ter pés tão grandes que eles não cabem no sapato torna as meias-irmãs mais masculinas do que Cinderela — e portanto menos desejáveis. Querendo desesperadamente conquistar o príncipe, as meias-irmãs não se avexam de fazer todo o possível para se transformarem em mulheres graciosas.

Os esforços das meias-irmãs para enganar o príncipe por meio da automutilação são descobertos devido a seu sangramento. Elas tentaram se tornar mais femininas cortando fora uma parte do corpo; o sangramento é uma consequência disso. Praticaram uma autocastração simbólica para provar sua feminilidade; o sangramento na parte do corpo em que ocorreu essa autocastração pode ser outra demonstração de sua feminilidade, uma vez que pode representar a menstruação.

Quer seja ou não a automutilação ou a mutilação pela mãe um símbolo inconsciente de castração para livrar-se de um pênis imaginário, quer seja ou não o sangramento um símbolo da menstruação, a história mostra que os esforços das meias-irmãs não dão certo. Os pássaros revelam o sangramento que demonstra que nenhuma das meias-irmãs é a noiva certa. Cinderela é a noiva virginal; no inconsciente, a moça que ainda não menstrua é mais claramente virginal do que aquela que já o faz. E a moça que permite que seu sangramento seja visto, particularmente por um homem — como não podem evitá-lo as meias-irmãs com os pés sangrando —, é não apenas vulgar mas certamente menos virginal do que aquela que não sangra. Parece, pois, que esse episódio, num outro nível de compreensão inconsciente, contrasta a virgindade de Cinderela com sua ausência nas irmãs. O sapatinho, uma característica central da história de "Cinderela" e aquela que decide o seu destino, é um símbolo extremamente complexo. Foi provavelmente inventado a partir de uma variedade de pensamentos inconscientes um tanto contraditórios, daí evocar uma diversidade de respostas inconscientes no ouvinte.

Para a mente consciente, um objeto como o sapatinho é apenas isso — enquanto que simbolicamente no inconsciente ele, nessa história, pode representar a vagina ou ideias relacionadas a ela. Os contos de fadas agem tanto num nível consciente quanto num inconsciente, o que os torna mais artísticos, cativantes e convincentes. Assim, os objetos utilizados neles devem ser pertinentes no nível manifesto, consciente, e igualmente suscitar associações bem diversas de seu significado manifesto. O sapatinho e o pé que cabe nele, e outro mutilado que não cabe, são imagens plenas de sentido para nossa mente consciente.

Em "Cinderela", o pé gracioso, pequenino, exerce uma atração sexual inconsciente, mas em conjunção com um belo, precioso (por exemplo, dourado) sapatinho no qual o pé cabe confortavelmente. Esse elemento da história de "Cinderela" também existe por si só como um conto de fadas completo, relatado por Estrabão e muito mais velho do que a antiga versão chinesa de "Cinderela". Esse conto fala de uma águia que se evade com uma sandália da bela cortesã Ródope e a deixa cair sobre o faraó. Este fica tão encantado com a sandália que manda vasculhar todo o Egito em busca de sua dona para que possa torná-la sua esposa.[98] Essa história sugere que, no Egito antigo, assim como hoje, sob certas circunstâncias, o sapato feminino, como símbolo de algo muito desejável numa mulher, desperta o amor do homem, por razões precisas mas profundamente inconscientes.

Uma vez que, há mais de dois mil anos, como demonstra a história de Estrabão, no mundo todo, em histórias bastante apreciadas, o sapatinho feminino tem sido aceito como uma solução de conto de fadas para o problema de encontrar a noiva certa, deve haver boas razões para isso. A dificuldade de analisar o significado inconsciente do sapatinho como um símbolo para a vagina é que, embora tanto homens quanto mulheres respondam a esse significado simbólico, não o fazem de modos idênticos.* Essa é a sutileza, mas também a complexidade e ambiguidade desse símbolo, e a razão pela qual ele tem um apelo emocional intenso para ambos os sexos, embora por motivos diferentes. Isso não chega a surpreender, uma vez que a vagina e aquilo que ela representa no inconsciente significam algo diferente para o homem e para a mulher; e esse é particularmente o caso até que é chegado o momento em que ambos atingiram a total maturidade pessoal e sexual, o que se dá razoavelmente tarde na vida.

Na história, a escolha, por parte do príncipe, de Cinderela como noiva tem por base o sapatinho. Se a base de sua escolha tivesse sido a aparência ou personalidade ou qualquer outra qualidade, ele nunca poderia ter sido enganado pelas meias-irmãs. Mas elas o enganaram a ponto de ele chegar a partir a cavalo primeiro com uma e, em seguida, com a outra como sua noiva. Os pássaros tiveram de lhe dizer que nenhuma delas era a noiva certa porque havia sangue escorrendo de seu sapato. Sendo assim, não era tanto o fato de o pé caber no sapato o que decidia quem era a noiva certa, mas antes o sangramento do pé no sapato o que indicava as escolhas erradas. Isso era algo que o príncipe parecia incapaz de perceber por conta própria, embora se pudesse imaginar que deveria ser algo bem visível. Ele só o reconheceu depois que lhe chamaram a atenção.

A incapacidade do príncipe de perceber o sangue no sapato sugere uma outra parte da angústia de castração, aquela ligada ao sangramen-

---

*Uma grande variedade de dados populares dá sustentação à noção de que o sapatinho pode servir de símbolo para a vagina. Rooth, citando Jameson, relata que, entre os manchus, espera-se que a noiva presenteie com sapatinhos os irmãos do marido, os quais, já que o casamento grupal é praticado, se tornam seus parceiros sexuais por intermédio de seu casamento. Esses sapatinhos são enfeitados com "lien hua", que é um termo vulgar para os genitais femininos.[99]

Jameson cita vários exemplos do uso do sapatinho como um símbolo sexual na China, e Aigremont fornece exemplos disso na Europa e no Oriente.[100]

to na menstruação. O sangue escorrendo do sapatinho é apenas outra equação simbólica entre sapatinho e vagina, mas agora com a vagina sangrando como na menstruação. O fato de o príncipe se conservar alheio a isso sugere sua necessidade de se defender das angústias que desperta nele.

Cinderela é a noiva certa, porque livra o príncipe dessas angústias. Seu pé entra facilmente no belo sapatinho, o que mostra que algo gracioso pode se esconder dentro dele. Ela não precisa se mutilar; não sangra em nenhuma parte do corpo. Sua fuga repetida mostra que, ao contrário das irmãs, ela não é agressiva em sua sexualidade, antes aguarda pacientemente ser escolhida. Mas, uma vez escolhida, absolutamente não reluta. Ao colocar o sapatinho no pé, em vez de esperar que o príncipe o faça, mostra sua iniciativa e sua capacidade de organizar o próprio destino. O príncipe tinha muita angústia em relação às meias-irmãs, tanto que não podia ver o que se passava. Mas sente-se muito seguro com Cinderela. Uma vez que ela pode lhe oferecer essa segurança, isso a torna a noiva certa para ele.

Mas, e Cinderela, que afinal é a heroína da história? Uma vez que o príncipe tem afeição por seu sapatinho, isso lhe mostra, de forma simbólica, que ele ama sua feminilidade tal como representada pelo símbolo da vagina. Seja lá como Cinderela possa ter se sentido por viver entre as cinzas, ela sabia que uma pessoa que vive assim parece aos outros suja e vulgar. Há mulheres que se sentem assim com relação à sua própria sexualidade, e outras que temem que o homem se sinta assim com relação a ela. Foi por isso que Cinderela se certificou de que o príncipe a visse também nesse estado antes de escolhê-la. Ao entregar-lhe o sapatinho para calçar, o príncipe simbolicamente demonstra que a aceita como é, suja e degradada.

Aqui devemos lembrar que o sapatinho dourado fora tomado de empréstimo ao pássaro que representa o espírito da mãe morta, que Cinderela havia interiorizado e que a amparava em suas provas e tribulações. O príncipe, ao apresentar-lhe o sapatinho, por fim o torna, juntamente com seu reino, verdadeiramente dela. Ele simbolicamente lhe oferece a feminilidade sob a forma do sapatinho dourado-vagina: a aceitação masculina da vagina e o amor pela mulher é a validação

A PSICANÁLISE DOS CONTOS DE FADAS | 371

máxima, por parte do homem, de sua feminilidade como algo desejável. Mas ninguém, nem mesmo um príncipe de conto de fadas, pode transmitir-lhe tal aceitação — nem mesmo o seu amor pode fazê-lo. Só a própria Cinderela pode finalmente saudar sua feminilidade, embora seja ajudada pelo amor do príncipe. Esse é o sentido mais profundo da narrativa quando diz que "ela tirou o pé do pesado tamanco de madeira e calçou o sapatinho, que lhe coube à perfeição".

Nesse momento, aquilo que no baile fora uma aparência de beleza tomada de empréstimo se transforma no verdadeiro eu de Cinderela; é ela que muda do sapato de madeira, que pertence à sua existência entre as cinzas, para o sapato dourado.

Na cerimônia do sapatinho, que significa o noivado de Cinderela com o príncipe, ele a escolhe porque, de maneira simbólica, ela é a mulher não castrada que o alivia de sua angústia de castração, que interferiria numa relação conjugal feliz. Ela o escolhe porque ele a aprecia em seus aspectos sexuais "sujos", aceita amorosamente a sua vagina sob a forma do sapato e aprova o seu desejo de um pênis, simbolizado pelo pezinho que cabe no sapato-vagina. Essa a razão de o príncipe trazer o belo sapato para Cinderela e de ela colocar o pezinho dentro dele — somente quando o faz é reconhecida como a noiva certa. Mas, ao introduzir o pé no sapato, ela assevera que também ela será ativa na relação sexual; também ela tomará a iniciativa. E também assegura que não lhe falta nem nunca lhe faltou nada; ela tem tudo o que é adequado, tal como seu pé se adequa confortavelmente ao sapato.

Uma reflexão sobre uma parte universalmente aceita da cerimônia do casamento pode trazer confirmação a essa ideia. A noiva estende um dos dedos para que o noivo lhe coloque um anel. Enfiar um dedo num círculo formado pelo polegar e o indicador da outra mão é uma expressão vulgar para a cópula. Mas, na cerimônia do anel, algo inteiramente diverso é simbolicamente expresso. O anel, um símbolo da vagina, é dado pelo noivo à noiva; esta, em troca, lhe oferece seu dedo esticado, para que ele possa completar o ritual.

Muitos pensamentos inconscientes são expressos nessa cerimônia. Por meio da troca ritual de anéis, o homem expressa seu desejo e aceitação da vagina — algo a respeito do qual a mulher poderia ter se preocupado —, bem como do anseio que ela possa ter por um pênis para si. Ao ter o anel colocado em seu dedo, a noiva reconhece que, daí em diante, seu marido até certo ponto será possuidor de sua vagina, e ela do seu pênis; com isso, ela não se sentirá mais destituída por não ter um — o que simboliza o fim de sua angústia de castração; assim como a dele acabou ao tornar seu o anel de casamento e usá-lo a partir daí. O sapatinho *dourado* que o príncipe entrega a Cinderela para que calce pode ser visto como apenas outra forma desse ritual, a que estamos tão habituados que pouco refletimos sobre seu significado simbólico, embora seja com esse ato que o noivo toma a noiva por esposa.

"Cinderela" é o conto da rivalidade e do ciúme fraternos, e de como se pode vencê-los. A inveja e o ciúme máximos são despertados pelas características sexuais que um possui e o outro não. Não apenas a rivalidade fraterna, mas também a sexual é integrada e transcendida ao final da história de Cinderela. O que começou como privação total devido ao ciúme termina numa grande felicidade devido a um amor que entende as fontes desse ciúme, aceita-as e, assim fazendo, elimina-as.

Cinderela recebe de seu príncipe aquilo que julgava faltar-lhe quando este lhe assegura de forma simbólica que nada lhe falta sob nenhum aspecto, e que ela receberá o que desejou possuir. O príncipe recebe de Cinderela a certeza de que mais necessitava: sua aceitação de que, embora o tempo todo ela tivesse o desejo de um pênis, apenas ele pode satisfazê-lo. É um ato que simboliza não ter sido ela castrada de seus desejos e não desejar castrar ninguém; assim sendo, ele não precisa temer que isso possa acontecer com ele. Ela recebe dele aquilo de que mais necessita para si; ele recebe dela aquilo de que mais necessita para si. O motivo do sapatinho serve para pacificar angústias inconscientes no homem e para satisfazer desejos inconscientes na mulher. Isso permite a ambos encontrar a mais completa realização em sua relação sexual no casamento. Por meio desse motivo, a história esclarece o inconsciente do ouvinte sobre o que se acha envolvido no sexo e no casamento.

A criança cujo inconsciente responde ao significado oculto da história, quer seja menina ou menino, compreenderá melhor o que se esconde sob seus sentimentos de ciúme e sua angústia de que possa acabar sendo a destituída. Obterá também uma noção da angústia irracional que pode impedi-la de constituir um relacionamento sexual feliz, e daquilo que é necessário para alcançar tal relação. Mas a história também assegura à criança que, tal como os seus heróis o fazem, ela também será capaz de dominar suas angústias e, apesar de todas as provações, haverá um final feliz.

O final feliz seria incompleto sem a punição dos antagonistas. Mas não é nem Cinderela, nem o príncipe quem inflige a punição. Os pássaros, que ajudaram Cinderela a separar o bom do mau ao catar as lentilhas, agora completam a destruição a que as próprias meias-irmãs haviam dado início: eles furam os olhos delas. O fato de serem cegadas é uma afirmação simbólica de sua cegueira ao pensarem que poderiam se elevar degradando os outros: confiando o seu destino às aparências exteriores; e, mais do que tudo, acreditando que a felicidade sexual poderia ser obtida pela (auto)castração.

Para investigar o significado inconsciente de algumas das características desse que é o conto de fadas mais querido, as conotações sexuais têm de ser consideradas. Ao discuti-las, temo ter ido de encontro ao conselho do poeta, "Pise suavemente pois você está pisando nos meus sonhos."[101] Mas os sonhos só começaram a revelar seu significado e importância depois que Freud ousou investigar os pensamentos inconscientes complexos, com frequência toscos, e grosseiramente sexuais que se escondem por trás de superfícies aparentemente inocentes. Graças à influência de Freud, nossos sonhos se tornaram muito mais problemáticos para nós — mais perturbadores e difíceis de lidar. Mas eles são também a estrada real para a mente inconsciente, e nos permitem formar uma visão nova e mais rica de nós mesmos e da natureza de nossa humanidade.

A criança que aprecia "Cinderela" responderá, na maioria das vezes, principalmente a um ou outro dos significados superficiais. Mas, em vários momentos de seu desenvolvimento rumo ao autoconhecimento, dependendo do que seja problemático para ela, o inconsciente da criança será esclarecido por um dos significados ocultos da história, indicado por algum detalhe importante.[102]

Manifestamente, a história ajuda a criança a aceitar a rivalidade fraterna como um fato razoavelmente comum da vida e lhe garante que não precisa temer ser destruída por ele; ao contrário, se esses irmãos não fossem tão ruins para ela, não poderia nunca obter ao final uma vitória de idêntico nível. Além disso, mostra à criança que, se algum dia foi considerada suja e vulgar, isso foi um estágio temporário sem consequências adversas para o futuro. Há também lições morais óbvias: que as aparências de superfície nada dizem sobre o valor interior de uma pessoa; que, se somos fiéis a nós mesmos, vencemos os que pretendem ser o que não são; e que a virtude será recompensada e o mal será punido.

Abertamente afirmados, porém não tão imediatamente reconhecíveis, são os ensinamentos de que, para desenvolver ao máximo a personalidade, deve-se ser capaz de trabalhar arduamente e de distinguir o bem do mal, como na separação das lentilhas. Mesmo de um material sem importância como cinzas, coisas de grande valor podem ser obtidas se soubermos como fazê-lo.

Logo abaixo da superfície e bem acessível à mente consciente da criança, está a importância de manter a fé naquilo que foi bom em nosso passado, de manter viva a confiança básica obtida na relação com a mãe boa. Essa fé permite alcançar o que há de melhor na vida; e se descobrimos nosso caminho de volta aos valores da mãe boa, estes nos ajudarão a conquistar a vitória.

No que diz respeito à relação de uma criança não só com a mãe mas com os pais em geral, "Cinderela" oferece tanto aos pais quanto à criança importantes discernimentos que nenhum outro conto de fadas célebre expressa tão bem. Esses discernimentos são de tamanha significação que sua consideração foi reservada para o final dessa discussão. Sendo tão claramente inerentes à história que não podem deixar de causar uma impressão, essas mensagens produzem um impacto ainda maior pelo simples fato de que não explicitamos conscientemente quais sejam. Sem que nós "saibamos", as lições se tornam parte de nossa compreensão da vida quando tornamos esse conto de fadas parte de nós mesmos.

Em nenhum outro conto de fadas popular a mãe boa e a mãe má são tão claramente justapostas. Mesmo em "Branca de Neve", que fala de uma das piores madrastas, esta não estabelece tarefas impossíveis para a filha ou exige dela um trabalho árduo. Tampouco ela reaparece no final sob a forma da mãe boa original para providenciar a felicidade da filha. Mas trabalho duro e tarefas aparentemente impossíveis são aquilo que a madrasta de Cinderela exige dela. No nível manifesto, a história narra tudo a respeito de como Cinderela encontra seu príncipe *apesar* do que a madrasta lhe faz. Mas no inconsciente, especialmente para a criança pequena, "apesar" é com frequência o equivalente de "por causa de".

Se não tivesse primeiro sido forçada a se tornar uma "Cinderela", a heroína nunca teria se tornado a noiva do príncipe; a história deixa isso bastante óbvio. Para que se alcance identidade pessoal e se obtenha autorrealização no nível mais alto, diz-nos a história, ambos são necessários: os pais bons originais e, mais tarde, os pais "adotivos" que parecem fazer exigências "cruel" e "insensivelmente". Os dois juntos compõem a história de "Cinderela". Se a mãe boa não tivesse se transformado por um tempo na madrasta má, não haveria ímpeto para desenvolver um eu separado, para descobrir a diferença entre bem e mal, desenvolver iniciativa e autodeterminação. Atesta-o o fato de as meias-irmãs, para as quais a madrasta continua sendo a mãe boa ao longo da história, jamais conseguirem alcançar nada disso; permanecem como cascas vazias. Quando o sapato não serve nas irmãs, não são elas que tomam a iniciativa, mas a mãe quem lhes diz o que fazer. Isso tudo é enfatizado pelo fato de as irmãs ficarem cegas — isto é, insensíveis — para o resto da vida, um símbolo, mas também a consequência lógica de não terem conseguido desenvolver uma personalidade própria.

Para que seja possível existir um desenvolvimento rumo à individuação é necessária uma base firme — "confiança básica", que só podemos obter da relação entre a criança pequena e os pais bons. Mas, para que o processo de individuação se torne possível e necessário — e, a menos que se torne inevitável, não nos empenhamos nele, pois é muito doloroso —, os pais bons têm que se apresentar por um certo tempo como pais ruins e persecutórios, que enviam o filho para vagar durante anos em seu deserto pessoal, fazendo exigências aparentemente "sem descanso" e sem consideração pelo bem-estar do filho. Mas, se a criança responde a essas provações desenvolvendo seu eu de modo independente, então os pais bons reaparecem como que por milagre. Algo semelhante ocorre com o genitor que não faz sentido algum para o filho adolescente até que este atinja a maturidade.

"Cinderela" expõe as etapas no desenvolvimento da personalidade necessárias para que se alcance a autorrealização, e as apresenta à maneira de conto de fadas para que qualquer pessoa possa entender o que é exigido de si para que se torne um ser humano integral. Isso não chega a surpreender, uma vez que o conto de fadas, como tentei mostrar ao longo deste livro, representa extremamente bem o funcionamento de nossa psique: quais são nossos problemas psicológicos e a melhor maneira de dominá-los. Erikson, no seu modelo do ciclo da vida humana, sugere que o ser humano ideal se desenvolve por intermédio do que chama de "crises psicossociais de fases específicas", caso atinja as metas ideais de cada fase sucessivamente. Essas crises, em sua sequência, são: primeiro, confiança básica — representada pela experiência de Cinderela com a mãe boa original, e o que isso implantou firmemente em sua personalidade. Em segundo lugar, autonomia — na medida em que Cinderela aceita seu papel único e tira o melhor partido dele. Em terceiro lugar, iniciativa — Cinderela a desenvolve ao plantar o ramo e fazê-lo crescer graças à expressão de seus sentimentos pessoais, lágrimas e preces. Em quarto lugar, indústria — representada pelos trabalhos árduos de Cinderela, como separar as lentilhas. Em quinto, identidade — Cinderela foge do baile, esconde-se no pombal e na árvore e insiste em que o príncipe a veja e aceite em sua identidade negativa como "Cinderela" antes de assumir sua identidade positiva como sua noiva, uma vez que qualquer identidade verdadeira tem tanto seus aspectos negativos quanto positivos. De acordo com o esquema de Erikson, tendo idealmente solucionado essas crises psicossociais pela aquisição dos atributos da personalidade que acabamos de enumerar, a pessoa está pronta para a verdadeira intimidade com o outro.[103]

A diferença entre o que acontece com as meias-irmãs, que permanecem ligadas a seus "pais bons", sem desenvolvimento interior, e as dificuldades e desenvolvimentos significativos por que Cinderela tem de passar quando seus pais bons originais são substituídos por pais adotivos permite a todo filho e genitor compreender que, pelo bem da própria criança, esta precisa por um tempo ver até mesmo os melhores pais como pais "adotivos" rejeitadores e exigentes. Se "Cinderela" causa impressão nos pais, pode ajudá-los a aceitar que, como passo inevitável no desenvolvimento de seu filho rumo à maturidade verdadeira, eles durante algum tempo devem aparentar ter se tornado pais ruins. A história também mostra que, quando a criança tiver atingido sua verdadeira identidade, os pais bons serão ressuscitados em sua mente, mostrar-se-ão muito mais poderosos e substituirão permanentemente a imagem dos pais maus.

Assim sendo, "Cinderela" oferece aos pais um conforto de que muito necessitam, pois pode lhes ensinar por que e para que bons propósitos são vistos temporariamente pelos filhos sob uma luz desagradável. A criança aprende com a história que, para conquistar seu reino, tem de estar pronta a suportar por algum tempo uma existência de "Cinderela", não só no que diz respeito às dificuldades que isso implica mas também no que diz respeito às tarefas difíceis que deve vencer por iniciativa própria. Dependendo do estágio de desenvolvimento psicológico da criança, esse reino que Cinderela alcança ou será de gratificação ilimitada ou de individualidade e de realização pessoal única.

Inconscientemente, crianças e adultos também respondem às outras certezas que "Cinderela" oferece: que, apesar dos conflitos edipianos aparentemente devastadores que causaram o seu estado de infelicidade, apesar do desapontamento com o genitor do outro sexo e da mãe boa que se transformou em madrasta, Cinderela terá uma vida boa, até mesmo melhor que a dos pais. Além do mais, a história mostra que mesmo a angústia de castração é apenas um produto da imaginação angustiada da criança: num bom casamento, todos encontrarão a realização sexual até mesmo daquilo que parecia ser sonhos impossíveis: ele ganhará uma vagina dourada, ela, um pênis temporário.

"Cinderela" guia a criança, a partir de suas maiores decepções — desilusão edipiana, angústia de castração, opinião desfavorável sobre si própria devido à suposta opinião desfavorável dos outros —, para que desenvolva sua autonomia, torne-se industriosa e obtenha para si uma identidade positiva. Cinderela, no final da história, está efetivamente pronta para um casamento feliz. Mas será que ama o príncipe? A história não o diz em parte alguma. Ela conduz Cinderela até o momento do noivado, quando o príncipe lhe entrega o sapatinho dourado, que poderia igualmente ser a aliança de ouro do casamento (como sucede de fato em algumas histórias de "Cinderela").[104] Mas o que mais Cinderela deve aprender? Que outras experiências são necessárias para mostrar à criança o que significa estar realmente apaixonada? A resposta a essa pergunta é fornecida no último ciclo de histórias quer consideraremos neste livro, o do noivo animal.

O Ciclo de Contos de Fadas do Noivo Animal

A Luta Pela Maturidade

Branca de Neve é levada pelo príncipe inerte em seu caixão; é por acaso que ela expele tossindo o pedaço de maçã envenenado preso em sua garganta e assim volta a viver. Bela Adormecida só desperta porque seu amado a beija. O período de degradação de Cinderela termina quando o sapatinho lhe serve. Em cada uma dessas histórias — tal como em muitas outras —, o resgatador demonstra de alguma forma seu amor pela futura noiva. Ficamos, porém, no escuro quanto aos sentimentos das heroínas. Do modo como os Irmãos Grimm narram essas histórias, nada nos é dito a respeito de Cinderela estar apaixonada, embora algo possa ser concluído do fato de ela ir três vezes ao baile para encontrar seu príncipe. No que diz respeito aos sentimentos de Bela Adormecida, ficamos sabendo apenas que ela olha "de um jeito amistoso" para o homem que a liberta de seu encantamento. De modo similar, tudo que nos é dito é que Branca de Neve "foi tomada de sentimentos amistosos" pelo homem que a trouxe de volta a vida. É como se essas histórias deliberadamente evitassem afirmar que as heroínas estão apaixonadas; tem-se a impressão de que mesmo os contos de fadas dão pouca importância ao amor à primeira vista. Sugerem, em vez disso, que amar envolve muito mais do que ser despertada ou escolhida por um príncipe qualquer.

Os resgatadores se apaixonam por essas heroínas devido a sua beleza, que simboliza a sua perfeição. Estando apaixonados, eles têm de se tornar ativos e provar que são dignos da mulher que amam — algo bem diferente da aceitação passiva do amor por parte da heroína. Em

"Branca de Neve", o príncipe declara não ser capaz de viver sem Branca de Neve e oferece aos anões o que eles quiserem em troca dela, e finalmente lhe é permitido levá-la. Ao penetrar na cerca de espinhos para alcançar Bela Adormecida, seu pretendente arrisca a vida. O príncipe, em "Cinderela", elabora um plano engenhoso para apanhá-la numa armadilha e, quando em seu lugar apanha apenas seu sapatinho, ele a procura por toda parte. As histórias parecem sugerir que apaixonar-se é algo que acontece; manter-se apaixonado exige muito mais que isso. Mas, uma vez que os resgatadores masculinos nessas histórias têm apenas papéis adjuvantes, nada de mais específico pode ser sabido, a partir de seu comportamento, sobre que desdobramentos estão envolvidos em amar alguém, sobre aquilo que a natureza do cometimento "estar apaixonado" acarreta.

Todas as histórias consideradas até aqui ensinam que, caso se deseje conquistar a individualidade, alcançar a integridade e garantir a identidade, deve-se passar por desenvolvimentos difíceis: sofrer provações, enfrentar perigos, obter vitórias. Somente desse modo pode-se dominar o próprio destino e conquistar o próprio reino. O que sucede aos heróis e heroínas nos contos de fadas pode ser — e foi — comparado a ritos de iniciação em que o noviço entra ingênuo e desinformado, e que o dispensam ao final num nível de existência mais elevado com que não sonhava no início dessa viagem sagrada por meio da qual obtém sua recompensa ou salvação. Ao tornar-se verdadeiramente ele próprio, o herói ou a heroína se tornou digno de ser amado.

Mas, por mais meritório que esse autodesenvolvimento seja, e embora possa salvar nossa alma, ainda não é o bastante para a felicidade. Para tanto, é necessário ir além do próprio isolamento e criar um vínculo com o outro. Seja em que plano elevado se dê a sua vida, o *Eu* sem o *Você* vive uma existência solitária. Os finais felizes dos contos de fadas, em que o herói se une ao cônjuge de toda a vida, dizem isso. Mas não ensinam o que o indivíduo deve fazer para transcender seu isolamento depois de ter conquistado sua individualidade. Nem em "Branca de Neve", nem em "Cinderela" (as versões dos Irmãos Grimm), nada nós é dito a respeito de suas vidas depois de se terem casado;

nada nos é dito a respeito de viverem felizes com seus cônjuges. Essas histórias, apesar de levarem a heroína até o limiar do verdadeiro amor, não dizem que crescimento pessoal é exigido para a união com o outro que se ama.

A implantação das bases para atingir a consciência e o relacionamento plenos não estaria completa se os contos de fadas não preparassem a mente da criança para a transformação exigida e efetuada pelo fato de se estar apaixonado. Há muitas histórias de fadas que começam onde aquelas como "Cinderela" ou "Branca de Neve" acabam, e elas transmitem que, por mais encantador que seja ser amado, nem mesmo o ser amada por um príncipe garante a felicidade. Encontrar a realização por intermédio do amor e no amor requer ainda uma transição a mais. Meramente sermos nós mesmos não é o bastante, mesmo quando se trata de uma individualidade conquistada por meio de lutas tão difíceis quanto as de Branca de Neve ou Cinderela.

Só nos tornamos um ser humano completo, que realizou todas as suas potencialidades, se, além de sermos nós mesmos, somos ao mesmo tempo capazes e felizes de sermos nós mesmos com outro. Atingir esse estado envolve as camadas mais profundas de nossa personalidade. Como qualquer transmutação que toca o âmago de nosso ser, ela tem perigos que devem ser enfrentados com coragem e apresenta problemas que devem ser vencidos. A mensagem dessas histórias de fadas é que devemos abandonar as atitudes infantis e adquirir atitudes maduras se desejamos estabelecer aquele vínculo íntimo com o outro que promete felicidade permanente para ambos.

Os contos de fadas preparam a criança para fazer tudo isso de um modo tal que lhe permite obter uma compreensão pré-consciente de assuntos que a perturbariam muito se fossem impostos à sua atenção consciente. Mas essas ideias, incrustradas em sua mente pré-consciente ou inconsciente, se tornam disponíveis quando a ocasião está madura para que a criança elabore sua compreensão a partir delas. Uma vez que tudo é expresso em linguagem simbólica nos contos de fadas, a criança pode desconsiderar aquilo para o qual não está preparada e responder apenas àquilo que lhe foi dito na superfície. Mas ela já se torna capacitada a remover, camada por camada, parte do significado oculto por trás do símbolo à medida que se torna gradualmente pronta e apta a dominá-lo e a se beneficiar dele.

Desse modo, os contos de fadas são um meio ideal para que a criança aprenda a respeito do sexo de maneira apropriada à sua idade e estágio de compreensão. Toda educação sexual que é mais ou menos direta, mesmo quando posta na linguagem da criança e em termos que ela possa compreender, não lhe deixa outra alternativa senão aceitá-la, mesmo que ela não esteja pronta para ela e que fique então enormemente perturbada ou confusa com ela. Ou então a criança pode se proteger para não ser esmagada pela informação que ainda não está pronta a dominar distorcendo ou reprimindo o que lhe dizem — com consequências extremamente prejudiciais no momento e para o futuro.

Os contos de fadas sugerem que eventualmente chega um momento em que temos de aprender o que não sabíamos antes — ou, para dizê-lo psicanaliticamente, de desfazer o recalcamento do sexo. Aquilo que vivenciamos como perigoso, repugnante, algo a ser evitado, deve mudar de aparência para que seja vivenciado como verdadeiramente belo. É o amor que permite que isso aconteça. Enquanto que o desfazimento de recalques e a modificação na experiência do sexo são processos que na realidade ocorrem paralelamente, os contos de fadas lidam com eles em separado. Só raramente isso acontece de repente; trata-se, na maioria das vezes, de um longo processo evolutivo que leva ao reconhecimento de que o sexo pode parecer muito diferente de como o víamos antes. Assim, há alguns contos de fadas que nos familiarizam com o choque súbito do reconhecimento feliz, enquanto que outros transmitem ser necessária uma longa luta para que se chegue ao ponto em que essa inesperada revelação possa se dar.

Em muitos contos de fadas, o herói intrépido mata dragões, combate gigantes e monstros, bruxas e feiticeiros. Eventualmente a criança inteligente começa a se perguntar o que esses heróis pretendem provar. Se eles não têm cuidado com a própria segurança, como podem oferecê-la às donzelas que resgatam? O que fizeram com suas sensações naturais de angústia e por quê? Conhecendo seus próprios temor e tremor, mas também o quão frequentemente tenta negá-los, a criança conclui que, por alguma razão, esses heróis precisam convencer a todos — inclusive a si próprios — que não estão livres de angústia.

Fantasias edipianas de glória ganham corpo em contos em que os heróis matam dragões e resgatam donzelas. Mas essas histórias são simultaneamente negações de angústias edipianas, incluindo em grande parte as sexuais. Ao recalcar todas as sensações de angústia a ponto de parecem totalmente destituídos de medo, esses heróis se resguardam de descobrir o que exatamente os deixa angustiados. Algumas vezes, angústias sexuais surgem por trás de fantasias de coragem bizarra: depois de o intrépido herói conquistar a princesa, ele a evita, como se sua coragem o capacitasse a combater, mas não a amar. Numa dessas histórias, "O Corvo", dos Irmãos Grimm, o herói adormece em três dias consecutivos na hora em que sua princesa prometera visitá-lo. Em outros contos ("Os Filhos dos Dois Reis" e "O Tocador de Tambor", dos Irmãos Grimm), o herói dorme um sono profundo durante toda a noite enquanto sua amada chama por ele na soleira do quarto, só despertando na terceira tentativa. Em "João e suas Barganhas", demos uma interpretação para o fato de João se deitar imóvel na cama ao lado de sua noiva; e, em outro nível, o fato de João não se mover em direção à princesa simboliza sua angústia sexual. O que parece ser uma ausência de sentimentos é na verdade o vazio deixado por seu recalcamento, e esse recalcamento deve ser desfeito para que a felicidade conjugal, que requer a satisfação sexual, se torne possível.

"História do Jovem que Saiu pelo Mundo para Aprender o Que é o Medo"

Há contos de fadas que falam da necessidade de sermos capazes de sentir medo. Um herói pode sobreviver a aventuras de arrepiar os cabelos sem qualquer angústia, mas só pode encontrar satisfação na vida depois de lhe ser restituída a capacidade de sentir medo. Em algumas histórias de fadas, o herói reconhece essa ausência de medo como uma deficiência inicial. É o caso do conto dos Irmãos Grimm "A História do Jovem que Saiu pelo Mundo para Aprender o que É o Medo". Ao ser desafiado pelo pai a se tornar alguém na vida, o herói replica: "Gostaria de aprender a tremer; é algo que em absoluto não compreendo." Para consegui-lo, ele se expõe a aventuras aterrorizantes, mas não consegue sentir nada. Com força sobre-humana e com aquilo que seria uma coragem sobre-humana caso sentisse medo, ele então desencanta o castelo de um rei. Este lhe diz que, como recompensa, ele se casará com sua filha. "Isso tudo é muito bom", respondeu o herói, "mas ainda não sei o que significa tremer." Essa resposta traz implícito um reconhecimento de que, enquanto for incapaz de sentir medo, ele não está pronto para o casamento. Isso é enfatizado ainda mais pelo fato de a história narrar que, embora amasse a esposa, o herói continuava a dizer: "Se eu ao menos pudesse tremer!". Ele finalmente aprende como tremer em seu leito conjugal. Sua esposa o ensina certa noite ao tirar-lhe as cobertas e despejar-lhe em cima um balde de água fria cheio de gobiões (peixes miúdos como vairões). Enquanto os peixinhos se contorcem sobre ele todo, o herói grita: "Ó, como estou tremendo, querida esposa. Sim, agora sei o que é tremer!"

Graças à esposa, em seu leito conjugal o herói dessa história encontra o que lhe estava faltando na vida. Para a criança, mais ainda que para o adulto, parece evidente que só se pode encontrar algo onde previamente se o perdeu. Num nível subconsciente, a história sugere que o herói destemido perdera sua capacidade de tremer de modo a não ter que se defrontar com os sentimentos que o dominam no leito conjugal — isto é, as emoções sexuais. Mas, sem esses sentimentos, como afirma o tempo todo, ele não é uma pessoa integral: ele sequer deseja se casar enquanto for incapaz de tremer.

O herói dessa história era incapaz de tremer devido ao recalcamento de todos os sentimentos sexuais — como o demonstra o fato de que, uma vez lhe tendo sido restituído o temor sexual, ele pôde ser feliz. Há nessa história uma sutileza que é fácil de passar conscientemente despercebida, embora não deixe de causar uma impressão inconsciente. O título nos informa que o herói partiu para aprender a ter medo. Mas, ao longo da história, faz-se referência sobretudo ao tremor; o herói afirma ser isso uma arte que se mantém além da sua compreensão. A angústia sexual é vivenciada a maior parte do tempo sob a forma de repugnância; o ato sexual faz com que a pessoa que se angustia com ele trema, mas normalmente não desperta um temor ativo.

Quer ou não o ouvinte dessa história reconheça que foi a angústia sexual o que levou à incapacidade do herói para tremer, aquilo que finalmente o leva a fazê-lo sugere a natureza irracional de algumas de nossas angústias mais difundidas. O fato de ser este um medo do qual só sua esposa é capaz de curá-lo à noite, na cama, é indicação suficiente da natureza subjacente à angústia.

Para a criança, que sente mais medo à noite em sua cama, mas que eventualmente vem a perceber o quão irracionais eram as suas angústias, esse conto sugere num nível manifesto a ideia de que, por trás de uma alardeada ausência de angústia, podem estar ocultos temores bastante imaturos e mesmo pueris, que têm acesso negado à consciência.

Como quer que a história seja vivenciada, ela mostra que a felicidade conjugal requer que sentimentos que até o momento do casamento não estavam disponíveis para a pessoa se lhe tornem acessíveis. Além disso, diz que é o parceiro feminino quem finalmente faz despontar a humanidade no homem — porque ter medo é humano; não ser capaz de senti-lo é desumano. Esse conto revela, à maneira dos contos de fadas, que, na última transição necessária para atingir uma humanidade madura, os recalcamentos devem ser desfeitos.

O Noivo Animal

Muito mais populares e numerosos são os contos que — sem qualquer referência ao recalcamento que causa uma atitude negativa para com o sexo — simplesmente ensinam que, para o amor, é absolutamente necessária uma mudança radical nas atitudes previamente mantidas em relação àquele. O que deve acontecer é expresso, como sempre nos contos de fadas, por meio de uma imagem muito impressionante: uma fera é transformada numa pessoa magnífica. Por mais diferentes que sejam essas histórias, uma característica comum a todas elas é o parceiro sexual vivenciado de início como um animal; por conseguinte, na literatura sobre os contos de fadas, esse ciclo se tornou conhecido como o do "noivo animal" ou "marido animal". (Para as histórias, hoje em dia um tanto menos conhecidas, em que a futura parceira feminina é inicialmente um animal, o ciclo é o da "noiva animal").* Atualmente, a mais conhecida dessas histórias é "A Bela e a Fera".[105] Esse tema é tão popular no mundo todo que provavelmente nenhum outro tema de conto de fadas apresenta tantas variações.[106]

Há três traços típicos nas histórias do ciclo do noivo animal. Em primeiro lugar, permanece-se sem saber como nem por que o noivo foi transformado num animal; e isso apesar de a maioria dos contos de fadas fornecer tal informação. Em segundo lugar, foi uma feiticeira quem praticou tal ato; no entanto, ela não é punida por suas más ações. Em terceiro, é o pai que faz com que a heroína se una à Fera;

---

*O fato de, nesses contos de fadas, o noivo animal ser resgatado por intermédio do amor da fêmea quase tão frequentemente quanto a noiva animal é desencantada por intermédio da devoção do macho oferece outro exemplo de que o mesmo motivo de conto de fadas se aplica igualmente a fêmeas e a machos. Nos idiomas cuja estrutura o permite, os nomes das personagens centrais são ambíguos, de modo que o ouvinte tenha a liberdade de imaginá-los como pertencentes a qualquer dos dois sexos.

Nas histórias de Perrault, os nomes das personagens principais são tais que podem ser vistos como masculinos ou femininos. Por exemplo, o título de "O Barba Azul" é "La Barbe Bleue": aqui, o nome de uma personagem claramente masculina é construído de tal modo que toma o artigo feminino. O nome francês de Cinderela, Cendrillon, tem um final masculino; a forma feminina teria de ser algo como La Cendreuse. Chapeuzinho Vermelho é chamado Le Petit Chaperon Rouge não só porque, em francês, *chaperon* é uma peça do vestuário masculino, mas também porque devido a ele o nome da menina requer o artigo masculino. A Bela Adormecida, La Belle au Bois Dormant, toma o artigo feminino, mas *dormant* é uma forma que se aplica igualmente a homens e mulheres (Soriano, *op cit*).

Em alemão, muitas das personagens principais são do gênero neutro, como a própria criança (*das Kind*). Temos assim Das Schneewittchen (Branca de Neve); Das Dornröschen (Bela Adormecida), Das Rotkäppchen (Chapeuzinho Vermelho), Das Aschenputtel (Borralheira).

ela o faz por amor ou obediência ao pai; a mãe manifestamente não desempenha qualquer papel significativo.

Ao aplicar as percepções da psicologia profunda a essas três facetas das histórias, começa-se a perceber o significado sutil daquilo que inicialmente se apresentava como deficiências sérias. Não ficamos sabendo por que o noivo foi forçado a tomar a forma de um animal feio, ou por que esse dano que lhe infligiram se mantém impune. Isso sugere que a alteração da aparência "natural" ou bela se deu no passado insondável, quando não sabíamos por que razão algo nos sucedia, mesmo quando isso tinha consequências do mais longo alcance. Deveríamos dizer que o recalcamento do sexo ocorreu tão cedo que não se é capaz de lembrá-lo? Nenhum de nós é capaz de lembrar em que momento da vida o sexo tomou pela primeira vez a forma de algo animalesco, algo a temer, de que se esconder e que evitar; ele normalmente é transformado em tabu cedo demais. Pode-se recordar que até recentemente muitos pais de classe média diziam aos filhos que o momento de compreender o que é o sexo chegaria ao se casarem. Sob esse aspecto, não é de surpreender que, em "A Bela e a Fera", a antiga Fera diga à Bela: "Uma fada má me condenou a permanecer sob esta forma até que uma virgem bela consentisse em se casar comigo." Só o casamento tornava o sexo permissível, transformava-o de algo animalesco num vínculo santificado pelo sacramento.

Uma vez que nossas mães, ou amas, foram nossas primeiras educadoras, é provável que tenham sido elas as primeiras a, de algum modo, transformar o sexo em tabu; daí que seja uma fêmea quem transforma o futuro noivo em animal. Em ao menos uma história da noiva animal nos é dito que é o mau comportamento da criança o que causa a transformação em animal, e que é a mãe quem a efetua. "O Corvo", dos Irmãos Grimm, começa assim: "Era uma vez uma rainha que tinha uma filha tão pequenina que ainda era um bebê de colo. Um dia, a menina se comportava mal, não dava sossego, disses-se a mãe o que quisesse. Esta então ficou impaciente e, uma vez que corvos voavam ao redor do castelo, abriu a janela e disse: 'Quem me dera que você fosse um corvo e partisse voando; então eu teria algum descanso.' Tão logo ela o disse, a filha se transformou em corvo..." Não parece exagerado supor que tenha sido um comportamento sexual instintivo, vergonhoso, inaceitável aquilo que a criança foi incapaz de interromper e que perturbou tanto a mãe que ela subconscientemente achou que a menina se parecia com um animal e assim podia perfeitamente se tornar um. Se a criança só tivesse se agitado e gritado, a história no-lo teria dito, ou a mãe não teria se mostrado tão disposta a abandonar a filha.

Nas histórias de noivo animal, ao contrário, as mães estão aparentemente ausentes; elas estão todavia presentes sob o disfarce da feiticeira que fez com que a criança visse o sexo como algo animalesco. Uma vez que quase todos os pais, de uma forma ou de outra, transformam o sexo em tabu, isso é algo tão universal e, ao menos até certo ponto, inevitável na educação da criança que não há razão para que se castigue a pessoa que fez com que o sexo parecesse algo animalesco. Essa é a razão pela qual a feiticeira que transformou o noivo em animal não é punida no final da história.

É o afeto e a devoção da heroína que transformam o animal. Só se ela vier a amá-lo verdadeiramente ele será desencantado. Para que a moça possa amar integralmente seu consorte, ela deve ser capaz de transferir para ele sua primitiva afeição infantil por seu pai. Ela pode fazê-lo à perfeição se este, apesar de hesitante, concordar que ela o faça — tal como o pai em "A Bela e a Fera", que, de início, não quer aceitar que a filha se una à Fera para que esta possa viver, mas que se permite convencer de que ela deve fazê-lo. E a moça pode transferir — e transformar —, de maneira mais livre e feliz, esse amor edipiano pelo pai para seu amado, caso, de uma forma sublimada, ele pareça lhe oferecer uma realização adiada de seu amor infantil pelo pai, ao mesmo tempo que proporcione a realização de seu amor maduro por um companheiro de mesma idade.

A Bela se junta à Fera só porque ama o pai, mas, ao amadurecer, seu amor troca de objeto principal — embora não sem dificuldades, como narra a história. No final, graças ao seu amor, tanto o pai quanto o marido retomam suas vidas. Caso seja necessária mais uma confirmação dessa interpretação do significado da história, ela nos é dada pelo detalhe da Bela pedindo ao pai que lhe traga uma rosa e este arriscando a vida para satisfazer-lhe o desejo. O desejar uma rosa, o dá-la e recebê-la são imagens do amor permanente de Bela pelo pai e deste por ela, um símbolo de que esse amor foi mantido vivo por ambos. É esse amor que nunca parou de florescer o que possibilita uma transferência tão fácil para a Fera.

Os contos de fadas falam à nossa mente inconsciente e são por nós vivenciados como dizendo-nos algo importante, independentemente de nosso sexo e do sexo do protagonista da história. Ainda assim, vale a pena observar que, na maior parte dos contos de fadas ocidentais, a fera é masculina e só pode ser desencantada pelo amor de uma mulher. A natureza da fera se modifica de lugar para lugar, de acordo com a situação local. Por exemplo, numa história banto (cafre), um crocodilo é restituído à sua forma humana por uma donzela que lhe lambe o rosto.[107] Noutros contos, a fera aparece sob a forma de um porco, leão, urso, asno, sapo, cobra etc., que são restituídos à forma humana pelo amor de uma donzela.* É de se presumir que os inventores desses contos acreditavam que, para se obter uma união feliz, é à mulher que cabe superar sua visão do sexo como repugnante e animalesco. Há também contos de fadas ocidentais em que a mulher, por meio de um feitiço, adquire forma animal, e então é ela que deve ser desencantada pelo amor e pela coragem determinada de um homem. Mas,

---

*As muitas histórias do tipo noivo animal de culturas pré-alfabetizadas sugerem que viver em intimidade com a natureza não é o bastante para modificar a visão de que o sexo é algo animalesco que só o amor pode transformar numa relação humana. Tampouco altera o fato de que, a maioria das vezes, o macho é vivenciado inconscientemente como o parceiro mais animalesco devido a seu papel mais agressivo no sexo. Também não muda a percepção pré-consciente de que, embora o papel da fêmea na cópula seja mais passivo-receptivo, também ela deve se tornar ativa no sexo, deve realizar algo bastante difícil, até mesmo desgracioso — tal como lamber o rosto de um crocodilo — para que o amor venha a enriquecer um simples vínculo sexual.

Nas sociedades pré-alfabetizadas, as histórias de maridos animais e esposas animais têm não apenas características de contos de fadas como também totêmicas. Por exemplo, entre os lalangues, em Java, acredita-se que uma princesa tomou um cachorro por marido e que o filho nascido desse casamento é o ancestral da tribo.[108] Num conto de fadas iorubá, uma tartaruga se casa com uma moça e, desse modo, introduz a cópula na terra, mostrando a relação íntima entre a ideia do noivo animal e a cópula.[109]

em praticamente todos os exemplos de noivas animais, não há nada de perigoso ou repugnante em sua forma animal; ao contrário, elas são encantadoras. Já mencionamos "O Corvo". Num outro conto dos Irmãos Grimm, "O Tocador de Tambor", a moça foi transformada em cisne. Assim, parece que, enquanto os contos de fadas sugerem que o sexo sem amor e devoção é animalesco, ao menos na tradição ocidental seus aspectos animais, no que diz respeito à mulher, não são ameaçadores e chegam até a ser encantadores; somente os aspectos masculinos do sexo são animalescos.

"Branca de Neve e Rosa Vermelha"

Embora o noivo animal seja quase sempre uma besta repugnante ou feroz, em algumas histórias ele é um animal manso, apesar de sua natureza selvagem. É o caso de "Branca de Neve e Rosa Vermelha", dos Irmãos Grimm, em que ele é um urso amistoso, de modo algum assustador ou repugnante. Mas essas qualidades bestiais não estão ausentes da história — representa-as um anão rude que por meio de um feitiço transformou o príncipe num urso. Nessa história, ambos os protagonistas foram duplicados: há duas donzelas resgatadoras, Branca de Neve e Rosa Vermelha, e há o urso gentil e o anão anti-pático. As duas moças, encorajadas pela mãe, fazem amizade com o urso; e auxiliam o anão em suas dificuldades, apesar de sua ruindade. Salvam-no duas vezes de um grande perigo cortando parte de sua barba, e, a terceira e última vez, arrancando parte de seu casaco. Nessa história, as moças têm de salvar o anão três vezes antes de o urso poder matá-lo e se desencantar. Assim, embora o noivo animal seja amistoso e manso, a mulher ainda tem de exorcizar sua natureza ruim sob a forma do anão para que uma relação animalesca se torne uma relação humana. Essa história sugere que há tanto aspectos amistosos quanto repugnantes em nossa natureza e que, quando nos livramos dos últimos, tudo pode ser felicidade. No final da história, a unidade essencial dos protagonistas é reafirmada quando Branca de Neve se casa com o príncipe e Rosa Vermelha com o irmão dele.

As histórias de noivo animal indicam que é sobretudo a mulher quem necessita mudar da rejeição à aceitação sua atitude para com o sexo, porque, enquanto este lhe parecer algo feio e animalesco, permanecerá animalizado no macho; isto é, ele não será desencantado. Enquanto um dos parceiros tiver aversão ao sexo, o outro não poderá apreciá-lo; enquanto um deles o vir como animalesco, o outro permanecerá parcialmente um animal para si próprio e para o parceiro.

"O Rei Sapo"

Alguns contos de fadas enfatizam o desenvolvimento longo e penoso que unicamente nos permite ganhar controle sobre aquilo que parece animalesco em nós, enquanto que, inversamente, outros contos se concentram no choque de reconhecimento que se dá quando o que parecia animal repentinamente se revela a fonte da felicidade humana. O conto dos Irmãos Grimm "O Rei Sapo" pertence à última categoria.*

Embora não seja tão antigo quanto algumas histórias sobre noivos animais, uma versão de "O Rei Sapo" é mencionada já no século XIII. No *Complaint of Scotland* em 1540, um conto similar se intitula "O Poço do Fim do Mundo".[110] Uma versão de "O Rei Sapo", publicada pelos Irmãos Grimm em 1815, começa com três irmãs. As duas mais velhas são arrogantes e insensíveis; só a caçula se dispõe a ouvir as súplicas do sapo. Na versão dos Grimm mais conhecida atualmente, a heroína também é a caçula, mas não se especifica quantas são as irmãs.

"O Rei Sapo" começa com a princesa caçula brincando com sua bola de ouro junto a um poço. A bola cai dentro dele e a menina fica desolada. Um sapo aparece e lhe pergunta o que a aflige. Oferece-se para devolver-lhe a bola de ouro caso ela o aceite como o companheiro

---

*O título completo do conto é "O Rei Sapo ou Henrique de Ferro", mas Henrique de Ferro não faz parte da maioria de suas versões. Sua lealdade extrema é acrescentada no final do conto como uma reflexão posterior visando a comparar sua fidelidade à deslealdade original da princesa. Não acrescenta materialmente nada ao significado do conto e é portanto descurada aqui. (Em sua versão, Iona e Peter Opie omitiram, por bons motivos, "Henrique de Ferro" tanto do título quanto do conto.)[111]

que se sentará a seu lado, beberá de seu copo, comerá de seu prato e dormirá consigo em sua cama. Ela assim promete, pensando consigo mesma que um sapo nunca poderia ser companheiro de uma pessoa. O sapo então lhe traz a bola de ouro. Quando ele lhe pede que o leve consigo para casa, ela foge e logo se esquece de tudo a respeito do sapo.

Mas, no dia seguinte, quando a corte está jantando, o sapo aparece e pede que o deixem entrar. A princesa lhe fecha a porta. O rei, que observa sua aflição, pergunta-lhe qual a sua causa. Ela lhe diz e ele insiste em que suas promessas devem ser cumpridas. Assim sendo, ela abre a porta para o sapo, mas ainda hesita em erguê-lo até a mesa. Novamente o rei lhe diz para cumprir a promessa. A princesa tenta mais uma vez descumpri-la quando o sapo lhe pede para se juntar a ela na cama, mas desta vez o rei iradamente lhe diz que aqueles que a ajudaram quando deles necessitou não devem ser desprezados. Tão logo o sapo se junta à princesa na cama, ela fica tão enojada que o arremessa contra a parede e ele então se transforma num príncipe. Na maioria das versões, isso ocorre depois de o sapo ter passado três noites com ela. Uma versão original é ainda mais explícita: a princesa tem de beijar o sapo enquanto ele está a seu lado na cama, e então são necessárias três semanas dormindo juntos para que o sapo se transforme em príncipe.[112]

Nessa história, o processo de maturação é acelerado enormemente. No começo, a princesa é uma bela menininha brincando descuidadamente com uma bola. (É-nos dito que nem mesmo o sol jamais vira algo tão belo como essa menina.) Tudo acontece por causa da bola. Ela é duplamente um símbolo de perfeição: enquanto esfera e por ser feita de ouro, o material mais precioso. A bola representa uma psique narcisista ainda não desenvolvida: contém todos os potenciais, nenhum dos quais foi concretizado ainda. Quando a bola cai dentro do poço fundo e escuro, a ingenuidade é perdida e a caixa de Pandora se abre. A princesa lamenta tão desesperadamente a perda de sua inocência infantil quanto a da bola. Somente o feio sapo pode resgatar-lhe a perfeição — a bola — da escuridão em que caiu o símbolo da sua psique. A vida se tornou feia e complicada tão logo começou a revelar seus lados mais sombrios.

Ainda presa ao princípio do prazer, a menina faz promessas visando a obter aquilo que deseja, sem se preocupar com as consequências. Mas a realidade se impõe. Ela tenta iludi-la fechando a porta ao sapo. Mas então o superego, sob a forma do rei, entra em cena: quanto mais a princesa tenta ir de encontro às solicitações do sapo, tanto mais energicamente o rei insiste em que ela cumpra as suas promessas até o fim. Aquilo que havia começado como uma brincadeira se torna sério: a princesa deve crescer na medida em que é forçada a aceitar os compromissos que assumiu.

Os passos rumo à intimidade com o outro são esboçados com clareza: primeiramente a menina se acha sozinha brincando com sua bola. O sapo entabula uma conversa com ela ao lhe perguntar o que a aflige; brinca com ela ao lhe devolver a bola. Depois, vem visitá-la, senta-se com ela, come com ela, junta-se a ela em seu quarto e, finalmente, em sua cama. Quanto mais o sapo se aproxima fisicamente dela, tanto mais enojada e angustiada ela se sente, particularmente em ser tocada por ele. O despertar para o sexo não está livre de repugnância ou de angústia, ou até mesmo de raiva. A angústia se transforma em raiva e ódio quando a princesa atira o sapo contra a parede. Ao assim afirmar-se e correndo riscos ao fazê-lo — em oposição às suas tentativas prévias de se esquivar e então simplesmente obedecer às ordens do pai —, a princesa transcende sua angústia e o ódio se transforma em amor.

De certo modo, essa história mostra que, para ser capaz de amar, uma pessoa tem primeiro que se tornar capaz de sentir; mesmo que os sentimentos sejam negativos, isso é melhor do que não sentir. No começo, a princesa é inteiramente autocentrada; todo o seu interesse está em sua bola. Ela não tem qualquer sentimento quando planeja recuar na promessa feita ao sapo, não pensa em absoluto no que isso possa significar para ele. Quanto mais o sapo se aproxima física e pessoalmente dela, tanto mais fortes se tornam seus sentimentos, mas com isso ela se torna mais e mais uma pessoa. Por um longo período de desenvolvimento ela obedece ao pai, mas seus sentimentos são cada vez mais fortes; então, no final, ela afirma sua independência indo de encontro às suas ordens. Ao assim adquirir individualidade, o mesmo sucede com o sapo; ele se transforma num príncipe.

Num outro nível, a história mostra que não podemos esperar que nossos primeiros contatos eróticos sejam agradáveis, pois são demasiado difíceis e repletos de angústia. Mas, se continuamos, apesar da repugnância temporária, a permitir que o outro se torne cada vez mais íntimo, então num determinado momento experimentaremos um choque feliz de reconhecimento quando a proximidade total revelar a verdadeira beleza da sexualidade. Numa versão de "O Rei Sapo", "depois de uma noite na cama, ela, ao acordar, viu ao seu lado o mais belo cavalheiro".[113] Assim, nessa história, a noite passada lado a lado (e podemos supor o que sucedeu durante essa noite) responde pela mudança radical de visão daquilo em que se transformou o parceiro conjugal. Todos os diversos outros contos em que o decorrer dos acontecimentos varia da primeira noite a três semanas aconselham paciência: leva tempo para a proximidade se transformar em amor.

O pai, como em tantas histórias do ciclo do noivo animal, é a pessoa que une a filha ao futuro marido em "O Rei Sapo". É somente devido a sua insistência que se dá a união feliz. A orientação paterna, que leva à formação do superego — promessas devem ser cumpridas, por mais irrefletidas que tenham sido —, desenvolve uma consciência responsável. Tal consciência é necessária para uma união pessoal e sexual feliz, a qual, sem uma consciência madura, estaria desprovida de seriedade e permanência.

Mas, e quanto ao sapo? Também ele tem de amadurecer antes que a união com a princesa se torne possível. O que sucede com ele mostra que uma relação amorosa e dependente com uma figura materna é a precondição para se tornar humano. Como toda criança, o sapo deseja uma existência inteiramente simbiótica. Que criança não desejou se sentar no colo da mãe, comer de seu prato, beber de seu copo, e não subiu em sua cama tentando dormir ali? Mas, depois de certo tempo, a simbiose com a mãe tem de lhe ser negada, já que a impediria de um dia se tornar um indivíduo. Por mais que deseje permanecer na cama com a mãe, ela tem de "pô-la para fora" dali — uma experiência dolorosa mas inevitável caso a criança queira conquistar independência. Só quando forçada por seu genitor a parar de viver em simbiose é que a criança começa a ser ela própria, tal como o sapo, que, "posto para fora" da cama, liberta-se da escravidão a uma existência imatura.

A criança sabe que, tal como o sapo, ela teve e ainda tem de passar de um estado de existência mais baixo para outro mais elevado. Esse processo é perfeitamente normal, uma vez que a situação de vida da criança tem início num estado mais baixo, razão pela qual não é necessário explicar a forma animal inferior do herói no começo das histórias de noivo animal. A criança sabe que a sua situação não se deve a alguma má ação ou a um poder nefário; é a ordem natural do mundo. O sapo emerge da vida na água, tal como a criança faz ao nascer. Historicamente, os contos de fadas antecipam em séculos o nosso conhecimento de embriologia, que narra de que modo o feto humano passa por vários estágios de desenvolvimento antes de nascer, tal como o sapo sofre uma metamorfose em seu desenvolvimento.

Mas, por que razão, de todos os animais, é o sapo (ou a rã, como em "As Três Penas") um símbolo para relações sexuais? Por exemplo, um sapo pressagiou a concepção de Bela Adormecida. Comparado aos leões e outros bichos ferozes, o sapo (ou a rã) não desperta medo; é um animal que não é absolutamente ameaçador. Caso seja vivenciado de um modo negativo, o sentimento é de repulsa, como em "O Rei Sapo". É difícil imaginar um modo melhor de transmitir à criança que ela não precisa temer os aspectos repugnantes (para ela) do sexo do que o modo como isso é feito nesse conto. A história do sapo — como ele age, o que ocorre com a princesa em relação a ele e o que finalmente acontece tanto com o sapo quanto com a menina — confirma o quão apropriada é a repulsa quando não se está pronto para o sexo, e prepara para a sua aprovação no momento adequado.

Embora, de acordo com a psicanálise, nossas pulsões sexuais influenciem nossas ações e comportamento desde o início da vida, há uma enorme diferença entre o modo como essas pulsões se manifestam na criança e no adulto. Ao utilizar-se do sapo como um símbolo para o sexo, um animal que existe sob uma forma quando jovem — como girino — e sob uma forma inteiramente diferente quando maduro, a história fala ao inconsciente da criança e a ajuda a aceitar a forma de sexualidade que é adequada à sua idade, tornando-a ao mesmo tempo receptiva à ideia de que, ao crescer, também sua sexualidade deve, em seu próprio interesse, sofrer uma metamorfose.

Há também outras associações, mais diretas, entre o sexo e o sapo que permanecem inconscientes. Pré-conscientemente, a criança conecta as sensações viscosas e pegajosas que os sapos (ou rãs) lhe despertam a sentimentos semelhantes que ela relaciona aos órgãos sexuais. A capacidade do sapo de inchar quando excitado desperta, mais uma vez inconscientemente, associações com a eretilidade do pênis.* Por mais repulsivo que seja o sapo, tal como vividamente descrito em "O Rei Sapo", a história nos assegura que até mesmo um animal pegajosamente repugnante se transforma em algo muito belo, desde que tudo ocorra do modo certo no tempo certo.

As crianças têm uma afinidade natural com os animais e com frequência se sentem mais próximas deles do que dos adultos, desejando partilhar daquilo que parece ser uma vida animal tranquila de liberdade dos instintos e de prazer. Mas, com essa afinidade, vem também a angústia da criança de que ela talvez não seja tão humana quanto deveria ser. Esses contos de fadas contrabalançam esse temor ao fazer da existência animal uma crisálida da qual emerge uma pessoa extremamente atraente.

Ver aspectos sexuais nossos como animalescos tem consequências extremamente perniciosas, a tal ponto que algumas pessoas jamais conseguem libertar as próprias experiências sexuais — ou as dos outros — dessa conotação. Por conseguinte, deve-se transmitir às crianças que o sexo pode de início parecer repulsivamente animalesco, mas, uma vez encontrado o modo adequado de nos aproximarmos dele, a beleza surgirá por trás dessa aparência repulsiva. Aqui, o conto de fadas, sem nunca mencionar ou aludir a experiências sexuais como tais, está psicologicamente mais correto do que boa parte de nossa

---

*Anne Sexton, com a liberdade poética e as intuições a respeito do inconsciente características do artista, em seu poema "O Príncipe Sapo"— que reconta a história dos Irmãos Grimm—, escreve: "À sensação do sapo / explode a balsâmina / como metralhas elétricas" e "Sapo é a genitália de meu pai."[114]

educação sexual consciente. A educação sexual moderna tenta ensinar que o sexo é normal, agradável e mesmo belo, e certamente necessário para a sobrevivência do homem. Mas, uma vez que não parte de uma compreensão de que a criança pode achar o sexo repulsivo, e de que esse ponto de vista tem uma função protetora importante para a criança, a educação sexual moderna não tem poder de convicção para ela. O conto de fadas, ao concordar com a criança que o sapo (ou qualquer outro animal) é repulsivo, ganha a sua confiança e pode fazê-la acreditar firmemente que, como narra o conto de fadas, no devido tempo esse sapo repugnante se revelará o companheiro mais encantador. E essa mensagem é transmitida sem jamais mencionar diretamente nada de sexual.

"CUPIDO E PSIQUE"

Na versão mais conhecida de "O Rei Sapo", a transformação ocasionada pelo amor ocorre num momento de violenta autoafirmação, devida a uma reviravolta que suscita os mais profundos sentimentos. Uma vez intensamente revolvidos, esses sentimentos se voltam de súbito na direção oposta. Outras versões da história afirmam que são necessárias três noites ou três semanas para que o amor produza o seu milagre. Em muitas histórias do tipo noivo animal, a conquista do amor verdadeiro requer muitos anos de trabalho contínuo. Ao contrário dos efeitos instantâneos obtidos em "O Rei Sapo", essas histórias nos advertem de que tentar apressar as coisas no sexo e no amor — tentar descobrir às pressas e às escondidas o que uma pessoa e o amor querem dizer — pode ter consequências desastrosas.

A tradição ocidental das histórias de noivo animal tem início com a história de Apuleio de Cupido e Psique, do século II d.C., e ele bebe em fontes ainda mais antigas.[115] Essa história faz parte de uma obra maior, *Metamorfoses*, que, como o título sugere, trata de iniciações que causam tais transformações. Embora em "Cupido e Psique" Cupido seja um deus, a história tem traços importantes em comum com os contos do noivo animal. Cupido permanece invisível a Psique. Induzida em erro por suas duas maldosas irmãs mais velhas, Psique considera o amado e o sexo repulsivos — "uma enorme serpente com uma cauda de mil voltas". Cupido é uma divindade, e Psique se torna uma; uma deusa, Afrodite, devido a seu ciúme de Psique, dá origem a todos os acontecimentos. Hoje, "Cupido e Psique" não é conhecido como conto de fadas, apenas como mito. Mas, uma vez que influenciou muitos contos ocidentais do ciclo do noivo animal, deve ser considerado aqui.

Nessa história, um rei tem três filhas. Psique, a caçula, é de uma beleza tão extraordinária que desperta o ciúme de Afrodite, de modo que esta ordena ao filho, Eros, que castigue Psique fazendo-a se apaixonar pelo mais abominável dos homens. Os pais de Psique, preocupados por ela ainda não ter encontrado um marido, consultam o oráculo de Apolo. Este diz que Psique deve ficar exposta num rochedo alto para servir de presa a um monstro semelhante a uma serpente. Como isso é equivalente à morte, ela é levada ao lugar designado numa procissão fúnebre, pronta para morrer. Mas um vento brando transporta-a suavemente rochedo abaixo e a deposita num palácio vazio onde todos os seus desejos são satisfeitos. Lá, Eros, indo de encontro às ordens de sua mãe, mantém Psique escondida como sua amante. Na escuridão da noite, disfarçado como um ser misterioso, Eros se une a Psique no leito como seu esposo.

Apesar de todo o conforto de que goza, Psique se sente só durante o dia; impelido por suas súplicas, Eros promove uma visita das irmãs ciumentas a Psique. Com sua vil inveja, as irmãs a persuadem de que aquilo com que coabita e de que está grávida é "uma enorme serpente com uma cauda de mil voltas" — o que, afinal de contas, foi o que o oráculo aparentemente predisse. As irmãs a convencem a decapitar o monstro com uma faca. Persuadida por elas, e contrariando as ordens de Eros de nunca tentar vê-lo, Psique pega uma lamparina e uma faca enquanto ele dorme, planejando matar a fera. Quando a luz incide sobre Eros, Psique descobre que ele é um jovem belíssimo. Em sua agitação, suas mãos tremem e uma gota de óleo cai sobre Eros, queimando-o; ele desperta e parte. Desolada, Psique tenta se suicidar, porém é salva. Perseguida pela raiva e pelo ciúme de Afrodite, Psique tem de passar por uma série de provações terríveis, incluindo uma descida ao inferno. (As irmãs más tentam substituir Psique no amor de Eros e, esperando serem também transportadas suavemente pelos ventos, saltam dos rochedos e morrem.) Finalmente, Eros, curado do ferimento e tocado pelo arrependimento de Psique, persuade Zeus a conferir a imortalidade a ela. Eles se casam no Olimpo e nasce-lhes um filho, Prazer.

As setas de Eros despertam desejos sexuais incontroláveis. O conto de Apuleio utiliza o seu nome latino, Cupido, mas, no que diz respeito a desejos sexuais, ambos significam a mesma coisa. Psique é o termo grego para alma. Em "Cupido e Psique", o neoplatônico Apuleio transformou aquilo que provavelmente era um antigo conto grego a respeito de uma bela moça que era casada com um monstro semelhante a uma cobra numa alegoria que, de acordo com Robert Graves, simboliza o progresso da alma racional em direção ao amor intelectual.[116] Isso é verdade, mas essa interpretação não chega a fazer inteiramente justiça à riqueza da história.

Para começar, a predição de que Psique será arrebatada por uma serpente horrível dá expressão visual às angústias sexuais informes da moça inexperiente. A procissão fúnebre que leva Psique a seu destino sugere a morte da virgindade, uma perda difícil de aceitar. A presteza com que Psique se deixa persuadir a matar Eros, com quem coabita, indica os fortes sentimentos negativos que uma jovem pode nutrir contra aquele que lhe roubou a virgindade. O ser que matou a donzela inocente que havia dentro dela de certa forma merece ser privado de sua virilidade — tal como ela o foi de sua virgindade —, e isso é simbolizado pelo plano de Psique de decapitar Eros.

A estadia agradável porém monótona de Psique no palácio em que foi depositada pelo vento e em que todos os seus desejos são satisfeitos sugere uma vida essencialmente narcisista, e que, apesar de seu nome, a consciência ainda não adentrou sua existência. O prazer sexual ingênuo é muito diferente do amor maduro baseado no conhecimento, na experiência e até mesmo no sofrimento. Não se conquista a sabedoria com uma vida de prazeres fáceis, diz a história. Psique tenta alcançar o conhecimento quando — contrariando a advertência que lhe foi dada — deixa a luz incidir sobre Eros. Mas a história adverte que tentar alcançar a consciência sem estar maduro o bastante para isso ou por meio de atalhos tem amplas consequências; a consciência não pode ser obtida de um só golpe. Ao desejar-se uma consciência madura, arrisca-se a própria vida, como faz Psique ao tentar se suicidar em desespero. As incríveis provações que ela tem de suportar sugerem as dificuldades que o homem encontra quando as qualidades psíquicas mais elevadas (Psique) têm de se conjugar à sexualidade (Eros). Não o homem físico, mas sim o espiritual deve renascer para se tornar apto ao casamento da sexualidade com a sabedoria. Isso é representado pelo fato de Psique ter de adentrar o inferno e retornar dele; a conjugação dos dois aspectos do homem requer um renascimento.

Um dos muitos detalhes significativos dessa história talvez possa ser mencionado aqui. Afrodite não ordena apenas a seu filho que faça o trabalho sujo por ela, também o seduz sexualmente para que o faça. E seu ciúme atinge o auge quando descobre que Eros não só foi de encontro a seus desejos como — o que é pior — se apaixonou por Psique. Os deuses, diz a história, tampouco estão livres de problemas edipianos; aqui temos o amor edipiano e o ciúme possessivo de uma mãe pelo filho. Mas Eros também tem de crescer para que possa se unir a Psique. Antes de encontrá-la, ele é um deusinho dos mais irrefreáveis e irresponsáveis. Luta por sua independência ao ir de encontro às ordens de Afrodite. Só atinge um estado de consciência mais elevado depois de ter sido ferido por Psique, e se comove com suas provações.

"Cupido e Psique" é um mito, não um conto de fadas, embora possua algumas características deste. Para começar, das duas personagens principais, uma é um deus e a outra se torna imortal, o que não ocorre com nenhuma personagem de conto de fadas. No decorrer da história, os deuses participam dos acontecimentos, seja impedindo o suicídio de Psique, seja impondo-lhe provações ou ajudando-a a superá-las com êxito. Diferentemente de suas contrapartes em outras histórias de noivo animal ou noiva animal, Cupido não é nunca nada a não ser ele próprio; só Psique, enganada pelo oráculo e pelas irmãs más — ou pela própria angústia sexual —, imagina que ele seja uma fera.

No entanto, esse mito influenciou todas as histórias posteriores do tipo noivo animal no mundo ocidental. Aqui nos deparamos pela primeira vez com o tema de duas irmãs mais velhas que são más devido ao ciúme que têm da irmã mais nova, que é mais bela e virtuosa do que elas. As irmãs tentam destruir Psique, que no entanto sai vitoriosa no final, mas só depois de ter passado por grandes atribulações. Além do mais, os desenvolvimentos trágicos são a consequência de uma noiva que, ignorando as advertências do marido para que não tente conhecê-lo (não olhá-lo, não permitir que a luz incida sobre ele), age contrariamente às suas ordens e tem então de vagar pelo mundo para reconquistá-lo.

Mais importante ainda do que esses motivos é uma característica muito significativa do ciclo do noivo animal que aparece aqui pela primeira vez: o noivo se acha ausente durante o dia e presente apenas na escuridão da noite; acredita-se que seja um animal durante o dia e que só se torne humano na cama; em resumo, mantém suas existências diurna e noturna separadas uma da outra. A partir do que acontece na história, não é difícil concluir que ele deseja manter a sua vida sexual separada de tudo o mais que esteja fazendo. A mulher, embora gozando de conforto e prazer, acha sua vida vazia: não está disposta a aceitar a separação e o isolamento de aspectos puramente sexuais da vida dos outros aspectos desta. Tenta forçar sua unificação. Mal sabe ela que isso só pode ser obtido por meio dos mais árduos e contínuos esforços físicos e morais. Mas, uma vez que Psique empreende a tentativa de conjugar os aspectos do sexo, amor e vida numa só unidade, ela não vacila e, no final, acaba vencendo.

Se esse não fosse um conto antiquíssimo, poder-se-ia ser tentado a crer que uma das mensagens inerentes aos contos de fadas desse ciclo é das mais oportunas: apesar de todas as advertências quanto às terríveis consequências caso tente se informar, a mulher não se contenta em permanecer ignorante a respeito do sexo e da vida. Por mais cômoda que seja uma existência em relativa ingenuidade, trata-se de uma vida vazia que não se pode aceitar. No que pesem todas as provações que a mulher tem de sofrer para renascer para a humanidade e consciência integrais, as histórias não deixam dúvida de que é isso que ela deve fazer. Caso contrário, não haveria história: nenhuma história de fadas que mereça ser narrada, nenhuma história proveitosa para sua vida.

Uma vez que a mulher tenha superado sua visão do sexo como algo bestial, ela não se contenta mais em ser mantida simplesmente como um objeto sexual, ou em ser relegada a uma vida ociosa e de relativa ignorância. Para que os dois companheiros sejam felizes, é necessário que tenham uma vida plena no mundo, e um com o outro em igualdade de condições. Isso, como mostram essas histórias, é extremamente difícil de alcançar para ambos, mas não pode ser evitado caso desejem encontrar felicidade na vida e em companhia um do outro. Essa é a mensagem oculta de muitos contos do ciclo do noivo animal, e pode ser vista com mais clareza a partir de algumas outras histórias que não "A Bela e a Fera".

"O Porco Encantado"

"O Porco Encantado" é um conto de fadas romeno pouco conhecido atualmente.[117] Nele, um rei tem três filhas. Tendo que partir para a guerra, ele lhes pede que se comportem bem e cuidem da casa, advertindo-as de que não entrem em determinado aposento dos fundos, caso contrário um mal cairá sobre elas. Depois de sua partida, tudo corre bem durante certo tempo, mas finalmente a filha mais velha sugere que entrem no aposento proibido. A mais nova objeta, mas a do meio se junta à mais velha, que destranca e abre a porta. Tudo o que encontram no aposento é uma mesa grande que tem sobre si um livro aberto. Primeiramente, a filha mais velha lê o que está escrito nele: ela se casará com um príncipe do Oriente. A segunda vira a página e lê que se casará com um príncipe do Ocidente. A caçula não quer desobedecer às ordens do pai para se informar a respeito de seu destino, mas as outras duas a forçam a fazê-lo; ela fica sabendo que se casará com um porco do Norte.

O rei volta e as duas irmãs mais velhas eventualmente se casam tal como fora predito. Chega, então, um enorme porco vindo do Norte e pede a mais nova em casamento. O rei é obrigado a ceder aos desejos do porco e aconselha à filha que aceite o que lhe é ordenado, o que ela faz. Depois do casamento, a caminho de casa, o porco entra num charco e se cobre de lama. Em seguida, pede à mulher que o beije; em obediência ao pai, ela acede, após ter limpado o focinho do porco com seu lenço. Nas noites que passam juntos, ela observa que, na cama, o porco se transforma num homem, mas, de manhã, é novamente um porco.

A moça pergunta a uma feiticeira que surge por acaso como fazer para impedir que seu marido volte a se transformar em porco. Ela lhe diz para amarrar um fio em volta da perna do marido à noite; isso impedirá que ele se torne novamente um porco. Ela segue essa recomendação, mas o marido desperta e lhe diz que, uma vez que ela tentou apressar as coisas, ele terá de abandoná-la e eles não se encontrarão de novo "até que você tenha gastado três pares de sapatos de ferro e um cajado de aço à minha procura". Ele desaparece, e as intermináveis andanças dela à sua procura a levam à lua, ao sol e ao vento. Em cada um desses lugares dão-lhe uma galinha para comer e aconselham-na a guardar os ossos; também lhe é dito para onde ir a partir dali. Finalmente, depois de ter gastado três pares de sapatos de ferro e de ter até mesmo tornado rombudo o cajado de aço, ela se depara com um lugar muito alto, onde dizem morar seu marido. Ela não tem como chegar lá em cima, até que lhe ocorre que os ossos de galinha que carregou fielmente consigo talvez possam ajudar. Coloca um osso junto ao outro e eles se grudam. Dessa maneira, a moça forma duas varas compridas e então constrói uma escada pela qual sobe até o alto. Mas falta-lhe um osso para o último degrau, e ela então pega uma faca e decepa o dedo mindinho, que, como último degrau, lhe permite alcançar o marido. Nesse ínterim, o feitiço pelo qual seu marido levara uma existência como porco se encerrara. Eles herdam o reino de seu pai, "governando como só o fazem os reis que padeceram muitas coisas".

Tentar forçar o marido a abandonar sua natureza animalesca, atando-o à humanidade por um cordão, é um detalhe raro. Bem mais frequente é o motivo da fêmea que é proibida de ver ou de lançar luz sobre o segredo do macho. Em "Cupido e Psique", é uma lâmpada a azeite que lança luz sobre aquilo que é proibido. No conto de fadas norueguês "A Leste do Sol e a Oeste da Lua", é a luz de uma vela que mostra à esposa que o marido não é um urso branco, tal como surge durante o dia, mas um belo príncipe que ora deve deixá-la.[118] O título sugere a que distância as andanças da esposa têm de levá-la antes que possa se reunir ao marido. Fica claro em tais histórias que o marido teria recuperado a sua forma humana num futuro próximo — o urso, em "A Leste do Sol e a Oeste da Lua", no período de um ano, o porco encantado, em apenas três dias — se a esposa tivesse tão somente refreado sua curiosidade.

Uma vez que, em tantas histórias, o fato de lançar luz sobre o marido é o erro fatal que sua jovem esposa comete, percebe-se que a mulher deseja se informar a respeito da natureza animal do marido. Isso não é dito diretamente, mas é posto na boca de uma personagem que induz a esposa a desobedecer às advertências do marido. Em "Cupido e Psique", o oráculo e as irmãs dizem a Psique que Eros é um terrível dragão; em "A Leste do Sol e a Oeste da Lua", é a mãe quem diz à moça que o urso é provavelmente um duende — com a clara implicação de que seria melhor que ela olhasse e descobrisse. A feiticeira que sugere atar um fio em volta da perna do marido em "O Porco Encantado" é uma mulher mais velha. Assim, o conto de fadas sugere sutilmente que são as mulheres mais velhas que dão às moças a ideia de que os homens são animais; de que as angústias sexuais das moças são o resultado não de sua própria experiência, mas daquilo que outros lhes disseram. As histórias também sugerem que, se as moças derem ouvidos a isso e nisso acreditarem, sua felicidade conjugal estará em risco. O encantamento do marido animal normalmente é obra de alguma mulher mais velha: Afrodite, que na verdade desejava que Psique fosse destroçada por uma fera abominável; uma madrasta que lançou um feitiço sobre o urso branco; uma feiticeira que encantou o porco. Esse fato repete o motivo: são as mulheres mais velhas que fazem os homens parecerem feras aos olhos das jovens.

Todavia, se o "marido animal" é um símbolo das angústias sexuais da moça, independentemente de essas angústias serem invenção própria ou a consequência daquilo que outras mulheres mais velhas lhe disseram, então seria de se esperar que o marido animal fosse um animal à noite na cama, e não durante o dia. O que sugerem essas histórias quando dão a entender que o marido é um animal durante o dia para o mundo mas, para sua esposa, à noite na cama, é adorável de contemplar?

Creio que esses contos revelam profundos discernimentos psicológicos. Muitas mulheres que, consciente ou subconscientemente, vivenciam o sexo como algo "animalesco" e se ressentem do macho por privá-las de sua virgindade sentem algo totalmente diferente quando, à noite, se deleitam com o homem que amam. Mas, tão logo o homem as tenha deixado, à luz clara do dia reafirmam-se as velhas angústias e ressentimentos, incluindo o ciúme de um sexo pelo outro. O que à noite parecia adorável tem outra aparência de dia, especialmente quando o mundo se reafirma com sua atitude crítica em relação ao prazer sexual (a advertência da mãe sobre a possibilidade de que seja um duende). Semelhantemente, há muitos homens que se sentem de determinado modo a respeito de suas experiências sexuais quando as põem em prática e de outro modo no dia seguinte, quando angústias e ressentimentos arcaicos não estão sujeitos ao prazer do momento.

As histórias a respeito do marido animal asseguram às crianças que o seu medo do sexo como algo perigoso e animalesco não é de modo algum exclusividade delas; muitas pessoas se sentiram igualmente assim. Mas, assim como as personagens da história descobrem que, apesar de uma tal angústia, seu parceiro sexual não é uma criatura feia mas uma pessoa adorável, o mesmo fará a criança. Num nível pré-consciente, esses contos transmitem à criança que boa parte de sua angústia lhe é inculcada pelo que lhe foi dito; e que as coisas podem ser bem diferentes quando experimentadas diretamente do que quando vistas de fora.

Num outro nível, as histórias parecem dizer que, embora possa demonstrar que as angústias eram infundadas, lançar luz sobre esses assuntos não resolve o problema. Isso leva tempo — tentar fazê-lo prematuramente só faz adiar tudo — e, principalmente, requer muito esforço. Para superar as angústias sexuais, é necessário crescer como pessoa e, infelizmente, muito desse crescimento só pode ser alcançado pelo sofrimento.

Uma lição óbvia dessas histórias talvez seja menos importante hoje em dia do que outrora, quando era costume o homem ter de cortejar a mulher — assim como o porco vem cortejando a princesa de longe para conquistá-la, e o grande urso branco tem de fazer todo tipo de promessas para conquistar a noiva. Isso, a história mostra, não é suficiente para um casamento feliz. A mulher tem que se empenhar tanto quanto o homem, tem de ir em seu encalço tão ativamente quanto ele, ou talvez até mais.

Outras sutilezas psicológicas dessas histórias talvez se percam para o ouvinte, no entanto o impressionam subconscientemente e assim o tornam sensível a dificuldades típicas que, quando não compreendidas, podem criar contratempos nas relações entre as pessoas. Por exemplo, quando o porco deliberadamente rola na lama e em seguida pede à noiva que o beije, tal comportamento é típico da pessoa que teme não ser aceitável e testa isso fazendo-se parecer pior do que é, porque só quando é aceita sob seu pior aspecto pode se sentir segura. Assim, nas histórias do marido animal, as angústias do homem de que sua rudeza afastará a mulher são justapostas às angústias desta quanto à natureza animalesca do sexo.

Bem diferente é o detalhe que permite à noiva do porco encantado se unir ao marido. Para dar o último passo necessário para isso, ela tem de cortar o dedo mindinho. É seu sacrifício final, o mais pessoal, sua "chave" para a felicidade. Uma vez que nada na história sugere que sua mão se conservou aleijada ou que tenha sangrado, o seu é claramente um sacrifício simbólico, sugerindo que, num casamento bem-sucedido, o relacionamento é mais importante até do que a integridade completa do corpo.[119]

Ainda falta discutir o significado do aposento secreto em que não se deve entrar para evitar que ocorra uma calamidade. Isso será melhor considerado em conexão com consequências muito mais trágicas que se seguem a transgressões semelhantes em outras histórias.

"O Barba Azul"

Barba Azul é o mais monstruoso e animalesco de todos os maridos dos contos de fadas. Na verdade, essa história não é um conto de fadas, porque, à exceção do sangue indelével na chave, que revela o fato de que a noiva entrou no quarto proibido, não há nela nada de mágico ou sobrenatural. Mais importante: não há nenhum desenvolvimento de seja lá que personagem for; embora o mal seja punido no final, isso em si mesmo não conduz nem a uma recuperação, nem a um consolo. "O Barba Azul" é uma história inventada por Perrault para a qual, tanto quanto saibamos, não existem antecedentes diretos nos contos populares.[120]

Há um certo número de contos de fadas que têm como motivo central um aposento secreto em que não se deve entrar e em que são mantidas mulheres previamente assassinadas. Em alguns contos russos e escandinavos desse tipo, é um marido animal quem proíbe a entrada no quarto, sugerindo uma relação entre as histórias de noivo animal e as do tipo "O Barba Azul". Entre os mais conhecidos desses contos de fadas estão o inglês "O Senhor Raposo" e "O Pássaro de Fitcher", dos Irmãos Grimm.[121]

Em "O Pássaro de Fitcher", um feiticeiro rapta a mais velha de três filhas. Ele lhe diz que ela pode entrar em todos os cômodos da casa, com exceção de um, que só pode ser aberto com a menor das chaves. Ela deve evitar esse cômodo sob pena de morrer. O feiticeiro, além disso, lhe confia um ovo, que ela deverá carregar sempre consigo, pois, se o perder, ocorrerá um grande infortúnio. A moça entra no quarto proibido e vê que está cheio de sangue e pessoas mortas. Apavorada, deixa cair o ovo, e o sangue que gruda nele não pode ser retirado. O ovo a denuncia na volta do feiticeiro, e este então a mata tal como fez com as outras. Em seguida, ele se apodera da irmã do meio, que tem o mesmo destino.

Finalmente, a irmã mais nova é levada pelo mago para a sua casa. Mas ela o engana colocando cuidadosamente o ovo de lado antes de começar a exploração. Juntando um ao outro os membros das irmãs, restitui-lhes a vida. Ao voltar, o feiticeiro acredita que ela tenha sido fiel e lhe diz que, como recompensa, será sua noiva. Ela o engana novamente, dessa vez fazendo com que leve suas irmãs e um punhado de ouro para os pais. Em seguida, cola penas por todo o corpo e fica parecendo um pássaro estranho — daí o título da história —, o que lhe possibilita escapar. No final, o feiticeiro e todos os seus amigos morrem queimados. Em contos de fadas desse tipo, há total recuperação das vítimas, e o vilão não é um ser humano.

"O Barba Azul" e "O Pássaro de Fitcher" são considerados aqui porque esses contos apresentam em sua forma mais extrema o motivo de que, como prova de lealdade, a mulher não deve inquirir dos segredos do homem. Espicaçada pela curiosidade, ela, apesar de tudo, o faz, com consequências calamitosas. Em "O Porco Encantado", as três filhas invadem o cômodo proibido e encontram o livro contendo um relato de seu futuro. "O Porco Encantado" tem essa característica em comum com histórias do tipo "O Barba Azul"; sendo assim, consideraremos essas histórias juntas para ajudar a esclarecer o significado desse motivo do quarto proibido.

Em "O Porco Encantado", o conhecimento a respeito do casamento se encontra no livro mantido no cômodo em que as irmãs são orientadas a não entrar. Que a informação proibida seja a respeito do casamento sugere que é o conhecimento carnal aquilo que seu pai as proíbe de adquirir — tal como ainda hoje certos livros contendo informação sexual são mantidos longe dos jovens.

Quer seja Barba Azul ou o feiticeiro em "O Pássaro de Fitcher", parece claro que, quando o homem entrega à mulher uma chave de um cômodo ao mesmo tempo que a instrui a não entrar nele, esse é um teste de sua fidelidade às suas ordens ou, em um sentido mais lato, a ele próprio. Em seguida, esses homens fingem partir ou efetivamente partem por algum tempo, para testar a fidelidade da companheira. Ao voltarem inesperadamente, descobrem que sua confiança foi traída. Pode-se adivinhar a natureza da traição pelo castigo: a morte. Em certas partes do mundo, em épocas passadas, uma única forma de logro por parte da mulher era passível de punição com a morte infligida pelo marido: a infidelidade sexual.

Tendo isso em mente, consideremos aquilo que denuncia a mulher. Em "O Pássaro de Fitcher", trata-se de um ovo; em "O Barba

Azul", de uma chave. Em ambas as histórias, esses são objetos mágicos no sentido de que, uma vez manchados de sangue, este não pode ser apagado. O motivo do sangue que não pode ser apagado é antigo. Quando quer que ocorra, é um sinal de que algum ato mau, normalmente um assassinato, foi cometido.* O ovo é um símbolo da sexualidade feminina que, ao que parece, as moças em "O Pássaro de Fitcher" devem preservar intacto. A chave que abre a porta de um cômodo secreto sugere associações com o órgão sexual masculino, particularmente na primeira cópula, quando o hímen é rompido e ele se mancha de sangue. Se esse for um dos significados ocultos, então faz sentido que o sangue não possa ser apagado: a defloração é um acontecimento irreversível.

Em "O Pássaro de Fitcher", a fidelidade das moças é testada antes de elas terem se casado. O feiticeiro planeja se casar com a mais nova porque ela é capaz de fazê-lo crer que não lhe desobedeceu. Em "O Barba Azul" de Perrault é-nos dito que, tão logo Barba Azul partiu para sua viagem simulada, teve lugar uma grande festividade; vieram visitantes que não ousavam entrar na casa quando o dono estava presente. Fica a cargo de nossa imaginação o que se passou entre a mulher e seus convidados com Barba Azul ausente, mas a história deixa claro que todos se divertiram a valer. O sangue no ovo e a chave parecem simbolizar que a mulher teve relações sexuais. Por conseguinte, podemos entender sua fantasia angustiada que retrata cadáveres de mulheres que foram assassinadas por terem sido igualmente infiéis.

Ao se ouvir qualquer uma dessas histórias, torna-se imediatamente óbvio que a mulher está fortemente tentada a fazer o que lhe é proibido. É difícil imaginar um meio mais eficaz de seduzir uma pessoa do que lhe dizer: "Vou sair; na minha ausência você pode inspecionar todos os cômodos, exceto um. Aqui está a chave do cômodo proibido, que você não deve usar." Por conseguinte, num nível que é facilmente

---

*Na *Gesta Romanorum*, de cerca de 1300, o sangue que caiu na mão de uma mãe ao matar o filho se mantém indelével. Em Shakespeare, mesmo que mais ninguém possa ver o sangue em suas mãos, Lady Macbeth sabe que ele está ali.

obscurecido pelos detalhes hediondos da história, "O Barba Azul" é um conto a respeito da tentação sexual.

Num outro nível que é muito mais óbvio, "O Barba Azul" é um conto a respeito dos aspectos destrutivos do sexo. Mas, caso se reflita por um momento sobre os acontecimentos da história, evidenciam-se estranhas discrepâncias. Por exemplo, no conto de Perrault, depois de sua horripilante descoberta, a esposa de Barba Azul não pede ajuda a nenhum dos muitos convidados que, de acordo com a história, ainda deveriam estar por ali. Não confia em sua irmã Ana, nem busca sua ajuda; tudo o que lhe pede é que procure os seus irmãos, que devem chegar nesse dia. Finalmente, a esposa de Barba Azul não escolhe aquele que seria o curso de ação mais óbvio: correr para se salvar, esconder-se ou disfarçar-se. É exatamente isso o que sucede em "O Pássaro de Fitcher" e numa história de fadas paralela dos Irmãos Grimm, "O Noivo Salteador", em que a moça primeiro se esconde, depois foge e, finalmente, engana os ladrões assassinos, fazendo-os comparecer a uma festa, durante a qual são desmascarados. O comportamento da noiva de Barba Azul sugere duas possibilidades: que o que vê no aposento proibido é uma criação de suas próprias fantasias angustiadas; ou que ela traiu o marido, mas espera que ele não descubra.

Quer sejam ou não válidas essas interpretações, não há dúvida de que "O Barba Azul" é uma história que dá corpo a duas emoções não necessariamente correlatas que de modo algum são estranhas à criança. Em primeiro lugar, o amor ciumento, quando se deseja tão intensamente conservar para sempre aqueles que se ama a ponto de se estar disposto a destruí-los para que não transfiram sua lealdade. E, em segundo, os sentimentos sexuais podem ser terrivelmente fascinantes e tentadores, mas também muito perigosos.

É fácil atribuir a popularidade de "O Barba Azul" à combinação de crime e sexo, ou ao fascínio que provocam os crimes sexuais. Para a criança, creio que parte da atração da história é que ela confirma a sua ideia de que os adultos têm segredos sexuais terríveis. Ela também enuncia aquilo que a criança conhece bastante bem a partir de sua própria experiência: é tão tentador descobrir segredos sexuais que até mesmo os adultos estão dispostos a correr os maiores riscos imagináveis. Além disso, a pessoa que assim tenta os outros merece um castigo à altura.

Acredito que, num nível pré-consciente, a criança compreende, a partir do sangue indelével na chave e de outros detalhes, que a mulher de Barba Azul cometeu uma imprudência sexual. A história narra que, embora um marido ciumento possa crer que uma esposa mereça ser severamente punida — e até assassinada — por causa disso, ele está absolutamente errado pensando assim. Cair em tentação, mostra claramente a história, é muitíssimo humano. E a pessoa ciumenta que acredita que pode tomar as coisas em suas próprias mãos e age de acordo com essa convicção merece ser morta. A infidelidade conjugal, simbolicamente expressa pelo sangue no ovo ou na chave, é algo a ser perdoado. Se o parceiro não o compreende, é ele quem sofrerá por isso.

Por mais horripilante que seja a história, essa análise sugere que "O Barba Azul", como todos os contos de fadas — embora, como já foi mencionado, ela na verdade não se encaixe nessa categoria —, inculca profundamente uma moralidade ou humanidade mais elevadas. A pessoa que busca uma vingança cruel para a infidelidade é merecidamente desgraçada, tal como o é aquela que experimenta o sexo apenas em seus aspectos destrutivos. O fato de ser essa moralidade mais humana, que compreende e perdoa as transgressões sexuais, o aspecto mais significativo dessa história, é excepcionalmente expresso na segunda "moralidade", que Perrault lhe acrescentou. Ele escreve: "Vê-se logo que esta é uma história de tempos passados; não há mais maridos tão terríveis a pedir o impossível; mesmo quando são insatisfeitos ou ciumentos, perto de suas damas eles agem gentilmente."

Como quer que se interprete "O Barba Azul", trata-se de um conto admonitório que adverte: Mulheres, não cedam à sua curiosidade sexual; homens, não se deixem levar pelo rancor caso sejam traídos sexualmente. Nisso não há nada de sutil; e, sobretudo, não se projeta nenhuma evolução rumo a uma humanidade mais elevada. No final, os protagonistas, tanto Barba Azul quanto a esposa, são exatamente as mesmas pessoas que eram antes. Acontecimentos devastadores tiveram lugar na história e ninguém se tornou melhor devido a eles; a não ser, talvez, o mundo, uma vez que Barba Azul não existe mais nele.

Como um verdadeiro conto de fadas popular elabora o tema do cômodo em que se é proibido de entrar mas que, apesar de uma tal recomendação, se abre pode ser visto a partir de um vasto grupo de contos — por exemplo, "O Filho de Nossa Senhora", dos Irmãos Grimm. Quando a menina completa quatorze anos (a idade do amadurecimento sexual), são-lhe dadas chaves que abrem todos os cômodos, mas com a recomendação de que não entre num deles. Tentada pela curiosidade, ela abre a sua porta. Mais tarde, ela nega que tenha feito isso, apesar de repetidamente interrogada. Como punição, perde a capacidade de falar, uma vez que a usou mal ao mentir. Passa por diversas provações severas e, finalmente, admite ter mentido. Recupera a fala e tudo volta a ficar bem, pois "quem quer que se arrependa de seus pecados e confesse será perdoado".

"A Bela e a Fera"

"O Barba Azul" é uma história a respeito das propensões perigosas do sexo, seus estranhos segredos e sua conexão íntima com as emoções violentas e destrutivas; em suma, a respeito daqueles aspectos sombrios do sexo que deveriam ser mantidos ocultos atrás de uma porta permanentemente fechada e seguramente controlados. Aquilo que ocorre em "O Barba Azul" não tem nada a ver com o amor. Barba Azul, empenhado em satisfazer sua vontade e em possuir a companheira, é incapaz de amar alguém, mas tampouco pode haver alguém que o ame.

Apesar do título, não há nada de tão feroz no conto de fadas de "A Bela e a Fera". O pai da Bela é ameaçado pela Fera, mas sabe-se desde o início que essa é uma ameaça vazia, destinada a obter primeiramente a companhia da Bela, eventualmente seu amor e, com ele, a libertação de uma aparência animalesca. Nessa história, tudo é gentileza e devoção amorosa de um para com o outro por parte das três personagens principais: a Bela, o pai e a Fera. Por mais cruel e destrutivo que seja o amor edipiano de Afrodite pelo filho no mito que dá início a esse ciclo de contos de fadas, o amor edipiano da Bela pelo pai, quando transferido ao seu futuro marido, é maravilhosamente restaurador no conto de fadas que constitui a apoteose final do mesmo ciclo.

O resumo a seguir de "A Bela e a Fera" se baseia na versão de Madame Leprince de Beaumont da história publicada em 1757, que remete a uma versão francesa anterior do motivo por Madame de Villeneuve. É a versão em que o conto é mais conhecido atualmente.*[122]

Diferentemente da maioria das versões de "A Bela e a Fera", na história de Madame Leprince de Beaumont o mercador tem não apenas as três filhas habituais como também três filhos, embora eles não desempenhem praticamente nenhum papel no conto. Todas as moças são muito bonitas, especialmente a caçula, que veio a se tornar conhecida como a "Pequena Beldade", o que torna suas irmãs bastante enciumadas. Estas são fúteis e egoístas, exatamente o oposto da Bela, que e modesta, encantadora e meiga com todos. Repentinamente o pai perde todo o seu dinheiro e a família fica reduzida a uma vida medíocre que as irmãs não suportam, mas o caráter da Bela brilha ainda mais nessas circunstâncias difíceis.

O pai então tem que viajar e pergunta às filhas o que desejam que lhes traga. Uma vez que têm esperança de que, nessa viagem, o pai recuperará parte de sua fortuna, as duas irmãs lhe pedem que lhes traga roupas caras, enquanto que a Bela não lhe pede nada. Só quando o pai insiste é que lhe pede uma rosa. As expectativas de recuperar a

---

*A história de Perrault, "Riquet, o Topetudo", é anterior a ambos esses contos, e sua original refundição do antigo motivo não tem nenhum precedente conhecido. Ele transforma a fera num homem feio mas brilhante — o disforme Riquet. Uma princesa estúpida que se apaixona por ele devido a seu caráter e brilho não mais vê as deformidades de seu corpo, torna-se cega a seus defeitos físicos. E, devido ao amor que ele tem por ela, não parece estúpida e, sim, cheia de inteligência. Essa é a transformação mágica que o amor produz: o amor maduro e a aceitação do sexo fazem com que aquilo que antes era repugnante ou parecia estúpido se torne belo e cheio de espírito. Como frisa Perrault, a moral da história é que a beleza, seja ela a da aparência física ou a do espírito, está nos olhos de quem vê. Mas, uma vez que Perrault conta uma história com uma moral explícita, ela perde enquanto conto de fadas. Embora o amor mude tudo, não há na verdade nenhuma evolução — não há nenhum conflito interior que necessite ser resolvido, nem qualquer luta que eleve os protagonistas a um nível superior de humanidade.

fortuna se revelam vazias, e o pai tem de voltar para a casa tão pobre quanto partiu. Ele se perde numa grande floresta e quase se desespera; então, repentinamente, chega a um palácio onde encontra comida e abrigo, mas em que não há ninguém. Na manhã seguinte, quando está para partir, o pai vê umas rosas bonitas e, lembrando-se do pedido da Bela, colhe algumas para ela. Nisso, surge uma Fera assustadora e o recrimina por roubar as rosas depois de ter sido tão bem recebido por ela em seu castelo. Como castigo, diz a Fera, ele terá de morrer. O pai pede por sua vida, dizendo que colheu as rosas para a filha. A Fera concorda em deixá-lo partir caso uma de suas filhas tome o seu lugar e padeça o destino que planejara para ele. Mas, se nenhuma das filhas o fizer, o mercador terá de voltar dentro de três meses para morrer. Na partida, a Fera dá ao pai um cofre cheio de ouro. O mercador não pretende sacrificar nenhuma das filhas, mas aceita a trégua de três meses para revê-las e levar-lhes o dinheiro.

Ao chegar em casa, dá as rosas à Bela, mas não consegue evitar de lhe contar o que sucedeu. Os irmãos se oferecem para encontrar a Fera e matá-la, mas o pai não o permite, pois eles é que pereceriam. A Bela insiste em tomar o lugar do pai. O que quer que este lhe diga para fazê-la mudar de ideia não tem nenhum efeito sobre ela; seja como for, ela irá com ele. O ouro que ele trouxe permitiu às duas irmãs realizar casamentos prestigiosos. Passados os três meses, o pai, acompanhado contra sua vontade pela Bela, parte para o palácio da Fera. Esta pergunta à Bela se ela veio de livre vontade, e quando ela diz "Sim", a Fera ordena ao pai que se vá, o que ele finalmente faz de coração partido. A Bela é tratada como rainha no palácio da Fera; todos os seus desejos são satisfeitos como que por encanto. Toda noite, durante o jantar, a Fera a visita. Com o tempo, a Bela passa a ansiar por isso, uma vez que quebra a sua solidão. A única coisa que a perturba é que, no final de suas visitas, a Fera regularmente lhe pede que se torne sua esposa; quando ela, sempre gentilmente, o recusa, a Fera parte em grande amargura. Passam-se três meses assim e, quando a Bela mais uma vez se recusa a ser sua esposa, a Fera lhe pede que ao menos prometa nunca abandoná-la. Ela o promete, mas pede permissão para visitar o pai, uma vez que, por ver num espelho os acontecimentos noutras partes do mundo, sabe que ele está ansioso por sua causa. A Fera lhe dá um prazo de uma semana para isso, mas a adverte de que morrerá caso ela não volte.

Na manhã seguinte, a Bela está em casa com o pai, que fica felicíssimo. Os irmãos estão fora, servindo o exército. As irmãs, que são infelizes em seus casamentos, planejam, por ciúme, reter a Bela para além da semana, achando que assim o monstro virá e a destruirá. Conseguem persuadi-la a permanecer por mais uma semana mas, na décima noite, ela sonha com a Fera, que a recrimina numa voz agonizante. Quer estar novamente com ela, e é imediatamente transportada para lá. Encontra a Fera prestes a morrer de coração partido porque ela não manteve sua promessa. Durante sua estada em casa, a Bela percebera o quão profundamente se havia ligado a Fera; vendo-a tão indefesa, percebe que a ama e diz que não pode mais viver sem ela e que deseja ser sua esposa. Diante disso, a Fera se transforma num príncipe; o pai, muito feliz, e o resto da família se juntam a eles. As irmãs más são transformadas em estátuas e devem permanecer assim até que confessem os seus erros.

Em "A Bela e a Fera", a forma da Fera fica por conta de nossa imaginação. Num grupo de contos de fadas encontrados em vários países europeus, é dado à fera o corpo de uma cobra, numa imitação de "Cupido e Psique". No mais, os acontecimentos dessas histórias são bastante semelhantes aos que acabamos de mencionar, com uma única exceção. Quando o macho recupera a forma humana, conta que foi reduzido a uma existência semelhante à de uma serpente como castigo por ter seduzido uma órfã. Tendo-se servido de uma vítima indefesa para satisfazer seu desejo sexual, ele só poderia ser redimido por um amor altruísta disposto a se sacrificar pelo amado. O príncipe havia sido transformado em serpente porque esta, como animal fálico, é um símbolo para o desejo sexual que busca satisfação sem o benefício de uma relação humana, e também porque usa a vítima exclusivamente para suas próprias finalidades, tal como fez a serpente no Paraíso. Cedendo à sua sedução, perdemos nosso estado de inocência.

Em "A Bela e a Fera", os eventos fatídicos são desencadeados pelo fato de um pai ter roubado uma rosa para levar para sua filha predileta, a caçula. O fato de ele fazê-lo simboliza tanto seu amor por ela quanto uma antecipação de sua perda da virgindade, uma vez que a flor arrancada — particularmente a rosa arrancada — é um símbolo para a perda da virgindade. Isso pode parecer tanto ao pai quanto à filha como se ela tivesse de passar por uma experiência "animalesca". Mas a história mostra que suas angústias são infundadas; o que se temia viesse a ser uma experiência animalesca se revela uma experiência de profunda humanidade e amor.

Considerando "O Barba Azul" em conjunção com "A Bela e a Fera", pode-se dizer que o primeiro apresenta aqueles aspectos primitivos, agressivos e egoisticamente destrutivos do sexo que devem ser superados para que o amor floresça, enquanto que o último retrata o que é o verdadeiro amor. O comportamento de Barba Azul está de acordo com sua aparência ameaçadora; a Fera, apesar do aspecto, é uma pessoa tão bonita quanto a Bela. Essa história, contrariamente ao que possam ser os temores da criança, assegura ao ouvinte que, embora homens e mulheres pareçam muito diferentes, formam um par perfeito quando são os companheiros certos no que diz respeito às suas personalidades, e se estão unidos pelo amor. Enquanto que "O Barba Azul" está conforme aos piores temores da criança em relação ao sexo, "A Bela e a Fera" lhe fornece a força para perceber que seus temores são as criações de suas angustiadas fantasias sexuais; e que, embora o sexo possa a princípio parecer animalesco, na realidade o amor entre o homem e a mulher é a mais satisfatória de todas as emoções, e a única que conduz a uma felicidade permanente.

Foi mencionado várias vezes neste livro que os contos de fadas ajudam a criança a compreender a natureza de suas dificuldades edipianas e lhe dão esperança de que irá dominá-las. "Cinderela" é uma afirmação suprema da natureza devastadora do ciúme edipiano, irresolvido e posto em prática destrutivamente, de um genitor pelo filho. Nenhum conto de fadas bem conhecido deixa tão óbvio quanto "A Bela e a Fera" que a ligação edipiana de uma criança a um genitor é natural, desejável e tem consequências as mais positivas para todos se, durante o processo de amadurecimento, ela é transferida e transformada ao se desprender do genitor e se concentrar no ser amado. Nossas ligações edipianas, longe de serem apenas a fonte de nossas maiores dificuldades emocionais (o que podem ser caso não passem por um desenvolvimento apropriado durante o nosso crescimento), são o solo a partir do qual cresce a felicidade permanente caso vivenciemos a evolução e a resolução corretas desses sentimentos.

Essa história sugere a ligação edipiana da Bela ao pai não apenas por ela lhe pedir uma rosa, mas também por nos ser narrado em detalhe como suas irmãs saíam para se divertir em festas e ter amantes enquanto a Bela ficava sempre em casa e dizia aos que a cortejavam que era muito jovem para se casar e que desejava "ficar com o pai mais alguns anos". Uma vez que a Bela se une à Fera apenas por amor ao pai, ela deseja ter uma relação assexuada com aquela.

O palácio da Fera em que todos os desejos da Bela são satisfeitos imediatamente, um motivo já discutido em "Cupido e Psique", é uma fantasia narcisista a que tipicamente se dedicam as crianças. É rara uma criança que, num determinado momento, não tenha desejado uma existência em que nada lhe é exigido e em que todos os seus desejos são realizados tão logo os expressa. O conto de fadas diz que tal vida, longe de ser satisfatória, logo se torna vazia e monótona — tanto assim que a Bela passa a ansiar pelas visitas noturnas da Fera, que inicialmente temia.

Se nada ocorresse para interromper essa vida de sonhos narcisista, não haveria história; o narcisismo, ensina o conto de fadas, embora pareça atraente, não é uma vida de satisfações, e sim vida nenhuma. A Bela volta a viver quando sabe que o pai necessita dela. Em algumas versões do conto, o pai fica gravemente doente; em outras, ele definha por causa dela, ou padece muito de algum outro modo. Esse conhecimento despedaça a inexistência narcisista da Bela; ela começa a agir, e então ela — e a história — ganham vida novamente.

Lançada num conflito entre seu amor pelo pai e as necessidades da Fera, a Bela a abandona para cuidar do pai. Mas percebe então o quanto a ama — um símbolo do afrouxamento dos laços que a unem ao pai e da transferência do seu amor para a Fera. Só depois que decide abandonar a casa do pai para se juntar à Fera — isto é, depois de resolver os laços edipianos com o pai — é que o sexo, que antes era repugnante, se torna belo.

Isso antecipa em séculos a concepção freudiana segundo a qual o sexo deve ser vivenciado por uma criança como repulsivo enquanto seus anseios sexuais estiverem ligados ao genitor, pois somente por meio de tal atitude negativa em relação ao sexo pode o tabu do incesto e, com ele, a estabilidade da família humana se manterem seguros. Mas, uma vez desligado do genitor e dirigido a um parceiro de idade mais apropriada, no desenvolvimento normal, os anseios sexuais não mais parecem animalescos; ao contrário, são vivenciados como belos.

"A Bela e a Fera", ao ilustrar os aspectos positivos da ligação edipiana de uma criança e, ao mesmo tempo, mostrar o que deve ocorrer a essa ligação à medida que ela cresce, bem merece o elogio que Iona e Peter Opie lhe outorgam em seu exame dos *Contos de Fadas Clássicos*. Eles o denominam "o mais simbólico dos contos de fadas depois de Cinderela, e o mais satisfatório".

"A Bela e a Fera" se inicia com uma concepção imatura que postula que o homem tem uma existência dual como animal e como espírito — simbolizada pela Bela. No processo de maturação, esses aspectos de nossa humanidade artificialmente isolados devem se unificar; apenas isso nos permite alcançar uma realização humana completa. Em "A Bela e a Fera", não há mais segredos sexuais que devam permanecer incógnitos e cuja descoberta requer uma longa e difícil viagem de autodescoberta antes que o final feliz possa ser obtido. Ao contrário, em "A Bela e a Fera" não há segredos ocultos, e é altamente desejável que a verdadeira natureza da Fera seja revelada. A descoberta de quem é realmente a Fera ou, para dizê-lo mais corretamente, da pessoa boa e amorosa que na verdade ela é, leva diretamente ao final feliz. A essência da história não é apenas o crescimento do amor da Bela pela Fera, nem tampouco a transferência de seu amor por seu pai para a Fera, mas seu próprio crescimento durante o processo. A Bela evolui da crença em que deve escolher entre o amor pelo pai e o amor pela Fera para a descoberta feliz de que ver esses dois amores em oposição é uma visão imatura das coisas. Ao transferir seu amor edipiano original pelo pai para o futuro marido, a Bela dá ao pai o tipo de afeição que lhe é mais benéfico. Isso restaura sua saúde debilitada e lhe dá uma vida feliz perto de sua filha querida. Também restitui a Fera à sua humanidade, e assim torna-se possível uma vida de felicidade conjugal para ela e a Bela.

O casamento da Bela com a antiga Fera é uma expressão simbólica da cura da fratura perniciosa entre os aspectos animais e os aspectos superiores do homem, uma separação que é descrita como uma doença, uma vez que, quando separados da Bela e do que ela simboliza, primeiramente o seu pai e em seguida a Fera quase morrem. É também o ponto final de uma evolução de uma sexualidade autocentrada, imatura (fálica-agressiva-destrutiva) para uma que encontra sua realização numa relação humana de devoção profunda: a Fera está quase morrendo devido à sua separação da Bela, que é a um só tempo a mulher amada e Psique, nossa alma. Essa é uma evolução de uma primitiva sexualidade egoístico-agressiva para uma que encontra sua realização como parte de uma relação amorosa assumida livremente. Essa é a razão pela qual a Fera só aceita que a Bela substitua o pai depois que esta lhe assegura que toma voluntariamente o seu lugar, e a razão pela qual a Fera pede insistentemente à Bela que se case com ela, mas aceita a sua rejeição sem recriminação e não esboça nenhum movimento em sua direção antes que ela lhe declare espontaneamente o seu amor.

Traduzindo a linguagem poética do conto de fadas para a linguagem pedestre da psicanálise, o casamento da Bela com a Fera é a humanização e socialização do id pelo superego. Quão adequado, então, que, em "Cupido e Psique", o produto dessa união seja Prazer ou Alegria, um ego que nos fornece as satisfações necessárias para uma vida boa. O conto de fadas, diferentemente do mito, não necessita explicitar as vantagens da união dos dois protagonistas. Utiliza uma imagem mais impressionante: um mundo em que os bons vivem felizes e os maus — as irmãs — não estão imunes à redenção.

Cada conto de fadas é um espelho mágico que reflete alguns aspectos de nosso mundo interior e dos passos exigidos por nossa evolução da imaturidade à maturidade. Para os que mergulham naquilo que o conto de fadas tem a comunicar, ele se torna um lago profundo e calmo que, de início, parece refletir apenas nossa própria imagem; mas, por trás dele, logo descobrimos os turbilhões interiores de nossa alma — sua profundidade, assim como meios de obtermos paz conosco e com o mundo, que é a recompensa para nossas lutas.

A seleção de histórias a serem consideradas foi arbitrária, embora guiada até certo ponto pela popularidade dos contos. Como cada história reflete algum segmento da evolução interior do homem, a segunda parte do livro começou com contos em que a criança luta por sua independência: relutantemente e apenas quando forçada pelos pais a fazê-lo contra a vontade, tal como em "João e Maria", ou mais espontaneamente, como em "João e o Pé de Feijão". Chapeuzinho Vermelho na barriga do lobo e Bela Adormecida, que em seu castelo testou a roca, se expuseram prematuramente a experiências para as quais não estavam ainda preparadas; aprendem que devem esperar até amadurecer, e como fazê-lo. Em "Branca de Neve" e "Cinderela", a criança só pode adquirir individualidade quando o genitor é derrotado. Se o livro tivesse terminado com qualquer uma dessas duas histórias, ficaria parecendo que não há uma solução feliz para o conflito geracional que, como mostram esses contos de fadas, é tão velho quanto o homem. Mas eles também dizem que, onde quer que exista esse conflito, ele se deve apenas à autocentralização do genitor e à sua falta de sensibilidade para com as necessidades legítimas do filho. Como pai, preferi terminar com um conto de fadas que mostra que o amor de um genitor pelo filho também é tão velho quanto o homem, assim como o do filho pelo genitor. É dessa terna afeição que brota um amor diferente o qual, depois de a criança crescer, a ligará ao ser amado. Seja qual for a verdade de fato, a criança que ouve contos de fadas passa a imaginar e a acreditar que, por amor a ela, o genitor está disposto a arriscar a vida para lhe trazer o presente que mais deseja. Por sua vez, uma tal criança acredita ser merecedora de tal devoção, já que estaria disposta a sacrificar sua vida por amor a seu genitor. Desse modo, ela crescerá para trazer paz e felicidade até mesmo para aqueles que estão tão dolorosamente aflitos que parecem feras. Ao fazê-lo, uma pessoa obterá felicidade para si própria e para seu parceiro para a vida e, com ela, igualmente para seus pais. Estará em paz consigo mesma e com o mundo.

Essa é uma das múltiplas verdades reveladas pelos contos de fadas que podem orientar nossas vidas; é uma verdade tão válida hoje em dia quanto quando era uma vez.

Notas

1. A respeito das observações de Dickens sobre "Chapeuzinho Vermelho" e suas opiniões sobre os contos de fadas, veja-se Angus Wilson, *The World of Charles Dickens* (Londres: Seeker and Warburg, 1970), e Michael C. Kotzin, *Dickens and the Fairy Tale* (Bowling Green: Bowling Green University Press, 1972).
2. Louis MacNeice, *Varieties of Parable* (Nova York: Cambridge University Press, 1965).
3. G. K. Chesterton, *Orthodoxy* (Londres: John Lane, 1909). C. S. Lewis, *The Allegory of Love* (Oxford: Oxford University Press, 1936).
4. "João, o Matador de Gigantes" e várias outras histórias do ciclo de João se encontram em Katherine M. Briggs, *A Dictionary of British Folk Tales*, 4 volumes (Bloomington: Indiana University Press, 1970). Os contos populares ingleses mencionados neste livro podem ser encontrados aí. Outra coleção importante de contos de fadas ingleses é a de Joseph Jacobs: *English Fairy Tales* (Londres: David Nutt, 1890), assim como *More English Fairy Tales* (Londres: David Nutt, 1895).
5. "As poderosas esperanças que nos tornam homens."
6. A. Tennyson, *In Memoriam*, LXXXV. A discussão de "O Pescador e o Gênio" se baseia na tradução de Burton de *The Arabian Nights Entertainments*. "O Gênio da Garrafa" é um dos contos coletados pelos Irmãos Grimm e publicados com o titulo *Kinder — und Hausmärchen*. Esse livro foi traduzido inúmeras vezes, mas só algumas dessas traduções correspondem ao original. Entre as aceitáveis estão: *Grimm's Fairy Tales*, Nova York, Pantheon Books, 1944; e *The Grimm's German Folk Tales*, Carbondale, Southern Illinois University Press, 1960.

   Todos os contos de fadas dos Irmãos Grimm foram discutidos com respeito às origens de cada história, suas diferentes versões em todo o mundo, suas relações com outras lendas e contos de fadas etc., em *Anmerkungen zu den Kinder und Hausmärchen der Brüder Grimm*, de Johannes Bolte e Georg Polivka, 5 volumes, Hildesheim, Olms, 1963.

"O Gênio da Garrafa" ilustra a forma pela qual atitudes paternas induzem a criança a fantasias sobre a obtenção de poderes que a tornarão superior ao pai. O herói da história teve de abandonar a escola por causa da pobreza da família. Oferece-se para ajudar seu pai, um pobre lenhador, mas este menospreza as capacidades do filho e lhe diz: "É um trabalho muito duro para você; você não está acostumado com tais tarefas árduas; não poderia suportá-las." Depois de trabalharem toda a manhã, o pai sugere que descansem e façam uma refeição. O filho diz que prefere caminhar pela floresta e procurar ninhos de pássaros, ao que o pai exclama: "Ó, seu espertinho, por que você quer circular por aí? Depois você estará tão cansado que não poderá nem levantar o braço." Assim, o pai subestima o filho duas vezes: primeiro, ao duvidar de sua capacidade de trabalhar duro; e, mesmo depois de este ter demonstrado sua energia, ao descartar com desprezo suas ideias sobre o modo como passar o tempo de descanso. Depois de uma experiência dessas, qual o garoto púbere normal que não embarcaria em devaneios que demonstram que o pai está errado, e provam ser ele muito melhor do que o pai imagina?

O conto de fadas faz com que essa fantasia se torne realidade. Caminhando e procurando ninhos de pássaros, o filho ouve uma voz dizer: "Deixe-me sair!" E assim encontra o gênio da garrafa que, todavia, primeiro ameaça destruí-lo, como retaliação por ter ficado encarcerado tanto tempo. O rapaz matreiramente induz o gênio a voltar para a garrafa, à semelhança do pescador no conto *As Mil e Uma Noites*, e só o solta depois de presenteado com um retalho de pano que com uma ponta, cura todos os ferimentos e, com a outra, transforma tudo aquilo que esfrega em prata. Ao transformar as coisas em prata, o menino provê uma vida boa para ele e o pai, e, uma vez que "podia curar todos os ferimentos, tornou-se o médico mais famoso do mundo".

O motivo do gênio mau encarcerado numa garrafa remonta às antiquíssimas lendas judaico-persas de acordo com as quais o rei Salomão frequentemente aprisionava gênios desobedientes ou heréticos em cofres de ferro, frascos de cobre ou cantis de vinho e os lançava ao mar. "O Pescador e o Gênio" deriva em parte dessa tradição, como o demonstra o fato de o gênio contar ao pescador sobre sua rebelião contra Salomão, que, como castigo, trancara-o na garrafa e lançara-o ao mar. Em "O Gênio da Garrafa", esse velho motivo se misturou com duas tradições diferentes. Uma delas, embora ela própria em última instância possa ser remontada às lendas do rei Salomão, é um relato medieval referente ao diabo, que é encarcerado de modo semelhante por algum santo, ou então libertado por este e forçado a servir a seu libertador. A segunda tradição se origina em contos sobre uma personagem histórica: Theophrastus Bombastus Paracelsus von Hohenheim, um renomado médico alemão-suíço do século XVI cujas curas supostamente milagrosas estimularam a imaginação europeia durante séculos.

De acordo com uma dessas histórias, Paracelsus ouve uma voz proveniente de um pinheiro que o chama pelo nome. Ele a reconhece como a voz do diabo, que, sob a forma de aranha, está preso num buraquinho da árvore. Paracelsus se oferece para libertar o diabo se ele lhe der um remédio que cure todas as doenças e uma tintura que transforme tudo em ouro. O diabo concorda, mas depois quer partir às pressas para destruir o santo que o encarcerara. Para impedi-lo, Paracelsus duvida em voz alta que alguém tão grande quanto o diabo possa se transformar em algo tão pequenino como uma aranha. O diabo, para mostrar que pode fazê-lo, se transforma em aranha de novo e é mais uma vez trancado na árvore por Paracelsus. Essa história, por sua vez, remonta a outra bem mais antiga sobre um feiticeiro chamado Virgilius (Bolte e Polivka, *op. cit.*).

7. As enumerações mais extensas de motivos de contos de fadas, incluindo o do gigante ou gênio da garrafa, são as apresentadas por Antti A. Aarne, *The Types of the Folk Tale* (Helsinque: Suomalainen Tiedeakatemia, 1961) e Stith Thompson, *Motif Index of Folk Literature,* 6 volumes (Bloomington: Indiana University Press, 1955).

No índice de Thompson, o gênio que é induzido a diminuir para retornar à garrafa etc., constitui os motivos D1240, D21771, R181, K717 e K722. Seria tedioso dar esses dados para todos os temas de contos de fadas mencionados neste livro, especialmente porque a distribuição de um tema particular pode ser facilmente obtida a partir dessas duas obras de referência.

8. A discussão do mito de Hércules e de todos os demais mitos gregos segue a sua versão em Gustav Schwab, *Gods and Heroes: Myths and Epics of Ancient Greece* (Nova York: Pantheon Books, 1946).

9. Mircea Eliade, *Birth and Rebirth* (Nova York: Harper and Brothers, 1958); *Myth and Reality* (Nova York: Harper & Brown, 1963). Veja-se também

Paul Saintyves, *Les Contes de Perrault et les Récits Parallèles* (Paris, 1923) e Jan de Vries, *Betrchtungen zum Märchen, Besonders in seinem Verhältnis und Mythos* (Helsinque: Folklore Fellows Communications número 150, 1954).

10. Uma coleção de artigos discutindo os contos de fadas com base numa psicologia das profundezas que tem o mérito de representar adequadamente as várias escolas de pensamento pode ser encontrada em Wilhelm Laiblin, *Märchenforschung und Tiefenpsychologie* (Darmstadt: Wissenschaftliche Buchgesellschaft, 1969). Contém também uma bibliografia razoavelmente completa.

11. Ainda não há uma discussão sistemática de contos de fadas a partir de um ponto de vista psicanalítico. Freud publicou dois artigos breves em 1913 tratando dessa questão: "The Occurrence in Dreams of Material from Fairy Tales" e "The Theme of the Three Caskets". "Chapeuzinho Vermelho" e "O Lobo e os Sete Cabritinhos", dos Irmãos Grimm, têm um papel importante na famosa "History of an Infantile Neurosis" de Freud, conhecida como "O Homem dos Lobos". Sigmund Freud, *The Standard Edition of the Complete Psychological Works* (Londres: Hogarth Press, 1953 segs.), volumes 12,17.

Muitos outros escritos psicanalíticos, por demais numerosos para serem enumerados aqui, se referem aos contos de fadas, mas quase sempre somente de uma forma superficial, como em *The Ego and the Mecanism of Defense*, de Anna Freud (Nova York: International Universities Press, 1946). Dentre os vários ensaios que lidam especificamente com os contos de fadas de um ponto de vista freudiano, podem-se mencionar os seguintes: Otto Rank, *Psychoanalytische Beiträge zur Mythenforschung* (Vienna: Deuticke, 1919); Alfred Winterstein, "Die Pubertätsriten der Mädchen und ihre Spuren im Märchen", *Imago*, volume 14 (1928).

Além disso, alguns contos de fadas foram discutidos psicanaliticamente — por exemplo, Steff Bronstein, "The Sleeping Beauty", Imago, volume 19 (1933); J. F. Grant Duff, "Snow White", *ibid.*, volume 20 (1934); Lilla Veszy-Wagner, "Little Red Riding Hood on the Couch", *The Psychoanalytic Forum*, volume 1 (1966); Beryl Sandford, "Cinderella", *ibid.*, volume 2 (1967). Erich Fromm, *The Forgotten Language* (Nova York: Rinehart, 1951), faz algumas referências aos contos de fadas, especialmente a "Chapeuzinho Vermelho".

12. Os contos de fadas são tratados de forma muito mais abrangente nos escritos de Jung e dos analistas junguianos. Infelizmente, pouco dessa literatura toi traduzido para o inglês. Uma abordagem psicanalítica tipicamente junguiana dos contos de fadas é a de Marie Louise von Franz, *Interpretation of Fairy Tales* (Nova York: Spring Publications, 1970).

    Provavelmente o melhor exemplo da análise de um conto de fadas famoso a partir do ponto de vista junguiano é Erich Neumann, *Amor and Psyche* (Nova York: Pantheon, 1956).

    A discussão mais completa de contos de fadas do ponto de vista junguiano se encontra nos três volumes de Hedwig von Beit, *Symbolik des Märchens e Gegensatz und Erneuerung im Märchen* (Berna: A. Francke, 1952 e 1956).

    Uma posição intermediária se encontra em Julius E. Heuscher, *A Psychiatric Study of Fairy Tales* (Springfield: Charles Thomas, 1963).

13. Para versões diferentes de "Os Três Porquinhos", veja-se Briggs, *op. cit.* A discussão desse conto se baseia na primeira forma em que foi publicado, incluída em J. O. Halliwell, *Nursery Rhymes and Nursery Tales* (Londres, c. 1843).

    Apenas em algumas das versões posteriores da história os dois primeiros porquinhos sobrevivem, o que tira muito do impacto do conto. Em algumas variantes, os porquinhos têm nomes, o que interfere com a capacidade da criança de vê-los como representações dos três estágios de desenvolvimento. Por outro lado, alguns relatos explicitam que a busca de prazer foi o que impediu os menores de construírem casas mais sólidas e por conseguinte mais seguras, uma vez que o menorzinho constrói sua casa de lama porque gosta muito de se remexer nela, e o segundo usa repolhos para construir sua habitação porque gosta de comê-los.

14. A citação que descreve o pensamento animista é do artigo de Ruth Benedict, "Animism", na *Encyclopedia of the Social Sciences* (Nova York: Macmillan, 1948).

15. Para os vários estágios de pensamento animista na criança e o domínio que ele exerce até os doze anos, veja-se Jean Piaget, *The Child's Concept of the World* (Nova York: Harcourt, Brace, 1929).

16. "A Leste do Sol e a Oeste da Lua" é um conto de fadas norueguês Pode-se encontrar uma tradução do mesmo em Andrew Lang, *The Blue Fairy Book* (Londres: Longmans, Green, c. 1889).

17. "A Bela e a Fera" é uma história bem antiga que existe em várias versões. Entre as mais conhecidas está a de Madame Leprince de Beaumont, que se encontra no livro de Iona e Peter Opie, *The Classic Fairy Tales* (Londres: Oxford University Press, 1974). "O Rei Sapo" é uma das histórias dos Irmãos Grimm.

18. Um resumo das teorias de Piaget pode ser encontrado no livro de J. H. Flavell, *The Developmental Psychology of Jean Piaget* (Princeton: Van Nostrand, 1963).

19. Para uma discussão da deusa Nut, veja-se Erich Neumann, *The Great Mother* (Princeton: Princeton University Press, 1955). "Como abóbada do céu ela cobre suas criaturas na terra como uma galinha protegendo seus pintinhos." A forma como era retratada pode ser vista na tampa do sarcófago egípcio de Uresh-Nofer (trigésima dinastia) no Metropolitan Museum em Nova York.

20. Michael Polanyi, *Personal Knowledge* (Chicago: University of Chicago Press, 1958).

21. Sigmund Freud, "From the History of an Infantile Neurosis", *op. cit.*

22. Embora não conheça nenhum estudo que demonstre o quanto as ilustrações nas histórias de fadas distraem a atenção, isso é amplamente demonstrado no que diz respeito a outros materiais de leitura. Veja-se, por exemplo, S. J. Samuels, "Attention Process in Reading: The Effect of Pictures on the Acquisiton of Reading Responses", *Journal of Educational Psychology*, volume 58 (1967); e sua resenha de vários outros estudos desse problema: "Effects of Pictures on Learning to Read, Comprehension, and Attitude", *Review of Educational Research*, volume 40 (1970).

23. J. R.Tolkien, *Tree and Leaf* (Boston: Houghton Mifflin, 1965).

24. Há uma literatura considerável sobre as consequências da privação do sono — por exemplo, Charles Fisher, "Psychoanalytic Implications of Recent Research on Sleep and Dreaming", *Journal of the American Psychoanalytic Association*, volume 13 (1965); e Louis J. West, Herbert H. Janszen, Boyd K. Lester, e Floyd S. Cornelison, Jr., "The Psychosis of Sleep Deprivation", *Annals of the New York Academy of Science*, volume 96 (1962).

25. Chesterton, *op. cit.*

26. Sigmund Freud, "The Family Romance of the Neurotic", *op. cit.*, volume 10.

27. "Os Três Desejos" é originariamente um conto escocês, relatado por Briggs, *op. cit*. Como foi mencionado, o motivo se encontra por todo o mundo com variações próprias. Por exemplo, num conto indiano, são concedidos a uma família três desejos. A esposa deseja ter grande beleza e usa o primeiro pedido para obtê-la, fugindo em seguida com um príncipe. O marido furioso deseja vê-la transformada num porco; o filho tem de usar o último pedido para restituí-la ao aspecto original.

28. A mesma sequência de acontecimentos poderia também ser vista como expressando simbolicamente que, assim como o perigo de ceder às pressões do id diminui — a redução da ferocidade animal tal como representada pelo tigre e pelo lobo para a docilidade tal como representada pelo veado —, também as vozes de advertência do ego e superego perdem um pouco do poder de controle sobre o id. Mas, como no conto o irmão diz à irmã a respeito de sua determinação de beber do terceiro regato: "Tenho de beber, não importa o que você diga; minha sede é demasiada", a interpretação dada no texto parece mais próxima do significado subjacente da história.

29. A discussão de "Simbad o Marujo, e Simbad o Carregador" segue a tradução de Burton de *As Mil e Uma Noites*.

30. Para a história de *As Mil e uma Noites* e particularmente a propósito do significado do número 1001, veja-se Von der Leuen, *Die Welt des Märchens*, 2 volumes (Düsseldorf: Eugen Diederich, 1953).

31. Para o conto que forma a moldura em cujo interior estão situadas as 1001 histórias, veja-se Emmanuel Cosquin, "Le Prologue-Cadre des Mille et Une Nuits", nos seus *Études Folkloriques* (Paris: Champion, 1922).

   Para a história que serve de moldura para as *Mil e Uma Noites* segui a tradução de John Payne em *The Book of the Thousand Nights and One Night* (Londres: Printed for Subscribers Only, 1914).

32. Para o antigo conto egípcio, veja-se Emanuel de Rougé, "Notice sur un Manuscrit Égyptien", *Revue Archéologique*, volume 8 (1852); W. F. Petrie, *Egyptian Tales*, volume 2 (1895); e Boite e Polivka, *op. cit*.

33. As várias versões do conto de "Os Dois Irmãos" são discutidas por Kurt Ranke, "Die Zwei Brüder", *Folk Lore Fellow Communications*, volume 114 (1943).

34. Não é comum um conto de fadas ser tão específico quanto a nomes de lugares. Os que estudaram esse problema chegaram à conclusão que, quando o nome de um lugar é mencionado, isso sugere que o conto, de alguma forma, está ligado a um fato que realmente ocorreu. Por exemplo, na cidade de Hameln pode ter ocorrido em determinada época o rapto de um grupo de crianças, o que levou à história do flautista de manto malhado, que fala do desaparecimento de crianças nessa cidade. É um conto de fundo moral, mas dificilmente um conto de fadas, pois falta-lhe uma resolução e não tem final feliz. Mas tal tipo de conto com uma referência histórica existe essencialmente apenas numa forma.

 A ampla divulgação do motivo de "As Três Linguagens" e as várias versões diferentes em que existe depõem contra um núcleo histórico desse conto. Por outro lado, faz sentido que uma história que começa na Suíça frise a importância do aprendizado de três línguas diferentes e da necessidade de integrá-las numa unidade superior, pois a população suíça é constituída de quatro grupos linguísticos: alemão, francês, italiano e reto-românico. Como uma dessas línguas — com toda probabilidade o alemão — era o idioma nativo do herói, faz sentido que ele seja enviado a três lugares diferentes e lá aprenda outras línguas. Aquilo que o ouvinte suíço da história pode compreender claramente como a necessidade por parte de pessoas que falam línguas diferentes de constituírem uma unidade superior — a Suíça — também se refere, num nível oculto, à necessidade de integração interior das diversas tendências que habitam em nós.

35. Sobre o costume de soprar uma pena para o ar para decidir para onde ir, veja-se Bolte e Polivka, *op. cit.*, volume 2.

36. Tolkien, *op. cit.*

37. Veja-se, por exemplo, a história de Joey em Bruno Bettelheim, *The Empty Fortress* (Nova York: Free Press, 1967).

38. Jean Piaget, *The Origins of Intelligence in Children* (Nova York: International Universities Press, 1952) e *The Construction of Reality in the Child* (Nova York: Basic Books, 1954).

39. Watty Piper, *The Little Engine That Could* (Eau Claire, Wisconsin: E. M. Hale, 1954).

40. O poema de A. A. Milne "Disobedience", em *When We Were Very Young* (Nova York: E. P. Dutton, 1924).

41. O nome do cavalo "Falada" sugere uma origem antiga do conto. É derivado do nome do cavalo de Rolando, que na *Chanson de Roland* se chama Valantin, Valantis, Valatin etc.

Ainda mais antigo é o motivo do cavalo falante. Tácito registrou que entre os alemães acreditava-se que os cavalos podiam predizer o futuro e eram usados como oráculos. Nas nações escandinavas, o cavalo também é visto de modo semelhante.

42. Para" Roswal e Lillian", veja-se Briggs, *op. cit.* O motivo da noiva verdadeira que é suplantada por uma usurpadora má, que por sua vez é finalmente desmascarada e castigada, mas só depois de a noiva verdadeira ter passado por graves provações que testam o seu caráter, é comum ao mundo todo. Veja-se P. Arfert, *Das Motiv von der Unterschobenen Braut in der Internationalen Erzählungsliteratur* (Rostock: Dissertação, 1897). Os detalhes variam tanto numa cultura quanto entre países, o que é verdadeiro para os contos de fadas em geral, uma vez que características e costumes locais são introduzidos no motivo básico.

43. Alguns versos do mesmo ciclo dão mais uma vez testemunho do impacto formador dos contos de fadas sobre os poetas. Heine, rememorando os contos de fadas, escreve:

Os contos de minha velha ama, quão doce me soam,
Quão queridos são os pensamentos que eles inspiram!
E:
Quando recordo a canção, também a lembrança
De minha velha ama querida nunca cessa.
Novamente vejo seu rosto trigueiro
Cheio de pregas e rugas.

Nasceu no distrito de Münster
E conheceu, em toda a sua glória,
Muitas canções populares e contos maravilhosos
E muitas histórias de fantasmas.

The Poems of Heine (Londres: G. Bell and Sons, 1916).

44. Para essas outras versões de "A Moça dos Gansos", bem como para informações adicionais sobre todas as histórias dos Irmãos Grimm, veja-se Bolte e Polivka, *op. cit.*

45. Tolkien, *op. cit.*

46. Mary J. Collier e Eugen L. Gaier, "Adult Reactions to Preferred Childhood Stories", *Child Development*, volume 29 (1958).

47. Chesterton, *op. cit.*

   Maurice Masterlinck, *The Blue Bird* (Nova York: Dodd, Mead, 1911).

48. Para o conto de fadas turco, particularmente a história de Iskender, veja-se August Nitschke, *Die Bedrohung* (Stuttgart: Ernst Klett, 1972). Esse livro discute vários outros aspectos dos contos de fadas, particularmente como a ameaça é parte da luta pela autorrealização e, com ela, pela liberdade, e o papel do amigo adjuvante.

49. Vom Vater hab'ich die Statur,

   Des Lebens ernstes Führen,

   Vom Mütterchen die Frohnatur

   Und Lust zu fabulieren.

   Goethe, *Zahme Xenien*, VI.

50. O modo de a mãe de Goethe narrar os contos de fadas para o filho é descrito por Bettina von Arnim em *Goethe's Briefwechsel mit einem Kinde* (Jena: Diederichs, 1906).

51. "Wer vieles bringt, wird manchem etwas bringen" — Goethe, *Fausto*.

52. Charles Perrault, *Histoires ou Contes du Temps Passé, avec des Moralitez* (Paris 1697). A primeira tradução inglesa que apareceu impressa foi a de Robert Samber, *Histories or Tales of Past Times* (Londres, 1729). Os mais conhecidos desses contos foram reimpressos em Iona e Peter Opie, *op. cit.* Podem também ser encontrados no livro de contos de fadas de Andrew Lang — "Chapeuzinho Vermelho" está incluído entre os contos de *The Blue Fairy Book, op. cit.*

53. Há uma literatura considerável que trata de Perrault e seus contos de fadas. O trabalho mais útil — comparável àquilo que Boite e Polivka fizeram com os contos dos Irmãos Grimm — é o de Marc Soriano, *Les Contes de Perrault* (Paris: Gallimard 1968).

   De Andrew Lang, *Perrault's Popular Tales* (Oxford: At the Clarendon Press, 1888). Aí escreve ele: "Se 'Capuchinho Vermelho' terminasse, em todas as variantes, no ponto em que termina em Perrault, poderíamos descartá-la, com a observação que o mecanismo da história é derivado do 'tempo em que os animais falavam' ou em que se acreditava que eram capazes de falar. Mas é bem sabido que, em sua forma alemã, 'Chapeuzinho Vermelho' (Irmãos Grimm 26), o conto não termina absolutamente com o triunfo do lobo. Chapeuzinho Vermelho e a avó são ressuscitadas, 'foi o lobo que morreu'. Esse ou pode ter sido o final original, omitido por Perrault porque era desvairadamente impossível para as escolas maternais do tempo de Luís XIV, ou as crianças podem ter insistido para que a história 'acabasse bem'. Em qualquer dos casos, a *Märchen* alemã preserva um dos incidentes míticos mais amplamente espalhados pelo mundo — o reaparecimento de pessoas vivas de dentro do monstro que as devorara."

54. Duas dessas versões francesas de "Chapeuzinho Vermelho" foram publicadas em *Melusine,* volume 3 (1886-87) e volume 6 (1892-93).

55. *Ibid.*

56. Djuna Barnes, *Nightwood* (Nova York: New Directions, 1937). T. S. Eliot, Introdução a *Nightwood, ibid.*

57. *Fairy Tales Told Again,* ilustrado por Gustave Doré (Londres: Cassel, Petter an Galpin, 1872). A ilustração é reproduzida em Opie e Opie, *op. cit.*

58. Para versões alternativas de "Chapeuzinho Vermelho", veja-se Bolte e Polivka *op. cit.*

59. Gertrude Crampton, *Tootle the Engine* (Nova York: Simon and Schuster, 1946), da coleção Little Golden Book.

60. Para as várias histórias de João, incluindo as diferentes versões de "João e o Pé de Feijão", veja-se Briggs, *op. cit.*

61. Para os vários mitos que formam o ciclo que começa com Tântalo, centraliza-se em Édipo e termina com *Sete contra Tebas* e a morte de Antígona, veja-se Schwab, *op. cit.*

62. Para as várias versões de "Branca de Neve", veja-se Bolte e Polivka, *op. cit.*

63. A discussão de "Branca de Neve" está baseada no relato dos Irmãos Grimm.

64. "A Jovem Escrava" é a Oitava Diversão do Segundo Dia do *Pentamerone* de Basile, que foi impresso pela primeira vez em 1636 (*The Pentamerone of Giambattista Basile* [Londres: John Lane the Bodley Head, 1932]).

65 Para uma discussão de por que no inconsciente o número três frequentemente representa o sexo, veja-se pág. 149 e segs.

66. Os anões e seu significado no folclore são discutidos no artigo "Zwerge und Riesen" e em muitos outros artigos que se encontram em Hans Bächtold-Stäubli, *Handwörterbuch des Deutschen Aberglaubens* (Berlim: de Gruyter, 1927-42).Também contém artigos interessantes sobre contos de fadas e motivos de contos de fadas.

67. Anne Sexton, *Transformations* (Boston: Houghton Mifflin, 1971).

68. Para a primeira versão impressa de "Os Três Ursos", veja-se Briggs, *op. cit.*

69. Erik H. Erikson, *Identity, Youth and Crisis* (Nova York: W. W. Norton, 1968).

70. Para "La Belle au Bois Dormant" de Perrault, veja-se Perrault, *op. cit.* Traduções inglesas de "A Bela Adormecida" se encontram em *The Blue Fairy Book* de Lang e na *op. cit.* de Opie e Opie. Para o conto dos Irmãos Grimm "Dornröschen", veja-se Irmãos Grimm, *op. cit.*

71. Basile, op. cit. "Sol, Lua e Tália" é a Quinta Diversão do Quinto Dia do *Pentamerone*.

72. Para os precursores de "A Bela Adormecida", veja-se Bolte e Polivka, *op. cit.*, e Madame Soriano, *op. cit.*

73. Para o fato de "Cinderela" ser o mais conhecido de todos os contos de fadas, veja-se *Funk and Wagnalls Dictionary of Folklore* (Nova York: Funk and Wagnalls, 1950). Também Opie e Opie, *op. cit.*

    Quanto a ser ela a história de fadas mais querida, veja-se Collier e Gaier, *op. cit.*

74. Para a mais antiga história chinesa do tipo "Cinderela", veja-se Arthur Waley "Chinese Cinderella Story", *Folk-Lore,* volume 58 (1947).

75. Para a história dos calçados, incluindo sandálias e sapatinhos, veja-se R. T. Wilcox, *The Mode of Footwear* (Nova York, 1948).

    Para uma discussão ainda mais detalhada, incluindo o edito de Diocleciano, veja-se E. Jaefert, *Skomod och Skotillverkning fran Medeltiden vara Dagar* (Estocolmo 1938).

76. Para a origem e significado de "Aschenbrödel" e para muitos outros detalhes da história, veja-se Bolte e Polivka, *op. cit.*, e Anna B. Rooth, The Cinderella Cycle (Lund: Gleerup, 1951).

77. Barnes, *op. cit.*

78. B. Rubenstein, "The Meaning of the Cinderella Story in the Development of a Little Girl", *American Imago,* volume 12 (1955).

79. "La Gatta Cenerentola" é a Sexta Diversão do Primeiro Dia do *Pentamerone* de Basile, *op. cit.*

80. A ideia de deixar cair a tampa de uma arca sobre o pescoço de uma pessoa para matá-la é extremamente rara, embora apareça numa das histórias dos Irmãos Grimm, "O Junípero", em que uma madrasta má assim mata o enteado. Provavelmente é de origem histórica. São Gregório de Tours, na sua *History of the Franks* (Nova York: Columbia

University Press, 1916), conta que a rainha Fredegunda (que morreu em 597) tentou matar sua própria filha Rigundis dessa maneira, mas esta foi salva por criados que acorreram em seu auxílio. A razão pela qual a rainha Fredegunda tentou matar sua filha foi a afirmação de Rigundis de que deveria estar no lugar da mãe por ser "melhor" — isto é, por ter nascido como filha de rei enquanto a mãe começara a vida como camareira. Assim, a arrogância edipiana de uma filha — "Eu sou mais condizente do que minha mãe para o seu lugar" — conduz à vingança edipiana da mãe ao tentar eliminar a filha que desejava substituí-la.

81. "La Mala Matrè", in: A. de Nino, *Usi e Costumi Abruzzesi*, volume 3: Fiabe (Florença, 1883-87).

82. Vários contos que têm como centro o tema de Cinderela são discutidos em Marian R. Cox, *Cinderella: Three Hundred and Forty-five Variants* (Londres: David Nutt, 1893).

83. Isso pode ser ilustrado por um erro famoso que ocorreu durante o período inicial da psicanálise. Freud, baseando-se naquilo que suas pacientes femininas lhe contaram durante as sessões de psicanálise — seus sonhos, associações livres, recordações — concluiu que, quando pequenas, todas tinham sido seduzidas pelo pai, e que era essa a causa de suas neuroses. Somente quando pacientes cuja história dos primeiros anos de vida ele conhecia bem tiveram lembranças similares — embora ele soubesse que não ocorrera nenhuma sedução nesses casos — foi que Freud percebeu que não haveria possibilidade de a sedução paterna ser tão frequente quanto fora levado a crer. Ficou então claro para ele — e daí em diante veio a ser corroborado em inúmeras ocasiões — que aquilo de que as pacientes se lembravam não era algo que havia ocorrido, mas sim algo que desejavam que houvesse ocorrido. Quando meninas, durante o período edipiano, tinham desejado que o pai fosse profundamente apaixonado por elas e portanto as quisesse como esposas ou pelo menos como amantes. Haviam-no desejado com tanta paixão que imaginavam vivamente que assim fosse. Mais tarde, quando recordavam o conteúdo dessas fantasias, era com tal intensidade de sentimento que estavam convictas de que isso só podia ser devido a acontecimentos que de fato se deram. Elas mesmas nada haviam feito para provocar a sedução paterna, segundo proclamavam e acreditavam; tudo fora iniciativa dos pais. Em resumo, tinham sido tão inocentes quanto Cinderela.

Depois que Freud se deu conta de que essas lembranças de sedução não se referiam a coisas que tinham acontecido na realidade mas apenas a fantasias e, por conseguinte, ajudou seus pacientes a penetrar mais profundamente no inconsciente, tornou-se então claro que não só um desejo fora tomado por sua realização, mas que as pacientes, quando meninas, estavam longe de ser inocentes. Não só tinham desejado ser seduzidas e imaginaram que assim fora, como também tinham tentado seduzir o pai a seu jeito infantil — por exemplo, exibindo-se ou cortejando de vários outros modos o amor do pai. (Sigmund Freud, "An Autobiographical Study", *New Introductory Lectures to Psychoanalysis* etc., *op. cit.*, volumes 20, 22).

84. Por exemplo em "Cap o' Rushes", Briggs, *op. cit.*

85. A "Cinderela" de Perrault está reproduzida em Opie e Opie, *op. cit.* Infelizmente, como em quase todas as traduções inglesas, os versos que expõem a moral da história não estão incluídos.

Para "Aschenputtel" dos Irmãos Grimm, veja-se Grimm, *op. cit.*

86. "Rashin Coatie", Briggs, *op. cit.*

87. Stith Thompson, Motif Index..., *op. cit.*, e *The Folk Tale* (Nova York: Dryden Press, 1946).

88. Para o significado ritual das cinzas e para o papel das cinzas em purificações e no luto, veja-se o artigo "Ashes" em James Hastings, *Encyclopedia of Religion and Ethics* (Nova York: Scribner, 1910). Para o significado e usos das cinzas no folclore e seu papel nos contos de fadas, veja-se o artigo "Asche" em Bächtold-Stäubli, *op. cit.*

89. "Rashin Coatie", ou um conto muito semelhante a ele, é mencionado na *Complaynt of Scotland* (1540), editado por Murray (1872).

90. Esse conto egípcio está relatado em René Basset, *Contes Populaires d'Afrique* (Paris: Guilmoto, 1903).

91. Erik H. Erikson, *Identity and the Life Cycle, Psychological Issues,* volume 1 (1959) (Nova York: International Universities Press, 1959).

92. Numa história islandesa de "Cinderela", a mãe morta aparece num sonho à heroína maltratada e a dota de um objeto mágico que a faz seguir adiante até que um príncipe encontre seu sapatinho etc. Jon Arnason, *Folk Tales of Iceland* (Leipzig, 1862-64) e *Icelandic Folktales and Legends* (Berkeley: University of California Press, 1972).

93. Para as várias tarefas exigidas de Cinderela, veja-se Rooth *op. cit.*

94. Soriano, *op. cit.*

95. Essa ridicularização da história de Cinderela que ele acabou de narrar é ressaltada por aquilo que Soriano chama de "a ironia amarga" da segunda moralidade com que Perrault conclui seu conto. Nela, ele diz que, conquanto seja vantajoso possuir inteligência, coragem e outras boas qualidades, elas não são de muita valia ("ce seront choses vaines") se não temos padrinhos ou madrinhas que as façam valer.

96. Cox, *op. cit.*

97. Bruno Bettelheim, *Symbolic Wounds* (Glencoe: The Free Press, 1954).

98. A história de Ródope é narrada por Estrabão em *The Geography of Strabo*, Loeb Classical Library (Londres: Heinemann, 1932).

99. Rooth, *op. cit.*

100. Raymond de Lov Jameson, *Three Lectures on Chinese Folklore* (Peiping: Publications of the College of Chinese Studies, 1932).

    Aigremont, "Fuss- und Schuh-Symbolik und Erotik", *Anthropopyteia*, volume 5 (Leipzig, 1909).

101. "Tread softly because you tread on my dreams", do poema "He Wishes for the Cloths of Heaven", em William Butler Yeats, *The Collected Poems* (Nova York: Macmillan, 1956).

102. Poderíamos com razão ficar preocupados se, por exemplo, uma criança conscientemente reconhecesse que o chinelinho dourado poderia ser um símbolo para a vagina, assim como nos preocuparíamos se ela conscientemente compreendesse o conteúdo sexual da conhecida canção de ninar:

Cocorocó!
Minha ama perdeu o sapato;
Meu amo, a vara do violino;
Não sabem qual seu próximo ato!
(Cock a doodle doo!
My dame has lost her shoe;
My master's lost his fiddle stick;
And they don't know what to do!)

E isso apesar de o significado vulgar da primeira palavra (cock) ser hoje em dia bastante conhecido até mesmo das crianças. Na canção, o sapato é usado no mesmo significado simbólico que tem em "Cinderela". Se a criança entendeu de que trata essa canção de ninar, ela de fato não saberia "qual seu próximo ato". E o mesmo se daria caso ela compreendesse — como nenhuma criança é capaz — todos os significados ocultos de "Cinderela", dos quais só tentei explicitar alguns e, mesmo esses, até certo ponto.

103. Erikson, *Identity and the Life Cycle*, *op. cit.*; *Identity, Youth, and Crisis*, *op. cit.*

104. Histórias de "Cinderela" em que um anel e não um sapatinho leva a seu reconhecimento são (entre outras) "Maria Intaulata" e "Maria Intauradda", ambas no *Archivio per lo Studio delle Tradizioni Populari*, volume 2 (Palermo, 1882) e "Les Souliers", em Auguste Dozon, *Contes Albanais* (Paris, 1881).

105. "A Bela e a Fera" atualmente é mais conhecida na versão de Madame Leprince de Beaumont, que foi traduzida pela primeira vez para o inglês em *The Young Misses Magazine*, em 1761. Foi republicada em Opie e Opie, *op. cit.*

106. A ampla difusão do motivo do noivo animal é discutida em Lutz Röhrich, *Märchen und Wirklichkeit* (Wiesbaden: Steiner, 1974).

107. Para a história cafre, veja-se *Dictionary of Folklore*, *op. cit.*, e G. M. Teal, *Kaffir* (Londres: Folk Society, 1886).

108. *Die Märchen den Weltliteratur, Malaiische Märchen*, Paul Hambruch, editor (Jena: Diederichs, 1922).

109. Leo Frobenius, *Atlantis: Volksmärchen und Volksdichtungen aus Afrika* (Jena: Diederichs, 1921-28), volume 10.

110. "The Well of the World's End", em Briggs, *op. cit.*

111. Opie e Opie, *op. cit.*

112. Para a versão original de "O Príncipe Sapo" que os Irmãos Grimm deixaram de publicar, veja-se Joseph Lefitz, *Märchen der Brüder Grimm: Urfassung* (Heidelberg: C. Winter, 1927).

113. Briggs, *op. cit.*

114. Sexton, *op. cit.*

115. Para "Cupido e Psique", veja-se Erich Neumann, *Amor and Psyche*, *op. cit.* Para as muitas versões da história, veja-se Ernst Tegethoff, *Studien zum Märchentypus von Amor und Psyche* (Bonn: Schroeder, 1922).

Uma boa enumeração das histórias de fadas sobre esse tema é apresentada na discussão do conto dos Irmãos Grimm "A Cotovia Cantadora e Saltitante" em Bolte e Polivka, *op. cit.*

116. Robert Graves, *Apuleius Madaurensis: The Transformations of Lucius* (Nova York: Farrar, Straus & Young, 1951).

117. "The Enchanted Pig" em Andrew Lang, *The Red Fairy Book* (Londres: Longmans, Green, 1890) e "The Enchanted Pig" em Mite Kremnitz, *Rumänische Märchen* (Leipzig, 1882).

118. "East of the Sun and West of the Moon" em Andrew Lang, *The Blue Fairy Book*

119. Aqui podemos reconhecer mais uma vez uma alusão à perda do hímen, o sacrifício de uma parte pequena do corpo da mulher na sua primeira experiência com o sexo.

Os ossos das galinhas são um objeto mágico tão improvável, e um meio tão artificial para escalar uma altura, que parecem uma projeção retroativa da requisição para ceder o dedo mindinho, ou um expediente para tornar mais convincente a ideia de este ser usado para prover o último degrau da escada. Mas, tal como mencionado na discussão de "Cinderela", e sendo um dos vários significados simbólicos da cerimônia de casamento, para neste encontrar realização completa a mulher deve abdicar do desejo de ter um falo próprio e se satisfazer com o do marido. Cortar o dedo mindinho, longe de significar uma autocastração simbólica, pode sugerir que fantasias a mulher deve abandonar para ser feliz do jeito que é, de modo a poder ser feliz com o marido do jeito que ele é.

120. "O Barba Azul", Perrault, *op. cit.* A primeira tradução inglesa é reproduzida em Opie e Opie, *op. cit.*

Muito antes de Perrault, há contos em que o fato de entrar num aposento proibido tem amplas consequências. Esse motivo surge, por exemplo, no "Conto do Terceiro Calênder" em *The Arabian Nights Entertainments*, e no *Pentamerone*, em que é o Sexto Conto do Quarto Dia.

121. "Mr. Fox" em Briggs, *op. cit.*

122. Para "A Bela e a Fera", veja-se Opie e Opie, *op. cit.*

BIBLIOGRAFIA

A informação bibliográfica sobre os contos de fadas e toda outra literatura mencionada no livro é fornecida nas Notas e *não* é repetida aqui.

A literatura dos contos de fadas é tão vasta que ninguém tentou coligir todos os contos. Provavelmente a coleção mais satisfatória e mais facilmente disponível em inglês é a editada por Andrew Lang e publicada em seus doze volumes intitulados: *The Blue, Brown, Crimson, Green, Grey, Lilac, Olive, Orange, Pink, Red, Violet* e *Yellow Fairy Book*. Originalmente publicados por Longmans, Green, and Co., Londres, 1889 segs., esses livros foram republicados por Dover Publications, Nova York, 1965 segs.

O empreendimento mais ambicioso nesse campo é a coleção alemã *Dire Märchen der Weltliteratur*. A publicação começou em 1912 por Diederichs, em Jena, tendo Friedrich von der Leyen e Paul Zaunart como editores. Até agora, apareceram uns setenta volumes. Com raras exceções, cada volume é dedicado a contos de fadas de uma só língua ou cultura; por conseguinte, inclui apenas uma seleção bastante pequena de contos de fadas de cada cultura. Para dar só um exemplo, a coleção feita por Leo Frobenius, *Atlantis: Volksmärchen und Volksdichtungen aus Afrika* (Munique: Forschungsinstitut für Kulturmorphologie, 1921-8), consiste de doze volumes e, no entanto, contém apenas uma seleção bastante limitada dos contos de fadas daquele continente.

A literatura *sobre* os contos de fadas é quase tão volumosa quanto a *de* contos de fadas. A seguir são listados alguns livros aparentemente de interesse geral e algumas publicações que foram úteis na preparação deste volume sem terem sido mencionadas nas Notas.

AARNE, ANTTI A., *The Types of the Folktale*. Helsinki: Suomalainen Tiedeakatemia, 1961.

Archivio per lo Studio delle Tradizioni Popolari. 28 volumes. Palermo, 1890-1912.

ARNASON, JON, *Icelandic Folktales and Legends*. Berkeley: University of California Press, 1972.

BÄCHTOLD-STÄUBLI, HANS, ed., *Handwörterbueh des Deutschen Aberglaubens*. 10 volumes. Berlim: de Gruyter, 1927-42.

BASILE, GIAMBATTISTA, *The Pentamerone*. 2 volumes. Londres: John Lane the Bodley Head, 1932.

BASSET, RENÉ, *Contes Populaires Berbères*, 2 volumes. Paris: Guilmoto, 1887.

BEDIERS, JOSEPH, *Les Fabliaux*. Paris: Bouillou, 1893.

BOLTE, JOHANNES, e GEORG POLIVKA, *Anmerkungen zu den Kinder — und Hausmärchen der Brüder Grimm*. 5 volumes. Hildesheim: Olms, 1963.

BRIGGS, KATHERINE M., *A Dictionary of British Folk Tales*. 4 volumes. Bloomington: Indiana University Press, 1970.

BURTON, RICHARD, *The Arabian Nights' Entertainments*. 13 volumes. Londres: H. S. Nichols, 1894-7.

COX, MARIAN ROALFE, Cinderella: *Three Hundred and Forty-five Variants*. Londres: The Folklore Society, David Nutt, 1893.

Folklore Fellows Communications. Ed. for the Folklore Fellows, Academia Scientiarum Fennica, 1910 segs.

Funk and Wagnalls Dictionary of Foklore. 2 volumes. Nova York: Funk and Wagnalls, 1950.

GRIMM, THE BROTHERS, *Grimm's Fairy Tales*. Nova York: Pantheon Books. 1944.

————· *The Grimm's German Folk Tales*. Carbondale, Ill.: Southern Illinois University Press, 1960.

HASTINGS, JAMES, *Encyclopedia of Religion and Ethics*. 13 volumes. Nova York Scribner's, 1910.

JACOBS, JOSEPH, *English Fairy Tales*. Londres: David Nutt, 1890.

————·*More English Fairy Tales*. Londres: David Nutt, 1895.

Journal of American Folklore. American Folklore Society, Boston, 1888 segs.

LANG, ANDREW, ed., *The Fairy Books*. 12 volumes. Londres: Longmans, Green, 1889 segs.

————·*Perrault's Popular Tales*. Oxford: At the Clarendon Press, 1888.

LEFFTZ, J., *Märchen der Brüder Grimm: Urfassung*. Heidelberg, C. Winter, 1927.

LEYEN, FRIEDRICH VON DER, e PAUL ZAUNERT, eds., *Die Märchen der Weltliteratur*. 70 volumes. Jena: Diederichs, 1912 segs.

MACKENSEN, LUTZ, ed., *Handwörterbuch des Deutschen Märchens*. 2 volumes. Berlim: de Gruyter, 1930-40.

Melusine. 10 volumes. Paris, 1878-1901.

OPIE, IONA e PETER, *The Classic Fairy Tales*. Londres: Oxford University Press, 1974.

PERRAULT, CHARLES, *Histoires ou Contes du Temps Passé*. Paris, 1697.

SAINTYVES, PAUL, *Les Contes de Perrault et les Récits Parallèles*. Paris: E. Nourry, 1923.

SCHWAB, GUSTAV, *Gods and Heroes. Myths and Epics of Ancient Greece*. Nova York: Pantheon Books, 1946.

SORIANO, MARC, *Les Contes de Perrault*. Paris: Gallimard, 1968.

STRAPAROLA, GIOVANNI FRANCESCO, *The Facetious Nights of Straparola*. 4 volumes. Londres: Society of Bibliophiles, 1901.

THOMPSON, STITH, *Motif Index of Folk Literature*. 6 volumes. Bloomington: Indiana University Press, 1955.

_____.*The Folk Tale*. Nova York: Dryden Press, 1946.

INTERPRETAÇÕES

BAUSINGER, HERMANN, "Aschenputtel: zum Problem der Märchen-Symbolik", *Zeitschrift für Volkskunde*, volume 52 (1955).

BEIT, HEDWIG VON, *Symbolik des Märchens e Gegensatz und Erneuerung im Märchen*. Berna: A. Francke, 1952 e 1956.

BILZ, JOSEPHINE, "Märchengeschehen und Reifungsvorgänge unter Tiefenpsychologischem Gesichtspunkt", em Bühler e Bilz, *Das Märchen und die Phantasie des Kindes*. Munique: Barth, 1958.

BITTNER, GUENTHER, "Über die Symbolik Weiblicher Reifung im Volksmärchen", *Praxis der Kinderpsychologie und Kinderpsychiatrie*, volume 12 (1963).

BORNSTEIN, STEFF, "Das Märchen vom Dornröschen in Psychoanalytischer Darstellung", *Imago*, volume 19 (1933).

BÜHLER, CHARLOTTE, *Das Märchen und die Phantasie des Kindes. Beihefte zur Zeitschrift für Angewandte Psychologie*, volume 17 (1918).

COOK, ELIZABETH, *The Ordinary and the Fabulous: An Introduction to Myths, Legends, and Fairy Tales for Teachers and Storytellers*. Nova York: Cambridge University Press, 1969.

DIECKMANN, HANNS, *Märchen und Träume als Helfer des Menschen*. Stuttgart: Adolf Bonz, 1966.

_____."Wert des Märchens für die Seelische Entwicklung des Kindes", *Praxis der Kinderpsychologie und Kinderpsychiatrie*, volume 15 (1966).

HANDSCHIN-NINCK, MARIANNE, "Ältester und Jüngster im Märchen", *Praxis der Kinderpsychologie und Kinderpsychiatrie*, volume 5 (1956).

JOLLES, ANDRE, *Einfache Formen*. Darmstadt: Wissenschaftliche Buchgesellschaft, 1969.

KIENLE, G., "Das Märchen in der Psychotherapie", *Zeitschrift für Psychotherapie und Medizinische Psychologie*, 1959.

LAIBLIN, WILHELM, "Die Symbolik der Erlösung und Wiedergeburt im Deutschen Volksmärchen", *Zentralblatt für Psychotherapie und ihre Grenzgebiete*, 1943.

LEBER, GABRIELE, "Über Tiefenpsychologische Aspekte von Märchenmotiven", *Praxis der Kinderpsychologie und Kinderpsychiatrie*, volume 4 (1955).

LEYEN, FRIEDRICH VON DER, *Das Märchen*. Leipzig: Quelle und Meyer, 1925.

LOEFFLER-DELACHAUX, M., *Le Symbolisme des Contes de Fées*. Paris, 1949.

LÜTHI, MAX, *EsWar Einmal — VomWesen desVolksmärchens*. Göttingen: Vandenhoeck & Ruprecht, 1962.

_____·*Märchen*. Stuttgart: Metzlem, 1962.

_____·*Volksmärchen und Volkssage*. Berna: Francke, 1961.

MALLET, CARL-HEINZ, "Die Zweite und Dritte Nacht im Märchen 'Das Gruseln'", *Praxis der Kinderpsychologie und Kinderpsychiatrie*, volume 14 (1965).

MENDELSOHN, J., "Das Tiermärchen und seine Bedeutung als Ausdruck Seelischer Entwicklungsstruktur", *Praxis der Kinderpsychologie und Kinderpsychiatrie*, volume 10 (1961).

_____·"Die Bedeutung des Volksmärchens für das Seelische Wachstum des Kindes", *Praxis der Kinderpsychologie und Kinderpsychiatrie*, volume 7 (1958).

OBENAUER, KARL JUSTUS, *Das Märchen, Dichtung und Deutung*. Frankfurt: Klostermann, 1959.

SANTUCCI, LUIGI, *Das Kind — Sein Mythos und sein Märchen*. Hanover: Schroedel, 1964.

TEGETHOFF, ERNST, *Studien zum Märchentypus von Amor und Psyche*. Bonn: Schroeder, 1922.

ZILLINGER, G., "Zur Frage der Angst und der Darstellung Psychosexueller Reifungsstufen im Märchen vom Gruseln", *Praxis der Kinderpsychologie und Kinderpsychiatrie*, volume 12 (1963).

Este livro foi composto na tipologia
Dante MT Std, em corpo 12/15,
e impresso em papel off-white no
Sistema Cameron da Divisão Gráfica da
Distribuidora Record.